KB151293

# 어떻게 교사리더십을 발휘할 것인가?

## 교사리더십 발휘 모형 탐색

김병찬

박영story

# 서문

"교사에게 새로운 환경에 효과적으로 대응하는 데 필요한 교육과 준비 없이
학교의 미래 가치를 구현하게 하는 것은 교육개혁 과정에서 저지르는
최악의 실수 중 하나이다."

(Patterson, 1993: 62)

그 나라 교육의 질은 그 나라 교사의 질에 달려 있다는 말은 동서고금을
막론하고 여전히 불변의 진리이다. 4차산업혁명, AI시대의 도래 등 교육 환
경의 급격한 변화와 아울러 코로나 19 이후의 뉴 노멀시대에도 그 나라 교육
의 질은 그 나라 교사의 질에 의해 좌우될 것이다. 따라서 주요 선진국들을
포함하여 세계 각국에서는 교사의 질을 높이기 위한 교육개혁에 박차를 가하
고 있다. 하지만 여러 나라에서 교사의 질을 높이기 위한 노력의 성과는 크
지 않은 편이며, 교직에 우수한 자원을 확보하는 데에도 큰 어려움을 겪고 있
다. 한편, 한국에서는 교사의 질을 높이기 위한 근본적인 개혁은 이루어지지
않고 있지만, 매우 우수한 자원들이 교직에 들어오는 등 여건은 다른 나라에
비해서는 상당히 양호한 편이다. 하지만 한국의 경우도 교육계 안팎에서 교
사에 대한 신뢰도는 높지 않은 편이며, 교사 개혁에 대한 목소리도 큰 편이
다. 이는 한국에서 우수한 재원들이 교직에 들어옴에도 불구하고 교사로서의
질을 충분히 갖추고 있지 못하다는 것을 반증해 준다.

그렇다면 교사로서의 질을 높이기 위해 어떤 노력을 해야 할까? 교사로
서의 질은 곧 교사로서의 전문성이라고 할 수 있는데, 그동안 우리나라에서
도 교사의 전문성 향상을 위해 지속적으로 노력해 왔다. 그런데 전문성 향상
을 위한 지속적인 노력에도 불구하고 교사의 질에 대한 신뢰도가 낮은 편이
다. 최근 들어 교사의 질은 교사전문성을 넘어서는 문제라는 논의가 확산되
고 있는데, 교사가 잘 가르치기 위해서는 전문성뿐만 아니라 또 다른 무엇을

갖추어야 한다는 것이다.

오늘날 교사들에게 전문성을 넘어서서 더 필요한 것은 무엇일까? 교사들이 연수 등을 통해 많은 지식, 방법, 기법 등을 습득하고 전문성을 갖추고 있음에도 불구하고 교육활동 과정에서 힘들어하는 이유는 무엇일까? 교사는 지식, 교수법 등을 배우는 데 그치지 않고 그것들을 학생을 대상으로 구현하는 사람이다. 즉 교사는 구체적인 상황 맥락 속에서 학생과의 상호작용을 통해 교육을 수행할 수 있어야 한다. 그렇게 하기 위해서는 구체적인 학교나 교실 상황 맥락 속에서 학생과 상호작용을 통해 교육을 구현할 힘이 필요하다. 이러한 실제에서 교육을 구현할 수 있는 힘이 바로 '영향력'이고, 이 영향력이 '교사리더십'이다. 교육활동을 실제로 구현하기 위해서는 전문성을 넘어서서 교사리더십이 필요한 것이다. 더군다나 학생의 주도적 참여, 학생의 지식 구성 등이 중시되는 오늘날 새로운 교육 패러다임 시대에는 교사리더십이 더욱 필요하다.

어느 나라 국민이든 좋은 교육을 기대하며 좋은 학교에서 좋은 교사에게 배우기를 소망한다. 어떤 교사가 좋은 교사인지에 대해서는 시대, 사회마다 차이가 있다. 좋은 교사에 대한 시대, 사회적 요구가 다를 수 있기 때문이다. 그럼에도 불구하고 어느 시대, 어느 국가를 막론하고 교사에게 공통적으로 요구되는 역량이나 자질이 있다. 아이들에 대한 사랑, 교사로서의 전문성, 교육에 대한 열정과 열의 등은 어느 시대, 어느 국가에서도 교사들에게 공통적으로 요구되는 덕목이다. 교사들에게 이러한 공통적으로 요구되는 자질들을 길러주기 위해 노력해야 한다. 또한 이러한 기본적인 자질 이외에 그 시대가 요구하는 자질과 역량들을 길러주어야 한다. 그래야 교사들이 사회 변화에 잘 적응할 뿐만 아니라 미래 사회에 적합한 인재를 길러내기 위한 역할을 제대로 감당할 수 있을 것이다.

교사들의 교육활동을 둘러싼 여건과 환경 또한 급격하게 변하고 있다. 구성주의 교육 패러다임의 등장, 교육체제의 분권화, 권한위임, 교육자치의 강화 등 여러 환경 변화는 교사들에게 새로운 역할과 자질을 요구하고 있다. 과거의 역량과 자질만으로는 새로운 교육 환경 변화에 적응하기 어렵게 되었고, 새로운 환경 변화에 적합한 역량과 자질을 갖추는 것이 시급한 과제가 되었다. 새로운 세대에 요구되는 역량과 자질을 갖추지 않는다면, 교사들은 교육활동을 제대로 해내지 못할 뿐만 아니라 많은 어려움을 겪을 수밖에 없을 것이다.

교육 환경의 변화가 느린 시기에는 국가나 교육청이 지침을 마련하여 내려주고 관리, 통제했는데, 변화의 속도가 빠른 시기에는 교육부나 교육청에서 모든 교육활동을 통제하기 어렵게 되었다. 그렇기 때문에 점차 교육부나 교육청에서는 기본 방향만 정해주고 구체적인 교육활동은 단위학교나 교사들에게 자율권을 부여하여 맡기고 있는 추세이다. 학교나 교실 환경의 급격한 변화가 교사들의 자율권과 재량권 증가로 이어지고 있는 것이다.

따라서 교사들에게 자율권이 확대되고 있으며 그에 따른 책임도 증가하고 있다. 새로운 환경 변화에 따라 자율권 확대에 따른 책임을 다하기 위해 교사에게 필요한 것이 교사리더십이다. 새로운 시대, 미래 사회의 교육을 담당하기 위해서는 교사리더십은 핵심적인 필수 역량이라고 할 수 있다. 따라서 교사리더십 함양을 위한 다양한 노력을 기울일 필요가 있다. 그래서 이미 많은 나라에서 교사리더십 함양에 열심을 내고 있는 것이다.

지금까지 교육개혁 접근은 대체로 정책이나 제도를 통해 이루어져 왔다. 즉 교육에 문제가 있으면 그 문제를 해결하기 위한 정책이나 제도를 만들어 변화를 도모하는 것이 그동안 대부분의 접근 방식이었다. 이러한 정책적, 제도적 접근은 국가의 강력한 힘이 작용할 뿐만 아니라 대체로 재정이 투입되어 상당히 광범위하고 일사분란하게 이루어지기 때문에 상당한 변화나 개혁이 이루어지는 것처럼 보인다. 하지만 이러한 정책적, 제도적 접근의 한계 또한 분명하다. 여러 사례에서 보여주듯이 교육현장에서 정책이나 제도는 바뀐 것처럼 보이는데, 실제는 거의 변화가 없는 상황이 반복되어 왔다. 대학입시제도가 수차례 바뀌었지만 입시문제의 혼란과 고통은 여전하다는 것도 그 한 예이다. 교원성과급제도나 교원평가제도가 도입되고 시행되어 왔지만, 이러한 제도들이 교원의 질이나 전문성 향상에 거의 기여한 바가 없다는 평가가 나오는 것도 같은 맥락이다.

대체로 정책적, 제도적 접근은 '강압적'이고 '형식적'이다. 정책이나 제도는 일단 시행이 되면, 모두에게 적용이 되며 일정 기간 내에 성과를 내야 한다. 따라서 정책적, 제도적 접근은 개별 학교나 교사의 특성을 고려해 주거나 자연스러운 변화나 적응이 이루어질 때까지 기다려 주지 않는다. 이로 인해 정책적, 제도적 접근은 우선 당장 드러나는 형식적인 변화나 성과에 치중할 수밖에 없는 한계가 있다. 저자는 거의 30여 년 동안 교사 연구를 수행해 왔고 수많은 교사 관련 정책이나 제도 마련에도 관여해 왔다. 하지만 지금 느끼는 것은 정책이나 제도를 통해서는 교육 현장이나 교사들을 결코 변화시킬 수 없다는 자괴감이다. 겉으로 변화되는 것처럼 보이기는 하지만 실질적인 변화는 거의 없다는 것이다. 그리고 그동안의 현장연구를 통해 볼 때 교사가 변하지 않으면 그 어떤 교육 정책이나 제도도 결코 성공할 수 없다는 확신은 더욱 커지고 있다. 진정한 교육의 변화나 개선을 바란다면, 정책적, 제도적 접근을 넘어서서 교사 개인의 변화에 초점을 맞추어야 한다. 교사들이 시대 변화에 적합한 역량과 지질을 갖추고 준비될 때 정책적, 제도적 접근도 그 효과를 거둘 수 있으며, 진정한 교육의 변화나 개선도 가능하다. 이러한 흐름에 따라 시대적으로 교사에게 필요한 핵심 자질이 교사리더십이다.

교사리더십은 정책적, 제도적 접근의 한계를 극복할 대안이 될 수 있다. 우리나라 모든 학교에서 모든 교사들이 교사리더십을 갖추게 된다면 진정한 교육의 성공을 이룰 수 있을 것이라고 확신한다. 교사리더십 함양을 위해서는 교육부, 교육청, 교장의 역할도 중요하다. 교육부, 교육청, 교장은 교사들이 교사리더십을 잘 갖출 수 있도록 적극 지원해 주어야 한다. 그런데 더 중요한 것은 교사 스스로 교사리더십을 갖추도록 노력하고 발휘하는 것이다.

본 저서에서는 이러한 맥락에서 교사들이 교사리더십을 어떻게 갖추고 발휘할 것인가에 초점을 두고 교사리더십 발휘 모형을 탐색하여 제안하고자 한다. 이 책의 목적은 모든 교사로 하여금 교사리더십 발휘 교사가 되도록 하는 것이다. 훌륭한 교사들을 리더로 세워 학교 변화를 이끌고 미래 사회에 대비하자는 책이 아니다. 또한 현재 학교 현장에서 리더로 활동하고 있는 교사들만을 위한 책도 아니다. 이 책은 우리 학교 현장의 모든 선생님들이 단 한 분도 예외 없이 모두 교사리더십을 갖춰야 하는 이유와 방향에 관한 책이다.

모든 교사는 리더이고, 교사가 하는 모든 활동에는 교사리더십이 필요하다. 학교에서 리더십을 발휘하는 위치에 있는 교사나 리더 역할을 하는 교사에게만 교사리더십이 필요한 것이 아니라 리더십을 발휘하는 위치에 있든 없든, 경력교사든 초임교사든, 적극적인 교사든 소극적인 교사든 모든 교사에게 교사리더십이 필요하다. 모든 교사들이 교사리더십을 갖출 때 우리 학교 현장의 교육활동이 제대로 이루어질 뿐만 아니라 진정한 학생들의 성장, 발달도 이루어질 수 있다.

뿐만 아니라 지금 학교 현장에서 이루어지고 있는 장학, 혁신교육, 미래교육, 학습공동체, 학교컨설팅, 교육과정 재구성, 각종 연구학교나 시범학교 운영 등 수많은 교육활동들이 제대로 이루어지기 위해서도 교사리더십이 필요하다. 더군다나 최근의 교육개혁은 교사의 보다 적극적이고 능동적이며 자율적인 참여를 바탕으로 하고 있는데, 교육개혁의 성공을 위해서도 교사리더십이 필요하다.

본 저서는 학교 현장 교사들의 교사리더십 발휘를 돕는 데 목적이 있다. 교사들이 본 저서와 같은 주제의 책을 읽거나 연수를 받으면 대부분은 "그래 교사리더십이 중요하다는 것은 알겠어, 그런데 어떻게 해야 교사리더십을 발휘할 수 있지?"라는 문제에 부딪힌다. 실제로 교사리더십에 관한 대부분의 저서나 연수에서 교사리더십을 강조하지만 구체적으로 어떻게 할 것인가에 대해서는 제대로 제시를 해 주지 못하고 있다. 따라서 교사리더십에 대해 이야기는 듣지만 교사리더십 발휘를 위한 명확한 방향 제시나 안내가 부족한 상황에서 부담감만 가중된 채로 이전의 교육활동을 답습하고 있는 교사들도 많다.

본 저서는 "교사리더십을 발휘하기 위해서는 구체적으로 어떻게 해야 하지?"라는 질문에 답을 하는 데 목적이 있다. 교사리더십을 발휘하기 위해서는 교사들이 하는 과업의 성격을 이해해야 한다. 교사들의 과업, 즉 교육활동은 매우 복잡하고 다차원적이며 정교한 활동이다. 그래서 교직을 전문직이라고 일컫는다. 이러한 전문직 활동은 간단한 매뉴얼에 따라 수행되기 어려운 속성을 지닌다. 교사리더십 발휘 역시 '이렇게 하면 된다'라는 매뉴얼에 따라 수행할 수 있는 것이 아니다. 아무리 좋다고 인정받는 수업방법이라고 하더라도 모든 교사에게 동일하게 적용되기 어려운 것이 교육활동이다.

"어떻게 하면 교사리더십을 잘 발휘할 수 있을까?"라는 질문에 대한 가장 솔직한 답은 "교사리더십을 잘 발휘할 수 있는 비법이나 정답은 없습니다"이다. 그리고 "교사리더십을 잘 발휘할 수 있는 방법은 오로지 선생님 본인이 찾아가셔야 합니다"라는 것이 정직한 답변이다. 다만 교사리더십을 발휘할 수 있도록 돕고, 지원해 줄 수는 있다. 본 저서는 "선생님들 이렇게 하세요"라고 가르치거나 지시하기 위해서 쓰인 책이 아니라 선생님들이 스스로 교사리더십을 발휘할 수 있도록 도움을 주기 위한 책이다.

저자는 교사들이 교사리더십을 발휘할 수 있도록 도와줄 수 있는 방법을 교사리더십에 관한 어떤 이론을 통해 구안한 것이 아니라, 실제 교육현장에서 교사리더십 발휘 교사들의 모습을 통해 찾아냈다. 즉 다양한 연구에서 나타난 이미 교사리더십을 발휘하고 있는 교사들의 모습에 대한 탐색을 통해 교사리더십 발휘 요소들을 도출하였고, 이를 교육현장의 교사들과 함께 공유한다면 교사들 스스로 교사리더십을 발휘하는 데 조금이라도 도움이 될 수 있을 것이라는 소망과 기대감으로 이 책을 쓰게 되었다.

이 책은 3부로 구성이 되어 있다. 1부에서는 교사리더십 필요성, 교사리더십 개념, 교사리더십 성격에 대해 논하였고, 2부에서는 본 저서에서 개발한 교사리더십 발휘 모형을 교사리더십 의식, 교사리더십 역량, 교사리더십 행동성향 세 영역을 중심으로 정리하여 제시하였다. 그리고 3부에서는 본 저서에서 제시한 교사리더십 발휘 모형의 활용 방향 및 향후 과제에 대해 논의하였다.

이 책은 교사리더십 발휘의 기본 토대와 기반을 다루는 책이다. 교사리더십을 발휘했던 교사들이 어떤 기반과 토대 위에서 교사리더십을 발휘했는지 그 요소들을 제시한다. 교사리더십 발휘를 위한 기본적인 기반과 토대를 제시함으로써 스스로 교사리더십 발휘를 위해 노력하는 분들에게 디딤돌이 되어주고자 하는 것이 이 책의 목적이다. 복잡성과 복합성을 특성으로 하는 교육활동의 경우, 매뉴얼에 따라 수행하기가 어렵고 상황과 맥락에 따라 교사 스스로 방향을 찾아 교육활동을 수행해 나가야 한다. 본 저서는 이러한 분들에게 도움을 주기 위한 책이다.

다만 이 책에서 제시하고 있는 교사리더십 발휘 모형이 유일한 것이거나 가장 대표적인 것은 아니라는 점을 분명히 하고자 한다. 이 책의 교사리더십 발휘 모형은 여러 교사리더십 발휘 모형 중의 하나이다. 따라서 이 책에서 제시하고 있는 모형 외에도 다양한 교사리더십 발휘 모형이 있을 수 있고, 또 앞으로도 많은 교사리더십 발휘 모형이 개발되어야 한다. 이 책의 모형이 교사리더십 발휘 모형 개발의 활성화에 작은 불쏘시개라도 되었으면 좋겠다는 소망을 가져 본다.

어느 책이든 혼자 쓸 수는 없다. 이 책도 많은 분들의 도움, 지원, 격려가 뒷받침되어 만들어질 수 있었다. 우선 경희대학교 교육대학원 교사리더십전공에서 함께 공부하고 있는 선생님들의 경험, 생각, 논의 등은 이 책의 든든한 밑거름이 되었다. 그리고 그동안 여러 교육 현장에서 만났던 수많은 선생님들의 의견과 이야기들도 이 책의 자양분이 되었다. 모두에게 머리 숙여 감사드린다. 또한 이 책의 초고를 읽고 진정성 있는 의견과 조언을 주신 유경훈, 임종헌, 윤 정, 조민지, 김은선, 문지윤 박사님, 김진원, 박종덕 교감선생님, 강지현, 권은경, 최성규, 김태훈, 박세은, 김기정, 이승찬, 원예슬, 전용은, 손서진, 김민지 선생님 등에게도 깊은 감사를 드린다. 그리고 항상 남편을 믿고 응원해 주는 아내 임정임, 아빠의 부족과 소홀함에도 불구하고 삶의 활력이 되어 준 두 아들, 동연, 홍연에게도 감사의 말을 전한다. 마지막으로 책을 쓰는 내내 함께 해 주신 하나님께 영광과 감사를 올려드립니다.

2023. 6
경희대 서천골 연구실에서

# 목차

## 2장 ▶ 교사리더십 개념　　　29

## 3장 ▶ 교사리더십 성격　　　55

**2부  교사리더십 발휘 모형**

**4장 ▷ 교사리더십 발휘 모형 도출 배경 및 과정  90**

## 8장 ▶ 교사리더십 발휘 모형 종합　　221

## 3부　교사리더십 발휘 모형의 활용 및 과제

## 9장 ▶ 교사리더십 발휘 모형 활용　　234

# 1부

# 교사리더십
# 개념 및 성격

# 1장

교사리더십
필요성

# 교사리더십 필요성

교사리더십은 미국에서는 1980년대부터, 한국에서는 2000년대 들어서면서 본격적으로 관심을 갖기 시작하였다(Katzenmeyer & Moller, 2009; 김병찬, 2019). 교사리더십에 관심을 갖게 되었다는 것은 교사리더십의 필요성이 대두되었다는 것인데, 교사리더십이 필요하게 된 배경에는 '교육 패러다임의 변화', '교육 체제와 구조의 변화', '교사의 역할 변화', '교직 환경의 변화', '교직 풍토와 문화의 개선', '미래 교육 대비' 등의 요인들이 작용했다.

## Ⅰ 교육 패러다임 변화

교사리더십의 대두 및 필요는 교육 패러다임의 변화가 중요한 배경이다. 즉 전통적인 객관주의 교육 패러다임에서 구성주의 교육 패러다임으로의 변화가 교사리더십이 필요하게 된 결정적인 이유이다(Katzenmeyer & Moller, 2009; Crowther, et al., 2009; Levin & Schrum, 2017; Danielson, 2006). 구성주의 교육 패러다임은 구성주의 인식론을 기반으로 한다(Shapiro, 2000). 구성주의는 지식(knowledge) 및 학습(learning)에 관한 인식론이다(Bettencourt, 1989; Fosnot, 1996), 즉, 구성주의는 인간이 '아는 것'이 무엇이고, 또 '어떻게 알아가는지'에 대한 새로운 인식론이라고 할 수 있다. 구성주의는 기존의 지배적 인식론인 '지식은 객관적 실체로서 그것을 획득하는 사람의 맥락과는 별도로 독립적으로 존재하는 것이다'라는 객관주의[1] 인식론을 극복하고, '지식은 학

---

1 객관주의(objectivism)는 상대주의(relativism)와 대비되는 개념으로서, 실증주의, 논리실증주의, 정초주

습자들에 의해 능동적으로 구성되어지는 것이다'라고 받아들이는 대안적 인식론이다. 따라서 구성주의 인식론에서는 인간의 학습을 객관적 지식을 수동적으로 받아들이는 것이 아니라, 자신의 경험을 통하여 스스로 지식을 구성해 나가는 활동으로 본다.

기존의 객관주의 인식론에서는 지식이란 고정되어 있고 확인할 수 있는 대상으로 보았다(Bettencourt, 1989). 따라서 일단 지식을 '발견'할 수만 있으면, 그것은 역사적, 문화적, 사회적인 제약을 벗어나 모든 경우에 적용할 수 있는 것이다(Fosnot, 1996; 강인애, 1997: 16). 이 관점에 의하면, 지식은 학습자 외부에 있는 것으로, 모든 상황적, 역사적, 문화적인 것을 초월하여 적용할 수 있는 것이며, 이러한 절대적 진리와 지식을 추구하는 것이 교육의 목표이다. 그리고 절대적 진리에 의해 움직여 나가는 현실은 통제와 예측이 가능하다고 보았다(Shapiro, 2000).

반면, 구성주의 인식론에서는 절대적 진리나 실체관을 부인하고, 세계는 하나의 진리나 객관적 실체로 존재하는 것이 아니라 인간들 각자의 인식에 의해 구성되어지는 것으로 본다. 따라서 구성주의에서는 인간의 인식, 즉 마음(mind)이 중요한 요인이 된다(Cobb, 1994). 이 관점에 의하면, 지식은 개인들의 인지적 작용에 의해 지속적으로 구성, 재구성되는 것이며, 특정 시대적, 사회적, 문화적, 상황적 맥락 속에 존재하는 것이다. 그리고 구성주의 인식론에 의하면, 현실은 복잡하고 불확실하며, 예측과 통제가 불가능하다.

한편, 교수-학습에 대해서도 두 입장은 차이를 보이고 있다. 객관주의 입장에서는 교수-학습을 추상적이며 보편적인 지식을 전달하는 과정으로 본다. 즉 외부 세계에 대한 내용과 구조를 학생들로 하여금 그대로 받아들이고 모사(copying)하도록 하는 것이 교육의 목표이다(Burnstein, et al., 1999), 이 관

---

의(foundationalism) (장상호, 2000: 37), 절대주의 등의 용어로도 사용된다. 객관주의의 기본 가정은 다음과 같다. 첫째, 외부 세계는 인간의 인지활동보다 먼저 존재한다. 둘째, 객관적이고 절대적인 진리가 외부 세계에 존재한다. 셋째, 인간이 획득한 지식은 그 객관적 외부 세계와 일치했을 때 지식으로서의 가치를 지닌다. 넷째, 교육은 객관적 지식을 끊임없이 추구해 나가는 과정이다(이돈희, 1983; 장상호, 2000: 82-90). 대체적으로 '객관주의'라는 용어는 이러한 가정에 근거한 합리성과 객관성을 추구하는 전통적 인식론을 총칭하는 개념으로서, 구성주의의 상대적 관점으로 사용된다(Jonassen, 1991: 138, 강인애, 1997).

점에 의하면 학생들이 배울 내용은 미리 체계적이고 구체적으로 짜여져 있다. 그러나 구성주의 관점에서는 구체적인 상황 속에서의 지식의 구성을 강조한다(Duffy & Cunningham, 1996). 따라서 현실의 복잡한 상황은 그대로 제시되며, 현실의 문제와 실제적인 상황이 가장 중요한 학습원이 된다. 이 관점에서는 학습내용이 미리 구체적으로 짜여지기가 어려우며, 주어진 각 상황적 맥락에서 스스로 지식을 구성해 갈 수 있는 역량을 기르는 것이 교육의 목표이다.

교사 측면에서 살펴보자면, 객관주의에서의 교사는 객관적 지식을 이미 알고 있고 정답이나 해결책을 가지고 있는 사람이기 때문에, 지식을 전달하는 것이 교사의 중요한 역할이다. 반면, 구성주의에서는 교사가 정답을 가지고 있지 않으며, 설령 정답을 가지고 있다 하더라도 그것은 교사 자신에게 적용될 정답이지 학생들에게 적용될 정답은 아니다. 따라서 구성주의 입장에서, 교사는 학생들이 스스로 자신의 맥락에서 지식을 구성하고 문제를 해결해 나갈 수 있도록 하는 안내자, 조언자, 학습촉진자, 공동학습자이다.

학생의 입장에서도 차이가 나는데, 객관주의 입장에서는 학생은 지식을 수동적으로 받아들이는 수용자, 습득자이다. 교사가 전달해 주는 지식을 그대로 정확하게 받아들인 학생이 우수한 학생이다. 반면, 구성주의 관점에서 학생은 능동적으로 지식을 구성해 나가는 자율적이고 주체적인 존재이다(강인애, 1997). 평가에 있어서도 객관주의에서는 미리 결과를 예측하여 그 기준으로 객관적인 평가를 내릴 수 있다고 보는 반면, 구성주의에서는 결과에 대한 예측이 아니라 수업의 전 과정에서 학생이 지식을 구성해 나가는 과정 그 자체가 평가의 대상이 된다. 환경 면에서도 객관주의에서는 학습자들의 사회적, 문화적, 상황적 환경은 주요 고려의 대상이 아니라 부차적이고 부수적인 것인 반면, 구성주의에서는 이러한 환경요인이 매우 중요한 고려의 대상이 된다. 이상의 논의를 바탕으로 객관주의와 구성주의 교육 패러다임의 차이를 정리하면 〈표 1〉과 같다.

**표 1** 객관주의와 구성주의 교육 패러다임 비교

| 패러다임 / 비교영역 | 객관주의 교육 패러다임 | | 구성주의 교육 패러다임 | |
|---|---|---|---|---|
| 지식관 | • 보편적·객관적 지식 존재<br>• 지식은 고정적 – 확인할 수 잇음<br>• 지식은 인식주체와 독립되어 외부에 존재 | | • 객관적, 보편적 지식은 알 수 없음<br>• 지식은 마음의 산물로 인식주체에 의해 결정 | |
| 현실인식 | • 현실은 통제와 예측이 가능 | | • 현실은 불확실하고 복잡하며, 통제와 예측이 불가능함 | |
| 주요용어 | • 발견(discovery), 진리(truth) | | • 구성(construction)<br>• 생존가능성(vability) | |
| 교육목표 | • 보편 타당한 절대적 진리와 지식 추구 | | • 맥락에 적합한 의미 구성 | |
| 대표유형 | 행동주의 | 인지주의 | 인지적 구성주의 | 사회문화적 구성주의 |
| 학습목표 | 외현적 행동의 변화 | 인지구조의 변화 | 개인의 주관적 경험의 근거한 의미 구성 | 사회적 상호작용을 통한 의미 구성 |
| 학습자관 | 외부자극에 반응하는 수동적 학습자 | 내적으로 정보를 처리하는 능동적 학습자 | 환경과 상호작용하여 의미를 구성하는 능동적 학습자 | |
| 교육과정 | 교과서 중심의 기본기능 강조 | | 다양한 자료에 근거한 구성 활동 강조 | |
| 교 수 | 지식의 정보와 전달 | 지식과 정보의 전달 또는 발견 | 개인적 이해를 위한 사고 안내 | 지식의 공동 구성 |
| 교사의 역할 | 관리자, 감독자 | 정보처리 활성자 | 촉진자, 안내자 | 촉진자, 안내자 공동 참여자 |
| 학습자의 역할 | 정보의 수동적 수용자, 청취자, 추종자 | 정보의 능동적 추리자 | 의미와 능동적 구성자, 산출자, 설명자, 해석자 | 의미의 능동적 공동 구성자, 산출자, 설명자, 해석자 |
| 주요수업 전략 | 연습 | 정보처리 전략 | 풍부한 학습자료와 기회 제공 현실적 문제해결 전략 | |
| 주요수업 방법 | 암기, 반복, 일제식, 강의식 수업 | | 토의학습, 대화학습, 문제해결학습, 소집단학습, 협동학습 | |
| 평가 | 양적평가, 총괄평가 강조 | | 질적평가, 형성평가, 수행평가 강조 | |

출처: Cobb(1994), Duffy & Cunningham(1996), Von Glasersfeld(1995), 강인애(1997: 16-19), 조영남(1998: 157) 등의 논의를 바탕으로 수정·보완하여 구성하였다.

전통적으로 객관주의 교육 패러다임이 오랜 기간 동안 우세하였는데, 1980년대 이후 객관주의 교육 패러다임에서 구성주의 교육 패러다임으로 전환이 이루어지기 시작하여 이제 구성주의 교육 패러다임이 주류로 자리 잡게 되었다(Fosnot, 1996; Hargreaves & Fullan, 2012; 김병찬, 2000; 정진욱, 2022). 앞에서 논의한 대로 객관주의 교육 패러다임에서는 객관적, 절대적 지식을 인정하고 객관적, 절대적 지식을 학생들에게 효율적으로 전달하는 것이 교육의 목표였지만 구성주의 교육 패러다임에서는 지식은 상대적인 것이며 끊임없이 구성되고 재구성되는 것으로 본다. 따라서 구성주의 교육 패러다임에서는 학생들이 자신의 상황과 맥락에 맞게 지식을 구성하도록 하는 것이 교육의 목표이다. 객관주의 교육 패러다임에서는 객관적, 절대적 지식을 효율적으로 많이 전달하는 것이 좋은 교육이었다면, 구성주의 교육 패러다임에서는 학생들이 지식을 잘 구성할 수 있도록 돕고 지원해 주는 것이 좋은 교육이다. 이러한 교육 패러다임의 변화로 인해 교사의 임무는 지식을 전달하는 역할에서 지식을 구성할 수 있도록 도와주는 역할로 변화하였다. 지식을 전달하는 역할에서는 교사의 강의법, 교수법이 중요했지만, 지식을 구성할 수 있도록 도와주는 역할에서는 학생과의 관계 및 상호작용이 매우 중요하다. 학생과의 관계 및 상호작용을 원활하게 하여 학생의 지식 구성을 돕고, 지원해 주는 역할, 이 역할이 바로 교사리더십이다. 구성주의 교육 패러다임 시대에 교사리더십은 모든 교사에게 필요한 핵심 자질이다.

## ❚❚ 교육체제와 구조 변화

교육 패러다임의 변화는 자연스럽게 교육체제와 구조의 변화로 이어지고 있다. 새로운 교육 패러다임에 따른 새로운 교육체제와 구조가 구축되고 있다. 교육체제와 구조 변화의 큰 흐름은 중앙집권적 교육체제에서 지방분권적 교육체제로, 폐쇄체제에서 개방체제로, 관료체제에서 공동체 체제로, 학교 및 교사 자치의 강화 등의 모습으로 나타나고 있다.

## 〈1〉 집권적 교육체제 → 분권적 교육체제

우리나라를 포함한 많은 국가들의 교육체제는 중앙집권적 체제에서 지방분권적 체제로 변화하고 있다. 국가 차원의 교육 권한을 지방정부나 지방교육청으로 넘겨주고 있으며, 지방정부나 지방교육청에서는 또한 그 권한을 각 학교로 넘겨주고 있다(Lieberman & Miller, 2004; Sahlberg, 2011; Hargreaves & Fullan, 2012). 그리고 각 학교에서는 그 권한을 교장이 독점하는 것이 아니라 각 교사들에게 넘겨주고 있다(Sahlberg, 2011; 안병영, 하연섭, 2015; 조희연, 2016). 따라서 각 학교에서 교사들의 권한은 이전에 비해 점점 더 확대되고 있다. 그런데 이러한 권한 이양은 권한 확대와 동시에 책임 증대도 수반한다(Hargreaves & Fullan, 2012). 권한을 받은 만큼 책임도 커진다는 것이다. 중앙집권 체제에서 지방분권 체제로의 변화는 이전에는 중앙정부가 가지고 있었던 책임과 권한이 지방정부나 지방교육청으로 이양이 되고, 또한 지방정부나 지방교육청이 가지고 있는 책임과 권한이 각 단위학교로 이양이 되며, 각 단위학교에서 교장의 책임과 권한도 교사들에게 이양되는 흐름으로 나타난다(Sahlberg, 2011; Schrum & Levin, 2015).

그리고 이러한 흐름에 따라 교사들의 교육에 관한 권한과 책임이 늘어나고 있는 것이다. 이러한 변화로 인해 교사들에게 교사리더십은 필수가 되었다. 증대된 권한을 바탕으로 책임 있게 교육을 수행하기 위해서는 반드시 교사리더십이 필요한 것이다. 교사의 권한과 책임이 크지 않았던 과거의 교육체제에서는 교사는 교육부, 교육청, 교장의 지시나 지침에 따라서 성실하게 교육활동을 수행하면 되었기 때문에 굳이 교사리더십을 필요로 하지 않았다. 하지만 교사의 책임과 권한이 확대된 상황에서 교사들이 역할을 제대로 수행하기 위해서는 교사리더십이 필요한 것이다. 중앙집권적이고 관료적이고 위계적인 기존의 학교 체제에서는 교사리더십이 필요하지 않았지만, 분권적이고 자율적인 학교 체제에서 교사리더십은 교사가 갖추어야 할 핵심 자질이다.

## ⟨2⟩ 폐쇄체제 → 개방체제

교육 패러다임의 변화 및 학교를 둘러싼 교육 환경의 변화로 인해 학교 체제는 폐쇄체제에서 개방체제로 변하고 있다(Murphy, 2005; Sahlberg, 2011). 학교체제가 개방체제로 변화되게 된 배경 중의 하나는 학교교육을 둘러싼 환경의 급격한 변화이다. 즉 사회 및 교육 환경의 매우 빠른 변화로 인해 학교가 과거와 같은 폐쇄체제로는 더 이상 적응을 하기 어렵게 되었다. 그리고 빠른 변화 속에서는 교육의 복잡성, 예측불가능성이 증대되기 때문에 이에 신속하게 대응하고 적응하기 위하여, 교육체제의 개방화는 더욱 가속화되고 있다(Senge, 1990; Sergiovanni, 1994). 지역사회와의 연계뿐만 아니라(정진화, 2016; 서울형혁신학교학부모네트워크, 2014), 교사, 학생, 교육프로그램의 개방화 및 네트워크화가 가속화되는 상황에서(강충렬 외, 2013) 과거와 같은 폐쇄적 학교체제로는 더 이상 적절히 적응할 수 없게 된 것이다(Morrison, 2002: 101). 개방체제에서는 학교나 교사들의 자율적인 판단과 결정이 중요하다. 교사들이 개방체제의 학교에서 다양한 교육활동을 자율적 판단과 결정으로 수행해 나가기 위해서 교사리더십이 필요하다. 개방체제의 학교 현장에서 수시로 변화하는 다양한 교육 환경과 원활하게 상호작용하며 교육활동을 이끌어 가야 하는 교사에게는 스스로 판단하고, 주도하고, 운영해 나갈 수 있는 역량이 필요한데, 그것이 바로 교사리더십이다(Katzenmeyer & Moller, 2009: 91).

## ⟨3⟩ 관료체제 → 공동체 체제

교육 패러다임의 변화에 따라 학교 및 교육체제가 관료체제에서 공동체 체제로 변하고 있다(Sergiovanni, 1994; Hargreaves & Fullan, 2012; Sleeter, 2007). 교육 패러다임이 변하면서 학교는 단순히 지식을 전달하는 장이 아니라 학생들의 지적·사회적·정서적 발달을 꾀하는 '삶의 세계'이며, 학교 구성원 모두 함께 학습하고 성장해 가는 공동체라는 인식이 크게 확대되었다(Sergiovanni, 1994; Tan, Liu & Low, 2017). 학교는 이제 교사가 일방적으로 가르치고 학생들은 배우기만 하는 위계적인 조직이 아니다. 교사와 학생 사이의 학습뿐만 아니라 교사와 교사, 학생과 학생, 학교와 지역사회 사이에도 상호 학습이 일어나는 거대한 학습공동체이다(Hargreaves, 2003; Levinson, 2011). 이러한 학습공동체 및 교육공동체로서의 학교에서 교사는 공동체를 함께 이끌어 가는 주체가 되며, 이러한 역할을 감당하기 위해 교사리더십이 필요하다(Lieberman & Miller, 2004).

공동체 문화가 형성되지 않았던 과거에는 조직 구성원들은 리더와 추종자(follower)로 구분되고 추종자는 리더에게 복종해야 했다(Bass, 2008). 이로 인해 과거에는 훌륭한 리더가 강조되었으며 구성원들에게는 리더를 잘 따르고 복종하는 '순종'이 미덕이었다(Stogdill, 1974). 하지만 공동체 조직에서는 리더 한 사람만이 아닌 조직 구성원 모두의 주체적 참여와 협력을 필요로 하며 구성원 모두의 리더십을 중시한다(Lieberman & Miller, 2004). 따라서 공동체 조직에서는 리더의 리더십 못지않게 구성원들의 리더십 또한 중요하다. 공동체로서의 학교 조직에서는 교장의 리더십뿐만 아니라 교사들의 교사리더십 역시 중요하고 필요하다(Frost & Durrant, 2003; Lambert & Gardner, 1995: 134-158).

## ⟨4⟩ 학교 및 교사 자치의 강화

교육 패러다임 변화에 따라 교육체제나 구조가 바뀌고 있는데, 교육체제나 구조 변화는 학교 및 교사 자치의 강화로 이어지고 있다(Sahlberg, 2011; Sergiovanni, 1994; Hargreaves & Fullan, 2012). 단위학교 책임경영제, 권한위임, 학교자치 등이 강조되면서, 학교 거버넌스 구조나 체제가 크게 바뀌고 있는데, 혁신학교, 교육과정 재구성, 교사학습공동체 등의 활성화는 이러한 맥락의 변화와 괘를 같이 한다(강충렬 외, 2013; 오찬숙, 2016; 정진화, 2016). 이 변화의 초점은 학교 및 교사들의 자율권 확대이다(Sergiovanni, 1994). 최근의 학교 거버넌스 체제의 변화로 인해 교사 및 학교의 자율권이 확대되면서 그들의 책임 또한 증가하고 있다(Hargreaves & Fullan, 2012).

교육 패러다임의 변화에 따라 단위학교나 교사들의 자율권이나 자치가 강화되는 정책들이 확대될 것이다(Hargreaves & Fullan, 2012). 교육이 더욱 복잡해지고 다양해짐으로 인해 국가가 획일적으로 통제할 수 있는 시대는 지났으며, 교육의 자율화는 더욱 촉진될 것이다. 따라서 학교 구성원들에게 스스로 교육활동을 이끌어 갈 수 있는 역량이 요구되는데, 이를 위해 교사리더십이 필요한 것이다(Danielson, 2006: 27).

## Ⅲ 교사의 역할 변화

교육 패러다임이 변하고 그에 따라 교육체제와 구조가 변하면, 그 체제와 구조 속에서 교육을 담당하는 교사의 역할 또한 변하게 된다. 즉 새로운 교육 패러다임의 시대에는 새로운 교사의 역할이 필요하다. 그동안 국가 교육과정, 상급기관 및 상급자 등의 지시와 지침에 따른 수동적인 수행자의 역할이 교사의 역할이었다면, 이제는 교육활동을 능동적이고 주체적으로 이끌어 나가야 하는 리더로서의 역할이 교사에게 요구되는 것이다.

### 〈1〉 수동적 교사 → 능동적 교사

우선 교사의 역할 수행이 수동적인 교사에서 능동적인 교사로 변화된다. 전통적 체제와 교육 패러다임에서는 교사는 교육부, 교육청, 교장의 지시와 지침에 따라 교육을 수행하는 수동적 존재였다. 상급기관의 지시와 지침에서 벗어나는 것은 금기시되었고 벗어났을 경우에는 제재와 처벌을 받기도 하였다(엄기호, 2014; 정은균, 2017; 송상호, 2010). 즉 교사는 상급기관이나 상급자의 지시나 지침에 따라 교육활동을 수행하는 수동적 교육자였다. 그런데 분권화 시대, 구성주의 패러다임 시대의 교사는 증대된 권한과 책임을 바탕으로 주도적이고 능동적으로 교육활동을 수행하는 능동적 교육자이다. 지시와 지침에 따라 수동적으로 교육활동을 수행하는 교사에게는 굳이 리더십이 요구되지 않는다. 지시와 지침에 따라 부여된 업무를 성실하게 수행하면 되었다. 하지만 권한과 책임을 가지고 능동적으로 교육활동을 수행해야 하는 교사에게는 권한과 책임을 다하기 위한 교사리더십이 필요하다.

그동안에는 학교평가제도, 교사평가제도, 성과급제도 등 수동적 교사관에 기반을 두고 교사의 질 향상을 위하여 교사를 통제하고 관리하고 압박하는 정책이 주류를 이루었다(Hargreaves & Fullan, 2012). 하지만 이러한 정책들은 성공을 거두지 못하고 오히려 그 부작용만 키웠다는 것이 대체적인 평가이다(Katzenmeyer & Moller, 2009: 1-2; Levinson, 2011; Sahlberg, 2011). 즉 교사를 수동적인 존재로 보고, 통제, 관리하려는 정책은 효과적이지도 교육적이지도 않다는 것이다. 이제는 교육의 성공을 위해 교사를 통제, 관리하는 것이 아니라 교사들이 능동적이고 주체적으로 교육활동을 수행할 수 있도록 적극 지원해 주는 방향으로 전환이 있어야 하는데, 이를 위해 교사에게 필요한 자질이 교사리더십인 것이다(Danielson, 2006; Katzenmeyer & Moller, 2009: 3-5).

## 〈2〉 지식을 전달하는 교사 → 지식 구성을 촉진하는 교사

교육 패러다임의 변화는 교사의 역할 변화를 가져왔는데, 전통적 교육 패러다임에서 지식 전달자로서의 교사 역할에서 학생들의 지식 구성을 돕고, 촉진하는 역할로 변화되고 있다(Cobb, 1994; Fosnot, 1996). 전통적 교육 패러다임에서는 교사는 지식을 많이 알고 있어야 하고 또 알고 있는 지식을 효과적이고 효율적으로 학생들에게 잘 전달해야 했다. 그런데 구성주의 패러다임에서는 교사가 지식을 많이 알고 전달하는 역할보다 학습자인 학생들이 지식을 잘 구성할 수 있도록 돕고 지원하는 역할이 더 중요해졌다. 전통적 교육 패러다임에서는 지식을 잘 전달하기 위한 교수법, 강의법 등이 중요했다. 그런데 구성주의 패러다임에서는 학생들이 지식을 잘 구성할 수 있도록 돕고 지원하는 관계 역량, 상호작용 역량 등이 더 중요하다. 학생들이 지식을 잘 구성할 수 있도록 촉진하기 위해서는 교사리더십이 필요하다. 과거에는 교사에게 잘 가르치고 지식을 전달하기 위한 전문성이 필요했지만, 이제는 학생을 잘 돕고, 지원하기 위한 교사리더십이 필요한 시대이다.

### ⟨ 3 ⟩ 교육과정대로 가르치는 교사 → 교육과정을 재구성하는 교사

전통적 교육 패러다임 및 학교 체제에서는 국가가 교육과정(교과서)을 만들고 국가가 정한 교육과정에 따라 교육활동을 수행하였다(정진화, 2016). 교사들도 국가 교육과정대로 가르치는 것이 기본 임무였다(송상호, 2010). 그런데 구성주의 교육 패러다임 시대에는 국가 교육과정대로 가르치는 것이 아니라 국가 교육과정을 기반으로 하되, 각 학교, 각 학생의 특성 및 맥락에 맞게 교육과정을 재구성해서 가르치도록 하고 있다(Shapiro, 2000; Fosnot, 1996; 이성대, 2015; 이인규 외, 2017). 따라서 이제 교사는 국가 교육과정대로 가르치는 것이 아니라 국가 교육과정을 재구성해서 가르쳐야 한다. 국가 교육과정을 재구성하기 위해서는 우선 국가 교육과정에 대해 잘 알고 있어야 할 뿐만 아니라 학생의 특성과 맥락, 학생의 필요 및 상황에 대해서도 잘 알고 있어야 하고(이중현, 2017), 학생들과 상호작용도 원활하게 잘할 수 있어야 한다(이성대, 2015). 국가 교육과정을 재구성해서 가르치기 위해서는 학생들과 원활하게 상호작용할 수 있는 교사리더십이 필요하다.

### ⟨ 4 ⟩ 교육정책 소비자 → 교육정책 생산자

교사의 역할이 교육정책 소비자에서 교육정책 생산자로 바뀌고 있다 (Hargreaves, 2008; Levinson, 2011). 각 지역이나 학교의 교육정책 형성 과정에 교사의 참여는 증가하고 있으며 앞으로 더욱 확대될 것이다(Fullan, 2016; Lieberman & Miller, 2004). 교사의 역할이 그동안 교육정책을 따라 수행하는 교육정책 소비자 역할에서 교육정책을 형성하고 만들어 내는 교육정책 생산자 역할로 바뀌고 있다. 교사가 교육정책이나 제도에 쫓기게 되면 그 정책이나 제도가 추구하려고 하는 본질보다 형식적 목표가 앞서게 되고 정책이나 제도를 위해 만들어진 위장된(contrived) 교육행위를 할 수 있다(Hargreaves, 2008). Hargreaves와 Fullan(2012)은 "교사가 제도나 데이터에 쫓기거나 외부에서 만들어진 프로그램의 노예가 되는 일이 생겨서는 안 된다"고 주장한 바 있다. 이 말은 '교사는 정책이나 제도에 쫓기거나 외부 프로그램이나 사례의 일방적 소비자가 되어서는 안 된다'는 의미이기도 하다. 정책이나 제도 차원에서 다양한 연수 프로그램을 통해 우수 사례들을 제공하는데, 우수 사례는 상당히 매력적이기 때문에 따라 해 보고 싶은 유혹과 동기를 불러일으킬 수 있다. 그런데 적용 과정에서 대부분 실패한다. 왜냐하면 우수 사례의 교육활동 맥락과 자신의 교육활동 맥락은 다르기 때문이다.

이제는 교육정책이나 제도도 일방적이고 획일적으로 추진되지 않고 교사들의 자율과 참여를 적극 보장하려고 하고 있고(안병영, 하연섭, 2015; 이인규 외, 2017), 우수 사례를 일방적으로 제시하는 교사연수보다 함께 만들어 가는 교사연수가 늘어나고 있다(경기도교육청, 2022). 즉 교사들이 이제 교육정책의 생산자 역할을 하는 방향으로 교육 패러다임이 바뀌고 있는 것이다. 교사들이 교육정책의 생산자 역할을 하기 위해서는 보다 적극적이고 주도적으로 교육활동 및 연수 과정에 참여해야 하는데, 이러한 역할을 감당하기 위해서는 교사리더십이 필요하다.

## Ⅳ   교실 현장에서 문제나 어려움 극복

교육 패러다임 및 교육 체제나 구조의 변화에 따라 교사의 자율 및 의사결정 권한이 증대되고 있는데, 이러한 변화는 교사들에게 기회임과 동시에 부담이기도 하다(Hargreaves & Fullan, 2012). 새로운 교육 패러다임의 변화로 인해 교사들의 자율이 늘어난 만큼 책임도 그만큼 증가하기 때문이다. 교육개혁 과정에서 교사들에 대한 책임 요구가 커지는 것도 이러한 흐름의 반영이라고 할 수 있다(Darling-Hammond & Prince, 2007). 이제 교사는 자율재량을 바탕으로 주도적으로 교육활동을 수행해 나가며 책임을 져야 하는 시대가 되었는데, 이를 감당하기 위해서는 교사에게 교사리더십이 필요하다(Stenhouse, 1975; Korthagen, 2001).

교육 패러다임의 변화, 사회 여건과 환경의 변화, 학생들의 특성 변화 등으로 인해 교육활동은 더욱 복잡해지고 어려워지고 있으며, 이 교육활동을 잘 감당해야 할 책임이 교사에게 있다(Crowther, et al., 2009). 그리고 교사들이 직면해야 할 어렵고 힘든 상황은 더욱 늘어나고 있다(박진환 외, 2013; 엄기호, 2014; 정은균, 2017). 교사의 어려움과 관련된 다음의 사례들은 일상적으로 학교에서 벌어질 수 있는 상황들이다.

---

"학생들에게 내 감정을 솔직하게 말했어요. 너희들이 얼마나 힘들고 스트레스를 받는지 잘 알고 있고, 너희들이 힘든 게 어른들 잘못이라 생각하기 때문에 그나마 내 수업시간에서라도 풀어주고 싶어서 참고 넘어갔다. 그런데 시간이 지나면서 내가 너희들 분노의 배출구나 하수구가 된 느낌이 들어서 우울하고 힘들다. 너희들을 힘들게 하고 스트레스 주는 사람이 선생님은 아니잖니? 나는 내 욕구불만이나 분노, 스트레스를 너희들에게 풀지 않으려고 노력하니까 너희들도 더 이상 내게 풀지 말아줬으면 좋겠다."(류 교사/ 엄기호, 2014: 92-93)

---

선생님이 들어가서 학습자료를 나눠주는데, 애가 엎어져 자고 있었대요. 그래서 선생님이 그 아이 쪽으로 가서, 어깨를 툭툭 치면서 "일어나라, 종쳤다, 선생님 왔다" 하고 이야기한 거죠. 그런데 이 녀석이 무의식적으로 선생님 손을 탁 치더래요. 그래도 그때까지는 선생님이 '이 녀석이 내가 선생인줄 몰라서 이러나 보다' 라고 생각했대요. 그래서 "샘이다, 일어나라" 하고 다시 말한 거죠. 이랬는데, 얘가 대뜸 선생님을 째려보면서 "씨발" 이렇게 내뱉더라는 거예요. 선생님이 너무 어이가 없어서 뒤로 나가 서 있으라고 했대요. 그런데 얘가 나가기는커녕 선생님한테 "니가 나가라, 씨발" 이런 거죠. 그렇다고 선생님이 나갈 수도 없잖아요. 그래서 선생님이 얘 뒷덜미를 잡고 일으켜 세웠는데, 그러다가 폭력적인 상황이 벌어진 거죠(신 교사/ 엄기호, 2014: 85)

---

이번 주까지가 태도 점수 마감이라 점수가 부족했던 몇 명 학생들이 목숨 걸고 점수 따기에 돌입했어요. 교탁 앞까지 나와 답을 외치며 점수 달라고 소리소리 지르고, 어차피 해도 점수 따기 그른 녀석들은 수업을 방해하기 시작했죠. 노래를 부르고 핸드폰을 꺼내 게임을 하고 바닥에 엎드려 자고……, 아비규환이 따로 없어요. 더 이상 수업을 진행할 수 없어서 입을 다물었어요. 그 순간 왈칵 눈물이 솟더군요. 이게 뭔가, 내가 지금 여기서 뭘 하고 있지?(류 교사/엄기호, 2014: 47)

---

또 "무슨 말만 하면 '아, 어쩌라고요'라고 하거나, 혼내려고 하면 '영상 찍겠다'고 난리를 친다. 혼내면서 목소리가 높아지면 '아, 시끄러워. 왜 소리를 질러요?'라고 한다"며 "아이들에게 내 진심을 전달해보려고 직접 편지를 써서 돌리기도 했는데, 찢어서 버린 걸 발견했다. 이 이후로 아이들에게 조금 남아있던 정이 다 떨어졌다"고 토로했다. (중앙일보, 2021.10.18.)

위 사례에서와 같이 힘들고 어려운 상황에서 많은 교사들은 마음이 상하고 상처를 입는다. 이런 상황을 어떻게 이겨낼 수 있을까? 물론 상담 역량도 기르고 아이들과 소통할 수 있는 역량을 기르는 것도 필요하다. 하지만 근본적인 교사로서의 정체성 회복과 준비 없이는 그 어떤 대비책도 근시안적 처방에 그칠 수 있다.

일부에서는 이러한 상황이 앞으로 더 심해질 것이라고 예견하고 있기도 하다(엄기호, 2014; 이중현, 2017; 정은균, 2017). 그렇다면 교사들은 어떻게 해야 하나? 속수무책으로 당해야만 하고 참고 인내하며 견뎌야만 하는 것인가? 그런데 또 다른 문제는 이런 상황에서 교사를 도와줄 방안이 별로 없다는 것이다. 교육부나 교육청 역시 이런 상황을 해결하기 위한 별다른 대안도 지침도 내려주지 않는다. 학교 교장선생님 또한 특별한 해결책을 갖고 있지 않다. 정확하게 이야기하면, 교육부, 교육청, 교장 등이 해결방안이나 지침을 내려주지 않는 것이 아니라 내려주지 못하고 있는 것이다.

교사들이 학교 및 교실 현장에서 매일같이 부딪히는 문제나 어려움은 거의 대부분 그 교사 개인의 몫이다. 주변으로부터 많은 도움을 받지 못할 뿐만 아니라 도움을 받는다 하더라도 결국은 해당 교사 스스로 해결해야 한다. 부딪히는 문제나 어려움을 해결해 갈 책임이 오로지 교사에게 있는 것이다. 이러한 문제나 어려움을 해결하기 위해서는 소극적이고 수동적인 자세를 벗어나 적극적, 능동적, 주체적 자세를 가져야 한다. 적극적이고, 능동적이며, 주체적인 자세로 문제에 직면하여 해결해 가야 하는데, 이를 위해서 필요한 것이 교사리더십이다.


## Ⅴ 교직 풍토와 문화 개선

교직 풍토와 문화는 상당히 오랜 기간 동안 구축된 것이고, 교사들의 교육활동의 중요한 근간이 된다(Crowther, Ferguson & Hann, 2009). 그런데 교직 풍토나 문화가 학교 교육에 긍정적인 영향을 미치기도 하지만, 부정적인 영향 또한 적지 않게 나타나고 있다(Lieberman & Miller, 2004; 엄기호, 2014; 정성식, 2014; 정은균, 2017). 교직 풍토나 문화는 교육 개혁이나 개선 과정에서 걸림돌이 되기도 한다(Hargreaves & Fullan, 2008; Whitty, 2002; 강충렬 외, 2013). 교직 풍토나 문화 개선을 위해 다양한 노력을 기울이기도 하지만, 개선이 쉽지 않은 것 또한 현실이다(Crowther, Ferguson, & Hann, 2009). 이러한 상황에서 교사리더십이 교직 풍토나 문화 개선을 위한 대안이 될 수 있다(Leithwood, 1994; Katzenmeyer & Moller, 2009; 황기우, 2008).

〈 **1** 〉 **형식주의 극복**

교직 문화의 특징 중 하나는 형식주의이다(Lortie, 2002). 학교에서 다양한 형식주의 문화가 나타나는데, 예를 들어, 학교에서 학생 진급과 관련하여 학생이 교육의 내용을 얼마나 습득하고 이해하고 성장했느냐에 상관없이 제도적, 행정적, 형식적 절차나 규정만 채우면 그 학생은 다음 학년으로 진급을 한다. 학생은 무엇을 얼마나 어떻게 배웠느냐에 상관없이 수업일수를 채우고 학점을 이수하면 진급을 하고 졸업을 한다. 교사들은 학생들이 무엇을 얼마나 배웠는지에 대해 관심을 갖고 가르쳐 주기 위해 열심히 노력하기는 하지만 온전히 책임질 여력이 없고 진도를 나가고 수업일수를 채우고 졸업 요건을 맞춰 주는 데 급급하는 경우도 적지 않다. 이러한 시스템이 매 학기, 매 학년 반복되면서 교사들의 형식주의는 고착화된다(Lortie, 2002).

무엇을 배웠는지보다 형식적 요건을 채웠는지가 진급 및 졸업의 관건이 되는 것이다. 해당 학년에서 배워야 할 것을 충분히 배우지 않았음에도 불구하고 형식적 요건만 채우면 다음 학년으로 진급하는 데 아무런 문제가 없다. 이런 상황 속에서도 학교가 유지되는 것은 제도, 절차, 형식이 하나의 정당성을 부여해 주기 때문이다(Meyer & Rowan, 1978; 황선필, 2020). 즉 무엇을 얼마나 어떻게 배웠는지에 상관없이 수업일수를 채우면 그 학년을 마친 것으로 인정을 받는다. 제도적 규정과 형식을 충족해 줌으로써 학교가 유지되는 것이다.

학교에서 교사들이 제 역할을 제대로 감당하도록 하기 위해서는 이러한 형식주의를 극복해야 한다. 이를 위해서는 정책과 제도를 바꾸는 등의 상당한 노력이 필요하다. 그런데 무엇보다도 중요한 것은 교사들이 형식주의를 극복하고 주체성과 분명한 목적의식을 가지고 교육활동을 수행할 수 있도록 해 주는 것이다. 형식주의를 극복하기 위해서는 정책이나 제도를 바꾸는 등의 노력도 필요하지만 교사 스스로 형식주의를 극복하고자 하는 의지 역시 중요하다. 교사 스스로 교육활동을 수행하면서 형식적인 요건을 맞춰 주는데 머무르지 않고 주체적이고 능동적으로 본래의 교육목표 달성을 위해 적극 매진하는 것이다. 교사들이 이러한 노력과 자세를 갖기 위해서는 주체적이고 능동적인 의식에 기반한 교사리더십을 갖추고 있어야 한다.

## 〈2〉 보수주의 극복

교사들의 교육방법, 교육관, 학생을 대하는 태도 등은 본인의 학창시절 경험과 학창시절에 보고 배운 것들이 큰 영향을 미친다(Lortie, 2002). 그리고 한국에서 교사들은 대체로 학창시절을 성공적으로 지나온 사람들이다. 구체적으로 주입식교육, 경쟁교육에서 성공한 승리자들이며 주입식교육, 경쟁교육에 익숙한 사람들이다. 따라서 이들에게는 주입식교육 및 경쟁교육에 대해 큰 거부감이 없을 수 있는데, 그 방식이 몸에 체화되어 있기 때문이다(Lortie, 2002). 반면, 협동학습, 문제중심수업, 융복합수업 등에 정서적 공감대가 약할 수 있다. 왜냐하면 그러한 학습 경험이 많지 않고 익숙하지 않기 때문이다. 정서적 공감대가 약하면 이러한 새로운 방식의 수업을 적극적으로 추진해 나가기 어렵다. 협동학습, 문제중심학습, 융복합수업 등에 어려워할 뿐만 아니라 주입식교육, 경쟁교육으로 회귀하려는 성향을 보일 수도 있다. 교사들의 이러한 보수주의 성향이 수업방식 개선이나 변화에 걸림돌이 될 수 있다.

보수주의적 성향은 수업방법에 그치지 않고 학교 교육활동 전반에서 나타나고 있다(Lortie, 2002; 박진환 외, 2013; 이성대, 이영만, 2017; 2016; 이중현, 2017). 학교 교육활동은 대체로 1년 주기로 반복이 되는데, 상당히 많은 교육활동 수행 과정에서 이전 년도에 했던 방식을 답습하는 경우들이 많다(Lortie, 2002; 엄기호, 2014; 윤 정, 2018). 새로운 변화 요구는 많지만 구체적인 수행 과정에서는 과거의 방식을 따라 하게 된다는 것이다. 이러한 보수주의 성향은 학교 현장에서 실질적인 변화들이 잘 나타나지 않은 이유가 되기도 한다(Lortie, 2002). 교사리더십은 이러한 보수주의 성향을 극복할 수 있는 대안이 될 수 있다. 교사리더십 발휘 자체가 도전적이고 주도적인 과정이기 때문에 과거의 것을 답습하고자 하는 보수주의 성향을 극복할 수 있다는 것이다(Crowther, et al., 2009; Darling-Hammond et al., 1995).

### ⟨3⟩ 고립주의 극복

우리의 학교 구조는 교실 단위로 고립주의 성향이 강하다(Lortie, 2002). 각 학교에서 교실의 벽은 견고하며 거의 모든 수업과 교육활동은 고립된 교실 속에서 이루어진다. 그리고 교사는 교육활동 과정 중에는 거의 아무런 간섭을 받지 않고 교실의 '왕'으로 군림한다(Murphy, 2005). 의무적으로 교실을 개방해야 하는 몇 번의 경우를 제외하고는 교사는 견고한 철옹성인 교실 안에 갇혀 있다. 이는 교사의 수업에 있어 근본적인 변화나 개혁을 어렵게 하는 구조적 요인이 되기도 한다(Donaldson, 2006; Murphy, 2005).

교사들은 교무실에서도 고립되어 있다(엄기호, 2014). 학교에서 교사들이 모여 있는 공간인 교무실에서 교사들의 책상 또한 대부분 서로 칸막이로 막혀 있다. 많은 학교의 교무실에서 교사가 자신의 책상 의자에 앉아 있으면 칸막이로 인해 앞자리에 있는 교사의 얼굴도, 옆자리에 앉아 있는 교사의 얼굴도 볼 수 없다. 서로 모여 있는 공간임에도 불구하고 서로 고립, 분리되어 있는 것이다. 교사들은 이러한 교무실에서, 공식적인 회의나 협의회가 있지 않으면, 거의 혼자서 본인의 컴퓨터 모니터를 보면서 일을 하거나 시간을 보낸다. 따라서 교무실의 분위기는 대체로 적막하다. 교무실에서도 교사들은 서로 고립되어 있는 것이다.

교사들 사이의 협력이나 협동은 교육활동 수행을 위해 중요한 기반이다(이혁규, 2015; 정행남, 최병숙, 2013; 한희정, 2015). 협력은 자동으로 일어나는 것이 아니라 좋은 관계가 형성되어 있을 때 일어난다. 그런데 학교에서의 이러한 칸막이나 단절은 교사들의 협력을 저해하는 요인이 될 수 있다(Levin &

Schrum, 2017). 고립주의는 교사들을 분리시킬 뿐만 아니라 전문성 향상에 장애가 될 수 있다(Danielson, 2006; Katzenmeyer & Moller, 2009: 165). 교사리더십이 고립주의를 극복하고 협력할 수 있는 촉진제가 될 수 있다. 교사리더십 발휘 과정에서는 함께 교육활동을 수행해 나간다(Coyle, 1997). 학생뿐만 아니라 동료교원, 학부모 등과도 함께 교육활동을 수행하며 교육목표를 이뤄 나가기 때문에 반드시 협력해야 한다. 교사리더십은 고립주의를 극복할 수 있는 대안이 될 수 있다.

## ⟨4⟩ 평등주의 극복

교직 사회 내에 평등주의 문화가 존재한다(Lortie, 2002). 평등주의는 교사는 모두 평등하다는 의식인데, 이런 의식은 교직 구조에 의해 자연스럽게 형성된 것이기도 하다(Hargreaves & Fullan, 2012). 교직에서 초임교사는 임용되는 순간부터 경력 교사와 동일한 위치에서 동일한 업무와 과업을 수행한다. 경력교사와 똑같이 학급을 운영해야 하고 수업을 해야 한다. 그야말로 평등한 구조와 체제이다. 그리고 교감으로 승진하지 않는 한 수십 년 동안 동일한 직급에서 과업을 수행한다. 물론 개인적인 노력, 전문성, 성과나 업적 등의 측면에서 분명히 차이가 있을 수 있지만, 모두 동일한 직급의 교사라는 평등주의 의식은 시간이 지날수록 더 강화된다(Murphy, 2005).

그런데 이러한 평등주의 문화는 퇴행적 행태를 보이기도 한다(Sergiovanni, 2001; Murphy, 2005; 엄기호, 2014). 즉 교직사회의 평등주의가 편의주의적 평등주의, 비생산적인 평등주의로 흐를 가능성도 있다는 것이다. 예를 들어 동료교사나 주변의 교사가 새로운 교수법을 개발하여 적용하고 성공적인 수업을 이루어냈을 때, 축하해 주고 배워보고자 하는 마음을 갖는 교사가 있는 반면에, 일부 교사는 경계를 하거나 "왜 당신만 튀려고 하느냐"고 부정적으로 대응하기도 한다(Wasley, 1991; 엄기호, 2014). 서로 간섭하지 않고 각자 자기 방식대로 해 왔는데, 왜 튀는 모습을 보여 불편하게 하고 부담스럽게 하느냐 하는 마음을 갖는 것이다. 동료교사의 노력이나 도전에 대해 격려하고 밀어주기보다는 경계하거나 시기, 질투하며 귀찮은 부담거리로 여기기도 하는데, 이것이 바로 퇴행적 평등주의 모습이다. 교사들 사이의 평등하다 는 의식이 발전적으로 작용하는 것이 아니라 오히려 퇴행적으로 작용하는 것 이다(Katzenmeyer & Moller, 2009; Shapiro, 2000; Sleeter, 2007).

교직사회에 평등주의 문화가 견고하다고 해서 교직사회가 동질적인 것 은 아니다. 교직사회 내부는 상당히 이질적이고 다양하다(Hargreaves & Fullan, 2012; Katzenmeyer & Moller, 2009). 교직사회에는 소극적인 교사도 많지만 적 극적인 교사도 많다. 학교개혁을 위해 적극적으로 노력하는 교사도 있지만 학교개혁에 소극적인 교사도 있다. 각종 연수에 적극 참여하는 교사도 있지 만 연수의 필요성을 느끼지 못하는 교사도 있다. 수업개선을 위해 노력하는 교사도 있지만 수업개선에 별 관심이 없는 교사도 있으며, 학교에 헌신하려 고 하는 교사도 있지만 헌신할 필요가 없다고 생각하는 교사도 있다. 승진 동기가 강한 교사도 있지만 승진에 관심이 없는 교사도 있으며, 학생들에게 관심이 많은 교사도 있지만 심지어 학생에게 관심이 별로 없는 교사도 있다 (Hargreaves & Fullan, 2012; Wasley, 1991). 교사들의 이러한 이질성과 다양성은 또한 중첩되어 나타나기도 한다(Lortie, 2002). 예를 들어 소극적이지만 교원 연수에는 잘 참여하는 교사가 있는 반면에, 적극적이기는 하지만 수업개선에 는 별 관심 없는 교사도 있다. 승진에는 관심 없지만 학교개혁을 위해서는 적 극적인 교사도 있고, 승진에는 관심이 많지만 학교개혁보다는 개인 일에 치 중하는 교사도 있다. 교직사회는 평등주의 문화가 자리 잡고 있지만 그 내면 은 상당히 이질적이다. 평등주의와 그 내면의 이질성이 중첩되어 매우 독특 하고 복잡한 교직문화를 형성하고 있다.

교사리더십은 교직사회의 평등주의를 극복할 수 있는 대안이 될 수 있 다. 교사리더십은 함께 교육목표를 이뤄가는 리더십이다. 교사리더십은 발휘 하는 사람이 누구냐에 관심이 있는 것이 아니라 어떻게 함께 교육목표를 이 루어 가느냐에 관심이 있다. 따라서 교육목표를 이루기 위해서는 누구와도 협력할 수 있고, 협력해야 한다. 옆에 있는 교사가 좋은 교육방법으로 성공적 인 수업을 하고 있을 때, 그 교육방법이 교육목표를 달성하는 데 적합한 방법 이라면 적극적으로 그 교사로부터 배우고 도움을 얻고자 하는 것이 교사리 더십 발휘 교사이다. 함께 교육목표를 이루기 위하여 누구와도 협력하고 도움을 주고받을 수 있는 관계를 형성하는 교사리더십은 평등주의를 극복할 수 있는 대안이 될 수 있다.

## 〈5〉 승진주의 극복

우리 학교에서 승진은 교직사회를 움직이는 중요한 근간이다(신현석, 2010). 상당수의 교사들이 교감, 교장으로 승진하기 위해 매진하고 있으며, 승진을 위한 과도한 경쟁을 벌이기도 한다(권재원, 2017; 박진환 외, 2013; 박한숙, 정태근, 2017). 이러한 과도한 승진 경쟁으로 인한 부작용, 역효과 또한 적지 않은 상황이다. 물론 승진에 뜻을 두지 않은 교사들도 많이 있지만 여전히 승진은 교직사회를 지배하는 하나의 축이다. 그런데 승진제도는 관료체제의 기제로서 관리의 효율성은 확보될 수 있을지 모르지만 교육적이지는 않다(Sergiovanni, 1994; 김병찬, 2019). 따라서 승진제도는 교육적이고 전문적이어야 할 교직의 본질적 성격과 맞지 않다. 교육활동에 매진하고 아이들을 잘 가르치는 교사가 승진하는 것이 아니라 승진을 위한 점수 관리를 잘하는 교사가 승진하는 시스템은 교육적이지 않은 것이다. 이로 인해 아이들을 가르치는 활동과 승진 준비하는 활동 이원화 구조가 생겨났고, 승진 준비를 위해 가르치는 활동을 소홀히 하거나, 또는 교사들이 교육에 집중하지도 못하고 승진에 집중하지도 못하는 상황이 만들어지기도 한다. 승진주의 문화의 고착화로 승진을 하지 못하면 실패한 교사로 인식하는 자의적, 타의적 시선 또한 있다. 이로 인해 승진을 준비하는 교사든, 승진을 준비하지 않는 교사든 승진의 굴레에서 벗어나지 못하고 있는 것이다.

이런 상황 속에서도 승진보다는 교육에 더 관심을 두고 자신의 교육활동 속에서 영향력을 행사하고 싶어 하는 교사들도 있다(Katzenmeyer & Moller, 2009: 73; 정성식, 2014; 윤 정, 2018). 이들에게는 교육활동에서의 영향력 행사로 인한 보람이나 의의는 승진을 통한 그것보다 훨씬 더 크다(정성식, 2014; 윤 정, 2018). 영향력을 행사하여 학생의 성장이나 발전을 가져오고 교육목표를 달성함으로 인해 얻게 되는 보람이나 성취감은 그 무엇과도 비교할 수 없는 큰 기쁨이 된다(Hargreaves, 2003; Hargreaves & Fullan, 2012). 교육활동 과정에서 영향력을 행사하여 교육목표를 이뤄가는 과정이 교사리더십 발휘 과정이다. 교사리더십을 발휘하여 영향력을 행사하고 그 보람과 의미를 느끼게 된다면, 굳이 승진을 하지 않더라도, 교사로서의 가치와 기쁨을 누릴 수 있어 당당하게 교육활동을 수행해 나갈 수 있다(Danielson, 2006; Donaldson, 2006). 교사리더십은 승진주의를 극복할 수 있는 대안이 될 수 있다.

## 〈6〉 권위주의 극복

과거에는 국가, 교육부가 교육을 독점하였다(안병영, 하연섭, 2015). 학교의 인사, 재정 운영뿐만 아니라 교육과정, 수업시수 등 교육 전반에서 국가의 지침과 규정을 토대로 운영되었다. 이에 따른 획일화, 비효율성, 비효과성 등의 문제로 1990년대부터 중앙집권적 교육 운영 체제에서 지방분권적 교육 운영 체제로 방향이 전환되어 지방분권화, 자율화가 큰 흐름이 되어 진행되고 있다(강수돌 외, 2021; 신현석, 2014; 안병영, 하연섭, 2015). 한국에서 교육의 지방분권화, 자율화는 진보, 보수 정권을 막론하고 교육개혁의 방향이 되어 왔다(안병영, 하연섭, 2015).

지방분권화의 대표적인 모습은 교육자치제이다. 우리나라에서는 광역시·도 단위의 교육자치제를 시행하고 있다. 즉 교육부의 권한이 시·도교육감에게 이관되는 시·도교육감 중심의 교육자치제이다. 따라서 각 시·도의 교육을 관할하는 막대한 권한이 시·도교육감에게 부여되고 있다. 더군다나 주민 직선제로 선출됨으로 인해 시·도교육감은 그 지역의 '교육대통령'이라고 해도 과언이 아닐 정도로 지역 교육을 좌지우지할 수 있다. 실제로 그 지역의 교육감으로 누가 당선되느냐에 따라 그 지역 교육의 이념과 방향마저도 달라지고 있다(강수돌 외, 2021; 실천교육교사모임, 2017; 이중현, 2017). 이로 인해 시·도 단위에서 교육감중심의 권위주의가 발생하고 있다(강수돌 외, 2021; 안병영, 하연섭, 2015). 예들 들어 경기도의 경우 인구가 1천만이 넘는 지역의 교육을 경기도교육감이 거의 독점하고 있다. 인구 1천만 명은 유럽의 많은 나라들의 인구 규모보다 크다. 인구 1천만 명 규모의 지역에서는 상당히 다양한 교육적 요구와 필요가 있고 매우 다양한 교육적 수요가 나타날 수 있다.

이러한 상황에서 교육감 중심의 획일적인 관리와 통치는 또 다른 권위주의를 낳을 수 있다. 시·도 광역단위에서 교육을 일괄적으로 관할하기 위해 권위주의가 나타나는 것이다. 더군다나 교육감이 4년마다 직접선거로 선출됨으로 인해 4년 이내에 성과를 거두어야 한다는 정치적 압박은 권위주의적 관리, 통제를 강화시키고 있다(강수돌 외, 2021). 국가의 획일적, 권위주의적 통제를 극복하기 위하여 시·도 단위의 교육자치를 실시하게 되었지만, 의도하지 않았던 시·도 단위의 교육감 중심의 권위주의를 낳고 있는 것이다(안병영, 하연섭, 2015).

우리나라에서 명목상 교육자치 및 교육 자율화는 강화되었지만, 학교 현장에서 느끼는 자치, 자율화는 상당히 미흡한 편이다(정진화, 2016; 박진환 외, 2013). 오히려 교육감들의 강한 드라이브와 업적주의로 인해 정책수행이나 과업수행을 강요당하는 압박감만 더 크게 느끼기도 한다(권재원, 2017). 이로 인해 교육감과 교육감의 정책에 대한 눈치보기가 더 심해지면서 교사들의 자율성과 자율역량은 정체되는 모습이 나타나기도 한다(강수돌 외, 2021). 결과적으로 교사들의 소극주의와 개인주의, 보수주의는 해소되는 것이 아니라 강화되기도 한다(엄기호, 2014; 박진환 외, 2013).

시·도 교육청 단위의 권위주의 체제의 구축으로 인해 학교와 교사들은 교육청이나 교육감의 눈치를 보고 의존한다(강수돌 외, 2021). 교육감이나 교육청의 방향이나 지침이 아니면 굳이 움직이려 하지 않는다. 이러한 상황에서는 교사들의 자율 역량이 퇴화되고 교사들의 전문성마저 지체될 수 있다(Darling-Hammond & Prince, 2007). 교육청이나 교육감의 지침이나 강제가 없으면 거의 움직이려 하지 않는 것이다. 이러한 상황 속에서는 어떠한 교육개혁이나 정책도 제대로 효과를 거두기 어렵다(Hargreaves Fullan, 2012).

교사들이 진정한 교육의 주체로서 교육에 전념하도록 하기 위해서는 교사들을 수동화시키는 기존의 권위주의적 체제와 구조를 바꾸는 노력이 반드시 필요하다. 그러한 노력과 아울러 더욱 필요한 것이 한 가지 더 있다. 바로 교사를 교육행정의 대상으로 보는 것이 아니라 교육의 주체로 봐주는 교사에 대한 관점의 변화이다. 지금까지도 교사를 주체성과 자율성을 가진 존재로 봐야 한다는 주장은 끊임없이 있어 왔다(Duffy & Cunningham, 1996;

Sergiovanni, 2001; 신현석, 2010; 정은균, 2017; 박진환 외, 2013). 하지만 이러한 주장들은 대부분 추상적이고 상징적인 수준에 머물렀으며 구체적인 대안이나 방안은 제시하지 못했다. 추상적, 상징적, 선언적 수준을 넘어서서 교사들을 진정한 주체성과 자율성을 가진 존재로 여기며 구현하고자 하는 구체적인 대안이 교사리더십이다. 교사의 능동성과 주체성을 회복시켜 권위주의를 극복할 수 있는 대안이 교사리더십이다.

## Ⅵ 미래 교육 대비

### 1 비대면 및 AI교육 시대의 대비

비대면 수업 및 AI 교육 시대가 도래하고 있다(하채현, 2022). 비대면 수업 및 AI 교육 시대를 잘 맞이하기 위해서도 교사리더십이 필요하다. 비대면 수업 및 AI 교육 시대에 대비하여 비대면 및 AI 교육을 위한 지식을 배우고 도구, 기기, 방법 등을 익히는 교육이 다양하게 이루어지고 있다(강동훈 외, 2022; 송기상 외, 2022). 그런데 비대면 수업 및 AI 교육은 교육적 필요보다는 코로나19 팬데믹, AI의 발달 등 외부 환경 변화에 의해 생겨난 것이다(강동훈 외, 2022). 이러한 상황은 환경 변화에 교육이 적응하는 것이기도 하고, 한편으로는 환경 변화에 교육이 끌려가는 것이기도 하다(이주호 외, 2021). 환경 변화에 제대로 적응하지 못하고 교육이 끌려가게 되면 제대로 된 교육이 이루어지지 않게 되고 교육의 기능은 심각하게 훼손될 수 있다. 따라서 무작정 비대면 수업 및 AI 교육에 휩쓸리지 말고, 능동적이고 주체적으로 받아들일 수 있는 역량을 길러야 한다. 교사들이 능동적이고 주체적으로 비대면 수업 및 AI 교육을 받아들이면 교육적 효과를 높일 수 있지만, 자칫 끌려가게 되면 교사들은 비대면 수업 및 AI 교육의 '기능인'으로 전락할 수도 있다. 따라서 교사들이 비대면 수업 및 AI 교육에 관한 지식, 기능, 방법 등을 잘 이해하고 습득하는 것도 중요하지만, 변화를 제대로 이해하고 주체적이고 능동적으로 받아들일 수 있는 역량을 갖추는 것 또한 매우 중요하다.

변화에 주체적이고 능동적으로 대응하면서 책임 있게 교육활동을 수행해 나가는 역량이 교사리더십이다. 교사들이 교사리더십을 갖출 때 비대면 수업 및 AI 교육에도 제대로 대응할 수 있다. 교사리더십을 갖춘 교사는 능동적이고 주체적으로 교육활동을 수행하여, 비대면 수업 및 AI 교육에 끌려가지 않고, 교육적 필요에 따라 적극 활용한다. 교사리더십은 교육활동의 중심을 잡고 교육의 본질을 놓치지 않으면서, 다양한 매체와 기기들을 능동적으로 활용하기 위한 기반이다.

## 〈 2 〉 복잡하고 예측불가능한 시대의 교육 대비

사회 및 교육 환경이 매우 빠른 속도로 급격하게 변하고 있다. 이러한 사회 환경의 변화 및 다양화, 다원화 사회의 도래로 인해 교육활동의 모호성, 불확실성, 예측불가능이 점점 커지고 있다(Sergiovanni, 2001; Shapiro, 2000; Hargreaves, 2003). 이러한 변화는 단순히 교사의 교육활동을 복잡하게 할 뿐만 아니라, 교육청이나 교장의 지침이나 지시도 그대로 적용하기 어렵게 만들고 있다. 즉 교육현장의 복잡성과 다양성 증대로 교육청이나 교장의 지침이나 지시가 제대로 작동하기 어렵게 되었다는 것이다(Hargreaves, 2003). 교육청이나 교장의 지시나 지침에 따라 하려고 해도 학교나 학생의 상황 자체가 너무 복잡하고 다양해서 지시나 지침대로 교육을 해 나가기가 어려운 것이다. 이런 상황에서 교사들은 어떻게 해야 할까? 교육청이나 교장의 지시나 지침대로 해도 교육이 잘 이루어지기 어려울 만큼 복잡해진 상황에서 그 교육을 책임지고 이끌어 나가야 하는 주체는 바로 교사이다. 이러한 상황에서 과거와 같이 교육부, 교육청, 교장의 지시와 지침대로 교육을 수행해 왔던 수동적 자세로는 교육을 제대로 감당할 수 없다. 더군다나 복잡해진 상황에서 교육활동에 대한 교사의 책임은 더욱 커지고 있다(Sergiovanni, 2001). 복잡하고 예측 불가능한 시대에 능동적이고 주체적으로 책임지고 교육을 감당하기 위해서는 교사리더십이 필요하다.

## 〈3〉 정책이나 제도가 아닌 교사 변화를 통한 개혁의 시대

Day(1999: 15)는 "여러 나라에서 행해진 수많은 연구가 보여 주듯이, 교육개혁과 관련하여 외부에서 강요된 개혁은 의도한 변화를, 교사들이 실제로 이루어 내는 것을 보장하지 못한다"라고 언급한 바 있다. Fullan(1998: 227)도 "교육개혁의 역사를 통해, 만약 우리가 한 가지라도 아는 것이 있다면, 변화를 의도적으로 통제할 수 없다는 사실이다"라고 주장하였다. McLaughlin(1998: 83) 또한 다양한 교육정책 사례 분석을 통해 "정책이 현장을 변화시키기란 극도로 어렵다"라고 결론짓고 있다.

그동안 우리는 정책이나 제도의 개혁을 통해 학교 및 교사들을 변화시키고자 하는 노력을 수없이 해 왔다. 하지만 국내·외의 많은 연구들은 공통적으로 정책이나 제도의 개혁을 통해 교사들을 변화시키고 교사들의 성장이나 발전을 가져올 수 있도록 하는 것은 한계가 있다는 것을 밝히고 있다(Fullan, 2016; 1998; Hargreaves & Fullan, 2012; Katzenmeyer & Moller, 2009; McLaughlin, 1998; 신현석, 2010; 정진화, 2016). 물론 정책이나 제도의 개혁이 전혀 무의미하거나 효과가 없는 것은 아니다. 시대 변화에 맞는 정책이나 제도를 마련하기 위한 노력은 지속적으로 해 나가야 한다. 하지만 그동안의 경험이 보여 주듯이 정책이나 제도의 개혁을 통한 교육 현장이나 교사 변화에는 한계가 있으므로 이제는 정책이나 제도를 넘어서서 교사 자체의 변화에 관심을 두는 접근으로의 변화가 필요하다(Day, 1999; Fullan, 1998; Katzenmeyer & Moller, 2009; McLaughlin, 1998). 교사 스스로 변화에 맞게 적응할 수 있도록 힘과 역량을 길러주는 데 관심을 기울여야 한다는 것이다. Hargreaves와 Fullan(2012)도 교사 스스로 변화를 주도하고 이끌어 갈 수 있도록 힘과 역량을 길러주는 것이 교육개혁의 핵심이라고 보았다. McIntyre와 Hagger(1992: 271)는 한 걸음 더 나아가 "교사는 스스로 성장해야 한다. 다른 사람이 교사를 성장시키는 것이 아니다"라고 주장하였다. 제대로 된 정책이나 제도를 마련하는 노력은 지속적으로 이루어져야 하지만, 교육 현장의 교사들이 사회 환경의 변화에 맞게 교육활동을 잘 수행할 수 있도록 필요한 자질과 역량을 준비시키는 것이 더욱 중요한 시대가 되었다. 교사 변화를 통해, 교사에게 자질과 역량을 갖춰 줌으로 교육 개혁을 이루어가야 하는 시대가 되었는데, 이를 위해 교사에게 필요한 것이 교사리더십이다.

4차 산업혁명 시대가 도래하든, AI 교육 시대가 도래하든, 혁신교육이나 미래교육을 운영하든, 또 그 어떠한 교육 여건과 환경이 변하든, 교사들이 이러한 변화에 능동적, 주체적으로 대응하지 않으면 교사들은 끌려다닐 수밖에 없을 것이다(박남기 외, 2023; 정제영 외, 2023). 따라서 교육 여건과 환경의 변화에 맞게 교사들을 준비시키는 것은 매우 중요한데, 특히 변화와 흐름에 능동적이고 주체적으로 대응할 수 있는 역량을 길러주는 것은 더욱 필요하다. 교사들이 교육 환경의 변화와 흐름에 능동적이고 주체적으로 대응할 수 있는 역량이 바로 교사리더십이다. 교사들이 교사리더십을 갖고 주도적으로 변화에 맞설 때 교사들은 끌려다니지도 않고 지치지도 않으며 제대로 된 교육을 해 낼 수 있다.

그런데 교사가 리더십을 잘 구현할 수 있도록 하기 위해 준비 없이 교사들에게 리더십을 발휘하도록 하는 것은 매우 위험하고 무책임하다(Goodlad, 1990: 27; Katzenmeyer & Moller, 2001: 92). 한국에서도 교사리더십의 필요성은 증대되고 있으며, 앞으로 교사리더십은 교육현장에서 더욱 확대될 것이다. 하지만 준비 없이 교사들에게 교사리더십을 발휘하도록 하는 것은 위험할 뿐만 아니라 교사들을 더욱 힘들게 할 수 있다. 이 책은 교사들이 교사리더십을 발휘할 수 있도록 돕기 위한 책이다.

# 2장

# 교사리더십 개념

## I ▶ 리더십 개념

리더십의 개념은 매우 다양하며 단일 속성으로 설명하기 어려운 복합적 성향을 가진 개념이다(Stogdill, 1974). 우선 대체로 리더십은 '집단이나 조직의 활동을 촉진하고 목적을 달성해 나가기 위한 중심적인 힘, 혹은 조직이나 집단의 공통 목표를 달성하기 위하여 집단의 구성원들이 목표지향적인 행동을 하도록 집단의 상호작용을 돕는 지도자의 영향력 있는 행동'(김춘경 외, 2016)으로 정의된다. 물론 학자들마다 강조점은 약간씩 차이가 나기도 하는데, '사람들이 집단목표를 위하여 자발적으로 노력하도록 영향을 미치는 활동'(Terry, 1960)으로 보기도 하고, '목표 달성을 위하여 의사소통 과정을 통해 영향력을 행사하려는 행위'(Fleishman, 1973)로 보기도 하며, '집단이 목표를 달성하거나 목표 달성을 지향하도록 하기 위하여 영향력을 행사하려는 행동'(Stogdill, 1974)으로 정의하기도 한다. 한편, 사회학적 입장에서는 '주어진 상황 속에서 집단의 목표를 달성하기 위하여 구성원들에게 영향력을 행사하는 개인 또는 집단의 활동과정'으로 보기도 하고(Tichy & Devanna, 1986; Wasley, 1991), '집단이 추구하는 목표달성과 구성원들의 욕구충족을 통한 집단 유지에 기여하는 행위 기제'로 보기도 한다(Stogdill, 1974; Zaleznik, 1977). 종합적으로 리더십은 집단의 목표달성을 위해 집단 내 구성원들의 행동에 적극적인 영향력을 미치는 과정으로, 지도자의 능력이나 지도력, 통솔력, 자질 등을 말하는데, 넓게는 집단 전반에 대한 영향력을 의미한다고 할 수 있다(Terrey, 1986; Tichy & Devanna, 1986). 한편, 리더십을 기능적인 관점에서 '추구하는 목표를 달성하기 위해 개인 및 집단을 조정하며 동작하게 하는 기술'로 보기도 한다(이종수 외, 2009). 조직 속의 리더십은 구성원으로 하여금 조직목표 달성에 자발적으로 협조하도록 하는 기술이라는 것이다. 리더십은 '조직의 공식적 구조와 설계의 미비점을 보완하고, 변화하는 환경에 조직이 효율적으로 적응하도록 하며, 조직 내부의 조화를 유지시키고, 조직구성원의 동기를 유발하고 재사회화하는 기능'인 것이다(Zaleznik, 1977).

    리더십 이론은 자질론(traits theory)으로부터 시작해 행동유형론(styles of leader behavior)을 거쳐 상황론(situation theory) 등으로 발전해 왔으며, 변혁적 리더십, 분산적 리더십, 도덕적 리더십 등 다양한 형태의 이론으로 확산되고 있다(윤정일 외, 2021). 자질론은 초기의 지도성에 관한 연구로, 지도자는 피지도자가 소유하지 않은 어떤 특성을 지니고 있을 것이라는 가정하에 지도자의 특성이 무엇인가를 밝히는 데 집중하였다. 행동유형론 접근에서는 내면적 인성 및 행동을 강조하고 집단목적을 추구하는 데 어떤 조건하에서 어떤 행동이 필요하며, 집단구성원들이 집단행동에 어떻게 참여하는가를 탐구한다. 상황적 접근에서는 어느 상황에도 적용되는 보편적인 지도적 특성을 발견할 수 없다는 점 때문에 개인의 자질 및 행동을 상황과 결부시키며 리더십 발휘 과정을 탐구한다.

    리더십 개념은 관점에 따라 강조점이 달라지기도 한다. McSwain(2011)은 리더십은 '능력'에 관한 것이라고 주장하면서, 리더십 능력은 듣고 관찰하는 것으로 모든 수준의 의사결정 과정에서 대화하는 힘을 리더십의 핵심 능력으로 보았다. Terrey(1986)는 리더십의 '동기부여' 측면을 강조하였는데, '리더십은 조직의 문제점을 개선하고 조직이 환경 변화에 적응할 수 있도록 구성원들에게 동기부여하는 것'이라고 정의하였다. Bass(2008)는 리더십의 '책임완수' 측면을 강조하였는데, 리더십은 '맹렬한 도전, 인내, 창의성, 자신감, 결과를 대상으로 한 승복, 스트레스 극복 등을 통해 책임을 완수하는 것'이라고 정의하였다. 리더십에 대한 다양한 정의와 관점을 바탕으로 공통적인 요소들을 중심으로 리더십 개념을 정의하면 '조직에서 리더가 조직의 목표 달성을 위하여 구성원들에게 미치는 기술, 능력 등을 포함한 종합적인 영향력'이라고 할 수 있다.

## II  선행연구에서 교사리더십 개념

### 〈1〉 선행연구에서 교사리더십 개념

리더십의 개념이 포괄적이어서 리더십을 정의하는 사람 수만큼 많고 다양하듯이(Stogdill, 1974; Bass, 2008), 교사리더십 개념 또한 매우 다양하며 아직까지 합의된 명확한 정의가 없는 상태이다(Wenner & Campbell, 2017). 따라서 각 상황과 맥락에 따라 다양하게 교사리더십 개념이 규정되고 있다. York-Barr & Duke(2004: 260)는 20년 동안 이루어진 교사리더십에 관한 연구들에 대한 메타분석을 통해 교사리더십에 대한 개념 논의 및 규정이 매우 미흡하고 부실하다는 것을 밝혀냈는데, 그들은 교사리더십이라는 개념적 우산이 둘러싸고 있는 영역이 너무 광범위하여 개념을 명확하게 규정하기 어렵다는 점을 밝힌 바 있다. 이러한 맥락에서 York-Barr & Duke(2004)는 교사리더십은 명확하게, 일관되게 정의 내리기 어려운 개념이라고 하면서 "교사리더십은 공식적인 위계관계나 역할 지위에 따른 개념이 아닌 매우 독특한 성격의 리더십 개념이며, 전통적 리더십이 아닌 몇몇 다른 리더십 이론에 기반을 둔 개념"이라고 주장하였다. 그러면서 이들은 "교사리더십은 학생들의 경험 및 성취 향상을 위하여 조직 차원에서 관계를 구축하고, 장애물을 없애며, 자원을 결집시키는 관리자(agency)로서의 역할과 역량"이라고 규정하기도 하였다.

이러한 교사리더십 개념 특성으로 인해 교사리더십 개념은 관점과 맥락에 따라 다양하게 규정되고 있는데, 우선 수업 차원에서 교사리더십을 정의하는 부류가 있다. Pelicer와 Anderson(1995)은 교사리더십을 수업리더십 차원에서 "교사가 학교에서 다양한 학교기관의 도움을 바탕으로 수업프로그램의 계획된 변화를 주도하고 실행하여 학생 학습의 구체적이고 지속적인 성장을 이루는 것"이라고 정의하였다. Crowther 등(2009) 또한 수업리더십으로서 교사리더십을 강조하면서 교사리더십은 "교사가 학생들의 학습 참여 여건을 조성하고 동료교사들과 함께 좀 더 적극적으로 수업 실천 개선을 실행하고 검토해 나가는 역량"이라고 규정하였다. Boles와 Troen(1994: 11)도 "교사리더십은 모든 학생들을 위한 수업 개선 전문성을 촉진하는 협력적 능력"으로 보고 수업 개선을 위한 교사리더십을 강조 하였다.

한편, 교사리더십을 동료교사를 돕고 지원해 주는 역량으로 보는 관점도 있다. Angelle와 DeHart(2011: 141)는 "교사리더십은 동료교사들과 교수법 및 학급 관리에 대한 지식을 공유하고, 동료교사의 요청에 기꺼이 도움을 주는 학생에 대한 봉사를 넘어서는 동료교사와 학교에 대한 봉사"라고 규정하였다. Wasley(1991: 23) 역시 동료교사와의 관계에서 교사리더십을 강조하며 "교사리더십은 동료교사로 하여금 평소에 동료교사의 도움 없이 할 수 없었던 것들, 또는 생각할 수 없었던 것들을 할 수 있도록 지원해 주고 격려해 주는 능력"이라고 주장하였다. Muijs와 Harris(2007: 111)는 "교사리더십은 동료교사들 사이에 의사결정권을 공유하고, 주도권을 갖도록 서로 지원하며, 교육을 이끌어 갈 수 있도록 서로 도와주는 역량"이라고 규정하면서 동료교사 관계 차원에서 교사리더십을 강조하였다.

다른 한편으로는 교사리더십을 학교 변화나 교육개혁 차원에서 교사의 자질로 보는 관점도 있다. Katzenmeyer와 Moller(2009: 6)는 "교사리더는 교실 안팎에서 리더십을 수행하고, 교사학습자와 리더들로 구성된 공동체에 소속감을 가지고 헌신하며, 다른 사람의 교수능력 향상에 영향력을 행사하고, 자신이 발휘한 리더십 결과에 책임을 지는 사람"으로 정의하면서 교사리더십을 "교실 내에서뿐만 아니라 교실 밖에서까지 교육 실천의 향상을 위하여 교육공동체에 미치는 영향력"으로 규정하였다. 즉 교실 차원뿐만 아니라 학교 및 학교 밖의 차원에서도 교육의 변화를 위해 교사의 영향력 발휘가 필요하다는 관점에서 교사리더십에 주목하였다. Poekert, Alexandrou, 그리고 Shannon(2016: 310)도 "교사리더십은 교사의 질 향상 및 학교 개선을 체계적으로 지속하기 위한 하나의 해결책으로 실행 가능한 경험적 접근"으로 보고 교사와 학교의 개선을 강조하였다. Collinson(2012: 247)도 "교사리더십은 학교에서 학습과 혁신을 추구하면서 다른 사람에게 영향을 미치는 관계 및 네트워크"라고 주장하면서 혁신을 위한 교사리더십에 주목하였다. Fullan(1994) 역시 교육의 변화 과정에서의 교사리더십에 주목하면서 "교사리더십은 교사의 헌신과 교사의 지식을 밀접하게 아우르는 복합 개념인데, 여기서의 헌신은 교사의 도덕성 및 지속적 학습에 대한 열의를 뜻하며, 지식은 교수-학습, 교육적 맥락, 협동역량, 교육변화 과정에 대한 이해 등을 뜻하는 것"으로 보았다.

또한 교사리더십을 공동체 역량 측면에서 보는 관점도 있다. Lambert(1998: 5)는 "교사리더십의 본질과 목적은 학교 내 사람들과 함께 협력하여 의미와 지식을 집단적으로 그리고 공동으로 구성할 수 있는 능력"이라고 정의하면서 학교 내에서의 집단적, 공동 역량으로서의 교사리더십을 강조하였다. Greenlee(2007: 44) 역시 "교사리더십은 교사들에게 힘을 부여하는 것이며, 이들 교사들이 모든 학교 구성원들에게 기대감을 가지고 학교 공동체에 긍정적으로 기여할 수 있도록 해 주는 집단 역량"이라고 하여 공동체 역량으로서의 교사리더십을 강조하였다.

교사리더십 개념 논의들은 대체로 교사리더십 영향력의 범위를 교실을 넘어서서 학교 및 학교 밖으로까지 확대하고자 하며, 또한 교사리더십 과업 영역도 가르치는 일을 넘어서서 다양한 교육활동으로 확대하고 있다는 점이 특징이다(Katzenmeyer & Moller, 2009; Crowther, et al., 2009; Ackerman & Mackenzie, 2007). Danielson(2006: 12)도 "교사리더십은 학생을 가르치는 기존의 업무를 수행하면서, 더 나아가 학교의 다양한 교육활동 및 학교 밖의 교육활동에도 영향을 미치는 교사의 역량"으로 보았으며, Katzenmeyer와 Moller(2009: 6) 역시 "교실뿐만 아니라 교실 밖에서도 영향력을 행사하며 책임을 지는 것"을 교사리더십으로 보았다. Wenner와 Campbell(2017: 7)도 "교사리더십은 교실에서의 교수 책무뿐만 아니라 수업 이외의 영역에서도 영향력을 발휘하는 것"이라고 규정하였다.

국내 교사리더십 연구들도 교사리더십 개념을 다양하게 규정하고 있는데, 조직차원의 역량으로 보는 관점, 교수-학습 역량으로 보는 관점, 공동체 역량으로 보는 관점, 개인 자질로 보는 관점 등 크게 넷으로 구분된다. 우선 조직 차원의 역량으로 보는 관점으로 류윤석(2009: 284)은 "교사리더십은 학교조직의 목표 달성을 위한 교육활동의 추진과정에서 발휘되는 것으로서 교사가 구성원들과 더불어 창의적이고 전문적인 교육활동을 전개하기 위하여 다양한 역량을 기반으로 조직 구성원 활동의 지원자, 조직의 변화 촉진자 역할을 수행하는 활동"으로 규정하여 조직 차원의 역량임을 강조하였다. 박세훈, 박지훈(2014: 195)은 "교사지도성은 학교조직의 목표 달성 및 학생 삶의 변화를 촉진하기 위한 교육 활동의 추진과정에서 발휘되는 것으로 우수한 수업 및 학급 운영, 교육과정 개발 등과 같은 전문성을 지닌 교사가 학생뿐만 아니라 교장과 동료 교사, 학부모, 지역사회를 대상으로 발휘되는 적합한 영향력"이라고 규정하면서 조직 차원의 역량에 주목하였다.

　　교수-학습 역량 차원에서 교사리더십 개념을 규정한 연구들도 있는데, 우선 황기우(2011: 83)는 "교사리더십은 교사 리더가 학생의 학업성취를 향상시킬 목적으로 동료교사, 교장, 그 외 학교 구성원에게 개인이나 집단적으로 영향을 주어 교수-학습을 개선해가는 과정"이라고 규정하였다. 최은주(2014: 166) 역시 "교사리더십은 학교의 모든 교사가 학생의 학업 성취도를 향상시키고 궁극적으로 학교 교육을 발전시키기 위해서 교실 내외에서 학생 및 동료 교사에게 발휘하는 영향력"으로 정의하였다. 김옥희, 최인숙(2005: 10)은 "교사리더십은 교사가 교육현장에서 자신의 이해를 통한 잠재적 능력을 계발하고, 이를 교수·학습활동에 적용해 쌍방 간의 합리적인 의사결정과 상호작용을 통해 긍정적이고 바람직한 방향으로 나아가도록 돕는 영향력"으로 규정하면서 교수-학습활동 리더십을 강조하였다.

　　한편 공동체 역량으로 교사리더십 개념을 규정한 연구들도 있다. 김성아, 송경오(2019: 157)는 "교사리더십은 교사전문성을 기반으로 수업개선과 학교개혁을 위해 다양한 구성원들과의 관계를 통해 미치는 영향력이자 교사 공동체에서 협력과 소통을 통해 그들의 교육적 영향력을 공유하는 것"으로 규정하였다. 류근하(2012: 135)는 "교사리더십은 학교 현장에서 교사들이 학생이나 동료교사, 그리고 교장을 비롯한 교육행정가나 학부모를 비롯한 지역사회와의 관계에서 교육목표를 효율적으로 달성하기 위한 영향력"으로 정의하면서 공동체 내에서 관계 역량에 초점을 맞추어 교사리더십을 정의하였다.

　　또한 교사리더십을 교사 개인 자질 측면에서 규정한 연구들도 있다. 김병찬(2015: 362)은 "교사리더십은 교사들이 학교에서 학교의 목표 달성을 위하여 수업지도, 생활지도, 학급운영, 동료교사 관계, 행정업무, 학부모관계 영역에서 학생, 동료교사, 학부모에게 발휘하는 목표지향적이며, 공동체적이고, 과업주도적이며, 전문적 영향력"으로 정의하면서 교사 개인 자질로서의 교사리더십에 주목하였다. 박대휘(2014: 6) 역시 "교사리더십은 교사가 사명감과 소명의식을 바탕으로 교육 대상에 대한 애정과 책임감, 그리고 미래 지향적인 교육비전을 가지고 전문적이면서도 의욕적으로 교육활동을 실천함으로써, 학생의 삶의 변화를 촉진하기 위해 학생, 학부모, 동료교사, 학교행정가, 지역사회를 대상으로 발휘하는 적합한 영향력"으로 규정하였다. 김진원(2021: 7)도 "교사리더십은 학생의 삶과 학교의 긍정적인 변화를 위하여 교사가 교사로서의 책임의식을 가지고 전문성에 기반하여 교실수준, 학교수준, 학교 밖 수준에서 학생, 동료교사, 학교장 등의 학교구성원 및 상황과 상호작용하며, 개인적 또는 집단적으로 영향력을 행사하는 과정"이라고 규정하면서 개인 자질 측면에 초점을 맞추었다.

## 〈 2 〉 교사리더십이 논의되는 맥락

교사리더십은 앞에서 살펴본 바와 같이 상당히 넓은 개념적 스펙트럼을 갖고 있는데, 이는 교사리더십이 적용되는 현장의 다양성에 기인한 것이라고 할 수 있다. 즉 교사리더십이 실제로 구현되는 현장 맥락이 매우 다양하기 때문에 맥락에 따라 교사리더십 초점도 달라진다는 것이다. 그동안의 선행연구나 사례 등을 통해 볼 때, 교사리더십이 논의되는 맥락은 크게 네 차원으로 구분된다.

### 가. 학교개혁 및 학교 발전 차원

우선적으로 교사리더십은 학교개혁 및 학교 발전 차원에서 논의되고 있다(Murphy, 2005). 즉 학교의 개선이나 발전을 위한 핵심 요소를 교사리더십으로 보고, 교사리더십 개발 및 함양에 관심을 기울이는 접근이다. Danielson(2006)은 교사리더십을 학교 혁신을 주도할 중요한 역량이라고 보고 교사들이 주도적 결정권과 판단력을 가질 수 있도록 교사리더십을 함양해야 한다고 주장하였다. Wasley(1991: 23)는 학교 변화를 위해서는 교사들의 주도적인 참여가 필요한데, 특히 교사들 사이에 변화를 위해 동료교사들을 북돋워 줄 수 있는 능력인 교사리더십이 중요하다고 보았다. Katzenmeyer

& Moller(2001: 17)는 학급 및 학교 공동체 발전을 위해 교장리더십 못지않게 교사리더십이 필요하다고 강조하면서 교사리더십 역량 함양에 주목하였다. Smylie & Denny(1990)는 학교 변화를 위해 촉진자, 도와 주는 자, 변화의 촉매자로서의 교사리더십을 강조하였고, Davidson & Dell(2003: 19) 역시 교육 개혁을 위한 혁신자, 위험 감수자, 기획자, 총체적 변화 중개인 등으로서의 교사리더십 역할을 강조하였다. 이와 같이 학교개혁 및 학교 발전 차원에서 교사리더십을 논의하는 접근이 한 부류를 이루고 있다.

## 나. 학교 재구조화 차원

한편 학교의 구조적 변화에 주목하면서 학교 재구조화 차원에서 교사리더십을 보는 관점도 있다. 이 관점에서는 학교 내 권력관계나 체제 변화가 이루어지고 교사에 대한 권한위임이 진행되는 상황에서 교사리더십 구축이 반드시 필요하다고 본다(Sergiovanni, 1994). 우선 Ackerman와 Mackenzie(2007)는 학교 구조가 수직적 위계 체제에서 수평적 공동체 체제 변화되고 있는 상황에서 교사들이 학교 교육목표 설정에 참여하는 등 교사들과 협력관계를 촉진할 수 있는 공동체 리더십 구축이 필요하다고 주장하면서 교사리더십의 정립을 강조하였다. Sergiovanni(1994) 또한 위계 체제가 변화되고 재구조화된 학교 체제에서 수업, 교사평가 등의 과업에 교사들의 영향력과 책임이 증대되는 과정에서 교사리더십이 반드시 필요하다고 주장하였다. Harris(2003: 316-318)는 재구조화된 학교 조직에서 교사리더십은 개인 역량이 아니라 조직 내 집합적 역량이라고 강조하면서 구성원의 상호작용을 통해 형성되는 것으로 보았다. 이러한 관점을 토대로 학교 리더십은 교장 전유물이 아니며, 권한위임, 권한공유, 상호 책무성 등을 기반으로 함께 구성해 가는 것이라고 주장하였다. 그리고 교사리더십의 구현을 위해서는 기술적, 합리적 접근보다 정서적, 문화적 접근이 필요하며 구조 변화보다 문화 변화가 중요하다고 강조하였다.

## 다. 교사전문성 차원

교사리더십을 교사전문성 차원에서 접근하는 관점도 있다. 교사전문성을 강화하고 실현하기 위한 중심 기제로서 교사리더십에 주목하여 교사리더십을 갖춤으로 교사전문성을 잘 발휘할 수 있다고 믿는 관점이다(Angelle & DeHart, 2011). Danielson(2006)은 교사의 전문적 실천 활동에 초점을 맞춰 교사리더십 목적, 발휘 대상, 발휘 영역 등을 설정해야 한다고 보고, 교수-학습과 관련된 동료교사의 수업을 촉진하는 것이 교사리더십의 목적이라고 주장하였다. 교사전문성 차원에서 가르치는 자로서의 리더십이 교사리더십의 핵심이라고 본 것이다. 즉 교사리더십은 교수-학습을 잘 수행하기 위한, 또는 전문성을 잘 발휘하기 위한 리더십이라는 것이다. 한편, Boles와 Troen(1992: 11)는 협동적 노력을 통해 교사의 전문성을 개발시키는 능력이 교사리더십이라고 보았다. Danielson이 교사전문성을 발휘하기 위한 역량으로 교사리더십을 보았다면, Boles와 Troen은 동료교사의 전문성을 개발시키기 위한 능력으로 교사리더십을 본 것이다. Angelle와 DeHart(2011), Lambert(1998) 등은 수업 개선 차원에서 교사리더십을 강조하고 있는데, 이들 역시 교사전문성 차원의 교사리더십 접근이라고 할 수 있다.

### 라. 교사의 기본 자질 차원

교사의 기본 자질 차원에서 교사리더십에 대한 접근도 있다. 이는 학교개혁이나 변화, 재구조화, 전문성 신장 등의 차원에서 교사리더십이 필요하다는 접근들과 별도로, 교사의 기본 자질로 교사리더십을 보는 접근이다. 학교개혁이나 변화, 전문성 신장 등의 차원에서 교사리더십에 대한 접근은 대체로 리더 교사나 주도하는 교사의 리더십에 초점을 두지만, 교사의 기본 자질 차원에서 교사리더십에 대한 접근은 모든 교사의 교사리더십에 초점을 둔다. Harris(2008)는 학생을 위한 수업 개선을 위해 모든 교사가 교사리더십을 갖춰야 한다고 보고, 교사리더십을 모든 교사에게 필요한 기본 자질이라고 강조하였다. 김병찬(2019), 김영태(1998), 류윤석(2009), 김진원(2021) 등도 학교 교육활동 과정에서 모든 교사가 역할을 감당하기 위해 필요한 역량으로 교사리더십을 보고 있는데, 이들 역시 교사의 기본 자질 차원에서 교사리더십을 보는 접근이라고 할 수 있다.

## III 본 저서에서 교사리더십 개념

　앞에서 살펴본 바와 같이 교사리더십은 상당히 포괄적인 개념이고 다양한 맥락에서 사용되는 개념으로 명확하게 규정하기는 쉽지 않다. 따라서 각 상황과 맥락, 필요에 따라 개념을 규정하여 사용하고 있다. 본 저서에서 교사리더십의 개념을 세 가지 요소에 기반을 두고 정의하고자 한다. 첫째, 교사리더십은 특정 리더 교사를 위한 리더십이 아니라 모든 교사를 위한 리더십이라는 것이다. 따라서 본 저서에서의 교사리더십 개념은 리더 교사, 앞서가는 교사의 리더십을 교사리더십으로 규정한 개념과는 차이가 있다. 둘째, 본 저서에서의 교사리더십 개념은 교사의 기본 자질 속성으로 본다. 따라서 교사리더십 개념을 교수-학습 개선, 학교개혁 및 변화 등 특정 영역의 활동에 초점을 둔 개념들과는 차이가 있다. 즉 본 저서에서의 교사리더십은 교수-학습 개선이나 학교개혁 및 변화를 위한 리더십에 한정하지 않고 교사의 모든 교육활동 영역에 필요한 교사의 기본 자질로서의 리더십이다. 셋째, 본 저서에서의 교사리더십 개념은 구성주의 교육 패러다임에 기반을 두고 있다. 즉 지식을 전달하는 전통적 교육 패러다임이 아니라 학생의 지식 구성을 돕는 구성주의 교육 패러다임에 기반을 두고 있다.

### 〈1〉 교사리더십 개념

　위의 세 가지 기반을 토대로, 모든 교사의 기본 자질로서 구성주의 관점에 기반한 교사리더십 개념을 규정하면 다음과 같다.

> 교사가 교육활동 수행 과정에서 학생, 동료교원, 학부모 등 구성원들이 교육목표를 달성할 수 있도록 주도적으로 돕고, 지원하고, 안내하고, 촉진하는 힘이자 영향력

#### 가. 교사

교사리더십을 발휘하는 주체는 교사이다. 교사는 우선적으로 교장, 교감

등 학교 관리자들과 구분이 된다. 즉 교장이나 교감은 학생이나 교원을 관리, 통제하는 일을 주 업(業)으로 하는 직책인 반면, 교사는 가르치는 활동을 주 업으로 하는 사람이다. 가르치는 일을 주 업으로 하는 교사의 리더십과 관리, 통제, 행정 업무를 주 업으로 하는 교장 및 교감의 리더십과는 차이가 있다. 물론 리더십은 교사뿐만 아니라 교장, 교감에게도 반드시 필요하다. 하지만 가르치기 위한 리더십과 관리, 통제하기 위한 리더십은 성격, 특성 등 근본적인 면에서 차이가 있다.

교사리더십은 학교관리자가 아닌 일반교사가 발휘하는 리더십이다. 그런데 일반교사의 경우 부장교사나 학과장 같은 보직을 맡은 교사와 보직을 맡지 않는 교사로 나누어진다. 교사리더십은 보직을 맡은 교사나 보직을 맡지 않는 교사 모두에게 해당이 되는 리더십이다. 부장교사나 학과장 같은 보직을 맡더라도 그 교사들의 주 업무는 일반교사와 동일하게 가르치는 일이기 때문이다. 가르치는 활동을 주 업으로 하는 교사는 보직을 맡든, 보직을 맡지 않든 교사리더십 발휘의 주체인 것이다.

보직교사의 경우, 교무부장, 연구부장, 학년부장, 학과장 등과 같은 직책을 맡는다. 이들이 맡고 있는 교무업무, 연구업무, 학년업무, 학과업무 등은 학교행정 업무의 일환이며 교장, 교감의 지시나 지침에 의해 업무를 수행한다. 따라서 보직교사들의 업무 자체만 놓고 보면 학교 행정업무의 성격이 강하다. 그런데 보직교사들이 맡고 있는 업무들은 거의 대부분 학생들을 가르치는 일과 관련된 업무들이다. 보직교사들은 학생들을 가르치는 일과 관련된 업무를 수행할 뿐만 아니라 직접적으로 학생들을 가르치는 일을 수행한다. 따라서 보직교사도 교사리더십의 주체인 것이다.

그리고 교사리더십의 주체인 교사는 공식적, 비공식적으로 리더십을 발휘하는 위치에 있는 교사뿐만 아니라 리더십을 발휘하는 위치에 있지 않다고 하더라도 모든 교사는 단 한 사람도 예외 없이 교사리더십의 주체이다. 즉 교사리더십은 리더 역할을 맡고 있거나 책임 있는 위치에 있는 교사들만이 아니라 모든 교사가 발휘해야 하는 교사의 기본 자질이다. 교사의 역할 자체가 누구도 예외 없이 리더십을 발휘해야 하는 역할이기 때문이다. 학생을 이끌고 안내하여 교육 목표를 달성하도록 돕고, 지원하는 일이 교사의 주 과업인데, 이 일을 감당하기 위해서는 반드시 리더십이 필요하다. 따라서 가르치는 일을 수행하는 교사는 누구도 예외 없이 교사리더십의 주체이다.

### 나. 교육활동[2]

교사리더십은 교육활동 수행 과정에서 발휘된다. 따라서 교육활동 이외 분야 활동까지 교사리더십 영역에 포함시키지는 않는다. 교사의 가정생활, 취미생활, 사적모임 등에서 발휘하는 리더십은 개인의 리더십일 수 있지만 교사리더십은 아니다. 어떤 교사가 자전거타기 동호회에서 리더십을 발휘한다고 해서 그것까지 교사리더십이라고 하지는 않는다는 것이다. 교사리더십은 명확하게 교육활동 과정에서 발휘하는 리더십이다.

교사의 교육활동 영역은 대체로 수업, 생활지도, 학급운영, 행정업무, 대외관계, 전문성 개발 등 다양하게 규정되고 있다(박영숙 외, 1999). 그리고 교사들은 이 과업 영역에 따라 각각의 교사리더십을 발휘한다. 한편, 김영태(1999)는 교사리더십 발휘 영역인 교육활동을 수업지도, 생활지도, 학급운영, 학교업무, 학부모 및 지역사회 관계 등으로 구분하였다. 우리나라 교원 리더십 프로그램을 분석한 박호근(2005)도 교사리더십 발휘 교육활동을 수업지도, 학생지도, 학교 및 학급경영, 교육과정 운영, 대외협력, 행정사무 등 여섯 분야로 분류한 바 있다. Whitaker(1995)는 교사의 교육활동을 학생교육, 교육프로그램 개발, 학교문화 조성, 동료장학 등으로 보고 교사는 각 영역에서 리더십을 발휘해야 한다고 주장하였다. 교사의 교육활동 영역에 대한 여러 논의를 바탕으로 종합하여 정리하면 다음과 같다.

**표 2** 교사의 교육활동 영역

| 학자<br>영역 | 박영숙 외<br>(1999) | 김영태<br>(1999) | 박호근<br>(2005) | Whitaker<br>(1995) |
|---|---|---|---|---|
| 수업지도 | 수업<br>(전문성 개발) | 수업지도 | 수업지도<br>(교육과정 운영) | 학생교육<br>(교육프로그램 개발) |
| 생활지도 | 생활지도 | 생활지도 | 생활지도 | 학생교육 |

---

2   이 부분은 김병찬(2019: 75-81)이 정리한 내용을 수정, 보완한 것이다.

| 학자<br>영역 | 박영숙 외<br>(1999) | 김영태<br>(1999) | 박호근<br>(2005) | Whitaker<br>(1995) |
|---|---|---|---|---|
| 학급운영 | 학급운영 | 학급운영 | 학급운영 | |
| 동료교원 관계 | | | | 학교문화 조성,<br>동료장학 |
| 행정업무 | 행정업무 | 학교업무 | 학교운영<br>(행정사무) | |
| 학부모 관계 | 대외관계 | 학부모 및 지역<br>사회 관계 | 대외협력 | |

### 1) 수업지도

교사의 교육활동 중 가장 핵심적인 영역은 수업지도라고 할 수 있다(이홍우, 2008). 수업은 교사가 수업을 계획하고 수업내용을 선정하며, 수업을 실행하고, 평가하기까지의 전 과정을 포괄한다. 수업을 통해 교사는 학생의 지적, 정의적, 신체적 발달과 변화를 꾀한다. 따라서 학생 변화의 가장 중요한 기반은 수업이다. 수업에서 성공한 교사는 성공한 교사라고 할 수 있지만, 수업에서 실패한 교사는 다른 영역에서 성과를 내더라도 성공한 교사로 평가받기 어려울 것이다. 교사는 아동의 수준에 적합하게 교과 내용을 재구성하고, 상황에 맞는 수업방법을 개발하여 성공적으로 수업을 이끌어 가기 위한 역량을 갖추고 있어야 한다(Irwin, 1985). 교사가 수업활동을 잘 수행하기 위해서는 우선적으로 교과내용에 대한 이해뿐만 아니라, 수업방법에 대한 이해, 평가방법에 대한 이해, 그리고 학습자인 학생에 대한 이해 등 총체적인 이해가 선행되어야 한다. 이러한 이해를 바탕으로 학생에게 맞는 적절한 수업을 이끌어 갈 수 있어야 하는데, 이 과정에서 교사리더십이 발휘된다.

### 2) 생활지도

교사는 생활지도를 통해 학생의 올바른 인성 및 생활습관을 함양시킨다. 생활지도는 학생으로 하여금 올바른 행동을 하도록 지도하는 과정일 뿐만 아니라 사회 시민으로서의 태도와 자세를 길러주는 과정이기도 하다(이경숙, 2017). 교사가 생활지도를 잘 하기 위해서는 교사 스스로도 올바른 생활 습관과 태도를 가지고 있어야 한다(박병량, 2001). 학생의 바람직한 생활 태도를 기르기 위한 생활지도는 인성 함양, 민주시민의식 함양, 학생자치능력 함양, 공동체의식 함양, 건전한 인간관계 능력 함양 등을 주요 목적으로 한다(박병량, 주철안, 2006). 개인주의화의 심화로 다양한 사회문제가 발생하고 있는 현대 사회에서 생활지도는 더욱 중요해지고 있다(김계현, 2020). 생활지도를 통해 학생이 올바른 생활습관을 갖추도록 하기 위한 과정에서 교사리더십이 발휘된다.

### 3) 학급운영

학급은 학생들이 학교에서 가장 많은 시간을 보내며, 많은 관계를 맺는 장이다(문낙진, 1993). 따라서 교사는 학생들이 학급 생활을 잘 할 수 있도록 적절하게 관리, 지도할 수 있어야 한다. 학급운영을 잘 하기 위해 교사에게 학생에 대한 이해, 조직에 대한 이해, 인간관계에 대한 이해, 조직관리 능력 등 다양한 능력이 요구되며, 또한 학급을 둘러싼 환경에 대한 이해 및 적응 능력도 필요하다(박영숙 외, 1999).

학급운영 담당자로서의 담임교사의 임무는 여러 가지로 규정될 수 있는데, 우선 김영돈(1979: 468)은 학급운영 교육철학의 구성, 환경의 정비, 교수활동 파악, 건강활동을 포함한 생활 관리, 가정 및 지역사회와의 협력, 학급문화 조성 등을 담임교사의 임무로 제시하였다. 박병량, 주철안(2006)은 학급담임 교사의 임무로 학급경영 목표 수립, 학급경영 계획 수립, 학급 교육과정 구성, 학생생활지도, 특수학생지도, 학생평가, 과외활동 여가 지도, 교실의 환경 구성, 학급사무 처리, 학급경영 평가, 학부모 상담 및 지역사회 관계 등으로 규정하였다. 학생들이 학급에서 잘 적응, 생활할 수 있도록 하기 위한 학급운영 과정에서 교사리더십이 발휘된다.

### 4) 동료교원 관계

학교에서 교사들은 동료교원과 밀접한 관계 속에서 교육활동을 수행한다. 동료교원과의 관계 형성 정도나 능력에 따라 교직생활의 성패가 좌우되기도 한다(Duke, 1996; Hargreaves & Fullan, 2012). 동료교원과의 관계는 여러 가지로 분류가 될 수 있는데, 원로교사와 젊은 교사, 선배교사와 후배교사,

교과교사, 학년교사, 부서 교사, 위원회 교사 등 매우 다양한 관계가 형성된다. 교사는 이러한 다양한 동료교사 관계 속에서 교육활동을 수행한다. 최근 들어서 동료교원과의 관계나 활동은 더욱 증가하고 있다(Lieberman, 2002; 박은진, 2020). Katzenmeyer와 Moller(2009) 또한 교사전문성 향상을 위해 동료교원과의 관계 구축의 중요성을 강조하였다. 교사들은 다양한 교원단체에 가입하여 활동을 하고 있는데, 이 또한 동료교원과의 관계 영역으로(이중현, 2017; 이인규 외, 2017) 학교 내·외에서 동료교원과 다양한 관계를 맺고 교육활동을 수행하는 과정에서 교사리더십이 발휘된다.

### 5) 행정업무

교사들은 학교에서 다양한 행정업무를 맡고 있는데, 행정업무 역시 교사리더십 발휘의 주요 영역이다(Smylie & Denny, 1990). 행정업무는 직접적인 교육활동은 아니지만, 교육활동이 원활하게 진행될 수 있도록 돕고, 지원하는 성격의 일이기 때문에 넓은 범위에서 교육활동 영역에 포함시키고 있다(Cusack, 1993; Murphy & Louis, 1999). 하지만 교사들은 행정업무 수행에 부담을 갖기도 하며 행정업무에 대한 사전 준비나 교육이 부족한 편이기도 하다(윤정일 외, 2004). Berliner(1984)는 교사의 행정업무는 교육활동으로서 계획, 의사소통, 과업활동 관리, 업무환경 개선, 새로운 구성원 교육, 부서 사이의 업무 조정, 협동과업 수행, 동기부여, 평가, 재정관리 등을 포함한다고 하였다. 교육활동을 돕고 지원하기 위한 교육활동으로서의 행정업무는 교육목표 달성 및 원활한 교육활동 수행을 위한 교사리더십 발휘 영역이 된다.

### 6) 학부모 관계

교사는 교육목표 달성 및 교육활동 수행을 위해 학부모와 협력하고 있으며, 지역사회, 혹은 각종 기관이나 단체와 관계를 맺고 있다(김용련, 2019). 교사는 학부모를 비롯한 대외 관계자들에게 학생이나 학교에 대한 정확한 정보를 제공할 수 있어야 하며, 또한 이들로부터 도움도 받을 수 있어야 한다. 교육 환경의 변화로 인해, 학부모들의 학교 교육 참여가 증대되고 있으며, 학교운영위원회, 학부모회, 어머니회, 아버지회 등 다양한 제도적 장치들도 확대되고 있다(이종각, 2021). 교사는 학부모에 대해 아동 보호자로서의 권리를 존중하고, 학부모가 부담 없이 자유롭게 학교를 방문하여 상담할 수 있는 분위기를 조성하며, 부모의 권리와 책임에 대해서도 알려줄 수 있어야 한다(박연호, 1984). 그리고 학부모는 학교에 대해 학생의 학교생활, 교육프로그램, 교사의 학생에 대한 기대, 교사의 훈육방법, 학부모의 협력이 필요한 사항, 학교나 학급의 특별활동 계획 등을 알고 싶어 하는데(Bolman & Deal, 1992), 이들을 공지하고 안내하는 것도 교사의 교육활동이다. 이처럼 학부모들은 학교교육 과정에서 교육활동 수행을 위해 교사의 파트너가 되고 있는데, 학부모들과 관계를 형성하고 협력해 나가는 과정에서 교사리더십이 발휘된다.

### 다. 학생, 동료교원, 학부모[3]

교사리더십은 교사가 교육활동 과정에서 학생, 동료교원, 학부모 등 구성원에게 발휘하는 영향력이다. 교사리더십 발휘 대상에 대해서는 논의 맥락이나 상황에 따라 강조점이 달라진다(Katzenmeyer & Moller, 2009). 예를 들어 교수-학습 과정에서의 교사리더십에 관해 논의할 때는 교사리더십 발휘 대상을 주로 학생에 초점을 맞추고, 학교개혁이나 변화에 초점을 맞추어 교사리더십을 논의할 때는 주로 동료교원에게 초점을 맞춘다(Danielson, 2006; Lieberman & Miller, 2004). 교육적 상황 및 필요에 따라 교사리더십 발휘 대상에 대한 초점이 달라질 수 있다는 것이다. 이는 매우 당연하고 자연스러운 것으로 교사리더십의 포괄성을 인정하면서 적적하게 적용, 응용할 필요가 있다. 교사리더십 발휘 대상을 누구에게 초점을 맞출 것인가에 대한 다양한 접근이 이루어지고 있는데(Murphy, 2005; Patterson, 1993), 종합적으로 교사리더십 발휘 대상은 학생, 동료교원, 학부모 등으로 정리되고 있다. 선행 논의를 바탕으로 교사리더십 발휘 대상을 표로 정리하면 다음과 같다.

---

3    이 부분은 김병찬(2019: 71-75)이 정리한 내용을 수정, 보완한 것이다.

**표 3** 교사리더십 발휘 대상

| 대상 \ 학자 | Danielson (2006) | 김영태 (1999) | 최정희 (2004) | 김병찬 (2007) |
|---|---|---|---|---|
| 학생 | 학생 | 학생 | 학생 | 학생 |
| 동료교원 | 동료교사 (학교행정가) | 동료교사 (학교행정가) | | 동료교사 (교장, 교감) |
| 학부모 | | 학부모 (지역사회) | | 학부모 |

### 1) 학생

우선, 교사는 학생을 대상으로 교사리더십을 발휘한다. 교사의 핵심 과업이 학생 교육이기 때문에 학생은 주요 교사리더십 발휘 대상이다(Danielson, 2006). Fay(1992)는 교사리더십의 목표를 교육과정, 수업, 학습방법, 학습격려에 두고, 교사리더십은 학생에게 초점이 맞추어져야 한다고 강조하였다. Kaufman(1995) 역시 교사리더십의 핵심은 교수활동이라고 보고, 교사리더십은 학생에게 주목해야 한다고 주장하였다. 이들의 논의에 의하면 교사리더십의 핵심 대상은 학생이다. 학교교육의 궁극적인 목적은 학생의 학업성취와 인성발달, 즉 학생의 전인적 성장이기 때문에 교사의 리더십 역시 학생에게 초점이 맞추어지며, 당연히 교사리더십의 효과도 학생에 의해 검증이 된다(김영태, 1999: 145).

학생을 대상으로 한 교사리더십 발휘 과정에서 학생들의 급격한 정서적, 신체적 변화, 교사와 학생의 세대 차이, 학생문화와 교사문화의 괴리 등의 요인들로 인해 많은 어려움을 겪기도 한다(문낙진, 1993; 박병량, 2001). 즉 학생의 상황은 교사의 교사리더십 발휘에 큰 영향을 미칠 수 있다(Fullan, 2016; Morrison, 2002). 교사의 학생에 대한 이해 및 관계 정도에 따라 교사리더십 발휘 수준도 달라질 수 있다는 것이다. 학생과의 관계 정도에 따라 교사리더십 발휘가 달라질 수 있기 때문에 학생에 대한 이해 및 관계 역량을 기를 필요가 있다. 교사의 주 과업 수행의 대상인 학생과의 상호작용 과정에서 교사리더십이 발휘된다.

## 2) 동료교원

동료교원 또한 교사리더십 발휘의 대상이다(Darling-Hammond & Prince, 2007). 교사리더십 발휘 교사는 동료교원에 대해 지원해 주고, 지적 자극을 주며, 모범적인 실제를 보여 주어 동료교원의 참여를 증진시키고 교육활동을 촉진시킨 다(박은실, 2002). 학교에서 교원들 사이에 다양한 상황과 맥락에서 다양한 유형의 교사리더십 관계가 형성된다(Harris, 2009). 상호 수업활동을 돕고 지원해 주는 과정에서, 생활지도에 대해 상호 협의하는 과정에서, 또는 학습공동체를 이루어 함께 학습해 나가는 과정에서 다양한 교사리더십 관계가 형성된다. 또한 학교에서는 공식적으로 리더 역할을 하는 교사(formal teacher leader)도 있고, 비공식적으로 리더 역할을 하는 교사(informal teacher leader)도 있는데(Gordon et al., 2021), 이들 역시 동료교원과의 교사리더십 관계를 형성한다.

한편, 교사리더십 발휘 대상으로서의 동료교원에는 교장, 교감과 같은 학교관리자도 포함된다(Katzenmeyer & Moller, 2009; Johnson, 1998). 교사리더십은 동료교사들에게만 발휘되는 것이 아니라 교사의 상급자라고 할 수 있는 교장이나 교감에 대해서도 발휘된다. 예를 들어, 수업지도와 관련된 전문성을 바탕으로 교사는 교장에게 정책적, 제도적 제언을 할 수 있으며, 필요한 경우 교장, 교감을 설득하여 합리적인 방법으로 문제해결을 도모할 수도 있다. 이 과정에서 교사는 교장에 대해 교사리더십을 발휘하는 것이다. 전통적 관점에서 보면, 하급자가 상급자에게 리더십을 발휘하는 것은 성립될 수 없다(Stogdill, 1974). 그런데 교사의 경우 직위 면에서는 교장의 하급자이지만, 교육이라는 전문적 과업을 수행하는 전문가로서 교육활동의 목표 달성을 위해서는 교장, 교감에 대해서도 리더십을 발휘할 수 있다(Johnson, 1998). 또한 교사리더십 발휘 대상으로서의 동료교원은 학교 내의 동료교원에 한정하지 않는다. 학교 밖의 교원들과도 다양한 관계를 형성하는데(이성대, 2015; 김용련, 2019), 이 관계에서도 교사리더십이 발휘된다. 이와 같이 학교 내·외의 동료교원 모두 교사리더십 발휘의 대상이다.

### 3) 학부모

학부모 역시 교사리더십 발휘 대상이다(Paulu & Winters, 1998). 교사는 학생의 학업, 생활, 진로 등 다양한 측면에서 학부모에게 교사리더십을 발휘할 수 있다. 학교교육은 학교와 가정의 긴밀한 연계 속에서 이루어져야 하며, 효과적인 교육을 위해 학교와 가정의 협력 관계가 필요하다(이종각, 2021; 이인규 외, 2017). 특히 담임교사와 학부모와의 관계는 학생의 교육활동에 중요한 영향을 미칠 수 있다(강선희, 2010; 손형국, 양정호, 2013). 교사는 학부모에게 교육방침, 교육내용과 방법, 결과 등을 알리고, 학급 및 교육활동 운영 과정에 학부모들을 적절하게 참여시킬 수 있어야 하는데(박병량, 주철안, 2006), 이 과정에서 교사리더십이 발휘된다.

한편, 교사와 학부모와의 관계는 협력적 관계가 유지될 수도 있지만, 갈등 관계가 발생하기도 하며, 학생 지도와 관련하여 교사의 권한과 학부모 권한 사이에 충돌이 생기기도 한다(안창선, 2012; 이경숙, 2017). 권기욱 외(1996: 266-267)는 교사와 학부모 간에 갈등이 일어나는 이유는 부모들이 교사와 다른 관점으로 자신의 자녀를 보고 있기 때문이라고 주장하였다. 그리고 부모들이 교사를 만나는 데 두려움을 갖고, 학교와 관련된 부정적인 경험을 하며, 자녀의 학업성취 정도에 대한 왜곡된 이해와 지나친 기대를 갖는 것도 교사와의 관계에서 갈등을 일으키는 요인이라고 설명하고 있다. 이러한 특성을 지닌 학부모들과 협력하여 교육활동을 이끌어 나가기 위해서는 교사리더십이 필요하다.

최근 들어 학교와 지역사회의 관계 및 협력이 확대되고 있으며, 교사들의 지역사회 관계자들과의 관계도 증가하고 있다(김용련, 2019; 이인규 외, 2017). 이러한 지역사회 관계자들과의 관계 역시 교육활동을 위해 중요한 과정이 될 수 있으며, 이 과정에서도 교사리더십이 발휘된다. 이러한 맥락에서 학부모뿐만 아니라 지역사회 관계자들 역시 교사리더십 발휘의 대상이라고 할 수 있다(Kindred, et al., 1976).

### 라. 교육목표 달성

교사리더십 발휘는 교육목표를 달성하고자 하는 행위이다. 교육목표는 교육 실제에 있어서 달성하고자 하는 교육 성과이며, 교육목적을 보다 구체화시킨 항목이다(김정례, 1999). 이러한 교육목표는 개인적, 사회적, 통합적 차원으로 구분될 수 있다(이돈희, 1983; 김정례, 1999). 개인적 차원에서의 교육목표는 학생 개인 차원의 교육목표로 학생의 능력·필요·흥미를 기초로 하여 학생 각자의 효과적이고 충실한 발달에 중점을 둔 목표라고 할 수 있으며, 구체적으로 학생의 인성 함양, 수월성 향상, 전인적 발달 등을 교육목표로 삼는 것이다. 사회적 차원의 교육목표는 사회의 유지, 발전을 위한 적응 및 사회화에 목표를 두는 것으로 민주시민 육성, 사회에 필요한 인재 양성 등이 그 예이다. 통합적 차원에서는 사회는 개인에 의해 구성되고 개선되지만, 동시에 사회 또한 개인의 성격, 활동 방향 등을 규정한다고 보아, 사회와 개인의 상호작용적 성질을 중시하며 학생의 사회적 자아실현을 강조하고 또한 사회의 요청과 개인의 필요를 절충한 목표를 설정한다(이돈희, 1983).

교사리더십은 교사가 교육활동 과정에서 이러한 교육목표를 이루기 위한 영향력이다. 따라서 교육목표 달성과 관련이 없는 활동 영역까지 교사리더십 발휘 영역에 포함시키지는 않는다. 예를 들어 교사가 오락활동, 여가활동, 취미활동 등에서 영향력을 발휘할 수 있는데, 그것까지 교사리더십이라고 하지는 않는다. 또한 교사가 학교 이외의 가정이나 사적 모임 등에서도 리더십을 발휘할 수 있는데 이 경우도 교육목표 달성을 목적으로 하지 않기 때문에 교사리더십이라고 하지 않는다. 물론 교사의 학교 밖 활동 가운데 수업 전문성 향상을 위해 지역사회의 교사들과 학습공동체 모임을 하면서 리더십을 발휘한다면, 이는 교육목표 달성을 위한 활동이기 때문에 교사리더십이라고 할 수 있다.

이와 같이 교사리더십은 교육목표 달성을 위해 발휘하는 영향력인데, 교육목표 달성은 직접적 교육목표 달성과 간접적 교육목표 달성을 모두 포함한다(이돈희, 1983). 직접적 교육목표는 교사가 어떤 과업 수행 과정에서 그 과업의 교육목표가 분명하게 제시되어 있거나, 또는 암묵적으로 동의된 교육목표라고 할 수 있다. 즉 직접적 교육목표는 명시적, 암묵적으로 분명하게 설정되어 있는 교육목표이다. 예를 들어 어떤 수업에서 학생의 학업성취도 향상을 명시적으로 제시하였다면 이는 직접적 교육목표라고 할 수 있고, 아울러 수업시간이지만 대체로 학생들의 학업성취도 이외에도 학생들의 인성 함양을 암묵적으로 교육목표로 삼고 있다면 이 또한 직접적 교육목표라고 할 수 있다. 반면 간접적 교육목표는 그 활동 자체에 명시적, 암묵적으로 교육목표가 설정되어 있지 않지만 그 활동을 통해 간접적으로 교육목표를 달성하는 경우에 해당한다. 예를 들어, 청소활동의 경우 주변과 환경을 깨끗하게 하는 활동으로 직접적인 교육목표를 가지고 있지는 않다. 하지만 청소활동을 통해 정리정돈 습관을 들이고 질서의식을 갖게 되는 등의 교육목표를 달성할 수 있다. 이와 같이 그 활동이 직접적으로 교육목표를 달성하고자 하는 것은 아니지만, 그 활동을 통해 간접적으로 교육적인 효과, 목표를 달성할 수 있다면 이것을 간접적 교육목표라고 할 수 있다. 교사리더십은 직접적, 간접적으로 교육목표 달성을 위해 발휘되는 영향력이다.

### 마. 주도적으로

'주도적'은 '주동이 되어 이끄는' 것을 의미한다(표준국어사전). 움직임을 주동하여 이끌어 가는 것이 주도적인 자세이다. 교육활동을 수행함에 있어서도 다른 사람에게 끌려가거나, 정책이나 지침에 끌려가는 것이 아니라, 주동이 되어 이끌어 나가는 것이 주도적인 모습이다. 교사는 학교 조직의 일원으로 수많은 정책, 제도, 지침 속에서 과업을 수행한다. 교사가 과업을 수행하면서 정책이나 제도, 지침에 마지못해 따라가는 것이 아니라 정책이나 제도, 지침을 자신의 학교, 교실, 학생의 상황과 맥락에 적합하게 적용하여 운영해 나가는 것이 '주도적'인 태도이다. 수업과 관련해서도 정해진 시간표에 따라 소극적으로 수업에 임하는 것이 아니라 자신의 교육목표와 비전 가운데 적극적으로 주동하여 수업을 이끌어 가는 것이 주도적으로 수업에 임하는 자세이다. 또한 동료교원들과의 관계에서도 적극적으로 주동하여 함께 교육활동을 수행해 나가는 것이 주도적인 모습이다. 교사리더십은 '주도적으로' 교육활동을 수행해 나가는 과정에서 발휘된다(Schrum & Levin, 2015).

주도적이라고 해서 꼭 앞장서야 하고 이끌어 나가야 하는 것만을 의미하는 것은 아니다. 물론 필요한 경우에는 앞장서서 이끌어 나가야 한다. 하지만 앞장서서 이끌어 가지 않더라도 교육활동에 참여하면서 소극적, 수동적 태도가 아닌 적극적, 능동적으로 임하는 것 또한 주도적인 자세이다. 교육활동을 수행하면서 '기본만 하자', '정해진 시간만 하자', '주어진 업무만 하자' 등의 태도를 버리고 '좀 더 질 높은 교육', '좀 더 좋은 교육'을 하고자 하는 의지를 갖고 적극적인 자세로 교육활동을 수행해 나가는 것도 주도적인 자세이다. 교사리더십은 주도적으로 교육활동을 수행해 나가는 과정에서 발휘된다.

### 바. 돕고, 지원하고, 안내하고, 촉진하고

교사리더십은 교사가 교육목표 달성을 위하여 교육활동 과정에서 학생, 동료교원, 학부모 등이 동기와 의욕을 갖고 교육활동에 참여할 수 있도록 돕고, 지원하고, 안내하고, 촉진하는 활동이다. 교사리더십을 발휘하여 학생, 동료교원, 학부모 등이 행동하거나 참여하도록 하기 위해서는 교사는 그들을 돕고, 지원하고, 안내하고, 촉진할 수 있어야 한다. 이와 같이 교사는 모든 교육활동에서 구성원들로 하여금 교육활동에 적극 참여할 수 있도록 돕고, 지원하고, 안내하고, 촉진할 수 있어야 하는데, 바로 이러한 활동 자체가 교사리더십이다(Danielson, 2006; Lieberman & Miller, 2004; Wenner & Campbell, 2017).

돕는 것은 "일이나 행동을 쉽고, 원활하고, 덜 힘들게 해 주는 것"이며, 지원하는 것은 "동의하고 인정하면서 밀어주는 것"이고, 안내하는 것은 "방향을 잡아주고 인도하는 것", 촉진하는 것은 "효과적으로 일이 이루어지도록 다그치며 나아가게 하는 것"이다(표준국어사전). 교사리더십 발휘는 학생, 동료교원, 학부모 등을 움직이게 하는 힘인데, 교사리더십 발휘 교사는 학생, 동료교원, 학부모 등이 교육활동을 쉽고, 원활하게 할 수 있도록 해 줄 수 있어야 하며, 교육활동에 대해 인정하고 동의하면서 밀어줄 수 있어야 하고, 교육활동의 방향을 잡아주고 인도할 수 있어야 하며, 효과적으로 교육활동을 수행하도록 다그치며 나아가게 할 수 있어야 한다(Murphy, 2005; Smylie & Denny, 1990; Snell & Swanson, 2000). 교사리더십 발휘는 이와 같이 학생, 동료교원, 학부모 등을 돕고, 지원하고, 안내하고, 촉진하는 활동이다. 교사리더십 발휘 주요 활동 개념을 표로 정리하면 다음과 같다.

**표 4** 교사리더십 발휘 주요 활동

| 구분 | 돕기(help) | 지원(support) | 안내(guide) | 촉진(facilitate) |
|------|-----------|--------------|------------|-----------------|
| 개념 | 일이나 행동을 쉽고, 원활하고, 덜 힘들게 해 주는 것 | 동의하고 인정하면서 밀어주는 것 | 방향을 잡아주고 인도하는 것 | 효과적으로 일이 이루어지도록 다그치며 나아가게 하는 것 |
| 관련 용어 | 조력자, 코칭, 멘토링 | 지지해주기 섬기기 코칭, 멘토링 | 비전 제시, 목표 제시 본을 보이기 코칭, 멘토링 | 동기부여 용기, 도전 열정 코칭, 멘토링 |

### 사. 힘, 영향력

　교사리더십은 학생, 동료교원, 학부모 등이 교육활동 과정에서 교육목표를 달성할 수 있도록 돕고, 지원하고, 안내하고, 촉진하는 힘이자 영향력이다. 영향력(影響力)은 영향을 미치는 힘인데, 힘에는 유·무형의 힘이 모두 포함된다. 유형(有形)의 힘은 직접적으로 안내를 하거나 지침을 주거나 도와주는 등 행위나 활동을 통해 나타나는 힘(power)이고, 무형(無形)의 힘은 구체적인 행위나 활동보다는 심리적, 정서적으로 작용하는 힘이다(Spears, 2002). 예를 들어, 소극적인 학생을 적극 독려하여 수업에 잘 참여하도록 하거나 동료교사를 설득하여 교사학습공동체에 참여하도록 하는 것은 유형의 힘이 작용한 예라고 할 수 있고, 반면에 교사가 구체적으로 지시나 지침을 주지 않았음에도 불구하고 교사의 일상적 행동을 보고 학생이 스스로 깨우쳐 교육활동에 적극 참여하게 되거나 동료교사의 전문가로서 헌신하는 삶의 모습을 보고 수업 개선 활동에 참여하게 되는 것은 무형의 힘이 작용한 예라고 할 수 있다(Muijs & Harris, 2007; 윤 정, 2018). 교사리더십은 유형의 힘뿐만 아니라 무형의 힘으로도 발휘된다.

　힘은 원래 신체 용어로 사전적 의미는 "사람이나 동물이 몸에 갖추고 있으면서 스스로 움직이거나 다른 물건을 움직이게 하는 근육 작용"이다(표준국어사전). 즉 힘은 몸을 움직이게 하는 근육 작용이다. 힘은 '무엇인가 움직임이 있고', '그것을 움직이게 하는 근육 작용, 작용력'인 것이다. 교사리더십은 교육활동 속에서 학생, 동료교원, 학부모 등을 움직이게 하고 그들이 움직일 수 있도록 하는 작용력이기 때문에 힘이라고 할 수 있다. 신체의 힘이 몸을 움직이게 하는 것이라면 교사리더십으로서의 힘은 학생, 동료교원, 학부모 등을 움직이게 한다. 그런데 힘이 발휘되기 위해서는 에너지가 있어야 한다(Spears, 2002). 신체에서는 체질, 음식, 운동 등이 바탕이 되어 에너지가 형성되고 그 에너지로 힘을 발휘한다. 그렇다면 교사리더십 힘을 발휘하게 하는 에너지 요소는 무엇일까? 교사리더십의 경우에는 교육에 대한 의지나 의욕, 교육에 대한 열정, 교육에 대한 신념이나 철학 등이 교사리더십을 발휘하게 하는 에너지 요소가 될 수 있다(Danielson, 2006; Murphy, 2005). 교사리더십은 교육활동 수행 과정에서 학생, 동료교원, 학부모 등이 교육목표를 달성할 수 있도록 해 주는 힘이다.

## Ⅳ 소결

　　교사리더십이 새로운 개념은 아니다. 이전부터 교사들의 교육활동 속에 교사리더십은 존재해 왔다(Danielson, 2006; Murphy, 2005). 다만 교사리더십이 크게 드러나거나 교사리더십 현상에 주목하지 않았을 뿐이다. 과거에도 교사들은 학생, 동료교원, 학부모 등을 돕고, 지원하고, 안내하고, 촉진하는 역할을 해 왔다. 그런데 과거에는 이러한 역할에 크게 주목하지 않았다. 과거에는 교육활동 과정에서 학생을 돕고, 지원하고, 안내하고, 촉진하는 일보다 '지식의 전달'에 더 큰 비중을 두었기 때문에 지식을 잘 전달하는 능력을 중시했다. 따라서 과거에는 지식을 잘 알고(지식) 지식을 잘 전달하는(기술) 것이 교사의 핵심 덕목이었고, 지식을 잘 전달하는 능력인 전문성이 강조되었다(Sergiovanni, 2001). 이와 같이 과거에는 지식을 잘 전달하는 전문성을 갖고 있으면 교육이 잘 이루어질 것이라고 보았다. 학생들과의 상호작용보다는 지식을 잘 전달하는 교사 개인의 전문성이 더 중요했던 것이다. 교사가 전문성을 가지고 있으면 교육적 성과도 이뤄낼 수 있을 것이라고 보았던 것이다.

그런데 교육 패러다임의 변화로 교사의 역할과 상황도 바뀌었다(Shapiro, 2000). 과거 객관주의 교육 패러다임 시대에는 객관적 지식인 교과서 내용을 학생들에게 가장 많이 효과적으로 전달하는 것이 교사의 중심 역할이었다. 지식을 잘 전달하는 교사의 능력, 자질, 기술을 훨씬 더 강조했다. 단순하게 이야기 해서 교사는 잘 전달하고 학생은 잘 받아들이면 되었다. 따라서 교사가 잘 전달하고 학생이 잘 받아들이는 수업이라면, 일제식 수업, 강의식 수업도 잘 하는 수업으로 인정을 받을 수 있었다. 상대적으로 교사-학생 사이에 상호작용에는 큰 관심을 기울이지 않았다.

오늘날 구성주의 교육 패러다임 시대에는 교사의 주된 역할이 객관적 지식(교과서)을 학생에게 전달하는 것이 아니라, 학생이 상황과 맥락에 맞게 지식을 구성하도록 돕고, 지원해 주는 역할로 바뀌었다(Snell & Swanson, 2000). 학생이 자신의 상황과 맥락에 맞게 지식을 구성하도록 돕고, 지원해 주기 위해서는 교사는 학생과 끊임없이 상호작용을 해야 하고 학생이 지식을 잘 구성할 수 있도록 적극 돕고, 지원하고, 안내하고, 촉진해 줄 수 있어야 한다. 이러한 역할은 이전부터 있어 왔지만 과거에는 크게 주목하지 않았던 것이다. 그런데 교육 패러다임의 변화로 인해 학생과 상호작용하면서 학생이 지식을 잘 구성할 수 있도록 돕고, 지원하고, 안내하고, 촉진하는 역할은 교사의 중심 역할이 되었고, 교사가 이 역할을 감당하기 위한 핵심 자질이 교사리더십인 것이다(Crowther, et al., 2009; Levin & Schrum, 2017). 이제 교사리더십의 시대가 되었다.

# 3장

# 교사리더십 성격

# 교사리더십 성격

　　교사리더십은 리더십이기는 하지만 일반적 리더십, 전통적 리더십과는 그 성격이 다르다. 교사리더십은 기존의 리더십과는 다른 독특한 성격을 갖는다(Katzenmeyer & Moller, 2009; Kouzes & Posner, 2010; Levin & Schrum, 2017). 무엇이든지 그 성격에 맞게 접근할 때 제대로 된 이해와 적용이 가능하다. 교사리더십 역시 교사리더십 성격에 맞게 이해하고 적용해야 교사리더십이 제대로 발휘될 수 있다. 교사리더십은 전통적 리더십 계보에 따라 형성, 발전된 것이 아니라, 사회 변화 및 교육 패러다임의 변화에 따라 대두되고 형성된 것이기 때문에 전통적 리더십과 성격이 다르다고 할 수 있다. 좀 더 구체적으로 전통적 리더십과 구분되는 교사리더십의 차이를 제시하면 아래 표와 같다.

**표 5** 전통적 리더십과 교사리더십의 차이

| 전통적 리더십 | 교사리더십 |
|---|---|
| **집중된 리더십**<br>- 지도자 개인, 상층부에 리더십 집중 | **분산적 리더십**<br>- 리더십의 수직적, 수평적 분산 |
| **독점 리더십**<br>- 개인 리더십 역량<br>- 리더 혼자 발휘<br>- 개인 역할기반(role-based initiatives)<br>- 수직적 리더십 | **공유리더십**<br>- 공동 리더십 역량<br>- 구성원 함께 발휘<br>- 과업기반(task-oriented)<br>- 수평적 리더십 |
| **제도, 권위기반 리더십**<br>- 권위 기반 리더십<br>- 공식적, 인위적 | **셀프리더십**<br>- 스스로 형성하는 리더십<br>- 비공식적, 자연적 |
| **관리, 통제, 지휘 리더십**<br>- 앞에서 끌고 가는 리더십 | **서번트리더십**<br>- 돕고, 지원, 안내, 촉진하는 리더십 |

| 전통적 리더십 | 교사리더십 |
|---|---|
| **객관주의 리더십**<br>- 집행하는 리더십<br>- 위계적, 선형적 리더십 | **구성주의 리더십**<br>- 구성해 가는 리더십<br>- 상호작용 리더십 |

## Ⅰ 분산적 리더십으로서 교사리더십

교사리더십은 분산적 리더십 성격을 가지고 있다. 분산적 리더십은 리더십이 집중되어 있지 않고 조직 내 구성원 사이에 수직적, 수평적으로 분산되어 있는 리더십 형태를 가리킨다(Leithwood et al., 2007). 단위 학교 내에서 교장이 리더십을 독점하지 않고 부장교사나 교사들에게 리더십을 위임하여 분산하는 것이 수직적 분산이고, 교사 혹은 각 부서 사이에서 어느 한 교사나 부서가 리더십을 독점하지 않고 다른 교사 및 부서와 리더십을 분산하는 것이 수평적 분산이다. 교장이나 소수 교사리더에게 리더십이 집중되어 있지 않고, 여러 상황 가운데 역할을 수행하는 교사들 사이에 다양하게 리더십이 분산되어 있는 모습이라고 할 수 있다.

그동안 리더십에 관한 연구는 지도자의 개인적 특성에 관한 연구에서 시작되어 행동적 접근, 상황이론, 변혁적 리더십 등 다양한 형태로 발전되어 왔지만, 주로 지도자 개인에게 초점을 맞추어 왔다. Gronn(2002)과 Leithwood 등(2007)은 지도자의 역할, 지위, 권위에 초점을 맞춘 그동안의 리더십을 분산적 리더십과 대비하여 '집중된 리더십(focused leadership)'이라고 명명하면서 '전통적 리더십(traditional leadership)'이라고 설명하였다. 전통적 리더십은 공식적 권위, 영웅적(heroic)이고 카리스마적인 특성을 지닌 지도자에게 초점을 두지만(Leithwood et al., 2007), 분산적 리더십은 조직 내 공식적·비공식적 지도자들이 조직의 상황과 맥락에서 조직이 직면한 문제, 이슈 등에 대한 의사결정의 공유를 통해 조직 효과성 및 개인의 전문성을 함께 함양시켜 나가는데 초점을 둔다(주영효, 김규태, 2009). 무엇보다 분산적 리더십은 효율성이나 결과를 중시하는 전통적 리더십 접근에 문제를 제기하면서 지도자의 전문성이나 리더십 발휘가 '어떻게', '어떤 과정'으로 이루어지는가에 초점을 두고 있다(라연재, 2009; 이성은, 이상희, 임영애, 2009). 분산적 리더십은 지도자 개인에게 집중되어진 리더십의 관점으로부터 리더십을 확대하여 지도자와 구성원 모두가 상호 협동적으로 리더십을 발휘할 때 조직의 효과성이 높아진다고 보는 관점이다(Harris, 2008). 리더십을 개인이 독점하지 않고 확산, 분산한다는 측면에서 교사리더십은 분산적 리더십 성격을 갖는다.

## 〈1〉 분산적 리더십 개념

분산적 리더십의 개념은 주로 집중된 리더십(focused leadership)의 상대 개념으로 사용된다(Lightbody, 2011). 분산적 리더십에서는 공식적으로 임명된 한 사람이 실질적으로 완벽한 리더가 될 수 없음을 인정하고 전문성과 역할에 따라 여러 명의 중간리더가 세워져야 한다는 점을 강조한다(Flessa, 2009; Mayrowetz, 2008). 따라서 분산적 리더십에서는 구성원 또한 리더가 될 수 있다고 전제하며, 리더십 능력은 고정된 것이 아니라 확산되고 개발되는 것으로 보았다(Harris, 2009) 분산적 리더십에서는 팔로워의 역량과 상황을 파악하여 그들을 리더로 키우는 것이 리더의 중요한 역할이다(Lightbody, 2011).

분산적 리더십의 초창기 연구자인 Elmore(2000)는 분산적 리더십은 전문적인 역량을 지닌 다수의 조직 구성원들이 조직 공동 목표와 가치 실현을 위하여 함께 일하며 리더십을 발휘하는 것이라고 주장하였다. Gronn(2000)은 개인의 특성, 역량, 행동에 집중한 전통적 리더십에서 리더십이 일어나는 맥락, 상황, 환경, 만일의 사태 등을 고려한 분산적 리더십으로 전환이 필요하다고 강조하였다. 한편, Gronn(2003)은 분산적 리더십을 상호작용하는 개인들의 그룹 또는 네트워크 속에서 출현하는 것으로 보고, 분산적 리더십은 사람들이 함께 일을 할 때 발생하는 공조행위(concerted action)이며 조직 구성원의 상호작용 과정이라고 주장하였다.

Spillane(2006)은 분산적 리더십을 학교 지도자(leaders), 구성원(followers), 그들이 놓여있는 상황(situation) 간 상호작용이라고 정의하면서 지도자 범위 확대와 리더십 실행 자체에 주목할 필요가 있다고 주장하였다. 지도자 범위 확대는 리더십 분산이 단순히 여러 명에게 리더십이 위임되는 차원을 넘어서서 구성원들이 책임을 공유하는 책임의 확산까지 의미한다고 보았다. 개별 구성원들까지도 리더십 실행의 주체가 되고 책임을 진다는 점에서 전통적 리더십 접근과는 확실히 다르다고 할 수 있다. Armistead, Pettigrew와 Aves(2007)는 분산적 리더십을 공동의 목표와 방향을 위하여 다양한 수준에서 협동하는 것으로 정의하였으며, Arrowsmith(2007)는 분산적 리더십을 학교 내에서 권력 분산의 새로운 형태로 보고, 학교 내에서 권한을 확산하고 위계적 구조를 유연화시키는 것으로 보았다. Harris(2008: 38)는 분산적 리더십을 조직의 상부구조에 기반을 둔 통제방식의 리더십이 아니라 조직 구성원과 조직 상황에 의해 방향이 설정되고 영향력이 형성되는 리더십이라고 강조하였다.

## ⟨2⟩ 분산적 리더십의 특징

### 가. 리더십 분산

분산적 리더십의 가장 큰 특징은 리더십이 집중되어 있지 않고 분산되어 있다는 것이다. 분산적 리더십을 통해 조직 내에서 분산되는 것으로 권위, 가치, 이해, 사적 요소 및 자원 등 다섯 가지를 들기도 한다(Gronn, 2000). 그리고 리더십 분산은 리더, 구성원, 상황 간의 상호작용에 의해 이루어진다(Spillane, 2005). 즉, 리더십의 분산은 리더십 기능이 리더뿐만 아니라 구성원들의 과업에 확산되며 리더와 구성원 사이의 상호작용을 통해 이루어지는 것이다. 그리고 이 과정에서 행위가 발생하는 상황적 속성과 리더가 활용하는 자원은 리더십 발휘의 필수 요소로 작용한다(박선형, 2003). 또한 Bolden 등(2009)은 영국 대학들을 대상으로 한 연구를 통하여 대학에서의 리더십 분산의 두 가지 형태로 이루어지고 있음을 밝혀냈는데, 하나는 하위 책임자에게 리더십을 분산하는(devolved) 하향식 탑다운 방식의 이양적 형태이고, 다른 하나는 조직 및 개인 단위에서 리더십이 생성되고 창발되는(emergent) 상향식 또는 수평적 형태의 분산이었다. 분산적 리더십은 리더십이 개인에게 집중되지 않고, 수직적, 수평적으로 분산, 확산된다는 점이 특징이다.

## 나. 분산된 통합

분산적 리더십은 리더십의 분산과 쪼개기에 그치는 리더십이 아니라 동시에 전체적인 통합을 지향하는 리더십이다(Spillane, Halverson, & Diamond, 2004). 분산적 리더십은 리더십이 네트워크화된 상태로서, 조직 내에서 정보와 자원이 상호 연계 공유된 상태를 의미한다(Gronn, 2002). 따라서 분산적 리더십은 분산된 통합의 리더십이라고 할 수 있다. Spillane과 Diamond(2007) 역시 리더십이 분산되어 있으면서 동시에 협조적(collaborated), 집합적(collective), 조정적(coordinating) 형태를 취한다고 강조하였다. Gronn(2002)은 기술적, 사회적 '분업'이라는 맥락 속에 분산의 의미와 기능을 보아야 한다고 주장하였다. 즉 리더십 분산은 분절(fragmentation)과 융합(fusion)의 기반 위에서 이루어진다는 것이다. 따라서 분산적 리더십은 분산을 통해 리더십이 결집된 상태인 것이다. 분산적 리더십은 집중된 리더십(focused leadership)이 아니라 결집된 리더십(aggregated leadership)인 것이다(Gronn, 2002). 그러므로 분산적 리더십은 리더십 실행에 있어서 공조 행위(concertive action) 또는 임의적 협조(spontaneous collaboration)가 상당히 중요하며, 조직 구성원들의 상호의존과 긴밀한 업무관계 유지가 분산적 리더십의 토대이다((Gronn, 2002). 이와 같이 분산적 리더십은 리더십 수행이 리더 개인 차원에 머무르지 않고 좀 더 큰 맥락에서 리더십의 결집 및 통합을 지향하는 리더십이라고 할 수 있다.

## 다. 리더 확대

분산적 리더십의 또 하나의 특징은 리더 확대(leader-plus)이다(Wright, 2008). 리더 확대는 리더십 경계의 확대 또는 리더십 망이 확대된 것으로서 지도자와 구성원 모두와 관련이 있다(Spillane, Halverson, & Diamond, 2004; Woods, Bennett, Harvey, & Wise, 2004). 분산적 리더십은 리더십 실행 과정에 공식적인 지도자뿐만이 아니라 조직 구성원들 또한 공식적, 비공식적으로 참여하게 함으로써 리더 확대를 가져온다(Woods, Bennett, Harvey, & Wise, 2004) 리더 확대 과정에서 상호작용, 협조, 조정 등은 중요한 작동 기제가 된다(Wright, 2008). 리더 범위의 확대는 개인 중심 리더십에서 다수의 리더십으로 확대되는 것으로 분산적 리더십의 특징이다.

## 〈 3 〉 교사리더십의 분산적 리더십 성격

학교 조직 내에서 교사리더십의 존재 형태는 분산적 리더십이다(문성윤, 2013). 학교자율화 및 권한위임 등 여러 정책적 변화로 인해 교장 및 상급자의 리더십 권한이 교사에게 넘겨지고 있으며, 교사들 사이에서도 어느 특정 교사가 리더십을 독점하는 것이 아니라 학교 조직 내 모든 교사들이 리더십을 발휘하고 있다는 점에서 교사리더십은 구조적으로 분산적 리더십 성격을 갖는다(강호수, 구남욱, 김한나, 2018).

또한 교사리더십은 교사 개인의 리더십이 아니라 리더십 네트워크 속에서 발휘되는 분산적 리더십이다(Gronn, 2002). 교장 및 상급자로부터 권한을 위임받아 리더십을 발휘하는 수직적 확산과 동료 사이에 상호 리더십을 발휘하는 수평적 확산의 구조 속에 있는데, 이는 분산적 리더십의 전형적인 모습이라고 할 수 있다. 학생을 대상으로 교사리더십을 발휘하는 경우에도 분산적 리더십의 모습이 나타난다. 학생과의 수업 과정에서도 교사가 리더십을 독점하여 학생을 일방적으로 이끌고 가는 것이 아니라 학생들로 하여금 수업을 주도적으로 수행해 나가도록 촉진, 지원해 주는 관계를 형성하게 되면 이역시 분산적 리더십의 모습이라고 할 수 있다(Woods, Bennett, Harvey, & Wise, 2004). 동료교원과 관계에서도 상호 협력과 협동 과정에서 다양한 리더십 분산이 이루어질 수 있다(Spillane, 2005). 이와 같이 교사리더십은 교사 개인이 리더십을 독점하는 것이 아니라 수직적, 수평적 리더십 분산과 확산 가운데 발휘된다는 점에서 분산적 리더십 성격을 갖는다.

## ▌Ⅱ▐ 공유리더십으로서 교사리더십

교사리더십은 또한 공유리더십의 성격을 갖는다(Pearce & Conger, 2003). 공유리더십은 조직 운영 과정에서 리더십과 책임을 공유하는 리더십 유형이다. 전통적 리더십에서 리더십 책임은 리더에게 부여되며 다른 구성원들은 리더를 따르는 팔로워로 규정된다(Stogdill, 1974). 반면 공유리더십에서는 리더와 팔로워가 리더십 및 책임을 공유한다. 교사리더십은 교사와 구성원이 리더십과 책임을 공유하는 공유리더십이다.

## ⟨ 1 ⟩ 공유리더십 개념

공유리더십은 대체로 '공식적 1인의 리더가 아닌 구성원 전체가 리더십을 가지며 구성원들 개개인이 동시적이고 지속적으로 상호 영향력을 행사하며 조직의 목표를 달성해 나가는 과정(process)'으로 정의되고 있다(Yukl, 1999; Pearce & Conger, 2003; Pearce, 2004; Lightbody, 2011). Hiller와 동료들(2006)은 공유리더십을 리더 역할의 공동 수행 정도로 보았는데, 즉 리더와 구성원이 공동으로 리더 역할을 수행하는 정도가 높으면 공유리더십이라고 주장하였다. 한편, Avolio와 Jung(1996)은 공유리더십을 높은 수준의 팀워크를 발휘할 수 있는 집단 내의 변혁적 리더십의 한 형태라고 정의하면서 리더와 구성원 사이의 팀워크에 주목하였다. 조직의 구성원들 사이에 공유되는 형태의 리더십인 공유리더십은 아직 분산적 리더십, 참여적 리더십, 팀 리더십, 공동의 리더십 등의 개념과 혼재되어 사용되고 있으며 실천에서의 혼란이 발생하고 있기도 하다(Lightbody, 2011). 그럼에도 불구하고 리더십을 개인이 독점하지 않고 상호작용 과정에서 구성원과 함께 공유한다는 특성은 리더십의 새로운 속성으로 인정받고 있다(Pearce & Conger, 2003). 특히 리더십을 권한위임이나 확산을 통해 분산시킨다는 측면보다 구성원 사이에 공유하고 있는 리더십에 초점을 맞추었다는 점에서 분산적 리더십과 차별성이 있다(Yukl, 1999).

## ⟨ 2 ⟩ 공유리더십의 특징

### 가. 구성원 간 상호작용 영향력

Sivasubramaniam과 동료들(2002)은 공유리더십을 조직 내 구성원들이 서로 간에 미치는 총체적인 상호작용 영향력이라고 규정하였다. 특별히 전문가들로 이루어진 조직은 수직적인 리더십이 존재하지 않더라도 뚜렷한 목표와 가치관에 따라 조직의 성과를 위해 스스로 노력할 가능성이 높고, 조직 내의 신뢰와 상호작용에 따라 리더십이 형성된다고 보았다. 공유리더십은 구성원 사이에 집중과 분산, 지시와 참여, 개인과 집합 등의 정도에 따라 다양한 스펙트럼이 존재한다(Harris, 2009).

공유리더십은 조직 내 구성원 사이의 소통을 활성화시키고 아이디어를 확산시키며 혁신 행동을 촉진하기도 한다(Lightbody, 2011). 또한 조직 내의 수평적 상호작용을 촉진하여 형식적인 학습뿐만 아니라 무형식의 학습을 활성화시킨다(Pearce & Conger, 2003). 이러한 구성원 사이의 학습과 상호작용은 조직의 약점을 보완하고 성과를 향상시키며 구성원들의 효능감을 증진시키기도 한다(Avolio & Jung, 1996). 이와 같이 공유리더십은 구성원 사이의 상호작용 영향력이다.

### 나. 수평적 리더십

공유리더십은 수평적 리더십 성격을 갖는다(Pearce & Conger, 2003; Yukl, 2012). 공유리더십은 수평적 관계 속에서 소통을 통해 협력하는 과정이며, 리더와 팔로워의 관계가 변화하고 중첩되는 역동적 상호작용 과정이다(Yukl, 2012). 예를 들어 학교 조직 내에서 교사들은 수평적으로 상호 리더십을 발휘하고, 상호작용 과정을 통해 리더와 팔로워 역할이 서로 바뀌기도 하고 중첩되기도 한다. 이러한 특성을 이진경(2016)은 분산적 리더십과 비교하면서 분산적 리더십에서는 리더와 팔로워의 상호작용이 동시에 일어나는 것이 아니라 순차적으로 일어나며 리딩하는 사람은 팔로워하지 않지만, 공유리더십에서는 조직의 구성원들이 리더십을 공유함으로써 리더십과 팔로워십의 역할을 동시에 수행한다고 보았다. 리더와 팔로워 간에 평등하며 협력적이고 활발한 상호작용을 하는 수평적 성격이 공유리더십의 특징이라는 것이다(Fletcher & Kaufer, 2003).

Pearce와 Manz(2005)는 특히 기획이나 전략 수립과 같이 업무 몰입이 필요한 과업을 수행할 때, 창의성이 요구되는 업무를 수행할 때, 일의 특성상 상호협력이 필요할 때, 업무가 복잡할 때 등의 경우에 공유리더십이 상당히 유용하며 성과가 있다고 밝힌 바 있다. 수평적 협력을 통한 공유리더십은 소통의 문제를 해결하고 성과를 높일 수 있는 리더십으로 평가되기도 한다(Bell & Kozlowski, 2002). 공유리더십 개념의 등장으로 공식적으로 임명된 리더가 발휘하는 수직적 리더십에 맞추어졌던 초점이 조직 구성원 및 이들 사이의 상호작용 과정에서 발휘되는 리더십, 즉 수평적 리더십으로 확대되었다.

### 다. 모두의 책임

전통적 리더십에서는 활동이나 과업의 책임은 대체로 리더의 몫인데, 공유리더십에서는 리더 혼자 책임을 지는 것이 아니라 구성원 모두의 책임을 강조한다(Yukl, 2012). 리더십과 책임이 구성원과 공유될 수 있다는 생각은 대략 1950년대부터 인식되기 시작하였는데(Pearce & Conger, 2003), 구성원의 참여와 헌신을 증진시키는 결과로 이어지기도 하였다(Yukl, 2012). 공유리더십에서 리더십은 개인이 아니라 조직 구성원 사이에 공유된 영향력인데, 이는 동시에 책임의 공유를 의미하는 것이기도 하다(Lightbody, 2011). 리더 한 사람이 아니라 구성원 모두의 책임을 강조한다는 것이 공유리더십의 특징이다.

### 라. 개인보다 상황에 초점

공유리더십은 기본적으로 개인보다는 상황에 초점을 맞춘다(Pearce & Conger, 2003: 4). 공유리더십에서 리더십은 구성원들의 역할 및 과업 수행 과정에서 상황 요인에 의해 형성되는 리더십이다(Klimoski & Mohammed, 1994; Ensley & Pearce, 2001). 상황 속에서는 구성원들 사이에 멘토-멘티 관계가 형성되기도 하고, 리더-팔로워 관계가 형성되기도 하며, 상호 협력 과정이 만들어지기도 하는데, 이 과정에서 공유리더십이 발휘되는 것이다(Heenan & Bennis, 1999). 공유리더십은 개인에 의해 리더십이 창발되는 것이 아니라 상황 가운데 형성된다(Yukl, 2012). 상황 가운데 리더십이 발생하는 것으로 리더가 없는 그룹에서 리더가 나타나기도 한다(Kelly, 1988; Conger & Kanungo, 1988). 이처럼 상황 속에서 형성되는 리더십은 상황의 역동작용 및 관계 특성에 의해 그 성격이 결정된다(Ensley & Pearce, 2001). 공유리더십은 구성원들 사이의 다양한 관계와 상황에 초점을 맞춘다.

# 〈3〉 교사리더십의 공유리더십 성격

공유리더십은 전통적인 리더십 속성인 수직적, 위계적 리더십 속성을 지양하고 수평적, 상호작용적 리더십 속성을 지향한다. 이는 조직의 효과적인 운영과 목표달성을 위해 과거와 같이 리더 1인에 의해 좌우되는 조직이 아니라 구성원들이 모두 함께 리더십을 발휘하는 것이 훨씬 더 유용하다는 전제에 기반한 것이다(Yukl, 2012). 그리고 리더십은 리더 역할을 맡은 개인만이 갖고 있는 것이 아니라 구성원 모두 소유한 것으로 본다.

교사리더십은 이러한 공유리더십 성격을 갖는다(Wasley, 1991). 일부 교사만이 리더십을 독점하는 것이 아니라 모든 교사가 리더십을 발휘하며 상호작용 과정에서 리더십을 공유한다(Katzenmeyer & Moller, 2009). 교사들은 리더십을 서로 공유하며 수평적 리더십 관계를 형성하는데, 상호 리더와 팔로워 관계를 공유한다. 즉 서로 리더가 될 수도 있고, 서로 팔로워가 될 수도 있다(Lai & Cheung, 2015). 따라서 교사리더십에서는 상황에 주목하는데, 특정 교사가 리더십을 갖고 있기 때문에 리더십을 발휘하는 것이 아니라, 리더십을 발휘할 상황이 생기면 그 역할을 맡은 교사가 리더십을 발휘하고, 또 다른 리더십을 발휘할 상황이 생기면 또 다른 교사가 리더십을 발휘한다. 교사리더십은 상황 가운데 형성되는 공유리더십인 것이다(Lieberman & Miller, 2004).

학교 조직에서 교사들의 자발성과 집단적인 리더십 발휘가 학교의 변화와 성공의 중요한 요인으로 강조되는데(Danielson, 2006), 교사들 사이의 공유리더십은 이를 위한 중요한 기반이다(Katzenmeyer & Moller, 2009). 교사들의 공유리더십이 학교 변화의 촉진 요인이 된다는 것이다(Crowther et al., 2002). Pearce(2004) 역시 전통적이고 수직적인 리더십보다 공유리더십이 학교 조직의 성과에 효과적이라고 밝힌 바 있다. Hord(1997) 또한 공유리더십은 교사학습공동체의 중요한 기제라고 설명하면서 교장과 교사 사이의 리더십 공유를 강조하였다. Lightbody(2011)는 성공적인 학교에서 발휘된 공유리더십을 분석한 다음, 공유된 비전, 다양한 참여, 협력적인 관계, 공동 책임, 열린 대화, 학생 성취에 집중 등이 공유리더십의 성공 요인임을 밝혀낸 바 있다. 교사리더십은 교육활동 수행 과정에서 특정 개인 교사가 리더십을 독점하는 것이 아니라 구성원과 함께 공유하고 함께 책임을 지는 공유리더십이다.

## III 셀프리더십으로서 교사리더십

셀프리더십은 자기주도(self-direction)와 자기 동기부여(self-motivation)를 기반으로 자신에게 스스로 영향력을 행사하는 리더십이다(Manz, 1986; Manz & Sims, 2001). 셀프리더십은 리더가 팔로워에게 영향력을 끼치는 일반적 리더십과 달리 구성원이 자기 자신에게 영향력을 미치는 리더십이다. 그동안 전통적 리더십에서는 리더가 다른 사람에게 영향력을 끼치는 데 주목하였다면, 셀프리더십에서는 스스로 자기 자신에 대해 영향력을 행사한다는 점에서 상당히 혁명적인 접근으로 보기도 한다(Neck & Houghton, 2006). 셀프리더십은 조직에서 구성원을 영향력의 수동적인 수용자로만 보던 관점을 비판하고, 구성원 스스로 자신에게 영향을 미칠 수 있는 적극적인 존재로 보기 시작한 인식의 전환에 기반한 것이다.

### 〈1〉 셀프리더십 개념

셀프리더십은 Cautela(1969)의 자기통제 이론(Self-control theory)에 뿌리를 두고 있으며, Kerr와 Jermier(1978)의 리더십 대체 요인(Substitutes for leadership) 관점에서 영감을 받은 자기 관리(Self-management) 이론의 확장 개념으로, 1980년대 중반 개념화된 이론이다(Manz, 1983; 1986). Manz(1986)는 과업 수행에 필요한 자기 지시와 자기 동기부여의 영향력 과정에 주목하면서, 자연스럽게 동기부여가 되는 과업의 수행을 위해 스스로를 이끌어야 함은 물론, 자연스럽게 동기부여가 되지 않는 과업도 주도적으로 관리하여 수행하는 포괄적인 자기 영향력의 관점에서 셀프리더십을 보았다.

구체적으로 셀프리더십은 '스스로 목표를 설정하고 목표 달성에 대한 보상을 스스로 정함으로써 자신에게 영향력을 행사하는 과정'이며(Manz, 1986), '자기 영향력을 행사하기 위해 사용되는 행위 전략 및 인지 전략'이기도 하다

(Manz & Sims, 2001). Neck와 Houghton(2006)도 셀프리더십을 '개인이 자신의 행동을 통제하고 특정 행동 및 인지 전략을 사용하여 스스로에게 영향을 미치고 이끄는 과정'으로 정의하였다. 이와 같이 셀프리더십은 개인 스스로 목표를 수립하고 그 목표를 이루기 위하여 자율적이고 능동적으로 자신의 사고와 행동을 관리하고 통제하려는 의지와 전략이라고 할 수 있다(Manz, 1983). 셀프리더십은 리더 한 사람의 영향력에 중점을 두지 않고, 구성원의 주도적인 참여와 헌신, 열정을 통해 조직 목표를 이루고자 하는 구성원 모두의 리더십에 초점을 두고 있다.

## 〈2〉 셀프리더십의 특징

셀프리더십은 개인이 자신의 행동을 통제하고 특정 행동 및 인지 전략을 사용하여 스스로에게 영향을 미치는 리더십이다(Neck & Houghton, 2006). 셀프리더십에서는 팔로워란 용어의 의미가 새롭게 사용되는데, 셀프리더십에서의 팔로워는 주도적이며 창의적이고 자신의 일에 대해 자유재량권을 행사할 수 있는 역량을 가진 사람이다(Manz & Sims, 2004).

셀프리더십에서는 리더십 초점이 '나 자신'에 맞춰져 있으며, 리더와 팔로워 모두 '나 자신'이기 때문에 스스로의 내면을 객관적으로 바라보는 것은 매우 중요하다(Manz & Sims, 2001). 보통의 리더십에서 기본적으로 리더와 팔로워 간의 상호작용에 초점을 맞추고 있다면, 셀프리더십은 리더이자 팔로워로서 자신에게 초점을 맞춘다는 점에서 특징적인 차이가 있다.

### 가. 자기 형성 리더십

셀프리더십은 자기 형성 리더십이다(Manz & Sims, 2004). 전통적 리더십에서는 제도나 법, 관행 등에 의해 권위가 리더에게 주어지고 리더는 그 주어진 권위를 바탕으로 리더십을 발휘한다(Stogdill, 1974). 교장의 경우도 제도에 의해 교장에게 주어진 권위를 바탕으로 리더십을 행사한다(서정화 외, 2002). 그런데 셀프리더십은 외부에서 주어진 권위에 의해 리더십을 형성하는 것이 아니라 본인 스스로 리더십을 형성한다. 외부에서 인정을 해 주고 외부에서

권위를 주어 리더십을 발휘하는 것이 아니라 스스로 리더십 역할을 자각하고
스스로 리더십을 발휘하는 것이다. 교사들이 발휘하는 교사리더십이 그 예이
다. 교사가 리더십을 발휘하도록 하는 제도적 규정은 없지만, 교사 스스로 리
더임을 자각하고 리더십을 발휘해 가는데, 이는 전형적인 셀프리더십 속성
이라고 할 수 있다(Murphy, 2005). 따라서 셀프리더십에서는 '자아 인식'이 매
우 중요하다(Manz, 1983). 외부에서 주어진 힘에 의해서가 아니라 스스로를
리더로 인식하는 자아 인식이 셀프리더십의 기반이다. 이러한 셀프리더십은
'자기 영향력'의 토대 위에서 구축되는데, 영향력이 외부로부터 주어지는 것
이 아니라 내부, 즉 자기 자신에 의해 형성된다(Neck & Houghton, 2006). 셀프리
더십은 과업 및 직무 수행 과정에서 외부의 자극이나 동인이 없더라도 스스로
주도하고 스스로 동기부여하여 스스로에게 영향력을 행사하는 리더십이다.

### 나. 자기 관리(self-management)

셀프리더십은 자기 관리 리더십이다(Houghton & Neck, 2002). 자기 관리
리더십은 자신의 목표를 스스로 만들고 자신을 스스로 통제하는 리더십이다.
셀프리더십은 스스로에게 영향력을 행사하는 리더십으로 행동의 자기 통제
이며, 자기 효능감을 스스로 높이는 것이고, 스스로 자아를 완성해 가는 리더
십이다(Manz, 1986). 따라서 셀프리더십에서는 구성원 개개인의 '자아'가 중
요하다(Manz & Sims, 2001). 개인의 자아를 기반으로 목표를 세우고 스스로
통제해 나간다. 셀프리더십은 자아를 바탕으로 자신이 설정한 목표를 달성
하기 위하여 스스로에게 동기를 부여하고, 행동과 생각을 관리, 제어하는 자
기 관리 리더십이다(Neck & Manz, 2012). 셀프리더십은 자신이 하고자 하는
일이 무엇인지 스스로 묻고, 자신이 하고자 하는 일을 스스로 실행하는 과정
에서 발휘된다. 일반적으로 조직 내에서 구성원들의 행동에 영향을 미치기
위하여 다양한 외적 통제 시스템을 갖추고 있는데, 셀프리더십에서는 자신
의 일상 행동에 대한 내적 기준 및 평가 시스템을 스스로 갖추고 있다(Neck &
Houghton, 2006).

## 다. 자기 보상, 자기 처벌

셀프리더십은 자기 보상, 자기 처벌을 기반으로 한다(Manz & Sims, 2004). 대체로 전통적 리더십에서는 리더십 수행에 있어 외부의 칭찬, 인정, 보상, 평가 등 외부의 보상 및 평가 기제에 의해 리더십이 작동되는데(Bass, 2008), 셀프리더십에서는 스스로 보상하고 스스로 평가한다. 따라서 셀프리더십에서는 자기 목표설정뿐만 아니라 자기 관찰, 자기 보상, 자기 평가, 자기 처벌, 자기 피드백 등이 중시된다(Neck & Houghton, 2006).

자기보상은 외부의 보상이나 평가에 의존하기보다는 스스로 자기 자신에게 보상을 해 주는 것이다. 누가 알아주지 않고 인정해 주지 않는다 하더라도 그 과업 수행에 대해 스스로 의미를 부여하고 스스로 가치를 찾아 스스로 인정하고 격려하며 보상하는 것이다. 그리고 이러한 자기보상은 힘든 과업을 수행하거나 복잡한 과업을 수행할 때 동기부여 요인이 되기도 한다(Manz, 1983; 1986). 자기 처벌은 스스로에 대한 평가를 통해 스스로 조치하는 것이다(Manz & Sims, 2004). 잘못된 행동이나 결과에 대해 스스로 반성, 교정, 수정한다. 셀프리더십에서 자기 처벌은 바람직하지 않은 결과나 실패에 대한 자기반성 기제이며 스스로 객관적이고 올바른 피드백을 주기 위한 전략이다(Neck & Manz, 2012).

## 라. 자연적 보상

셀프리더십에서는 자연적 보상을 중시한다(Manz & Sims, 2004). 자연적 보상은 '과업 수행 그 자체'를 통해 만족과 보람을 느끼며 보상을 받는 것이다(Neck & Manz, 2012). 스스로 자신의 일이나 과업 수행에 대해 가치와 보람을 느끼고, 유능감, 자기결정감 등의 증대를 가져오는 것이 자연적 보상이다(Deci & Ryan, 1987). 자연적 보상을 통해 자신이 하는 일의 동기력이 강화되고, 열심, 참여, 헌신이 증진된다(Neck & Manz, 2012).

이러한 자연적 보상에는 두 차원이 있다(Houghton & Neck, 2002). 하나는 일이나 과업의 내용이나 성격에 상관없이 과업을 수행하는 자체만으로 즐거움이나 보람을 느끼는 차원이고, 다른 하나는 일이나 과업의 성격이나 내용에 의해 자연적 보상을 느끼는 차원이다. 우선 첫 번째 차원에서는 과업 수행

자체만으로 만족이나 보람을 느끼는 것이다. 어떤 종류의 업무나 과업을 맡느냐에 상관없이 과업을 수행하는 자체가 즐겁고 보람되는 경우이다. 누가 인정해 주지 않아도, 남들이 보기에 시시해 보이는 일이라도 스스로 가치와 보람을 느끼며 과업을 수행해 가는 것이다. 두 번째 차원은 수행하는 과업의 내용 및 성격에 따른 자연적 보상이다. 과업이 봉사적, 전문적 성격의 과업일 경우 그 자체로 자연적 보상이 될 가능성이 높다. 비록 힘들고 어려워도 자신이 하는 일이 봉사적, 혹은 전문적 과업이기 때문에 그 일의 가치로 인해 보람을 느끼는 것이 자연적 보상이다.

자연적 보상은 과업 및 업무환경에 대한 의미의 재설계를 통해 이루어지기도 한다(Neck & Manz, 2012). 관행적인 접근에서 벗어나 자신이 수행하는 과업 및 업무의 의미나 가치를 재설계함으로 즐거움이나 보람을 느끼는 것이다. 과업에 대한 새로운 의미나 가치 부여는 과업 수행에 대한 흥미나 효능감을 높이며 보람을 증진시킨다(Neck & Houghton, 2006).

## ⟨3⟩ 교사리더십의 셀프리더십 성격

셀프리더십은 자기 관리 및 스스로에게 미치는 영향력이라고 할 수 있는데, 자기 자신에게 리더십을 행사하여 스스로 목표를 설정하고 달성해 가는 리더십이다(Manz & Sims, 2004). 교사리더십 또한 셀프리더십 성격을 갖는다. 교사리더십은 외부의 제도나 권위에 의해 형성된 리더십이 아니라 교사 스스로 형성하는 리더십이다(Murphy, 2005). 외부에서 교사에게 힘을 실어 주어서 리더십이 발휘되는 것이 아니라 교사 스스로 리더십을 형성하여 발휘한다는 점에서 셀프리더십이라고 할 수 있다. 교사리더십은 또한 자연적 보상을 기반으로 작동되는데, 이 역시 셀프리더십 성격이라고 할 수 있다. 대체로 교사들은 가르치는 일 자체가 주는 가치와 의미, 학생의 성장 등을 통해 보람을 느끼는데(Lortie, 2002), 자연적 보상의 대표적인 모습이라고 할 수 있다. 교사들이 누가 알아주지 않아도 가르치는 활동을 통해 나타나는 학생의 성장과 변화를 경험하고 느끼는 것은 그 무엇과도 바꿀 수 없는 보람이고 기쁨이다(김세화, 이희정, 심덕섭, 2010; 김해룡, 김쌍언, 2011; 박동수, 이희영, 2000). 교육은 그 성과가 장기적으로 나타나는 특성이 있기 때문에 당장의 성과나 결과를 거두기도 어렵고 인정받기도 어렵다(이돈희, 1983). 교육활동 성과의 장기성, 모호성으로 인해 교사들의 활동에 대해 보상이 즉각적으로 이루어지기 어려워 교사들의 동기력이 약해질 수 있는데, 가르치는 일 자체에 대한 의미 및 가치 부여를 통한 자연적 보상은 교사들을 스스로 움직이게 하는 동력이 되는 것이다.

셀프리더십은 또한 구성원 스스로 목표한 바를 이루기 위하여 행동과 생각을 자발적으로 통제, 조정, 관리하는 리더십인데, 교사리더십 역시 교사 스스로 통제, 조정, 관리하며 교육활동을 수행하는 리더십이다. 교육청이나 교장의 지시나 지침이 있기는 하지만, 교사의 교육활동은 교사의 자율권이 중요한 기반이다(이성대, 2015). 자율권을 바탕으로 교사 스스로 자신의 행동을 통제, 조정, 관리하며 교육활동을 이끌어 가는 과정은 셀프리더십 발휘 과정이라고 할 수 있다. 교육활동의 복잡화, 다양화로 인해 상급기관이나 교장 등의 통제나 관여가 줄어들고 교사의 재량권이 증대된 상황에서 셀프리더십으로서의 교사리더십 발휘는 더욱 중요해지고 있다(이중현, 2017). 교사리더십은 스스로 형성하는 리더십이고, 자연적 보상을 기반으로 하며, 스스로 통제, 조정, 관리하는 리더십이라는 점에서 셀프리더십 성격을 갖는다.

## Ⅳ 서번트리더십으로서의 교사리더십

서번트리더십은 서로 상반되는 개념인 servant와 leader가 합쳐진 개념으로 역설적인 성격의 리더십이다(Greenleaf, 1995). 서번트리더십은 리더이면서 섬기는 자로서의 리더십이며, 궁극적으로 섬김의 리더십이다. 관리하고 통제하고 지휘하는 전통적 리더십과 달리 서번트리더십은 돕고, 지원하며 섬기는 리더십이다. 사회가 변하고 조직의 특성이 변하면서 지시적이고 독단적인 리더십은 더 이상 효과적이지 않고 오히려 조직에 해로울 수 있다는 평가와 분석들이 나타났고, 지시와 독단이 아닌 섬기고 지원하는 리더십인 서번트리더십이 1970년대 무렵부터 주목받기 시작하였다(Greenleaf. 1970; 1979).

## ⟨1⟩ 서번트리더십 개념

서번트리더십은 팔로워의 성장을 도우며, 팀워크와 공동체를 형성하는 리더십으로 Greenleaf(1970)의 저서 「Servant as leader」에서 소개된 이후 이론적으로 정립되기 시작하였다. 그에 따르면 서번트리더십은 '타인을 위한 봉사에 초점을 두며 종업원, 고객 및 공동체를 우선으로 여기고 그들의 욕구를 만족시키기 위해 헌신하는 리더십'이다. 이러한 서번트리더십은 구성원을 신뢰하고 존중하며 구성원들이 능력과 역량을 발휘할 수 있도록 돕고, 지원하여 진정한 공동체를 이루고 조직의 목표를 달성하고자 하는 데 초점을 둔다(Block, 1998).

서번트리더십은 구성원들에게 비전을 제시하고 공유하며, 구성원들의 욕구를 존중하고 동기를 촉진하여 구성원의 몰입감과 일체감을 증진시키고자 하는 리더십이다(Spears, 2002). Greenleaf(1970)는 구성원들에 대한 섬김이 리더의 가장 중요한 책무라고 하면서, 서번트 리더는 구성원들의 관심사에 집중하고 관심사를 잘 이뤄가야 하며, 구성원들의 욕구를 파악하여 이를 해결해 줄 수 있는 방법을 갖고 있어야 하고, 구성원들의 고통, 좌절 등을 공유할 수 있는 공감 능력 등도 갖추고 있어야 한다고 주장하였다.

서번트리더십은 리더보다는 구성원들에 더 치중하는 관점으로, 리더에 초점을 맞춘 전통적 리더십 관점과는 명확하게 구분되는 새로운 패러다임의 리더십 관점이라고 할 수 있다(Laub, 1999; Patterson, 2003; Spears, 1998; 2010). 서번트리더십은 구성원의 성장과 발전, 성공을 우선시하며 구성원의 정서를 주의 깊게 관찰하고 배려하여 진정한 공동체를 만들어 내고자 하는 리더십이다(양지혜, 김종인, 2017: 32). 따라서 서번트리더십은 팔로워의 자존감, 조직에의 소속감, 심리적 안정, 자기효능감 등을 중시한다(이혜정, 2012).

## ⟨2⟩ 서번트리더십의 특징

### 가. 조직 구성원의 가치와 존엄 중시

서번트리더십은 모든 사람은 가치 있고 존엄하며 존중받아야 한다는 이념을 기반으로 한다(Senge, 1995). Sims(1997)는 구성원들에게 잠재되어 있는 창조적 역량을 일깨우는 리더십을 강조하면서, 서번트 리더는 공유비전 촉진자, 학습자, 구성원의 필요를 채워주는 자, 협력적 공동체 조성자, 구성원의 성장을 고무시키는 자 등의 역할을 해야 한다고 주장하였다. 서번트리더십은 구성원의 존엄과 가치를 존중하며 구성원 모두 최선의 목표에 도달하도록 영향력을 행사하는 리더십인데, 이를 위해 구성원과의 진정한 신뢰 관계 형성을 매우 중요하게 본다(Hunter, 1998). 모든 구성원을 믿고, 존중하고, 신뢰하는 것이 서번트리더십의 정신이다(Spears, 2010).

서번트리더십은 리더의 영향력이 조직 구성원과의 관계에서 비롯된다고 보는데 특히 인간적인 부분에 관심을 둔다(Patterson, 2003). 서번트리더십에서는 리더십을 리더의 일방적인 영향력이 아니라 인간으로서의 존엄과 가치를 지닌 구성원과의 관계 속에서 발휘되는 것으로 보고(Herbert, 2003), 존엄과 가치를 지닌 구성원들의 성장, 발전에 관심을 두고, 구성원의 욕구를 충족시키기 위한 헌신을 강조한다(Greenleaf, 1970). Senge(1995)도 서번트리더십은 모든 구성원의 가치와 존엄에 바탕을 두어야 한다고 보고, 리더의 권한은 가치와 존엄을 지닌 구성원들로부터 나오는 민주적 리더십이어야 한다고 주장하였다.

### 나. 이끌기보다 섬김이 우선

서번트리더십은 리더십임에도 불구하고 이끌고 리드(lead)하는 것보다 섬기는 것(serve)에 우선을 둔다(Greenleaf, 1970). 전통적 리더십에서는 지시하고 독려하고 질책하면서 이끌어 나가는 것이 리더의 모습이라고 할 수 있는데, 서번트리더십에서는 구성원들의 자율을 존중하고 권한을 최대한 위임하며 협력적으로 일을 추진할 수 있도록 환경과 여건을 조성해 주는 것이 리더의 모습이다(Patterson, 2003; Spears, 1998).

서번트 리더는 구성원들이 과업에서 성공하고 성장하도록 지원하고 코칭을 하는 리더이기 때문에 구성원들의 욕구나 상황에 많은 관심을 기울인다(Herbert, 2003). 리더의 관점에서 목표를 이루기 위하여 이끌고 가는 것이 아니라 구성원들의 욕구나 필요에 맞게 목표를 이루어 가도록 섬기고 봉사하는 것이 리더의 역할이다. 서번트리더십에서 경청을 중요한 요소로 보는 이유도 구성원들을 섬기기 위하여 그들의 필요나 욕구뿐만 아니라 힘듦이나 어려움 등을 파악하는 것을 중요하게 보기 때문이다(Spears, 2010). 서번트리더십에서는 구성원들을 어떻게 섬기고 봉사할 것인지에 대해 우선적인 관심을 기울인다.

서번트리더십에서는 리더로서의 지위도 이러한 섬기과 봉사를 위해 맡겨진 것으로 여긴다(Greenleaf, 1970). 전통적 리더십에서는 대체로 이끄는 과정에서 실수나 실패를 하는 구성원에 대해서는 질책을 하거나 벌을 가한다(Bass, 2008). 이끌어 가는 것이 우선이기 때문에 이끌어 감에 있어 방해가 되는 것에 대해서 제재를 가하는 것이다. 그런데 서번트리더십에서는 이끌어 가는 것보다 섬기는 것이 더 중요하기 때문에 실수나 실패한 구성원에 대해서도 질책하기보다는 실수나 실패를 이해하고, 개선할 수 있도록 돕고, 지원하고, 안내하는 데에 초점을 둔다. 서번트 리더는 구성원의 성장, 발전을 위해 기꺼이 자세를 낮춘다(Patterson, 2003).

### 다. 이타적 소명

서번트리더십은 이타적 소명을 기반으로 한다(Farling, Stone, & Winston, 1999). 이타적인 자세는 자신의 이익보다 타인의 이익을 우선시 하는 자세인데, 서번트 리더는 자신의 이익보다 구성원들이 성장하고 성공할 수 있도록 하는 데에 더 관심을 둔다(Patterson, 2003). 서번트 리더는 자신의 관심이나 이익보다 구성원들의 관심과 이익을 더 중시한다(Spears, 2010). 구성원들을 도와주고 구성원들의 욕구를 채워주고자 하는 이타주의 정신은 서번트리더십의 핵심 덕목이다(Farling, Stone, & Winston, 1999). 리더 자신보다 구성원들을 더 우선시하는 이타적 정신을 기반으로 하는 것이기 때문에 서번트 리더십은 윤리적인 리더십으로 지칭되기도 한다(Nichols, 2010: Patterson, 2003). 서번트 리더는 구성원을 돕고, 지원하는 데 관심을 두기 때문에, 구성원에게 먼저 도움을 제공하고자 하며, 구성원이 필요와 욕구를 충족할 수 있도록 돕고, 지원하고자 하는 강한 의지와 열망을 가지고 있다(Stone, Robert & Russell, 2004). 서번트리더십은 자신보다 구성원들의 필요와 이익을 더 우선시하는 이타적 리더십이다.

### 라. 청지기 정신

청지기는 주인이 맡긴 것을 주인의 뜻대로 관리하는 위탁관리인이다 (Greenleaf, 1970). 청지기는 주인의 뜻에 따라 맡겨진 일이나 자산을 관리하기 때문에 주인의 의중이나 뜻을 따르는 것이 중요하다. 서번트리더십은 이러한 청지기 정신을 기반으로 한다(Greenleaf, 1970; Patterson, 2003). 서번트 리더에 게 팔로워는 자신의 부하(部下)나 종(從)이 아니라 자신에게 맡겨진 섬겨야 할 대상이다(Nichols, 2010). 따라서 서번트 리더는 구성원들을 통제, 지휘하려 고 하기보다 자신의 몸과 시간, 재능, 물질 등을 바쳐 섬기려고 한다. 자신의 지위나 권한을 행사하려고 하기보다는 구성원을 먼저 생각하고 무엇을 지원 해 주고 도와줄 것인가에 더 큰 관심을 기울인다(Barboto & Wheeler, 2006).

서번트리더십의 청지기 정신은 사회공동체 의식을 토대로 한다(Patterson, 2003). 예를 들어, 교사의 경우 학생들을 가르치는 일을 하는데, 학생들을 가르 치는 일은 국가, 사회의 미래를 위해 매우 중요한 일로 국가, 사회가 이 일을 교사에게 맡긴 것으로 본다. 교사는 교육을 국가, 사회로부터 위임받은 청지 기라는 것이다(Barboto & Wheeler, 2006). 대체로 전문직 과업을 담당하는 자 들에게 청지기 의식이 부여된다(Spears, 2010). 서번트리더십은 구성원의 성 장이나 발전을 위해 몰입하고 의사결정이나 행동을 할 때 구성원들에게 미치 는 영향을 우선적으로 고려하는 청지기 리더십이다.

### ⟨3⟩ 교사리더십의 서번트리더십 성격

서번트리더십은 군림, 통치, 지배하는 리더십이 아니라 돕고, 섬기고, 봉 사하는 리더십이다. 서번트리더십은 리더십 패러다임 자체가 통치 패러다임 이 아니라 섬김 패러다임이다(Patterson, 2003). 리더십은 조직의 목표 달성을 위해 구성원들에게 미치는 영향력인데, 전통적 리더십에서는 군림하고 통치 해서 구성원을 움직이게 하여 조직 목표를 달성하고자 하였다면, 서번트리더 십에서는 구성원을 돕고, 지원하고, 섬겨서 조직 목표를 달성하고자 한다.

교사리더십은 교육목표 달성을 위하여 학교 구성원들을 돕고, 지원하고, 안내하고, 촉진하는 리더십으로 서번트리더십 성격을 갖는다. 교사리더십은 기본적으로 군림하고 통치하는 리더십이 아니다(Danielson, 2006). 학생들을 통제하고, 동료교원들을 통제하여 교육목표를 이루고자 하는 리더십이 아니라 학생이나 동료교원을 도와주고, 세워주고, 지원해 주어 교육목표를 이루려고 하는 리더십이다. 교사리더십이 서번트리더십 성격을 갖는 것은 교육활동의 특성에 기인한다. 교육활동에서 교육목표에 도달하는 것은 교사가 아니라 학생이다. 따라서 교사의 역할은 학생이 교육목표에 도달하도록 돕고, 지원하고, 안내하고, 촉진하는 역할인데, 이 역할이 바로 서번트 역할이다. 교사는 학생들 위에 군림하거나 자기를 따라오라고 앞장서 가는 리더가 아니라 끊임없이 학생들을 돌보면서 섬기는 역할을 하는 서번트 리더이다.

교육은 물건을 만들어 내는 공장의 과업과는 다르다. 교육활동은 기계적으로 과업을 수행하는 과정이 아니라 학생들의 성격, 정서, 심리, 환경 등 인간 삶의 거의 모든 부분을 섬세하게 고려하면서 조심스럽게 다루어 나가야 하는 활동이다(이돈희, 1983). 학습자인 학생을 전인적 인간으로 존중하며 섬겨 나가는 과정이 서번트리더십 발휘 과정이다. 또한 교사는 국가, 사회로부터 교육을 담당하도록 위임받은 청지기이기도 하다. 국가, 사회의 발전과 미래를 위해 학생들을 잘 길러내야 할 책임을 맡은 청지기로서 서번트리더십을 발휘하는 것이 교사의 역할이다.

## Ⅴ  구성주의 리더십으로서의 교사리더십

구성주의 리더십은 구성원들의 의미나 지식 구성을 돕고, 지원하고, 안내하고, 촉진하는 리더십이다(Lambert et al., 1995). 구성원들의 의미나 지식 구성 활동은 의미나 지식 구성뿐만 아니라 의미나 지식 구성을 위한 협력, 협동, 교수-학습, 여건 마련, 분위기 조성 등을 총체적으로 포함하는 활동이다(Shapiro, 2000). 교사리더십은 지식이나 의미 구성을 돕고, 지원하고, 안내하고, 촉진하는 구성주의 리더십이다.

## 〈1〉 구성주의 리더십 개념

구성주의에서 교육에 대한 관점은 전통적 관점과 다르다. 전통적 관점에서는 교육을 '지식을 전달하는 활동'으로 보는 데 비해, 구성주의 관점에서 교육은 '학습자의 지식 구성을 도와주고 조장해 주는 활동'이다(Shapiro, 2000). 따라서 구성주의 리더십은 학습자가 지식을 구성할 수 있도록 여건과 기반을 만들어 주고, 촉진, 지원해 주는 리더십이다.

학교 조직에서 구성주의 리더십은 '학교교육의 목표를 달성하기 위하여 학교공동체 구성원들로 하여금 지식이나 의미를 구성할 수 있도록 하는 상호작용 영향력'이다(Lambert et al., 1995: 29). 따라서 학교의 구성원인 교사, 관리자, 학부모, 학생 모두 리더십을 발휘하는 주체가 될 수 있다. 구성주의 리더십은 누가 이끌고 지도하는지에 초점이 맞추어져 있는 기존의 리더십과 달리 '누구'보다는 리더십이 형성되고, 발휘되는 '과정' 자체에 관심을 갖는다(Jonassen, 1991). 즉 구성주의 리더십에서는 공동체 내에서의 구성원들 사이의 관계, 구성원들 사이의 맥락 등 구성원들의 상호작용 과정에 초점을 맞춘다. 학교라고 하는 공간은 구성원들 각자의 개인적인 삶과 역사, 에너지와 힘, 정서와 감정, 사상과 이념이 함께 공존하는 공간인데, 이러한 공간은 실제적이고 가치 있는 진정한 대화를 나눌 수 있는 '상호 연결된(in-between)' 공간이다(Greene, 1988: 17). Vygotsky(1962)는 이러한 중간적인 공간을 적극 옹호하여 '근접발달 영역(zone of proximal development)'이라는 개념을 만들어 냈는데, 이러한 공간을 통해 구성원들은 자신들의 사회적, 문화적, 역사적 배경의 토대 위에서 상호 대화, 협상, 갈등, 부딪힘 등을 통해 자신의 지식과 의미를 구성해 간다. 이러한 공간은 또한 구성원들이 새로운 이해와 새로운 의미를 만들어 가는 '중재의 영역(zone of mediation)'이 되기도 한다(Kegan, 1982). 이러한 맥락에서 구성주의 리더십에서는 기존의 리더십 개념에서 주목하지 않았던, 구성원들의 마음(mind)이 나눠지고 부딪히며 공존하는 '제3의 영역(third dimension)'을 리더십 발휘의 중요한 공간으로 본다(Lambert et al, 1995: 33). 이러한 공간에서 마음의 상호작용을 통해 새로운 의미와 가치, 지식을 만들어 가는데, 이 과정에서 리더십이 형성되고, 발휘된다(Lieberman, 1994).

구성주의 리더십에서 리더십은 이미 구축되어 있는 것이 아니라 상황과 맥락 속에서 구성되는 것이다(Barth, 1988).

## 〈2〉 구성주의 리더십의 특징

### 가. 구성을 촉진, 지원

구성주의 리더십은 지식 및 의미 구성을 촉진하고 지원하는 리더십이다 (Lambert et al., 1995). 구성원들은 리더와 팔로워로 분리되지 않으며, 협의와 논의, 상호작용을 통해, 서로 변화를 이끌어 낼 뿐만 아니라 상호 과업 수행을 촉진한다(Shapiro, 2000). 상호 촉진 및 지원을 통해 공동의 패턴이나 공감 대를 만들어 내기도 하고(Bateson, 1972), 공동의 행동과 활동을 만들어 나간다(Carlsen, 1988).

구성주의 리더십은 지식 및 의미 구성 활동을 총체적으로 촉진, 지원하는 리더십인데, 공동체는 구성을 촉진, 지원하는 기반이다(Bransford, Goldman, & Pellegrino, 1992: 116). 공동체가 잘 형성되어 있으면 서로의 의견을 존중하고 조화를 이루면서 활동 및 방향을 잘 구성해 갈 수 있지만, 공동체가 잘 형성되어 있지 않으면 개인에 대한 배려가 잘 이루어지지 않아 서로 의견이 무시되거나 사장(死藏)되어 구성 활동이 방해 받을 수 있다. 또한 구성주의 리더십에서는 상호 구성을 촉진, 지원하기 위해 적극적인 참여를 강조한다 (Hodgkinson, 1991). 참여는 주체의식을 고양하여 지식이나 의미 구성 활동에 주도적인 역할을 하게 한다. 참여가 부족하거나 약하면 적극적인 교육활동 수행이 이루어지지 않을 뿐만 아니라 지식이나 의미 구성 활동 촉진도 잘 이루어지지 않게 된다는 것이다. 구성주의 리더십은 공동체 구성원들의 참여를 통해 상호 촉진, 지원해 주는 리더십이다.

### 나. 과정에 초점

구성주의 리더십은 활동이나 행위의 '과정'에 초점을 둔다(Jonassen, 1991). 활동이나 행위의 결과에 대해 무시하는 것은 아니지만, 결과를 얻기 위한 상호작용 과정, 지식이나 의미 구성 과정에 좀 더 관심을 기울인다는 것이다(Kegan, 1982). 상호작용 과정에서 구성원들은 자신을 드러낼 수 있어야 하고, 자신의 생각과 인식을 다른 사람의 것과 구분할 수 있어야 하며, 다른 사람의 생각과 반응을 관찰하고 이해할 수 있어야 한다(Shapiro, 2000). 지식이나 의미는 전달되는 것이 아니라 사람들 사이의 관계 속에서 상호작용 과정을 통해 구성되는 것이기 때문에(Freire, 1973: 109), 과정에 의해 결과가 좌우될 수 있다고 본다(Jonassen, 1991). 교육의 성과나 학생의 성장이나 발전도 과정이 어떻게 이루어지고 구성 활동이 어떻게 이루어지느냐에 따라 달라질 수 있다는 것이다(Lambert et al., 1995).

구성주의 리더십에서는 교육목표를 이루어 가는 과정에서의 상호작용과 리더십 발휘 과정을 중시하고 주목한다(Bransford, Goldman, & Pellegrino, 1992). 교육활동 과정에서 상호작용이 잘 이루어질 수 있도록 적극 지원, 촉진하고자 하며, 이 과정에서 리더십 역시 구성되는 것으로 보고 적절한 리더십 구성 및 리더십 발휘에 관심을 기울인다. 구성주의 리더십 발휘를 위해 신뢰로운 환경을 조성하고자 하며, 구성원들의 잠재성을 깨워주려고 하고, 과거의 낡은 관행, 가정, 신화 등을 깨트려 재구성하기도 하며, 목표달성을 위한 새로운 의미를 구성해 가는 등의 노력을 기울인다(Lambert et al, 1995: 36).

### 다. 역할(role)보다 행위(act)에 주목

구성주의 리더십에서는 역할보다 행위에 주목한다(Lambert et al, 1995: 47). 역할은 지위에 부여된 제도화된 개념이고, 행위는 구체적인 상황 속에서의 행동을 의미한다(Sergiovanni, 1994). 리더십 역할은 제도적으로 그 지위에 주어진 역할이고, 리더십 행위는 상황 맥락 속에서 형성, 구성된다. 구성주의 리더십에서 행위는 지식 및 의미 구성 과정에서 형성되는 행동들이라고 할 수 있다. 구성주의 리더십은 제도적으로 주어진 리더의 역할보다 구성원들과의 구성 과정 및 활동에 더 주목한다. 이 때문에 구성주의 리더십에서는 행위 수행을 위한 정직하고 신뢰로운 관계 형성, 목적의식이나 윤리의식 공유, 구성 과정을 형성, 유지해 나가는 촉진 기술, 변화 가능성에 대한 폭넓은 이해, 적극적인 도전을 위한 이타성이나 책임감 등을 강조한다(Lambert et al, 1995: 47).

역할에 초점을 맞춘 전통적 리더십은 새로운 환경 변화에 적합하지 않을 수 있다(Bransford, Goldman, & Pellegrino, 1992). 권위, 역할, 규범, 규칙, 정책 등을 기반으로 하는 전통적 리더십은 구성원간의 상호작용 및 구성 과정에 초점을 맞추는 구성주의 패러다임 시대에는 적합하지 않다는 것이다(Shapiro, 2000). 조직 내·외의 환경이 더욱 다양하고 복잡해졌을 뿐만 아니라 빠르게 변화하고 있기 때문에, 변화 및 상황, 맥락에 맞게 적절히 대응, 적응하기 위해서는 역할이 아닌 상황 과정의 행위에 초점을 맞춘 구성주의 리더십이 필요하다.

### 라. 생태계로서의 공동체

구성주의 리더십은 생태계로서의 공동체를 강조한다(Lambert et al., 1995: 40). 생태계의 중요한 특징 중의 하나는 구성원들이 상호의존적(interdependence)이라는 것이다. 구성원들은 생존을 위해 상호 의존해야 한다. 또한 생태계는 조직 내에서 상호의존적일 뿐만 아니라 생존, 성장하기 위하여 외부 환경과도 상호의존적이다. 이러한 생태계는 복잡한 상호작용 연결망으로 복잡성과 다양성을 특징으로 한다(Murphy, 2005).

자연 생태계는 '태양 에너지'의 흐름이라고 할 수 있는데, 생태계로서의 사회 시스템을 작동시키는 에너지는 '의미'이다(Senge, 1990). 즉 의미가 만들어지면 사회 시스템이 잘 작동되지만 의미가 만들어지지 않으면 사회 시스템이 잘 작동이 되지 않는다는 것이다(Senge & Cambron-McCabe, 2000). 구성주의 리더십은 이러한 생태계로서의 의미 공동체를 만들어 나가는 과정에서의 리더십이다(Lambert et al., 1995: 41-43).

생태계로서의 조직 내에서 구성원들은 지식과 의미를 함께 구성해 나가고, 새로운 것들을 만들고 적용, 적응해 가면서 함께 성장하고 발전해 나간다. 이 과정은 '공동체 실현(actualizing communities)' 과정으로(Shapiro, 2000), 이 과정을 통해 개인이나 집단의 필요나 목적을 달성해 간다. 그리고 개인의 신념 체계, 세계관, 인식 등이 생태계로서의 공동체 내에서 진화하고 성장해 간다. 이를 조성하고 유지해 나가는 과정에서의 리더십이 구성주의 리더십이다.

## ⟨ 3 ⟩ 교사리더십의 구성주의 리더십 성격

교사리더십은 학교에서 학생, 동료교원 등의 성장과 발전을 위하여 함께 상호작용하며 돕고, 지원하고, 안내하고, 촉진하는 리더십이다. 학교교육 활동은 지시나 지침에 의해 이루어지는 것이 아니라, 교사와 학생, 동료교원 등이 함께 만들어 나가고 구성해 나가는 것이다(Jonassen, 1991). 교사가 학교 구성원들과 함께 만들고 구성해 나가면서 발휘하는 리더십은 구성주의 리더십이다.

교사리더십의 구성주의 리더십 성격은 두 차원으로 이야기될 수 있다. 하나는 교육활동을 지원, 촉진한다는 차원에서 구성주의 리더십이고, 다른 하나는 리더십을 구성해 간다는 차원에서의 구성주의 리더십이다. 교사리더십은 교육활동 과정에서 학생 및 구성원들의 지식 구성을 지원, 촉진하는 리더십이면서, 또한 정형화된 틀로서의 리더십이 아니라 교육활동 상황과 맥락 속에서 구성되어지는 리더십이다.

첫 번째 차원에서 교사리더십은 학생 및 구성원들을 통제하고 관리하는 리더십이 아니라 교육활동 과정에서 학생 및 구성원들의 지식과 의미 구성을 돕고, 지원하고, 안내하고, 촉진하는 리더십이라는 점에서 구성주의 리더십이다. 학교 생태계 내에서 교육목표 달성을 위한 다양한 상호의존, 상호작용 관계를 구축하고 형성하여 지식과 의미를 구성해 갈 수 있도록 교사가 영향력을 발휘하는 리더십이다(Shapiro, 2000).

두 번째 차원에서 교사리더십은 정형화된 틀로서의 역할이 아니라 다양하게 구성되어진다는 점에서 구성주의 리더십 성격을 갖는다. 교사리더십은 특정 역할, 특정 행동 성향이 아니라 학교 구성원들과의 상호작용 가운데 상황과 맥락 속에서 생태적으로 구성된다(Lambert et al, 1995). 즉 역동적인 상황 맥락 속에서 상황 맥락에 맞게 적절하게 구성된다는 점에서 교사리더십은 구성주의 리더십이라고 할 수 있다.

## VI 교사리더십의 일반적 성격

위에서 살펴본 바와 같이 교사리더십은 전통적 리더십 개념과는 차이가 있는 특성을 가지고 있다. 따라서 교사리더십에 대해 접근할 때는 교사리더십 개념의 특성과 성격에 맞게 접근할 필요가 있다.

한편, 교사리더십과 일반적 리더십 개념의 차이를 이해할 필요도 있다. 일반적으로 리더십이라면 전통적 리더십 개념으로 개인에 초점을 맞추고 있으며 권력의 위계 관계에 따라 파워가 행사되는 과정으로 이끌고-따른다는 관계가 기본 토대이다. 그런데 교사리더십은 개인에 초점을 맞춘 리더십이라기보다는 구성원과 함께 공유하는 분산적, 공유리더십 성격이 강하고, 또한 외부에서 주어지는 권력에 기반하기보다는 교사 스스로 형성하는 셀프리더십이며, 이끌고-따르는 관계보다는 섬김과 지원을 중심으로 한 서번트리더십이라는 점에서, 또한 지시하고 전달하는 리더십이 아니라 구성을 촉진, 지원하는 구성주의 리더십이라는 점에서 전통적 리더십과 차이가 있다. '리더십'이라는 용어를 사용하면 전통적 리더십 개념 뉘앙스가 작용할 수 있기 때문에 교사의 리더십을 가리킬 때는 '교사리더십'이라는 용어를 사용하고자 한다.

### 〈1〉 '리더'의 속성이 아닌 '교사'의 속성

기존의 교사리더십 논의는 대체로 리더 교사에 초점이 맞추어져 있었다(Schrum & Levin, 2015). 리더 교사들이 어떻게 형성되었고, 그들이 어떤 역할을 하였으며, 교실 및 학교를 어떻게 변화시켜 왔는지에 주목하였다. 그러면서 모든 교사들이 리더가 되어야 한다고 주장한다(Katzenmyer & Moller, 2009). 이들은 모든 교사가 리더가 되어야 한다고 주장은 하지만, 논의의 초점은 리더 교사에 있다. 즉 평범한 일반교사가 아니라 공식적으로든 비공식적으로든 리더 역할을 하는 리더 교사에게 초점을 맞추고 있다(Schrum & Levin, 2015: 2-3). 이들은 교사리더십을 교사들 중에 리더 역할을 하는 교사, 즉 '리더'의 속성으로 보고 있다.

리더 교사에 대한 관심과 주목은 대체로 학교개혁과 밀접하게 관련이 있다(Danielson, 2006; Davis, 2009). 국가 주도, 교육청 주도의 학교개혁이 한계에 부딪히면서 그 대안으로 교사들의 적극적인 참여와 역할을 중시하는 교사 주도의 학교개혁이 대두되었는데, 교실뿐만 아니라 교실을 넘어서서 학교 및 교육개혁에 주도적인 역할을 담당할 리더 교사들의 리더십에 주목한 것이다(Kouzes & Posner, 1987; Levin & Schrum, 2017). 실제로 이러한 리더 교사들이 역할을 제대로 수행한 학교에서는 상당히 긍정적인 변화들이 나타났고(York-Barr & Duke, 2004), 이러한 결과를 토대로 미국에서는 교사리더십이 학교개혁을 이뤄낼 대안으로 국가적 아젠다로까지 발전하기도 하였다(Lieberman & Miller, 2004; Wenner & Campbell, 2017). 그리고 학교를 개혁할 리더 교사의 역할이나 기능, 이들이 역할을 제대로 수행할 여건이나 환경 조성에 큰 관심을 기울였다(Katzenmeyer & Moller, 2009; Crowther, et al., 2009).

이와 같이 리더 역할을 하는 교사들이 발휘하는 리더십에는 많은 관심을 기울인 반면에(Leithwood, 1994; Wasley, 1991; Whitaker, 1995) 일반 교사의 리더십에 대해서는 크게 주목하지 않고 있는 것이 현재의 상황이다(Katzenmeyer & Moller, 2009; Levin & Schrum, 2017; Danielson, 2006). 하지만 본 저서에서는 교사리더십을 '리더'의 속성이 아닌 '교사'의 속성으로 보고자 한다. 교사리더십은 리더 역할을 하는 리더 교사만이 발휘하는 리더십이 아니라 리더가 아니어도 교사이면 누구나 발휘해야 하는 리더십이다. 리더 교사만이 아니라 교사라면 누구나 발휘해야 하는 리더십이라고 한다면 교사리더십은 '리더 교사'의 속성이 아니라 '교사'의 속성이다.

공식적이든 비공식적이든 리더 역할을 하는 교사는 리더십을 발휘할 것이고 또 발휘해야 한다. 그러면 리더의 위치에 있지 않은 다수의 일반교사들은 리더십을 발휘하지 않아도 되는 것인가? 그렇지 않다는 것이다. 리더 역할에 상관없이 모든 교사는 리더십을 발휘해야 한다. 왜냐하면 교사들의 과업 자체가 본질적으로 리더십을 필요로 하기 때문이다. 모든 교사는 예외 없이 학생이나 구성원들로 하여금 교육목표를 달성할 수 있도록 돕고, 지원하고, 안내하고, 촉진하는 역할을 하는데, 이 역할 자체가 리더십 발휘 과정이다. 우리가 관행적으로 교사의 과업을 언급할 때 '수업지도', '생활지도'라는 용어를 사용하는데, 이들 용어 자체에 이미 '지도(leading)'라는 용어가 붙박혀 있는 것도 교사의 과업 자체의 리더십 속성을 상징적으로 보여주는 것이라고 할 수 있다. 교육활동 수행 자체가 교사리더십 발휘 과정이기 때문에 교육활동을 수행하는 모든 교사는 교사리더십을 갖춰야 하는 것이다.

이와 같이 모든 교사는 리더이고 리더의 역할을 수행해야 한다. 하지만 '리더'라는 개념이 가진 전통적 이미지가 교사들로 하여금 '리더'로서의 교사 속성을 받아들이는데 주저하게 할 수 있다. 리더라고 하면 '남 앞에 나서야 하고', '카리스마가 있어야 하고', '남을 이끌어야 하고', '헌신하고 희생해야 한다'는 등의 이미지가 교사들에게 부담으로 작용하고, 리더로서 정체성을 형성하는 데 부정적으로 작용할 수 있다는 것이다. 특히 평등주의 문화가 뿌리 깊은 교직 문화 속에서(Lortie, 2002) 상하관계, 위계관계를 기반으로 하는 전통적 '리더', '리더십' 개념은 잘 자리 잡기 어려울 수 있다.

이러한 상황에서 '교사리더십'을 배우거나 공부한다고 하면 마치 승진을 위해 준비하는 사람처럼 비춰지는 것도 리더십에 대한 이러한 관행적 이미지에 기인한 대표적인 오해이다. 교사리더십은 승진을 위해, 다른 사람을 이끌어 가기 위해 필요한 리더십이 아니라 교사로서 역할을 제대로 감당하기 위해 교사라면 누구나 갖추어야 할 기본적인 자질이다. 교사리더십은 리더가 되고, 승진하고, 군림하기 위한 리더십이 아니라 교사로서의 기본적인 역할을 잘 감당하기 위해 반드시 필요한 리더십이다.

## 〈 2 〉 교사전문성을 넘어서는 교사리더십

교사전문성은 교사가 교육활동을 수행하기 위해 필요한 지식, 기술, 태도를 지칭한다(Sergiovanni, 1994). 과거에는 이러한 교사전문성을 갖추면 교육활동을 잘 수행할 것으로 보았고 전문성 향상을 위한 많은 노력을 기울였다. 하지만 교육 패러다임의 변화로 인해 전문성만으로 교육활동을 잘 수행하기가 어려워지고 있다(Crowther, et al., 2009; Snell & Swanson, 2000; Lieberman & Miller, 2004). 전통적 교육 패러다임에서는 지식의 전달이 교육활동의 주 목표였기 때문에 교사는 지식을 잘 전달할 수 있는 지식, 기술, 태도를 갖추는 것이 중요했고, 학생은 교육의 객체로서 교사의 가르침이나 안내를 잘 따라와야 하는 대상이었다. 전통적 교육 패러다임에서 학생을 따라오는 대상으로 보았기 때문에 학생을 잘 이끌어 나가기 위한 교사의 지식, 기술, 태도, 즉 전문성을 중시했다.

하지만 구성주의 교육 패러다임 시대에는 지식의 전달이 교육활동의 목표가 아니고, 학생들이 자신의 맥락에 맞게 지식을 구성하도록 돕고, 지원하는 것이 교육활동의 목표이다(Shapiro, 2000). 학생이 자신의 맥락에 맞게 지식을 구성하도록 하기 위해서는 교사가 일방적으로 끌고 나가서는 안 되며, 적극적으로 돕고, 지원해 주는 역할을 해야 한다. 물론 때로는 교사가 앞장서서 이끌어 나갈 필요도 있지만, 교사가 주도하기보다는 학생이 학습을 주도할 수 있도록 교사는 학생을 돕고, 지원하고, 안내하고, 촉진해 주어야 한다. 이 과정에서 교사와 학생 사이에 매우 다양하고 복합적인 상호작용이 일어나는데, 이 상호작용을 잘 촉진하고 관리하며 교육목표를 이뤄나가는 영향력이 교사리더십이다.

구성주의 패러다임 시대 교육활동에서는 자식을 잘 전달하기 위한 지식, 기술, 태도, 즉 전문성을 갖추는 것만으로는 한계가 있다. 전문성을 잘 갖출 뿐만 아니라 교육활동 과정에서 다양하고 복합적 상호작용 과정을 잘 촉진, 관리하며 학생이나 구성원들이 지식을 잘 구성해 갈 수 있도록 돕고, 지원할 수 있는 영향력, 교사리더십이 필요하다. 교육활동 과정에서 교사와 학생, 학생과 학생 사이의 복합적 상호작용 과정은 매우 상황 맥락적이기 때문에 현장성, 통찰력, 관계능력, 관리능력 등을 갖추고 있어야 하는데, 이러한 능력은 교사리더십을 통해 발휘된다. 학생을 교육의 주체로 보고, 학생의 지식 구성이 주요 교육활동인 구성주의 교육 패러다임 시대에는 교사의 전문성을 넘어서서 학생의 주체적 지식 구성을 촉진, 지원해 줄 수 있는 교사리더십이 필요하다 (Danielson, 2006; Donaldson, 2006).

## ⟨3⟩ 지위 권력이 아닌 개인 역량

교장은 법적으로 보장된 공식적 지위를 갖는다는 점에서 '지위 권력'을 갖고 있으며, 교사평가, 교원인사, 결재권 등을 통해 보상적, 강제적 권력을 행사한다(서정화 외, 2002). 반면 교사의 교육활동은 지위 권력에 기반한 것이 아니며 개인적인 특성이나 전문성 등을 통한 '개인 권력'을 토대로 하고 있다(신현석, 2010). 따라서 교사의 리더십 발휘는 보상적, 강제적 권력 행사가 아니라 개인 특성에 기반한 준거적, 전문적 권력 행사라는 점에서 교장 리더십 발휘와 차이가 있다(Northouse, 2018). 교장리더십이 법적으로 부여된 지위나 역할을 기반으로 한 공식적인 리더십이라면, 교사리더십은 지위나 역할에 의해 권위를 얻는 것이 아니라 학생 및 동료교원 등과 교육활동 수행 과정에서 상호작용을 통해 권위를 획득한다는 점에서 비공식성을 특징으로 한다(Danielson, 2006).

## ⟨4⟩ 교사리더십 발휘 기반 특성

교사가 교사리더십을 통한 영향력을 발휘하기 위해서는 영향력을 행사하기 위한 정당성을 갖추고 있어야 한다. 즉 교사가 영향력을 발휘하기 위한 정당성을 갖추고 있을 때 교사리더십이 발휘될 수 있다(Little, 1995; Katzenmeyer & Moller, 2009: 69). 그렇다면 교사가 교사리더십을 발휘하기 위한 정당성의 기반은 무엇일까? 교사리더십을 발휘하기 위해서는 우선은 교육활동에 대한 전문성을 갖추고 있어야 한다(Snell & Swanson, 2000; Katzenmeyer & Moller, 2009: 185). 교과활동 및 교육활동에 대한 풍부한 지식, 기술, 태도 등은 교사가 영향력을 발휘하는 중요한 기반이다. 교사가 전문성을 갖추고 있지 않으면 학생이나 동료교원 등을 돕고, 지원하고, 안내하고, 촉진하는 영향력을 발휘하는 데 한계가 있기 때문이다. 또한 교사리더십을 잘 발휘하기 위해서는 교사로서의 바른 인격, 성품, 열정, 사랑 등을 갖추고 있어야 한다. 아울러 학생이나 동료교원으로부터 믿음과 신뢰를 얻는 것도 교사리더십 발휘를 위해 중요하다(Murphy, 2005). Katzenmeyer와

Moller(2009: 69)도 교사가 다른 사람에게 영향력을 끼치기 위해서는 인간관계능력, 동료들이 인정하는 역량, 동료들이 원하는 정보 소유 등이 필요하다고 주장하였다. 이와 같이 교사리더십을 발휘하기 위한 정당성의 기반은 다양하다고 할 수 있는데, 전문성뿐만 아니라 인격, 성품, 신뢰 등 전인적인 자질을 갖추고 있을 때 교사리더십이 잘 발휘된다.

한편, 교사라는 직위 자체도 교사리더십 발휘의 정당성 기반이 될 수 있다. 교사라는 직위는 학생들을 가르치고 지도하고 이끌고 안내하는 역할을 담당하는 자리인데, 이러한 역할을 담당하는 자리에 세워졌다는 자체만으로 교사리더십 발휘를 기대한다는 것이다. 즉 교사로서 세워졌으면 당연히 교사리더십을 발휘하여 교육을 잘 이끌어 가야 한다는 것이다. 설령 교사가 전문성이나 인격, 성품 등을 갖추고 있지 못하다고 하더라도 교사로 세워진 이상 그 교사는 교사리더십을 발휘해야 한다. 교직 자체가 본질적으로 교사리더십을 발휘하는 일이기 때문이다.

# 2부

---

# 교사리더십
# 발휘 모형

# 4장

# 교사리더십 발휘 모형
# 도출 배경 및 과정

# 교사리더십 발휘 모형 도출 배경 및 과정

## Ⅰ 교사리더십 발휘 모형 도출 배경

　지금까지 국내·외에서 교사리더십 발휘 모형을 제안한 사례는 아직 없다. 본 저서에서는 그동안의 다양한 교사리더십 발휘에 관한 여러 논의들을 종합하여 교사리더십 발휘 모형을 선도적으로 구안하여 제시하고자 한다. 본 저서에서 교사리더십 발휘 모형을 구안하여 제시하고자 하는 가장 큰 이유는 그동안의 교사리더십 발휘에 관한 대부분의 논의들이 교사리더십 발휘의 양상이나 결과에 대해서는 많이 밝혀주고 있지만, 교사리더십 발휘를 위해 교사들이 구체적으로 무엇을 어떻게 해야 하는지, 무엇을 준비해야 하는지 등에 대해서는 거의 다루고 있지 않았기 때문이다. 교사리더십 발휘 양상이나 결과는 교사리더십 연구자들에게는 흥미 있는 관심 영역일 수 있으나 실제 현장에서 교사리더십을 발휘해야 하는 교사들에게는 큰 관심의 대상이 되지 않는다. 왜냐하면 현장의 교사들에게는 교사리더십을 발휘하기 위하여 본인들이 구체적으로 무엇을 어떻게 해야 하고, 구체적으로 무엇을 준비해야 하는지가 더 직접적인 관심사항이기 때문이다. 본 저서의 교사리더십 발휘 모형은 구체적으로 학교 현장에서 교사들이 교사리더십을 발휘하기 위하여 무엇을 어떻게 해야 하는지에 대한 하나의 대안이다.

　보통의 경우 어떤 모형이 탄생하는 과정을 보면 어떤 대이론이나 대전제가 있고 그 대이론이나 대전제를 바탕으로 모형을 구안하여 제시한다 (Morrison, 2002; Senge, 1990). 그런데 본 저서에서 저자가 제시하는 모형은 그와는 다른 접근을 통해 도출되었다. 본 저서에서 저자가 제시하는 모형은 어떤 큰 이론이나 대전제를 기반으로 하지 않고 연구나 사례를 바탕으로 귀납적 접근을 통해 도출된 모형이다. 저자가 교사리더십에 관심을 갖고 공부하기 시작한 지 10년 정도 되었는데, 그동안 교사리더십 관련 국내·외의 다양한 문헌들을 살펴보고 학습해 왔으며 현장의 다양한 사례들을 접하면서 교사리더십에 대해 익히고 공부해 왔다. 그러면서 교사리더십에 대한 이해를 넘어 어떻게 하면 교사들로 하여금 교사리더십을 발휘할 수 있도록 도울 수 있을 것인가에 관심을 갖게 되었다. 이러한 관심 속에 교사리더십 공부를 지속해 왔고 그 과정이 축적되면서 본 저서에서 제시한 '교사리더십 발휘 모형'이 구안된 것이다. 처음에는 거칠게 떠오른 개념들이 차츰 숙고를 거듭해 가면서 좀 더 정교화되었고 3영역 12요소로 구성된 모형이 도출되었다. 한편, 이러한 방식은 저자의 주 연구방법인 질적연구 방법론의 접근 방식이기도 하다. 질적연구 방법은 귀납적 접근을 하는데, 다양한 현장 사례를 바탕으로 의미 있는 주제를 구성해 가는 방식이다. 이 책에서 제시하고 있는 모형 도출 과정 역시 현상을 대하는 저자의 귀납적 접근 방식에 기반한 것이다. 즉 어떤 대이론을 기반으로 하지 않고 다양한 연구와 사례들을 바탕으로 교사리더십 발휘 모형을 귀납적으로 도출했다는 점이 본 모형의 특징이라고 할 수 있다.

본 저서에서 제시하고 있는 교사리더십 발휘 모형이 이론적 기반이나 정당성이 부족하다고 지적을 한다면 저자는 인정하고 그대로 수긍할 것이다. 다만 대이론이나 철학을 전제로 모형을 개발하는 연역적 접근도 필요하지만 현상이나 실제를 기반으로 하여 모형을 형성해 내는 귀납적 접근 또한 필요하다. 특히 교사리더십 분야는 아직 학문적으로 정교화가 덜 이루어진 분야로서 이론적 기반이 미약한 분야이다(Katzenmeyer & Moller, 2009; Wenner & Campbell, 2017; York-Barr & Duke, 2004). 즉, 아직 대이론이나 대전제가 구축되어 있지 않은 분야라는 것이다. 이러한 상황에서 교사리더십 분야 대이론이 만들어지기까지 기다린다는 것은 너무 막연하다고 할 수 있고 그 가능성을 장담하기도 어렵다. 오히려 다양한 귀납적 연구와 시도들이 축적이 되고 구축이 된다면 교사리더십 분야 대이론의 형성에도 기여할 수 있으리라 본다.

본 저서에서 제시하고 있는 교사리더십 발휘 모형은 검증될 필요가 있다. 이론적으로도 검증되어야 하고 실제적으로도 검증되어야 한다. 다만 교사리더십 발휘 모형이 개발되고 정교화되고, 대이론이 도출되기 위해서는, 그리고 그러한 풍토를 만들기 위해서는 다양한 씨앗들이 뿌려져야 한다. 그리고 그 씨앗들이 잘 자라 무성해질 때 교사리더십 발휘 모형의 숲이 형성이 되고 그 가운데 보다 정교화된 교사리더십 발휘 모형도, 대이론도 도출될 수 있을 것이다. 본 저서의 교사리더십 발휘 모형은 이러한 기대를 안고 시작한 작은 출발이다.

## Ⅱ ▷ 교사리더십 발휘 모형 도출 기반

본 저서의 교사리더십 발휘 모형은 크게 네 가지 기반을 토대로 도출되었다. 첫째, 교사리더십 발휘와 관련된 선행연구나 사례를 바탕으로 도출되었고, 둘째, 교사리더십 자질에 초점을 맞추었으며, 셋째, 교사들이 갖추어야 할 내적 요인을 중심으로 하고, 넷째, 체계적이고 종합적으로 교사리더십 발휘 모형을 구안하고자 하였다.

### ⟨1⟩ 선행연구나 사례 바탕의 귀납적 접근

본 저서에서는 교사리더십 발휘 모형을 개발하여 제시하고자 하는데, 교사리더십 발휘 모형에 대한 선행 이론도 연구도 거의 없는 실정이다. 어떤 모형이든지 학계에서 제시하기 위해서는 기본적으로 이론적 배경이나 기반이 있어야 한다. 그런데 교사리더십 발휘 모형과 관련하여 국내·외적으로 아직 그 기반이 약한 상태이다. 그렇다면 교사리더십 발휘 모형을 제시하는 것은 불가능한가? 이러한 상황임에도 불구하고 교사리더십 발휘 모형의 필요성을 느낀 저자는 선행연구나 사례들을 통해 돌파구를 찾고자 하였다.

저자는 기존의 연구나 사례 등에 대한 탐구와 분석을 통해 종합, 정리하면서 본 모형을 도출하였다. 기존 연구나 사례에 대한 탐구 및 분석 결과, 교사리더십이 발휘되기 위한 세 가지 축이 되는 영역이 발견되었는데, 교사리더십 의식, 교사리더십 역량, 교사리더십 행동 성향이었다. 교사리더십 발휘 교사들에 대한 다양한 연구와 사례에 대한 분석 결과, 교사리더십 발휘 교사는 교사리더십 의식을 갖고 있으며, 교사리더십 역량을 갖추고 있고, 교사리더십 행동 성향으로 과업을 수행하며 교사리더십을 발휘하는 것으로 나타났다. 이러한 선행연구나 사례에 대한 분석 결과가 본 교사리더십 발휘 모형 도출의 기반이 되었다.

## 〈2〉 교사리더십 자질에 초점

교사리더십 발휘 모형은 '교사들이 리더십을 발휘하는 원리 구조'이다. 좀 더 구체적으로 '교사들이 어떻게 교사리더십을 발휘하는가'에 관한 기본 원리이다. 저자의 교사리더십 발휘 모형 구안은 대이론이나 철학, 이념 등을 바탕으로 한 연역적 접근이 아니라 선행 연구나 사례를 토대로 한 귀납적 접근이라는 것을 앞에서 이미 밝혔다. 저자가 이렇게 할 수밖에 없었던 이유 중의 하나는 국내·외의 다양한 문헌들이 교사리더십 발휘 모형에 대해 거의 다루고 있지 않았기 때문이다. 국내·외의 대부분의 교사리더십 관련 문헌들은 교사리더십의 중요성, 교사리더십의 역할, 교사리더십의 기능, 교사리더십 개발, 교사리더십을 통한 학교 변화 등에 대해서는 매우 다양하게 다루고 있었는데, 구체적인 교사의 리더십 발휘 과정, 즉 어떤 자질을 갖춘 교사가 교사리더십을 발휘하는가에 대해서는 연구와 논의가 많지 않은 편이었다. 교사리더십의 역할과 기능에 대한 많은 관심 및 연구와는 대조적으로 교사리더십 발휘 교사의 자질에 대해서는 연구가 부족하였다. 저자는 바로 이 부분에 주목하였다. '어떤 교사가, 어떤 자질을 갖춘 교사가 교사리더십을 발휘하는가'에 초점을 맞추었다. 왜냐하면 교육현장에서 교사들이 교사리더십을 발휘하기 위해서는 기본적으로 교사리더십을 발휘할 수 있는 자질을 갖추어야 하기 때문이다.

이러한 맥락에서 본 모형에서는 교사들이 교사리더십을 발휘하기 위하여 어떤 자질을 갖추어야 하는가에 초점을 맞추었다. 교사리더십 발휘를 위해서는 상황과 여건도 중요하지만, 기본 자질을 갖추는 것이 더 핵심적인 기반이라고 보았다. 교사리더십을 발휘할 수 있는 자질을 갖추고 있으면, 어떤 상황 속에서도 교사리더십을 발휘할 가능성이 높다(Danielson, 2006; Murphy, 2005). 하지만 교사리더십 자질을 갖추고 있지 않으면 어떤 좋은 환경에서도 교사리더십 발휘가 어려울 수 있다(Levin & Schrum, 2017; Donaldson, 2006). 따라서 교사리더십을 발휘하기 위해서는 교사리더십 자질을 갖추는 것이 중요하다.

교사리더십 발휘 모형을 구안할 때 교사리더십 발휘의 절차나 과정, 교사리더십 발휘 전략이나 기법 등을 먼저 생각할 수 있다. 즉 교사리더십 발휘 절차나 과정, 전략이나 기법 등을 중심으로 교사리더십 발휘 모형을 구안할 수도 있다. 하지만 본 저서에서는 이러한 접근을 하지 않았다. 왜냐하면 교사리더십은 방법론이 아니라 전인적 자질이라고 보았기 때문이다. 방법이나 기법을 익혀서 교사리더십이 발휘되는 것이 아니라 교사리더십 자질을 갖출 때 교사리더십이 발휘된다. 그리고 교사리더십이 발휘되는 상황은 매우 복잡하고 복합적이기 때문에 어떤 방법이나 매뉴얼을 익혀서 교사리더십을 발휘할 수 있는 것이 아니라 복잡하고 복합적인 상황을 헤치고 나아갈 수 있는 자질을 갖출 때 교사리더십이 발휘될 수 있다. 따라서 교사리더십을 발휘하기 위해서는 방법이나 기법을 익히는 것도 중요하지만, 교사리더십을 발휘할 수 있는 자질을 갖추는 것이 훨씬 더 중요하다. 교사리더십 자질을 갖춰주면, 그 교사는 어떤 상황에서도 스스로 방법이나 기법을 개발하여 교사리더십을 발휘할 수 있다(Murphy, 2005; Levin & Schrum, 2017; Lieberman & Miller, 2004). 그리고 교사리더십 발휘 과정은 매우 상황, 맥락적이기 때문에 획일적인 방법이나 기법으로는 적절한 교사리더십을 발휘하기 어려울 수 있다. 자신의 교사리더십 발휘 상황에 맞는 방법이나 기법은 해당 상황에서 스스로 개발해야 한다. 따라서 방법이나 기법을 교사들에게 알려주는 것보다 자신의 상황에 맞게 방법이나 기법을 개발할 수 있는 자질을 길러주는 것이 교사리더십 발휘를 위해 더 중요하고 필요하다. 교사들이 교사리더십을 발휘할 수 있도록 구체적으로 도움을 주고자 하는 목적에서 비롯된 본 저서에서는 교사들에게 교사리더십 자질을 길러주는 것이 핵심이라고 판단하였다.

## ⟨3⟩ 내적 요인에 초점

본 저서에서는 교사리더십 발휘 모형을 구안하면서 교사의 내적 요인에 초점을 맞추었다. 구체적으로 교사리더십 발휘를 위한 내적 요인으로 교사리더십 의식, 교사리더십 역량, 교사리더십 행동 성향 등 세 영역에 주목하였다. 즉 교사리더십 발휘와 관련하여 겉으로 드러나는 모습이나 기능, 활동, 역할, 태도, 자세 등에 초점을 맞추기보다는 교사리더십 발휘를 위해 교사가 내적으로 갖추어야 할 의식, 역량, 행동 성향에 초점을 맞추었다. 교사리더십 발휘를 위한 이러한 세 가지 내적 요인에 대해 개별적으로, 산발적으로 논의하고 언급한 사례는 있지만, 이 세 가지를 종합하여 체계적으로 접근한 시도는 국내·외적으로 아직 없는 상황이다. 대부분 교사리더의 역할이나 기능에 초점을 맞추어 교사리더십에 대해 논의하였는데, 이러한 연구들은 교사리더십 발휘의 외양(外樣)은 보여주지만, 교사리더십 발휘 교사의 내적 측면은 드러내 주지 못하고 있다(Lieberman & Miller, 2004; Muijs & Harris, 2007; Snell & Swanson, 2000). 이러한 결과로 교사리더십 발휘의 내적 요인에 대한 체계적인 정리와 이해는 아직 부족한 상황이다.

교사들로 하여금 실질적으로 교사리더십을 발휘하도록 하기 위해서는 교사들이 교사리더십 발휘를 위한 내적 역량을 갖추는 것이 중요하다(Murphy, 2005). 교사리더십의 중요성과 의미에 대해서는 이제 어느 정도 인식이 확산되어 가고 있는데(Katzenmeyer & Moller, 2009; 정진욱, 2022), 교사리더십을 발휘하기 위하여 교사들이 어떻게 준비되어야 하는가에 대해서는 많은 관심과 노력이 없는 상태이다. 이런 상태가 지속되면 교사리더십은 강조되는데 교사리더십에 대한 준비 없이 교사리더십 발휘를 강요당하는 사태가 발생할 수 있다. 이에 저자는 교사리더십을 발휘하기 위하여 교사들은 무엇을 어떻게 갖추어야 하는가에 관심을 갖게 되었고 이에 따른 탐구와 분석이 이루어진 것이다. 그런데 앞서 논의한 것처럼 선행 연구나 사례에 대한 분석들이 교사리더십 발휘 모습이나 결과에 초점이 맞추어져 있어 교사리더십을 발휘하기 위해 교사들이 내적으로 무엇을 어떻게 갖추어야 하는가에 대해서는 의미 있는 것들을 밝히지 못하고 있다. 그런데 다행히 선행 연구나 사례들이 교사리더십 발휘 모습이나 결과를 밝히면서 그러한 모습이나 결과들이 나타나게 된 교사의 내적 요인들에 대해서 산발적이지만 다양하게 드러내 주고 있었다. 이러한 선행연구들 덕분에 저자는 교사리더십 발휘 교사들의 내적 요인들을 탐구할 수 있었고, 이를 바탕으로 교사리더십 의식, 교사리더십 역량, 교사리더십 행동 성향 세 영역을 구안해 냈다. 기존의 연구들이 교사리더십 발휘 모습이나 결과에 집중하면서 교사리더십 발휘를 위해 교사들이 갖추어야 할 내적 요인들을 잘 드러내 주지 않음으로 인해 실질적인 교사리더십 개발에 진전이 없었던 점을 고려하면, 본 연구에서 제안하는 모형은 교사리더십 발휘를 위해 교사들이 어떻게 준비되어야 하는가에 대한 하나의 대안을 제시하고 있다는 점에서 의미가 있다.

## 〈4〉 종합적, 체계적 접근

본 저서에서는 교사리더십 발휘 모형을 구안함에 있어 종합적이고 체계적인 접근을 시도하였다. 그동안 교사리더십 개념, 역할, 기능, 발휘 과정, 결과 등에 대한 논의들을 보면 매우 다양하고 산발적이다(Katzenmeyer & Moller, 2009; Wenner & Campbell, 2017; York-Barr & Duke, 2004). 교실 차원에 한정을 하거나, 주로 수업 관련하여 교사리더십을 다루거나, 혹은 학교 차원에서의 교사리더십 발휘, 또는 학교를 넘어서는 교사리더십 발휘 등을 다루면서 다양한 논의들이 있어 왔지만(Boles & Troen, 1994; Collinson, 2012; Greenlee, 2007; Muijs & Harris, 2007; Katzenmeyer & Moller, 2009; Wasley, 1991), 종합성이나 체계성 부족으로 인해 상당히 산발적 논의에 머무른 점이 없지 않다(Crowther, et al., 2009; Ackerman & Mackenzie, 2007; Levin & Schrum, 2017; Danielson, 2006; Lieberman & Miller, 2004). 다양한 상황과 맥락에서 교사리더십에 대한 인식과 필요성이 확산되고 있는데, 교사리더십 발휘와 관련된 종합적, 체계적 모형은 아직 제시되지 않고 있다(Angelle & DeHart, 2011; Wenner & Campbell, 2017; York-Barr & Duke, 2004; Katzenmeyer & Moller, 2009). 본 저서에서는 교사리더십 발휘와 관련된 요인들을 종합적, 체계적으로 제시하고자 한다. 다양한 선행연구와 사례 분석을 토대로 교사리더십 발휘를 위한 자질로서 교사리더십 의식, 교사리더십 역량, 교사리더십 행동 성향 세 영역을 도출하였고, 또 각 영역별로 교사리더십 의식 3가지 요소, 교사리더십 역량 5가지 요소, 교사리더십 행동 성향 4가지 요소를 도출하였다. 그리하여 교사리더십 발휘를 위해 교사에게 필요한 3영역 12요소를 종합적이고 체계적으로 제시하고자 한다.

## Ⅲ 교사리더십 발휘 모형 구성 요인

본 저서의 교사리더십 발휘 모형은 교사리더십 의식, 교사리더십 역량, 교사리더십 행동 성향 세 영역으로 구성되어 있고, 그리고 각 영역별로 교사리더십 의식은 3가지 요소, 교사리더십 역량은 5가지 요소, 교사리더십 행동 성향은 4가지 요소로 구안되었다. 이들 교사리더십 발휘 모형 구성 요인들에 대해 설명하면 다음과 같다.

### 〈1〉 교사리더십 영역

본 저서에서의 교사리더십 발휘 모형은 구체적으로 교사가 어떻게 교사리더십을 발휘하는가에 초점을 맞추었다. 리더십을 발휘하는 교사들에 대한 선행연구나 사례 분석 결과, 리더십을 발휘하는 교사들은 대체로 교사리더십 의식을 가지고 있었으며(Danielson, 2006; Harris, 2008; Lieberman & Miller, 2004), 교사리더십 역량을 갖추고(Day, 1999; Fullan, 2016; Hargreaves & Fullan, 2012), 또 교사리더십 행동 성향(Davis, 2009; Katzenmeyer & Moller, 2009; Lambert, 1998)을 보여 주었다. 즉 리더십을 발휘하는 교사는 교사리더십 의식을 가지고 교사리더십 역량을 발휘하여 교사리더십 행동을 수행해 나가는 교사들이었다. 본 저서에서는 선행연구 및 사례들에 대한 분석 결과를 바탕으로 교사리더십 의식, 교사리더십 역량, 교사리더십 행동 성향 세 영역을 교사리더십 발휘 모형의 틀로 구성하였다.

첫째, 교사리더십 발휘 교사는 교사리더십 의식을 가지고 있다. 교사리더십을 발휘하는 것은 상당히 의지적인 활동이기 때문에 교사리더십 의식 없이 막연하게 혹은 무의식적, 무조건적으로 교사리더십을 발휘할 수는 없다. 교사리더십 발휘는 의식적이고 의도적인 활동이기 때문에 교사리더십 의식을 가질 때 발휘될 수 있는 것이다.

둘째, 교사리더십은 교사리더십 역량을 갖출 때 발휘될 수 있다. 교사리더십 발휘는 구성원들로 하여금 교육목표에 도달하도록 하는 의도적, 의지적 활동이기 때문에 그 일을 이루기 위한 역량이 필요하다. 교사리더십 발휘는 혼자 과업을 수행하는 것이 아니라 학생, 동료교원, 학부모 등으로 하여금 교육목표에 도달하도록 돕고, 지원하는 활동이기 때문에 이 역할을 감당할 역량을 갖추어야 한다. 교사리더십 의식을 갖추었다고 하더라도 교사리더십 역량을 갖추지 못하면 교사리더십을 발휘하기 어렵다. 교사리더십을 발휘하여 과업을 수행하기 위해서는 교사리더십 역량을 갖추어야 한다.

셋째, 교사리더십은 교사리더십 행동 성향으로 나타난다. 교사리더십 행동 성향은 교사리더십이 구체적으로 구현되는 행동 속성이다. 교사리더십은 교사리더십 의식을 갖고 교사리더십 역량을 발휘하여 교사리더십 행동 성향으로 과업을 수행할 때 발휘된다. 즉 교사리더십 발휘는 교사리더십 의식과 역량의 토대 위에서 구체적으로 교사리더십 행동 성향을 통해 과업을 수행할 때 나타난다.

그리고 이 세 영역은 개념적으로는 구분이 되지만, 실제에서는 서로 독립적, 분절적인 것이 아니라 통합된 하나의 실체이다. 즉 교사리더십이 발휘되는 과정에서 위 세 영역은 각각 독립적으로 작동하는 것이 아니라, 서로 유기적으로 연계되어 하나의 실체처럼 작동한다. 교사리더십 의식을 갖추고, 교사리더십 역량을 발휘하며, 교사리더십 행동 성향으로 과업을 수행하는 것은 실제에서는 하나의 활동이라는 것이다. 교사리더십 발휘 모형의 세 영역 도출 기반에 대해 제시하면 다음과 같다.

표 6  교사리더십 영역

| 연구자 \ 영역 | 교사리더십 의식 | 교사리더십 역량 | 교사리더십 행동 성향 |
|---|---|---|---|
| Stogdill(1974) | 독립성, 지배력, 자아 확신, 목적을 추구 책임성, 책임을 지키는 욕망, 균형적인 감정, 경건한 마음 | 지능, 판단, 인관관계 기술 | 활동성, 에너지, 모험성, 주도성, 과업지향, 협력 추구, 사교성, 윤리성 |
| Tead(1935) | 신념 | 기술적 우월성 | 목적지향, 이끄는 능력 |
| Barnard(1938) | 리더십 정신 측면 | 리더십 기술 측면 | |
| Bass(1990) | 정신적 측면 | 기술적 측면 | 활동 성향 |
| Northouse(2004) | 개념 성향 | 기술 성향 | 관계 성향 |
| Danielson(2006) | 주체적 책임의식 | 소통, 촉진, 설득, 성찰 | 주도성, 목표지향성, 공동체성 |
| Levin & Schrum(2017) | 자기결정성, 능동성, 개방성, 자율성 | 청취기술, 의사소통 기술 참여촉진 기술, 지원 기술, 필요에 대한 지식, 상호작용 기술 | 협동, 관계형성, 주도성, 유연성, 윤리성 |
| Murphy(2005) | 자율의식, 주체의식 | 이해력, 분석력, 촉진력, 설득력 | 목표지향, 과업지향, 전문성 지향 |
| 최봉기(1994) | 목표달성을 위한 강한 책임성 | 판단력, 분석력, 지적 능력, 설득력, 협상 능력 | |
| 김우식(2015) | 책임감 있는 자유 | | 심사숙고하는 실행력, 현실기반적 비전, 독립된 상호의존성 |

　　교사리더십 의식은 교사리더십 발휘를 위해 갖는 신념, 혹은 정신, 마음 자세라고 할 수 있다(Tead, 1935; Bass, 1990; Northouse, 2004). 구체적으로 목적을 이루고자 하는 책임감, 주도적으로 과업을 수행하고자 하는 독립성, 자아의식, 자기결정성 등이 교사리더십 의식이 될 수 있다(Stogdill, 1974; Levin & Schrum, 2017). 즉 교사리더십 발휘 교사는 대체로 목표달성을 위한 강한 책임감을 가지고 있으며, 독립적, 지배적으로 과업을 수행하고자 하며, 자기결정성을 기반으로 능동적으로 과업을 수행하고자 한다. 아울러 교사리더십

발휘 교사는 자율적으로 과업을 수행하고자 하며 자율에 대해 책임지고자 하는 마음도 강하다(Bass, 1990; Northouse, 2004; 김우식, 2015).

교사리더십 역량은 교사리더십 발휘를 위해 갖추어야 할 능력이다(Bass, 1990). 교사리더십을 발휘하기 위해서는 지능, 판단력, 인간관계 능력도 필요하고(Stogdill, 1974), 청취능력, 의사소통 능력, 참여 촉진 능력, 지원 능력 등도 필요하다(Levin & Schrum, 2017). 아울러 설득력, 협상 능력 등도 리더십 발휘 역량이다(최봉기, 1994). 이와 같이 대체로 상호작용할 수 있는 능력이 교사리더십 발휘를 위해 갖추어야 할 핵심 역량이라고 할 수 있으며(Levin & Schrum, 2017), 교사리더십 발휘 교사는 조직목표 달성을 위하여 구성원과 상호작용을 잘 하는 역량을 갖춘 교사이다(Tead, 1935; Bass, 1990).

교사리더십 행동 성향은 교사리더십 발휘 행동 속성이다(Northouse, 2004). 교사리더십을 발휘하는 교사들에게서 대체적으로 공통적인 행동 성향, 기질이 있는 것으로 나타나고 있다(Levin & Schrum, 2017). 구체적으로 교사리더십을 발휘하는 교사는 주도적으로 행동하고자 하며, 모험적이고 도전적으로 과업을 수행하고자 하고, 다른 사람과 함께 협력하여 과업을 수행하고자 한다(Stogdill, 1974). 또한 교사리더십을 발휘하는 교사는 보다 적극적으로 목표를 이루기 위해 행동하고, 주도적이면서도, 함께 행동하고자 하는 의지가 강하다(Levin & Schrum, 2017). 아울러 교사리더십을 발휘하는 교사는 전문적으로 과업을 수행하고자 하며, 심사숙고하면서 윤리적인 행동을 하고자 한다(Tead, 1935; Levin & Schrum, 2017). 이와 같이 교사리더십을 발휘하는 교사는 교사리더십 발휘 행동 성향을 갖고 있다.

이러한 교사리더십 발휘를 위한 각 영역별 자질을 어느 정도 갖추고 있느냐에 따라 교사의 교사리더십 발휘는 달라질 수 있다. 교사리더십 발휘 교사들이 어떤 의식을 갖고 있느냐에 따라 교사리더십 발휘가 달라질 수 있으며, 어느 정도의 역량을 갖고 있느냐에 따라 교사리더십 발휘가 달라질 수 있고, 또한 어떤 행동 성향을 갖고 있느냐에 따라 교사리더십 발휘는 달라질 수 있다.

## ⟨ 2 ⟩ 교사리더십 영역별 요소

교사리더십을 발휘하기 위해서는 교사리더십 의식, 교사리더십 역량, 교사리더십 행동 성향을 갖추어야 하는데, 각 영역은 상당한 포괄성을 갖고 있다. 즉 교사리더십 의식은 단일 속성이 아니라 상당히 다양한 요소들을 포함하고 있으며, 교사리더십 역량이나 교사리더십 행동 성향 역시 많은 요소들을 포괄하고 있는 영역이라고 할 수 있다. 본 저서에서는 선행연구 및 사례에 대한 분석 결과를 바탕으로 교사리더십 발휘를 위한 각 영역 내에서 각 영역을 구성하는 주요 구성 요소들을 도출하였다. 교사리더십 의식 구성 요소로는 주체의식, 책임의식, 자율의식 세 가지가, 교사리더십 역량 구성 요소는 이해 역량, 소통 역량, 촉진 역량, 성찰 역량, 철학 역량 다섯 가지가, 교사리더십 행동 성향으로는 목표지향성, 과업주도성, 공동체성, 전문성 네 가지 요소가 도출되었다. 그 내용을 종합하면 다음과 같다.

**표 7** 교사리더십 영역별 구성 요소

| 영역 | 구성 요소 |
|---|---|
| 교사리더십 의식 | 주체의식, 책임의식, 자율의식 |
| 교사리더십 역량 | 이해 역량, 소통 역량, 촉진 역량, 성찰 역량, 철학 역량 |
| 교사리더십 행동 성향 | 목표지향성, 과업주도성, 공동체성, 전문성 |

교사리더십 발휘를 위한 3영역 및 12요소는 앞에서 언급한 바와 같이 개념적으로는 구분, 분리되지만 실제에서는 통합된 하나의 실체이다. 즉 교사리더십 의식 따로, 교사리더십 역량 따로, 교사리더십 행동 성향 따로 작동하는 것이 아니라 3영역이 상호 연계된 가운데 하나의 실체로 작동한다는 것이다. 이러한 통합성을 고려하여 3영역과 12요소의 구조를 그림으로 나타내면 다음과 같다.

그림 1 　//　 교사리더십 발휘 모형

첫째, 교사리더십 의식은 교사리더십 발휘 교사가 가지고 있는 의식인데, 이 의식을 토대로 교사리더십이 발현된다(Katzenmeyer & Moller, 2009). 교사리더십 의식은 교사에 따라, 혹은 상황과 맥락에 따라 매우 다양하게 구성될 수 있다(Hargreaves & Fullan, 2012). 본 저서에서는 선행연구나 사례 등에서 나타난 다양한 교사리더십 의식을 분석, 검토하여 주체의식, 책임의식, 자율의식 세 가지를 주요 교사리더십 의식으로 도출하였다. 즉 대체로 교사리더십 발휘 교사는 주체적으로 교육활동을 이끌어 가고자 하는 의식이 강하고, 교육활동에 대해 책임지고자 하는 의식이 강하며, 자율적으로 과업을 수행하려는 의지가 강했다(Katzenmeyer & Moller, 2009; David & Judy, 2003; Muijs & Harris, 2003; Murphy, 2005; Paulu & Winters, 1998; Suranna & Moss, 2002; Day & Harris, 2003). 이러한 경향과 특성을 바탕으로 세 가지 요소를 교사리더십 의식으로 구성하였다.

둘째, 교사리더십 역량은 '교사리더십을 발휘하기 위한 힘이나 능력'이다. 교사리더십을 발휘하기 위해서는 교사리더십을 발휘하기 위한 힘이나 능력이 있어야 한다. 교사리더십 의식을 갖추었다고 하더라도 교사리더십을 발휘할 힘이나 능력이 약하면 교사리더십을 제대로 발휘하기 어렵다. 선행연구나 사례 분석을 통해 나타난 교사리더십 역량은 크게 이해 역량, 소통 역량, 촉진 역량, 성찰 역량, 철학 역량 다섯 가지였다. 교사리더십 발휘 교사들은 대체로 학생이나 구성원에 대해 이해하는 역량, 구성원들과 원활하게 소통하는 역량, 학생 및 구성원을 촉진할 수 있는 역량, 자신과 자신의 과업에 대해 성찰하는 역량, 그리고 가치와 의미를 추구하는 철학 역량을 가지고 있었다 (Katzenmeyer & Moller, 2009; Crowther, et al., 2009; Levin & Schrum, 2017; Danielson, 2006; Murphy, 2005). 이 다섯 가지 요소를 교사리더십 역량으로 구성하였다.

셋째, 교사리더십 행동 성향은 '교사리더십을 발휘하는 행동 속성'이다. 교사리더십은 교사리더십 발휘 교사의 구체적인 행동 성향이나 속성으로 나타나는데, 선행연구나 사례 분석을 통해 나타난 교사리더십 발휘 교사들의 행동 성향은 대체로 목표지향성, 과업주도성, 공동체성, 전문성 네 가지였다. 즉 교사리더십 발휘 교사는 목표의식을 갖고 적극적으로 목표를 추구하는 행동 성향을 갖고 있으며, 과업을 주도적으로 이끌어 가고자 하며, 학생 및 구성원들과 함께 협력하여 과업을 수행하고자 하고, 전문적으로 과업을 수행하고자 하는 성향을 갖고 있는 것으로 나타났다(Davis, 2009; Katzenmeyer & Moller, 2009; Lambert, 1998; Murphy, 2005). 이러한 네 가지 요소를 교사리더십 행동 성향으로 구성하였다.

본 저서에서는 교사리더십 발휘 모형을 배에 비유하였는데, 그 이유는 교사리더십 발휘 과정이 커다란 배가 움직여 나가는 작동원리와 비슷하다고 생각했기 때문이다. 배는 크게 기관실, 갑판실, 돛대로 이루어져 있다. 기관실에는 엔진과 기관들이 있어 배를 움직이게 하고, 갑판실에는 운항을 위한 기본시설과 기기들이 갖춰져 있어 배를 조종해 나가는 기능을 하며, 돛대는 바람을 맞으며 배를 전진시키는 역할을 한다. 기관실, 갑판실, 돛대가 3위1체가 되어 역동적으로 작동하면서 배가 움직인다. 교사리더십 발휘도 이러한 배가 움직여 나가는 원리와 유사하다고 보았다.

배가 움직여 나가기 위해서는 우선 기관실의 엔진과 기관들이 잘 작동해야 하는 것처럼 교사리더십이 발휘되기 위해서는 교사리더십 의식이 잘 발현되어야 한다. 기관실이 없으면 배의 움직임은 고사하고 배로서 존재 자체도 어려울 수 있는 것과 마찬가지로 교사리더십의 경우에도 일단 교사리더십 의식이 갖춰져야 교사리더십 발휘가 시작될 수 있다.

그런데 기관실만으로 배가 움직일 수는 없다. 기관실 토대 위에 갑판실에서 작동과 조종이 이루어져야 배가 움직일 수 있다. 갑판실에서 작동하고 조종해야 배가 방향을 잡고 나아갈 수 있다. 교사리더십도 교사리더십 의식만 갖추고 있다고 발휘되는 것이 아니라 교사리더십 역량을 갖추고 있어야 한다. 갑판실에서 조종해야 배가 나아갈 수 있듯이 교사리더십도 교사리더십 역량을 통해 구현될 수 있다.

그리고 배가 방향을 정하고 나아가기 위해서는 돛대가 있어야 하듯이 교사리더십이 구체적으로 발휘되기 위해서는 교사리더십 행동 성향으로 수행이 이루어져야 한다. 돛대는 엔진이나 바람의 힘을 받아서 배를 전진하게 하는데, 교사리더십 행동 성향은 의식이나 역량을 토대로 구현되는 구체적인 발휘 모습이라고 할 수 있다. 돛대를 통해 배가 전진하는 것처럼 교사리더십 행동 성향으로 교사리더십이 나타난다.

본 저서의 교사리더십 발휘 모형은 교사들이 어떻게 교사리더십을 발휘하는가에 초점이 맞추었다. 교사리더십을 발휘하고자 하는 교사들에게는 '어떻게 교사리더십을 발휘하지?'는 중요한 질문이자 과제이다. '어떻게 교사리더십을 발휘할 것인가'에 대해서는 아직 이론적으로 정리된 것은 거의 없다. 이는 교사리더십에 관한 논의가 오래되지 않았기 때문이기도 하지만, '어떻게 교사리더십을 발휘할 것인가'는 이론적인 문제이면서 동시에 실제적인 문제이기 때문이다. 즉 교사리더십 발휘는 단순하게 이론을 적용할 수 있는 문제가 아니라 다양한 현장 맥락 속에서 상황적으로 구성되고 발휘되는 것이다. '어떻게 교사리더십을 발휘할 것인가'는 이론이나 지식보다는 현장 지혜에 가까운 문제일 수 있다. 현장에서 교사들이 교사리더십 구현을 위한 지혜를 발휘할 수 있도록 도움을 주고자 하는 것이 본 저서의 목적이다. 그리고 본 저서의 모형은 선행연구나 사례 분석을 통해 나온 귀납적 접근의 결과로 여러 교사리더십 발휘 모형 중의 하나라고 할 수 있다. 따라서 후속 작업이 이어져 보다 다양한 교사리더십 발휘 모형이 창출되어야 한다.

# 5장

## 교사리더십 의식

# 05 장
# 교사리더십 의식

본 저서에서 제시하고 있는 교사리더십 발휘 모형은 교사리더십 의식, 교사리더십 역량, 교사리더십 행동 성향 세 영역으로 구성되어 있다. 그중에서 교사리더십 의식은 교사리더십 발휘를 위한 기본 토대라고 할 수 있다. 교사리더십 의식을 갖추고 있을 때 교사리더십 발현이 시작된다. 본 장에서는 교사리더십 의식에 대해 논의한다.

그림 2 　교사리더십 발휘 모형(교사리더십 의식)

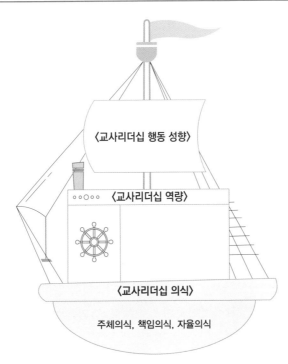

<교사리더십 행동 성향>

<교사리더십 역량>

<교사리더십 의식>

주체의식, 책임의식, 자율의식

## Ⅰ 의식

의식(意識)의 사전적 의미는 '깨어 있는 상태에서 자기 자신이나 사물에 대하여 인식하는 작용'이다(표준국어사전). 사람은 깨어 있을 때는 무엇인가를 생각하거나 느낀다. 사람이 깨어 있을 때 생각하거나 느끼는 주관적 체험을 총칭하여 의식이라고 한다. 철학이나 심리학에서 의식이라 함은, 광의로는 '꽃을 본다', '문제를 생각한다', '기쁨을 느낀다' 등과 같이 개체가 현실에서 체험하는 모든 정신 작용과 그 내용을 포함하는 일체의 경험 또는 현상을 의미한다(구광현, 2019). 주관적인 자각이 있을 때뿐만 아니라 자각이 없는 경우에도 자각 가능성에 따라 전의식(前意識), 무의식(無意識) 등으로 불리기도 한다(이성진, 1991; 이경숙, 2017).

의식은 객관 세계를 인식하는 기능, 미래를 예측하고 목표를 정하는 기능, 목적에 부합하는 행동을 위한 계획을 만드는 기능, 결정하고 결단을 내리는 기능, 행동의 규범 및 가치를 설정하는 기능, 행동의 목적 및 수단을 평가하는 기능 등을 한다(임석진 외, 2008). 이러한 기능에 비추어 볼 때 의식은 인간의 사유와 활동의 근원이라고 할 수 있다. 교사리더십은 교사리더십 의식을 기반으로 발현된다.

## Ⅱ 교사리더십 의식

교사리더십 의식은 '교사리더십을 발휘하기 위해 자신과 자신이 맡은 일에 대해 갖는 인식'이다(Danielson, 2006). 교사리더십 발휘 과정에 대한 선행연구나 사례들을 분석해 본 결과 교사리더십 발휘 교사들은 자신이나 자신이 맡은 일에 대한 의식을 갖고 있었는데, 공통적으로 주체의식, 책임의식, 자율의식 등의 의식을 갖고 있는 것으로 나타났다. 선행연구들에서 나타난 교사리더십의 의식을 종합하여 정리하면 다음 〈표 8〉과 같다.

**표 8** 교사리더십 의식 요소

| 연구자 \ 요소 | 주체의식 | 책임의식 | 자율의식 |
|---|---|---|---|
| Danielson(2006) | 변화 과정을 주체적으로 주도하고 관리하는 의식 | | 자발적, 유기적 교사 참여, 자율적 판단 |
| Collier & Esteban(2000) | | 책임성 | 자율성 |
| Morrison(2002) | | 책임감 | 자율성 |
| York-Barr & Duke(2004) | 주인정신, 주도권 | 책임의식 | |
| Neuman & Simmons(2000) | 주체적 결정 | 좋은 교육을 수행할 책임, 적합한 리더십을 발휘할 책임 | |
| Katzenmeyer & Moller(2001) | 자신의 입장을 분명하게 규정하기 | 교육 성과에 대한 책임감 | |
| Yager & Lee(1994) | 주도권 갖기 | 행동에 대한 개인적 책임 | |
| Darling-Hammond, & Prince(2007) | | 집단 책임, 상호 책무성 | 자율적, 능동적 수행 |
| Coyle(1997) | | 학생 및 학교교육에 대한 책임 | 학생들의 필요와 성취를 위한 자율적인 최선의 선택 |
| Hart(1995) | 주체적 참여 | 참여를 통한 책임 | 자율을 바탕으로 한 책임 |
| Snell & Swanson(2000) | | 책임의식 | 임파워먼트, 자율권 |
| Wilson(1993) | 주체적 위험 감수 | 책임의식 | |
| Rogus(1988) | 교육프로그램 운영에서 주인의식 | 교육프로그램에 대한 책임 | 자율적 운영 |
| Katzenmeyer & Katzenmeyer(2004) | 학교의 긍정적 변화를 촉진하기 위해 주체적으로 효과적인 전략을 사용하며 구성원을 참여시키는 의식 | 학교 변화에 대한 책임 | |
| Katzenmeyer & Moller(2009) | | 학생 성취 결과에 대한 책임의식 | 자율의식 |

| 연구자 \ 요소 | 주체의식 | 책임의식 | 자율의식 |
|---|---|---|---|
| David & Judy(2003) | 주체적 참여와 동기 | 책임지고자 하는 마음 | |
| Muijs & Harris(2003) | 주도적, 적극적 참여 | 책임의식 | |
| Murphy(2005) | 실질적으로 교육활동을 계획하고 실행하는 주체 | 사명감 | 권한위임 |
| Paulu & Winters(1998) | 주체적 참여 | 의사결정 과정 참여를 통한 책임의식 | |
| Crowther et al.(2002) | 주도적, 주체적 과업수행 | 난관과 장애물 극복 책임, 행동에 대한 책임 | |
| Suranna & Moss(2002) | 주체성, 참여 의지 | 학교발전 책임 | 자율적 의지 |
| Day & Harris(2003) | 주인의식 | | 전문성을 바탕으로 자율적 과업 수행 |
| Davidson & Dell(2003) | 스스로 이끌어 나가고자 하는 의지 | 위험 감수, 책임지고자 하는 마음 | |
| Lieberman & Miller(2004) | 적극적, 주도적 의지 | | 자율의식을 바탕으로 한 영향력 |
| 김은선(2022) | 주체적으로 자신의 삶에 필요한 변화를 일으키려는 의식 | 소명의식 | 자율의식 |
| 김진원(2021) | 주체적 학급 운영, 자신이 정립한 철학을 기반으로 학생에 대한 주체적인 판단, 학교 운영의 주체, 민주적인 문화, 주체성 | 무한 책임의식, 단 한 명의 학생도 포기하지 않기, 1년 동안 무한 책임을 져야 하는 학생들, 아이들의 딱 한 번뿐인 시절에 대한 책임 | 자율적으로 평가방식 다양화, 자발적 의지, 자발적으로 수업 개선 시도, 교사의 자율적 선택과 결정, 권한위임 |

첫째, 교사리더십 발휘 교사는 주체의식을 가지고 있는데, 주체의식은 '주도적인 주인의식'이다(Day & Harris, 2003). 주체의식은 우선 자신의 입장을 분명하게 규정하고자 하는 의식이며(Katzenmeyer & Moller, 2009), 자신의 철학을 기반으로 주체적으로 판단하고자 하는 의식이다(김진원, 2021). 교사리더십 발휘 교사는 이러한 주체의식을 가지고 있는데, 자신의 교육활동에 주인의식을 가지고 참여하며(York-Barr & Duke, 2004: 278), 학교의 긍정적 변화

를 촉진하기 위해 주도적으로 효과적인 전략을 사용하고자 한다(Katzenmeyer & Moller, 2004). 교사리더십 발휘 교사는 구성원을 적극 참여시키고자 하는 의식을 가지고 있으며(David & Judy, 2003), 변화 과정을 주도적으로 관리하고자 하고(Danielson, 2006), 위험에 대해서도 적극적으로 감수하고자 하는 의식을 가지고 있다(York-Barr & Duke, 2004: 267). 또한 교사리더십 발휘 교사는 주도적으로 교육활동을 이끌어 학생 및 학교뿐만 아니라 자신의 삶도 변화시키고자 하는 의식을 가지고 있다(Collier & Esteban, 2000; Morrison, 2002: 127; Morrison, 2002: 128; Lieberman & Miller, 2004).

둘째, 교사리더십 발휘 교사는 책임의식을 가지고 있다. 책임의식은 '자신의 과업에 대해 책임지고자 하는 의식'이다(Muijs & Harris, 2005). 교사리더십 발휘 교사는 좋은 교육을 수행하고자 하는 책임의식을 갖고 있으며(York-Barr & Duke, 2004), 교육 성과에 대해 책임지고자 하는 의식도 강하다(Katzenmeyer & Moller, 2001). 교사리더십 발휘 교사에게서 책임의식은 '단 한 명의 학생도 포기하지 않겠다'는 무한 책임의식으로 나타나기도 하며(김진원, 2021), 자신의 과업과 일에 대한 사명감으로 나타나기도 한다(Murphy, 2005; 김성아, 2019; 안소현, 2020). 책임의식은 또한 학교 발전을 위한 적극적인 참여와 노력(Suranna & Moss, 2002), 난관과 어려움을 극복하고자 하는 적극적인 의지와 노력 등으로 이어지기도 한다(Crowther et al., 2002). 교사리더십 발휘 교사는 과업 수행에 대해 책임지고자 하는 의식을 가지고 있다.

셋째, 교사리더십 발휘 교사는 자율의식을 가지고 있다. 자율의식은 '자율적으로 판단하고 수행하고자 하는 의식'이다(Davidson & Dell, 2003). 교직은 전문가로서 자율권을 가지고 교육활동을 수행할 수 있도록 권한을 위임받은 직업이다(York-Barr & Duke, 2004: 267; Murphy, 2005). 교사리더십 발휘 교사는 이러한 자율권을 인식하고, 자발적이고 능동적으로 판단하고자 하며(Danielson, 2006; Morrison, 2002: 128), 전문성을 기반으로 재량껏 과업을 수행하고자 한다(Day & Harris, 2003). 교사리더십 발휘 교사는 자율의식을 바탕으로 자발적으로 학생의 필요와 성취를 이루기 위해 노력하며(Coyle, 1997), 학교 및 교육활동 개선을 위해 노력한다(Katzenmeyer & Moller, 2009; 김진원, 2021; 안소현, 2020). 교사리더십 발휘 교사는 스스로 교육활동에 참여, 수행,

평가하고자 하는 자율의식을 가지고 있다.

주체의식, 책임의식, 자율의식은 교사리더십 발휘 교사들에게서 공통적으로 나타난 의식이었다. 물론 교사리더십 발휘 교사들은 이러한 세 가지 의식 이외에 다른 의식도 갖고 있을 수 있다. 다만 이 세 가지 의식이 교사리더십 발휘 교사에게서 상당히 공통적으로 나타나 하나의 모형으로 삼을 수 있다고 판단하였다(Danielson, 2006; Katzenmeyer & Moller, 2009; Murphy, 2005). 세 가지 교사리더십 의식에 대해 각각 논의하면 다음과 같다.

## 〈1〉 주체의식

교사리더십 발휘 교사는 우선적으로 주체의식을 가지고 있다. 교사리더십은 '교사가 교육목표 달성을 위하여 구성원들에게 발휘하는 영향력'이라고 할 수 있는데, 교사의 주체적인 영향력이 교사리더십이다. 주체적으로 영향력을 발휘하고자 하는 의식을 가지고 있을 때 교사리더십이 발휘된다. 주체의식은 교사가 과업을 수행함에 있어 그 과업의 주인이요, 주체라는 의식이다. 교사는 학교에서 수업지도, 생활지도를 포함하여 다양한 과업을 수행하는데, 그 모든 과정에서 주체의식을 가지고 수행할 때 교사리더십이 발휘된다. 교사리더십 주체의식은 '자립 의지', '주인정신', '능동적인 마음' 등의 모습으로 나타난다.

### 가. 자립 의지

교사리더십 주체의식 모습 중의 하나는 '자립 의지'이다(Darling-Hammond, & Prince, 2007; Katzenmeyer & Moller, 2001). 자립 의지(independance)는 "남에게 예속되거나 의지하지 아니하고 자기 스스로 서려는 마음과 의지"이다(표준국어사전). 주변에 의지하거나 의탁하지 않고 자신의 힘으로 일어서려고 하는 마음가짐이 자립 의지이다. 교사리더십 발휘 과정은 주도적이고 주체적인 과업 수행 과정이다. 타인에게 의지하거나 의탁하는 마음과 자세를 가지고 있을 경우에는 주도적이고 주체적으로 과업을 수행해 나갈 수 없고, 이러한 상황에서는 교사리더십이 발휘되기 어렵다. 자립하고자 하는 주체적인 의지가 약한 상태에서는 교사리더십이 발휘되기 어렵다(Katzenmeyer & Katzenmeyer, 2004; 안소현, 2020). 수업의 변화를 스스로 만들어 내고자 하는 의지, 교사공동체를 스스로 만들어 보고자 하는 의지, 학교 변화를 구성원들과 함께 스스로 이루어 내고자 하는 의지 등이 있을 때 교사리더십이 발휘되는 것이다(Murphy, 2005; Darling-Hammond & Prince, 2007).

남에게 예속되거나 의지하지 않고 스스로 수행해 나가고자 하는 자립 의지가 남과의 관계를 단절시키는 고립이나 소외를 의미하는 것은 아니다 (Crowther et al., 2002; Murphy, 2005). 오히려 자립 의지는 '타자와의 매개성과 상호성에 근거하여 개체성과 보편성이 통일되어 있는 상태에서의 독립성'을 의미한다(이신철, 2009). 보편적인 것이 개별적인 것을 통해 비로소 구체적인 실재성을 획득하는 것과 마찬가지로, 개별적이고 특수한 주체 역시 보편적인 것 안에서 비로소 자신의 정체성과 의미를 발견할 수 있다(이신철, 2009). 즉 개별성과 보편성의 필연적 연관 속에서, 다른 사람과의 관계 속에서 자립 의지가 형성되는 것이다. 자립 의지는 타자와의 다양한 관계와 연계 속에서 개체의 주체적 독립성을 갖는 것이다. 교사리더십 발휘 교사는 자립 의지가 강한 교사인데, 학교에서 학생, 동료교원, 교장, 교육청 등과의 다양한 관계 속에서, 그리고 이러한 관계와 맥락의 토대 위에서 스스로 교육활동을 수행하고 목표를 이루어 나가고자 하는 의지를 가진 교사이다(Katzenmeyer & Moller, 2001: 95).

자립 의지의 또 하나의 모습은 '강제되지 않은 결정을 하고자 하는 의지'라고 할 수 있다(표준국어사전). 즉 자립 의지는 타인이나 외부 환경의 압박에 쫓겨 결정하거나 행동하는 것이 아니라 스스로의 판단에 의해 결정, 행동하는 것이다. 외부의 압박이나 지시에 의해 과업을 수행해야 하는 경우에도 수동적으로 끌려가는 것이 아니라 자신의 가치와 철학을 기반으로 주체적으로 결정하고 행동해 나가고자 한다. 교육청, 학교장, 학부모 등의 요구나 지침이 있다고 하더라도 이들의 지침을 존중하면서 최종적인 결정은 자신의 교육적 소신과 신념을 토대로 이뤄 나가는 것이 자립 의지이다.

교사리더십 발휘 교사의 자립 의지는 분명한 자신의 관점이나 입장을 가지고 있을 때 형성된다(Suranna & Moss, 2002; Day & Harris, 2003; 정성식, 2014). 자신의 분명한 관점이나 입장이 없으면 방향을 제대로 잡기도 어렵고,

주변을 의식하거나 눈치를 보게 될 수 있고, 무엇보다도 자신의 결정이나 판단에 확신을 갖기 어렵다(Davidson & Dell, 2003). 이러한 상황에서는 구성원들을 이끌어 나갈 수 있는 힘을 갖기 어렵다. 교사리더십은 스스로 서고자 하는 자립 의지를 가지고 있을 때 발휘된다(Katzenmeyer & Moller, 2001: 95)

## 나. 주인정신

교사리더십 발휘 교사의 주체의식은 '주인정신(ownership)'의 모습으로도 나타난다(Suranna & Moss, 2002; Day & Harris, 2003; Rogus, 1988). 주인정신은 "어떤 조직이나 과업에 대해 소유의식을 갖는 것을 의미하며, 소유의 객체에 대해 자신의 것처럼 느끼는 심리적 태도로서, 유·무형의 대상과 객체에 대해 확장된 자아로 인지하는 심리적 상태"이다(임지은, 2018: 543). 교사리더십 발휘 교사는 자신이 속한 학교나 학급에 대해 자신의 것이라는 주인의식을 가지며, 학교나 학급 역시 자신의 확장된 자아로 인식한다. 즉 교사리더십 발휘 교사는 '나의 학교', '나의 학급' 의식이 강하며, 더 나아가 학교나 학급을 자신과 분리된 객체로 여기는 것이 아니라 자신의 자아 일부분으로 여기는데 (Danielson, 2006; David & Judy, 2003), 이것이 바로 주인정신이다. 주인정신은 나-너를 분리된 관계로 보지 않고 확장된 자아로 본다(Murphy, 2005; Suranna & Moss, 2002).

물론 주인정신을 우월주의나 독점주의와는 구분할 필요가 있다. 우월주의는 '자신을 우월한 존재로 보고 타인이 자신의 지침과 지시에 따라야 한다고 생각하는 의식'이고 독점주의는 '자신의 의지대로만 이뤄가겠다는 의식'이다(온기찬, 2015). 그런데 주인정신은 우월주의나 독점주의와 달리 구성원들을 우월한-비우월한 존재로 구분하지도 않고 자신의 의지대로만 하려고 하는 것도 아니며, '상호존중과 협력 가운데 객체로 머무르지 않고 주체적으로 과업 수행에 임하겠다는 의지'이다. 주인의식은 상대방에 대한 존중을 기반으로 한 관심과 책임의 확장이라고 할 수 있다(Katzenmeyer & Moller, 2001; Murphy, 2005).

주인정신을 갖기 위해서는 자기 자신에 대한 '존중'과 '애정'도 필요하다 (Danielson, 2006; Day & Harris, 2003; 김옥희, 최인숙, 2005; 정성식, 2014). 주인정신을 갖기 위해서는 자기 자신에 대해 존중하고 사랑할 수 있어야 한다. 주인 정신은 '자기 자신을 고귀한 존재로 여기는 인식'인 것이다(백승영, 2005). 또한 주인정신을 가진 사람은 '스스로 자신의 가치를 평가할 수 있는 자', '자기극복 을 통해 삶을 만들어 가려는 강한 의지의 소유자', '많은 욕구들의 대립을 제어 할 수 있는 자', '스스로 자신과 타인을 차별화시킬 수 있는 자'이기도 하다(백승영, 2005). 주인정신을 가진 사람은 자기 긍정과 자기 가치에 대한 인식이 강한 사람 이다.

교사리더십 발휘 교사는 이러한 주인정신을 가지고 있다(Danielson, 2006; David & Judy, 2003; Murphy, 2005; Suranna & Moss, 2002). 학생이나 동료교 원에 대해서 남으로 여기지 않고 확장된 자아의 일부로 여기며, 학교 과업 에 대해서도 남의 일이 아니라 자신의 일로 여긴다. 교육활동의 대상이나 과 업이 자아의 일부이고 나의 일이기 때문에 주인정신을 갖게 되며, 이러한 주 인정신은 주체의식의 기반이 된다(Katzenmeyer & Katzenmeyer, 2004; Paulu & Winters, 1998; 윤 정, 2018).

### 다. 능동적인 마음

교사리더십 발휘 교사의 주체의식은 '능동적인 마음'으로도 나타난다. 능동적인 마음은 '소극적이거나 수동적이지 않고 적극적이고 주도적인 마음' 이다(Lieberman & Miller, 2004; 정성식, 2014). 교사리더십 발휘 교사는 교육활 동 및 과업을 수행하면서 능동적인 마음으로 임한다. 교육부나 국가교육과정 에 따라 교육활동을 수행하지만, 수동적으로 따라가는 것이 아니라 자신의 학교와 학생의 맥락에 맞게 재구성, 적용, 응용하며 능동적으로 교육활동을 수행한다(윤 정, 2018; 유경훈, 2014; 정성식, 2014; 정진화, 2016).

교사가 과업을 수행함에 있어 수동적으로 지시나 지침으로 따라 하는 것 이 교사의 입장에서는 지시대로만 하면 되기 때문에 더 쉽고 편할 수도 있다 (김병찬, 2019; 윤 정, 2018). 과거 전통적 객관주의 교육 패러다임 시대에는 수 동적으로 지침에 따라 과업을 수행하는 것이 더 잘 적응하는 것이었다(윤정일 외, 2004). 하지만 구성주의 교육 패러다임 시대에는 교육부나 교육청에서 내 려온 지시와 지침, 교과서 내용을 그대로 학생들에게 전달하는 것이 아니라 위에서 내려온 지시와 지침, 교과서 내용 등을 학교와 학생의 필요와 맥락에 맞게 재구성하여 가르치는 것이 교사의 임무이다(Rost, 1991; Shapiro, 2000; 이인규 외, 2017; 이종각, 2017). 이러한 교육 패러다임 시대에 교사가 교육활동을 잘 수행하기 위해서는 능동적인 마음을 가져야 하고, 능동적인 마음이 교사리더십 발휘의 기반이다(Lieberman & Miller, 2004; 정성식, 2014).

능동적인 마음을 갖고 교사리더십을 발휘하는 것이 쉬운 일은 아니다 (Yager & Lee, 1994; Darling-Hammond & Prince, 2007). 능동적으로 새로운 목표와 방향도 만들어야 하고, 새로운 길도 만들어야 하고, 새로운 관계도 만들어야 하고, 역경이나 어려움도 이겨내야 하기 때문이다. 이 과정에서 많은 노력이 필요하며 희생이 뒤따를 수도 있다(Murphy, 2005; Paulu & Winters, 1998). 하지만 능동적인 마음은 이러한 어려움을 이겨내게 하는 힘이 된다 (Danielson, 2006; David & Judy, 2003; Suranna & Moss, 2002). 교사리더십 발휘 교사는 능동적인 마음을 갖고 주체적으로 과업을 수행해 나가는 교사이다.

### 라. 주체의식 종합

교사리더십 발휘 교사는 주체의식을 가지고 있는데, 주체의식은 자립 의지, 주인정신, 능동적인 마음 등의 모습으로 나타난다. 우선 교사리더십 발휘 교사는 주변에 의지하거나 의탁하지 않고 자신의 힘으로 일어서려고 하는 의지, 스스로 판단하여 결정, 행동하고자 하는 의지인 자립 의지를 갖고 있으며, 학생이나 동료교원을 타자로 인식하지 않고 확장된 자아로 보는 주인정신을 갖고 있고, 소극적이거나 수동적이지 않고 적극적이고 주도적인 능동적인 마음을 갖고 있다. 즉 교사리더십 발휘 교사는 스스로의 힘으로 과업을 수행하고자 하며, 구성원이나 과업을 객체화하지 않고 확장된 자아로 여기고, 적극적이고 주도적인 마음을 갖고 과업을 수행해 나가는 교사이다.

자립 의지, 주인정신, 능동적인 마음은 주체의식을 구성하는 요소라고 할 수 있는데, 각각은 개별적으로 작동하는 것이 아니라 통합된 하나의 실체로 작용한다. 즉 자립 의지는 주인정신을 갖게 하고 또 능동적인 마음을 갖게 하며, 마찬가지로 주인정신 역시 자립 의지와 능동적인 마음을 갖게 한다. 능동적인 마음 또한 자립 의지와 주인정신의 기반이 된다. 세 요소는 개념적으로는 구분이 되지만 실제에서는 상호 연계되어 주체의식으로 작동한다고 할 수 있다. 이를 종합하여 그림으로 나타내면 다음과 같다.

**그림 3** // **교사리더십 주체의식**

### 〈2〉 책임의식

교사리더십 발휘 교사는 책임의식을 가지고 있다. 책임은 "맡아서 해야 할 임무나 의무로서 어떤 일과 관련하여 그 결과에 대해 지는 의무나 부담, 또는 그 결과로 인한 제재(制裁)"까지를 포함한다(표준국어사전). 책임은 그 '결과에 대한 의무나 부담'으로서, 책임을 진다는 것은 의무적으로 그 결과를 이루는 것이라고 할 수 있다. 교사가 교사리더십을 발휘하는 것은 학생이나 동료교원으로 하여금 교육목표에 도달하도록 영향력을 미치는 과정이다. 즉 교육목표에 도달하도록 책임을 지는 것이 교사리더십 발휘 과정인 것이다. 따라서 교사리더십 발휘 교사는 학생 및 동료교원이 교육목표에 도달하도록 하고자 하는 책임의식을 갖고 있다. 책임을 다하기 위하여 적극적이고 주도적으로 교육을 이끌어 나가는 과정에서 교사리더십이 발휘된다. 책임의식은 '맡은 일에 대한 사명감', '변화를 추구하는 마음', '끝까지 이루고자 하는 마음' 등의 모습으로 나타난다.

### 가. 맡은 일에 대한 사명감

교사리더십 발휘 교사의 책임의식은 '맡은 일에 대한 사명감'으로 나타난다. 사명감(使命感)은 "자신의 일에 대해 가치를 부여하며 주어진 임무를 잘 수행하려는 마음가짐"이다(표준국어사전). 구성원이 해당 조직에서 주어진 임무를 잘 수행하려는 의식인 사명감은 조직의 사회적 역할 및 목표와 관련이 있으며 또한 사명감은 조직과 관련하여 개인의 역할을 정의함으로써 개인에게 목적과 의미를 제공하며 조직과 구성원 행동의 지침이 되기도 한다(최 욱 외, 2010). 교사리더십 발휘 교사는 맡은 일에 대해 사명감을 갖고 있는 교사이다.

교사는 미래 세대 교육을 위하여 국가와 국민으로부터 위임받은 자로서 교육에 대한 책임이 있다(조석훈, 김 용, 2007). 교사에게 부여된 국가적, 사회적 책임을 자신의 정체성 및 역할로 인식하는 것이 사명감이다. 사명감을 갖는 교사에게 교직은 단순한 생계를 위한 직업이 아니라, 국가, 사회의 미래, 아이들의 장래를 위해 책임을 져야 하는 막중한 일이다. 자신에게 주어진 사명을 다하기 위하여, 책임 있게 주도적으로 교육목표를 이뤄 나가야 하는데, 이 과정에서 교사리더십이 발휘된다.

그동안 교직에 대해 성직관, 전문직관, 노동직관 등 다양한 관점들이 있어 왔는데, 관점의 차이에도 불구하고 교직의 가치는 여전히 중시되고 있다(이성대, 2015; 이혁규, 2015). 즉 교직은 시대, 사회를 막론하고 그 자체로 중요하고 의미 있는 직업이라는 것이다. 국가, 사회의 미래는 교육에 달려 있고, 그 교육은 교사에게 달려있다는 믿음은 결코 변하지 않고 오히려 더 강화되고 있다(Hargreaves & Fullan, 2012; 이홍우, 2008). 하지만 교직에 대한 사회적 인식의 변화, 교사의 근무 여건이나 환경의 변화 등으로 인해 교사들의 교직에 대한 사명감이 약해지고 있다는 지적도 있다(엄기호, 2014; 이인규 외, 2017; 이종태 외, 2000). 그럼에도 불구하고 교사에게 주어진 책임과 사명감은 여전히 막중하고 중요하다(Murphy, 2005; Lieberman & Miller, 2004). 국가, 사회의 미래를 위해, 아이의 미래를 위해 교사의 역할은 여전히 중요하다는 것이다. 이러한 교직의 가치와 의미를 깨닫고 교직에 임하는 교사는 사명감을 갖게 되고 그 사명감으로 책임을 다하기 위해 노력하는 과정이 교사리더십 발휘 과정이다(Danielson, 2006; Darling-Hammond & Prince, 2007). 교사리더십 발휘 교사는 어려운 여건과 환경 속에서도 '좋은 교육을 하고자 하고', '좋은 교사가 되고자 하며', '학생들의 성장과 발전을 위하여 최선의 노력을 기울이고자 하는' 사명감을 가지고 학생 및 동료교원 등을 적극 돕고, 지원하고, 안내하고, 촉진해 가는 교사이다(York-Barr & Duke, 2004: 263; 윤 정, 2018; 안소현, 2020; 김진원, 2021; 장진욱, 2022).

사명감은 또한 교사로서의 역할과 책임에 대한 각성이기도 하다(Collier & Esteban, 2000; Morrison, 2002). 교사로서의 역할과 책임에 대한 각성이 교사로 하여금 교육활동에 적극적으로 참여하게 하는데, 이 과정에서 교사리더십이 발휘된다. 사명감은 교사에 대한 사회적인 인식이나 처우에 상관없이 교직 활동에 전념하며 교사리더십을 발휘하게 하는 기반이 된다(Neuman & Simmons, 2000; Katzenmeyer & Moller, 2001). 맡은 일에 대한 사명감은 책임의식의 토대가 되어 교사리더십을 발휘하게 한다.

### 나. 변화를 추구하는 마음

교사리더십 발휘 교사의 책임의식은 '변화나 개선을 추구하는 마음'으로도 나타난다. 책임의식을 가지고 교육활동을 수행하는 교사는 '더 좋은 교육', '더 나은 교육'을 추구한다. 더 나은 교육, 더 좋은 교육에 대한 추구는 교육활동을 개선시키고 변화시키고자 하는 마음으로 이어진다(Darling-Hammond & Prince, 2007; Hart, 1995). 그리고 이러한 변화나 개선 의지는 교사리더십 발휘의 중요한 기반이다. 교육활동 수행 과정에서 변화나 개선의 필요성이 발견되거나 느껴지면 보다 적극적으로 교사리더십을 발휘한다(Wilson, 1993; Katzenmeyer & Moller, 2009; David & Judy, 2003). 즉 변화나 개선을 추구하는 마음은 교사리더십 발휘의 동력이 되는 것이다.

이러한 변화나 개선을 추구하는 마음은 '학생이나 구성원을 변화시키고자 하는 마음'으로 나타나기도 하고, '교육 여건이나 환경을 변화시키고자 하는 마음'으로도 나타날 수 있다. 우선, 교사리더십 발휘 교사는 학생이나 구성원을 변화시키고자 하는 마음이 강하다(Katzenmeyer & Moller, 2001; 김진원, 2021: 190). 교육의 기본적인 목표인 학생의 학업적 성취, 인격적 성장, 사회적 성장 등 변화나 발전을 위하여 적극적으로 교사리더십을 발휘한다. 교사리더십 발휘 교사는 학생이나 구성원을 발전시키려는 의지가 강하기 때문에 (Danielson, 2006; Murphy, 2005), 학생이나 구성원의 현재 상태에 만족하지 않고 이들을 적극적으로 변화시키려고 한다.

또한 변화나 개선을 추구하는 마음은 교육 여건이나 환경을 변화시키고자 하는 마음으로도 나타난다(Paulu & Winters, 1998; Crowther et al., 2002; Suranna & Moss, 2002). 변화나 개선을 추구하는 마음은 좋은 교육을 하고자 하는 마음에서 비롯되는데, 좋은 교육을 위하여 교육 여건이나 환경도 변화시키려고 하는 것이다(Suranna & Moss, 2002; 윤 정, 2018; 정성식, 2014). 그런데 학교에서 교육 여건이나 환경을 변화시키는 일은 쉬운 일이 아니다. 학교의 관료주의 문화뿐만 아니라, 개인주의, 보수주의, 현재주의 등의 학교 풍토와 문화는 교육 여건이나 환경 변화의 걸림돌이 되기도 한다(Sergiovanni, 2001; Lortie, 2002). 그런데 더 좋은 교육을 위하여 교육 여건이나 환경을 변화시키고자 하는 의지와 마음은 이러한 장애물에도 불구하고 적극 도전하게 하는데, 이 과정에서 교사리더십이 발휘된다(Katzenmeyer & Moller, 2009; Shapiro, 2000). 구체적으로 좋은 교육 여건과 환경을 만들기 위하여 교사문화나 학교문화를 바꾸기 위해 노력하기도 하고, 또는 학교의 구조나 체제를 바꾸기 위해 노력하기도 하며, 때로는 변화를 위해 교장, 교감 등과 대립, 협력하기도 하면서 교사리더십을 발휘한다(Crowther et al., 2002; Suranna & Moss, 2002; Day & Harris, 2003; Davidson & Dell, 2003), 변화나 개선을 위한 강한 의지가 교사리더십 발휘로 이어지는 것이다(Rogus, 1988; David & Judy, 2003; 윤정, 2018; 정성식, 2014; 김진원, 2021). 학생이나 구성원을 변화시키고자 하는 마음, 교육 여건이나 환경을 개선하여 좋은 교육을 이루고자 하는 마음 등이 교사리더십 발휘의 기반이 되는 것이다.

## 다. 끝까지 이루고자 하는 마음

교사리더십 발휘 교사의 책임의식은 또한 '끝까지 이루고자 하는 마음'으로 나타난다. 끝까지 이루고자 하는 마음은 두 차원이 있을 수 있는데, 책임지고자 하는 대상 차원과 과정 차원이다. 대상과 관련해서는 '한 학생도 포기하지 않고 모두를 책임지겠다는 마음'이고, 과정과 관련해서는 '처음뿐만 아니라 마지막까지 모든 과정을 책임지겠다는 마음'이다. 한 학생도 포기하지 않고, 모든 교육의 과정을 끝까지 이루어 내겠다는 마음이 교사리더십 발휘의 기반이다.

끝까지 이루고자 하는 마음으로 교사리더십 발휘 교사는 모든 학생과 함께 가기 위해, 그리고 모든 과정을 성공적으로 이끌기 위해 최선을 다하는데, 그 과정에서 간혹 어려움이 생기더라도 적극 도전하며 나아간다(Paulu & Winters, 1998; Crowther et al., 2002; Suranna & Moss, 2002; 박진환 외, 2013; 김진원, 2021: 156). 이들은 어떠한 상황과 여건 속에서도 자신이 할 수 있는 최선을 다해 끝까지 교육을 책임지고 이루겠다는 마음을 갖고 있다. 끝까지 책임지고 이루겠다는 마음을 가지고 있으면 어려운 여건에서도 적극적으로 교사리더십을 발휘하게 되지만, 끝까지 책임지고 이루겠다는 마음이 약하면 좋은 여건에서도 교사리더십이 잘 발휘되지 않는다(Katzenmeyer & Moller, 2001). 끝까지 책임지고 이루겠다는 마음은 교사리더십 발휘의 중요한 동력이다.

끝까지 책임지고 이루겠다는 마음은 또한 결과에 대해서까지 책임지고자 하는 마음이기도 하다. 책임이라는 개념 자체에 이미 "선한 동기에 따른 행위뿐만 아니라 행위가 가져올 결과에 대한 의무"까지 포함하고 있다(이철수, 2013). 끝까지 책임을 지고자 하는 마음을 가지고 있는 교사는 모든 학생이 결과를 이루도록, 교육목표에 도달하도록 하고자 하는 마음이 강하다(Katzenmeyer & Moller, 2001; Yager & Lee, 1994; Darling-Hammond & Prince, 2007). 그래서 학생들 중 단 한 명의 학생도 놓치지 않기 위하여 모든 학생에 대해 관심을 갖고 교육활동을 이끌어 가며, 모든 학생이 교육목표에 도달하도록 적극 노력하는데, 이 과정에서 교사리더십이 발휘된다(김진원, 2021; 문지윤, 2022; 정성식, 2014; 윤 정, 2018). 끝까지 이루고자 하는 마음의 책임의식이 교사리더십을 발휘하게 한다.

### 라. 책임의식 종합

교사리더십 발휘 교사는 책임의식을 가지고 있는데, 책임의식은 '맡은 일에 대한 사명감', '변화를 추구하는 마음', '끝까지 이루고자 하는 마음' 등으로 나타난다. 즉 교사리더십 발휘 교사는 미래 세대를 위해 국가, 사회로부터 교육을 위임받은 자로서 맡은 일에 대한 사명감을 갖고 있으며, 그 사명을 다해 좋은 교육을 수행하기 위하여 학생이나 구성원의 변화, 그리고 교육 여건이나 환경의 변화를 지속적으로 추구하는 마음을 갖고, 모든 학생이 교육 목표에 도달하도록 끝까지 이루고자 하는 마음을 갖고 있다. 맡은 일에 대해 사명감을 갖고 변화를 추구하며 끝까지 이루고자 하는 마음이 책임의식이 되는 것이다. 교사리더십 발휘 교사는 책임의식을 가지고 교육활동을 수행하는 교사이다.

그런데 맡은 일에 대한 사명감, 변화를 추구하는 마음, 끝까지 이루고자 하는 마음 등이 책임의식을 구성하는 요소들인데, 각각의 마음은 실제에서는 개별적으로 작동되는 것이 아니라 상호 연계, 통합되어 작동된다. 즉 맡은 일에 대한 사명감이 변화를 추구하는 마음, 끝까지 이루고자 하는 마음으로 이어지며, 변화를 추구하는 마음 또한 맡은 일에 대한 사명감을 기반으로 하면서 끝까지 이루고자 하는 마음으로 이어진다. 끝까지 이루고자 하는 마음도 맡은 일에 대한 사명감, 변화를 추구하는 마음을 기반으로 생겨난다고 할 수 있다. 맡은 일에 대한 사명감, 변화를 추구하는 마음, 끝까지 이루고자 하는 마음은 서로 연계, 통합되어 책임의식을 이루는데, 이들의 관계를 그림으로 나타내면 다음과 같다.

**그림 4** // **교사리더십 책임의식**

## 〈3〉 자율의식

교사리더십 발휘 교사는 또한 자율의식을 갖고 있다. 자율의식은 '자율적으로 판단하고, 결정하고, 행위하는 마음과 의지'이다(표준국어사전). 이러한 자율의식은 교사리더십 발휘의 기반이다(Katzenmeyer & Moller, 2009). 교사리더십은 전문성을 바탕으로 자율적으로 과업을 수행하는 과정에서 발휘된다(Day & Harris, 2003). 따라서 교사리더십을 발휘하기 위해서는 자율의식을 갖추고 있어야 한다. 교사에게 자율의식이 없거나 약하면 수동적이거나 타율적이 되어 교사리더십을 발휘하기 어렵다(Murphy, 2005). 자율의식을 바탕으로 학생, 동료교원, 학부모에게 영향력을 미치는 과정이 교사리더십 발휘 과정이다(Lieberman & Miller, 2004). 이러한 자율의식은 '스스로 판단하고자 하는 마음', '스스로 결정하고자 하는 마음', '스스로 행동하고자 하는 마음' 등의 모습으로 나타난다.

### 가. 스스로 판단하고자 하는 마음

교사리더십 발휘 교사의 자율의식은 우선 '스스로 판단하고자 하는 마음'으로 나타난다(Coyle, 1997; 김진원, 2021: 137). 이 스스로 판단하고자 하는 마음은 '자기입법으로서의 자율성'이다(김정환, 1988). 자기입법으로서의 자율성은 Kant의 윤리관에 따른 개념으로 '자신의 이성에 의해 스스로 세운 도덕률과 원칙에 따라 판단하는 것'이다(Kant, 1928; 백종현, 2014에서 재인용). 자율성은 '자신의 행위를 지배하는 원리, 규범, 규칙을 자신의 이성에 의해 판단하는 자유'이다. 이러한 스스로 판단하고자 하는 마음, 자율적 판단 의지를 가질 때 교사리더십이 발휘된다. 교사에게는 교육활동을 전문적으로 수행할 수 있도록 하는 자율권이 주어지는데, 이 자율권은 스스로 판단하고자 하는 마음에서 시작된다(Hargreaves & Fullan, 2012). 스스로 판단하고자 하는 마음을 바탕으로 교육목표를 이루기 위하여 주도적으로 교육활동을 수행해 나가는 과정에서 교사리더십이 발휘된다(Murphy, 2005). 스스로 판단하고자 하는 마음이 약하면 주도적으로 교육활동을 이끌어 가기 어려워 교사리더십이 잘 발휘될 수 없다. 교사리더십이 발휘되기 위해서는 주도적으로 교육활동을 이끌어 가고자 하는 의지와 의욕이 필요한데, 스스로 판단하고자 하는 마음이 그 기반이다.

교육활동은 물건을 만드는 기계적 조립과정이 아니라 인간을 다루는 매우 복잡하고 섬세한 과정이다. 획일적인 국가의 정책이나 지침만으로는 인간을 제대로 다루기 어렵기 때문에 전문가인 교사들에게 자율권을 부여하여 그 섬세한 역할을 담당하도록 하고 있다(Murphy, 2005; Lieberman & Miller, 2004). 모든 교사는 자율적 판단으로 교육활동을 수행할 권한이 있다(Danielson, 2006; Hargreaves & Fullan, 2012). 교사는 학부모나 교장, 주변 환경 등 그 누구의 압력에도 굴하지 않고 교사 자신의 자율적 판단에 의해 교육활동을 수행할 권한이 있는 것이다. 이러한 권한은 제도적으로, 체제적으로 보장이 된 권한이다. 교육기본법 제14조에 따르면 교사의 전문성은 보장되며, 교육자로서 윤리의식을 갖고 학생을 가르치도록 하고 있다. 교사는 본인의 양심과 자율적 판단에 의해 학생을 가르치는 전문가이다. 교사는 또한 국가 교육정책으로부터도 일정 정도 자율권을 보장받고 있다(신현석, 2014; 윤정일 외, 2004). 국가나 교육청에서 어떤 교육정책을 내려주더라도 국가나 교육청이 교사의 교실에까지 들어와 강제하지는 않는다. 아무리 중요한 교육정책이더라도 교실에 내려 온 순간, 그다음부터는 교사에게 맡겨진다. 국가나 교육청이 교육정책을 내려주기는 하지만 실질적인 실행은 교사가 담당한다. 교사가 전문성과 자율적 판단을 토대로 교육활동을 수행하는 것이다. 물론 교사의 이러한 자율이 국가나 교육청의 지침이나 정책으로부터 완전한 독립을 의미하는 것은 아니다. 당연히 교사는 국가나 교육청의 지침을 따라야 한다. 하지만 교사가 국가나 교육청의 지침을 따른다고 하더라도 교사의 자율적 판단 영역은 존재하며, 이 영역은 교육활동의 특성상 매우 의미가 있고 중요하다. 따라서 이러한 교사의 자율적 판단과 수행에 따라 교육 성과가 달라질 수도 있다(Coyle, 1997; Hart, 1995; Snell & Swanson, 2000). 동일한 교육과정이나 지침을 각 학교, 각 교사에게 내려주더라도 그 활동이나 성과에 있어 차이가 나는 것은 바로 이 교사의 자율적 판단 영역 때문이다(Sergiovanni, 2001; Shapiro, 2000).

교사리더십은 교사의 자율적인 판단에서 시작된다(Sergiovanni, 2001). 교사리더십은 학생 및 구성원으로 하여금 교육목표에 도달하도록 하기 위해 돕고, 지원하고, 안내하고, 촉진하는 영향력인데, 이 과정은 타율적으로 이루어지는 것이 아니라 교사의 자율적인 판단에 의해 이루어진다. 교사리더십 발휘 교사는 자율적 판단으로 학생 및 구성원의 교육목표 달성을 이끌어 간다. 교사의 자율적 판단이 아니라 타율적으로 수행된다면 교사리더십은 제대로 발휘되기 어렵다. 자율적 판단을 기반으로 책임을 지기 위하여 교육활동을 주도적으로 이끌어 가는 과정에서 교사리더십이 발휘된다. 스스로 판단하고자 하는 자율의식의 토대 위에서 교사리더십이 발휘된다.

### 나. 스스로 결정하고자 하는 마음

교사리더십 발휘 교사의 자율의식은 또한 '스스로 결정하고자 하는 마음'이기도 하다(Danielson, 2006). 앞에서 이야기한 스스로 판단하고자 하는 마음은 스스로 결정하고자 하는 마음으로 이어진다. 물론 이 둘은 실제적으로 엄격하게 구분이 되는 것은 아니지만 개념적 명료화를 위해 구분하여 논의한다. 스스로 결정하고자 하는 마음은 '자신의 권리에 따라 스스로 정하고자 하는 마음'이다(박승호 외, 2000). 스스로 결정하고자 하는 마음은 '무엇을 할지' 그리고 '어떠한 방법으로 할 것인지' 등에 대해 스스로 선택하고자 하는 욕구이며, '타인으로부터의 강요나 외적 통제를 경계하고, 굴레에 얽매이지 않고 결정하고자 하는 의지'이다(박승호 외, 2000). 스스로 결정하고자 하는 마음이 크면 그 만큼 더 주도적이 되고 교사리더십 발휘가 촉진된다.

스스로 결정하고자 하는 마음을 기반으로 교사리더십이 발휘되는 사례는 다양한 모습으로 나타난다(Collier & Esteban, 2000; Morrison, 2002; Coyle, 1997; Murphy, 2005; Paulu & Winters. Suranna & Moss, 2002; Day & Harris, 2003; 윤 정, 2018; 정성식, 2014; 김진원, 2021). 우선 아이들을 가르치는 교육활동, 수업시간에 대표적으로 나타난다. 교사가 수업을 함에 있어 교육과정, 수업시수, 교과서는 국가에서 정해서 내려주는데, 어떤 내용을 어떤 방법으로 가르칠 것인지는 교사의 재량 영역이다. 교사가 수업시간에 무엇을 가르치고 어떻게 가르칠 것인지는 교사의 결정에 달려 있다는 것이다. 아울러 교사는 스스로의 결정에 대해 스스로 책임을 져야 한다. 자신이 결정한 교육 내용과 방법을 통해 교육목표를 달성했는지에 대해 책임은 교사가 져야 한다.

교사가 자신의 결정에 대해 책임을 다하기 위하여 적극적이고 주도적으로 교육활동을 이끌어 가게 되는데, 이 과정에서 교사리더십이 발휘된다.

교사들은 교과, 비교과, 교양 등 여러 분야에서 매우 다양한 연수를 받는다. 다양한 연수를 받고 자신의 수업 및 교육활동에 무엇을 적용할지, 어떻게 적용할지는 교사 자신의 결정에 달려 있다. 교사들은 연수를 받은 후에 자기 수업이나 교육활동에 무엇을 적용할지는 재량껏 판단하여 결정한다. 그리고 학교 내·외의 교사학습공동체를 통해서도 많이 배우고 있는데, 이 경우에도 적용하는 것은 본인의 판단에 따라 스스로 결정한다. 교사의 자기 결정 의지가 교사리더십을 발휘하게 한다. 자기 결정 의지가 크면 그만큼 교사리더십 발휘도 촉진된다(Katzenmeyer & Moller, 2009; David & Judy, 2003). 스스로 결정하고자 하는 마음이 크면 주도적으로 교육활동을 이끌어 나가게 되고 교사리더십을 발휘하게 된다. 스스로 결정하고자 하는 마음은 교사리더십 발휘의 기반이 되는 것이다.

### 다. 스스로 행동하고자 하는 마음

교사리더십 발휘 교사의 자율의식은 또한 '스스로 행동하고자 하는 마음'으로 나타난다(Murphy, 2005; Coyle, 1997). 스스로 행동하고자 하는 마음은 '타율에 의해, 타인의 지시나 지침에 의해 행동하는 것이 아니라 교사 스스로 행동하고자 하는 마음'이다. 주변의 강제나 지시에 의해 교육활동을 수행하게 되면 교사는 소극적이 될 수밖에 없으며 주도적인 교육활동 수행이 어렵다. 반면 스스로 행동하고자 하는 마음이 크면 보다 적극적이고 주도적으로 교육활동을 이끌어 나가게 되는데, 이 과정에서 교사리더십이 발휘된다.

스스로 행동하고자 하는 마음은 남을 의지하거나 의탁하는 것이 아니라 '본인' 스스로 해 보겠다는 의지이다(David & Judy, 2003). 교실 수업 개선이나 학교 변화 과정에서 타인의 지시나 지침에 따라가는 것이 아니라 본인 스스로 개선이나 변화의 주체가 되어 수행해 보고자 하는 마음이 스스로 행동하고자 하는 마음이다. 이러한 스스로 행동하고자 하는 마음은 교육활동 수행에서 적극적이고 주도적이게 하여 교사리더십을 발휘하게 한다(Day & Harris, 2003; Davidson & Dell, 2003).

스스로 행동하고자 하는 마음은 창의적인 과업 수행 모습으로도 나타난 다(Snell & Swanson, 2000; Katzenmeyer & Moller, 2009). 스스로 행동하고자 하 는 마음을 가진 교사는 스스로의 판단과 결정에 의해 행동하고자 하는 의지 가 강하다(Lieberman & Miller, 2004). 스스로 판단, 결정, 행동하고자 하는 의 지는 창의적인 과업 수행으로 이어진다(Danielson, 2006). 타인의 지시나 지침 에 따르거나 의존하는 것이 아닌 자신의 생각, 판단, 결정에 의해 행동해 나 가고자 하기 때문에 창의적이고 도전적일 수 있다(Danielson, 2006). 창의적인 과업 수행은 새로운 길을 만들어 나가는 과정으로, 이 과정에서 교사리더십 이 발휘된다(Muijs & Harris, 2003; Murphy, 2005).

한편, 스스로 행동하고자 하는 마음이 독단적으로 행동하고자 하는 마음 은 아니다(Coyle, 1997; Snell & Swanson, 2000; Lieberman & Miller, 2004). 스스 로 행동한다고 해서 다른 사람의 도움을 받지 않거나 다른 사람과의 관계를 무시하고 독단적으로 행동하는 것은 아니라는 것이다. 스스로 행동하는 마 음을 갖는다고 하더라도 다른 사람과의 관계 및 협력을 중시한다. 모든 교육 활동은 상황과 맥락 속에서 이루어진다. 교사가 교육활동을 수행하는 학교, 학급, 학생의 상황과 맥락을 충분히 고려하고 그 토대 위에서 스스로 행동하 고자 하는 마음을 가질 때 교육활동을 제대로 수행할 수 있다. 이와 같이 스 스로 행동하고자 하는 마음은 교육활동의 상황과 맥락의 토대 위에서 그리 고 여러 관계와 협력 가운데 형성된다. 따라서 스스로 행동하고자 하는 마음 은 결코 독단적으로 행동하고자 하는 마음이 아니며 상황, 맥락, 관계 속에서 구성되고 만들어지는 마음이다(Shapiro, 2000). 교육활동의 다양한 상황과 맥 락, 그리고 여러 관계와 협력 속에서 스스로 행동하고자 하는 마음을 갖게 되 면, 보다 적극적으로 상황과 맥락을 고려하고 관계와 협력을 촉진하며 교육 활동을 수행하게 되는데, 이 과정에서 교사리더십이 발휘된다(Levin & Schrum, 2017). 스스로 행동하고자 하는 마음이 교사리더십 발휘의 기반이 된다.

### 라. 자율의식 종합

교사리더십 발휘 교사는 자율의식을 갖고 있는데, 자율의식은 '스스로 판단하고자 하는 마음', '스스로 결정하고자 하는 마음', '스스로 행동하고자 하는 마음'으로 구성된다. 즉 교사리더십 발휘 교사는 교육활동 수행 과정에서 자신의 전문성을 바탕으로 양심과 이성에 따라 스스로 판단하고자 하며, 외부의 통제나 강요가 아닌 스스로 결정하고자 하고, 타율이 아닌 스스로 행동하고자 하는 마음을 갖고 있다. 스스로 판단하고, 스스로 결정하고, 스스로 행동하고자 하는 마음에서 교사리더십이 발현된다(Murphy, 2005). 스스로의 판단과 결정에 의한 행동에 책임을 지기 위해 적극적이고 주도적으로 과업을 수행하게 되는데, 이 과정에서 교사리더십이 발휘되는 것이다. 스스로 판단하고 결정하고 행동하고자 하는 마음인 자율의식이 교사리더십 발휘의 기반이다.

스스로 판단하고자 하는 마음, 스스로 결정하고자 하는 마음, 스스로 행동하고자 하는 마음은 자율의식을 구성하는 요소들이라고 할 수 있는데, 이들은 각각 개별적이고 독립적으로 작동하는 것이 아니라 통합된 실체로 작동한다. 스스로 판단하고자 하는 마음이 기반이 되어 스스로 결정하고자 하는 마음, 스스로 행동하고자 하는 마음이 발현될 수 있고, 스스로 결정하고자 하는 마음도 스스로 판단하고자 하는 마음이 토대가 되며, 스스로 행동하고자 하는 마음으로 이어진다. 스스로 행동하고자 하는 마음 역시 스스로 판단하고자 하는 마음, 스스로 결정하고자 하는 마음의 기반 위에서 발현된다. 이들 사이의 관계를 그림으로 나타내면 다음과 같다.

**그림 5 // 교사리더십 자율의식**

## ⟨4⟩ 교사리더십 의식 종합

교사리더십 발휘 교사는 교사리더십 의식을 갖고 있으며, 교사리더십 의식을 토대로 교사리더십을 발휘한다. 교사리더십 의식은 매우 다양할 수 있는데, 선행연구나 사례 등을 통해 나타난 공통적인 교사리더십 의식은 주체의식, 책임의식, 자율의식 등이었다. 본 저서에서는 이 세 가지 의식을 기반으로 교사리더십 의식 모형을 구안하였다.

교사리더십 발휘 교사는 주체의식, 책임의식, 자율의식을 바탕으로 교육활동을 수행한다. 주체의식은 교육활동의 주체라는 의식으로 '자립 의지', '주인정신', '능동적인 마음' 등의 모습으로 나타나며, 책임의식은 교육활동을 책임지고자 하는 의식으로 '맡은 일에 대한 사명감', '변화를 추구하는 마음', '끝까지 이루고자 하는 마음' 등으로 나타나고, 자율의식은 자율적으로 교육활동을 수행하고자 하는 의식으로 '스스로 판단하고자 하는 마음', '스스로 결정하고자 하는 마음', '스스로 행동하고자 하는 마음' 등으로 나타난다. 교사리더십 발휘 교사는 자립 의지와 주인정신, 능동적인 마음을 가지고, 또한 맡은 일에 대해 사명감으로 변화를 추구하며 끝까지 이루어 내고자 하는 마음, 그리고 스스로 판단하고 결정하고 행동하고자 하는 마음으로 교육활동을 수행하는 교사이다.

주체의식, 책임의식, 자율의식은 교사리더십 의식을 구성하는데 이 세 가지 의식은 긴밀하게 연계되어 있다. 우선 주체의식은 책임의식 및 자율의식과 연계되어 있다. 교육활동 수행의 주인이고 주체라는 생각은 책임지고 과업을 수행하고자 하는 마음, 자율적으로 과업을 수행하고자 하는 마음으로 이어진다. 책임의식 또한 주체의식의 기반 위에서 형성되며 책임을 다하기 위하여 재량껏 자율적으로 과업을 수행하고자 한다. 자율의식 역시 주체의식 및 책임의식과 연계된다. 자율을 가진 주체라는 인식은 주체의식과 연계되며, 자율에 따른 책임을 다 하고자 하는 마음은 책임의식과 연계된다(Thomas, 2000; Byham, 1997). 이와 같이 주체의식, 책임의식, 자율의식 세 가지는 별개로 작동하는 것이 아니라 서로 연계되어 작동하면서 교사리더십을 발휘한다.

교사리더십 의식인 주체의식, 책임의식, 자율의식은 또한 체계를 이루고 있다. 우선 교사리더십 의식을 갖기 위해서는 주체의식을 갖고 있어야 한다. 교육활동의 주체이며 주인이라는 의식을 갖고 있을 때 교사리더십 발현이 시작될 수 있다. 주체의식을 갖게 되면 그 기반 위에서 책임의식이 형성된다. 교육활동의 주체, 주인이기 때문에 그 교육활동에 대해 책임지고자 하는 마음이 생기는 것이다. 주체의식은 책임의식의 기반이다. 주체의식을 갖고 책임을 다하기 위하여 교육활동을 수행해 나가는 과정에서 자신에게 주어진 자율권, 재량권을 인식할 때 교사리더십이 발휘된다(Danielson, 2006; Murphy, 2005). 내가 주체이고 내가 책임을 져야 하는데, 나에게 자율권이나 재량권이 없다고 생각하면 교사리더십이 발휘되기 어렵다. 주체의식과 책임의식의 토대 위에서 내가 자율권을 갖고 있다고 인식하고 의식할 때 교사리더십이 발휘되게 되는 것이다. 따라서 주체의식, 책임의식, 자율의식은 체계를 이루어 교사리더십 의식을 형성한다.

물론 이 세 가지 의식이 엄격한 체계를 이룬다고 하기는 어렵다. 실제에서는 주체의식은 약하더라도 책임의식이 강한 교사도 있고, 주체의식이나 책임의식은 약한데 자율의식은 강한 교사도 있다. 교사의 성격, 특성, 의식, 경험, 여건이나 환경 등에 따라 각 의식의 함양 정도와 수준은 다 다를 수 있다. 책임의식을 강조하는 가정에서 자랐거나 책임의식과 관련된 경험이 있는 교사는 주체의식이나 자율의식과 별도로 책임의식이 강할 수 있고, 자율적인 성향이 강한 교사는 주체의식이나 책임의식과 별개로 자율의식이 높을 수 있다. 이처럼 세 가지 의식의 함양이나 발휘 정도는 각각 다를 수 있다.

그런데 본 저서에서는 주체의식, 책임의식, 자율의식이 체계를 이루는 교사리더십 발휘 모형을 제안한다. 실제에서는 세 가지 의식의 불균형성이 나타날 수 있는데, 이는 교사리더십 의식에 대한 체계적인 인식이나 이해가 없는 상태에서는 자연스러운 모습일 수 있다. 교사리더십 의식을 세 가지로 인식하지도 않고 있는 상황에서 세 가지 의식을 균형 잡히게 함양시킬 수는 없다. 각자의 특성, 상황, 형편에 따라, 또는 본인의 필요에 따라, 혹은 어떤 자극이나 경험에 따라 나름대로 의식을 길러왔다고 할 수 있다. 본 저서에서는 이러한 불균형적 교사리더십 의식을 갖고 있는 상태에서는 교사리더십 발휘에 한계가 있다고 보고, 세 가지 의식을 균형적, 체계적으로 갖출 때 교사리더십이 잘 발휘될 수 있다는 전제를 바탕으로 본 모형을 구안하였다. 교사가 교육활동의 주인이라는 주체의식을 가지고 교육활동을 수행하는데, 주체의식은 주체로서 책임을 다하고자 하는 책임의식을 발현시키며, 책임의식은 또한 책임을 다하기 위하여 재량껏 최선을 다하고자 하는 자율의식의 발현으로 이어져 교사리더십이 발휘되게 되는 것이다. 교사리더십이 발휘되기 위해서는 세 가지 의식이 체계를 이루어 작동해야 한다. 실제에서는 세 가지 의식이 불균형적이며 체계를 이루지도 않지만, 교사리더십이 발휘되기 위해서는 세 가지 의식이 체계를 이루어 작동해야 한다는 것이 본 모형의 기본 인식이다. 교사리더십 의식 세 요소의 체계 관계를 그림으로 나타내면 다음과 같다.

그림 6 // 교사리더십 의식 체계

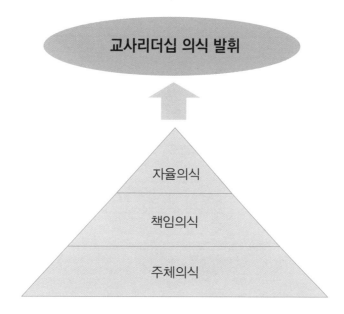

# 6장

# 교사리더십 역량

# 교사리더십 역량

교사리더십을 발휘하기 위해서는 교사리더십 의식과 함께 교사리더십 역량을 갖추고 있어야 한다. 교사리더십 역량은 교사리더십을 발휘하게 하는 능력과 자질이라고 할 수 있는데, 실질적으로 교사리더십을 발휘하게 하는 힘이기도 하다. 교사리더십 의식을 가지고 있다고 하더라도 교사리더십 역량을 갖추고 있지 않으면 실질적으로 교사리더십이 발휘될 수 없다. 본 장에서는 교사리더십이 발휘되기 위해 필요한 역량 다섯 가지에 대해 논의한다.

그림 7 // 교사리더십 발휘 모형(교사리더십 역량)

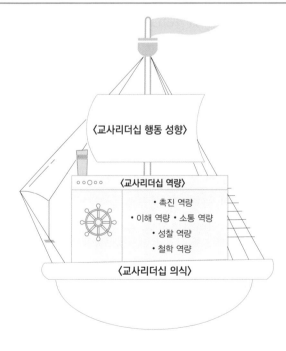

〈교사리더십 행동 성향〉

〈교사리더십 역량〉

- 촉진 역량
- 이해 역량 • 소통 역량
- 성찰 역량
- 철학 역량

〈교사리더십 의식〉

## Ⅰ 역량

역량은 특정 과업이나 행동에서 효과적이고 우수한 수행의 원인이 되는 개인의 내재적인 특성, 능력을 가리킨다(Mansfield, 2004). 역량은 '개인이 가지는 내적 특성으로 여러 상황에서 비교적 장시간 지속되는 사고 및 행동 방식'(Mirabile, 1997)이며 '업무에서 효과적이고 우수한 성과를 산출하는 개인의 잠재적인 특성'(Klamp, 1980: 21)이다. 이러한 역량은 개인 차원의 역량만이 아니라 조직의 기술, 시스템, 문화 등 조직 차원의 역량도 포함되는데, 리더십 연구에서는 대체로 조직 차원의 역량보다는 개인 차원의 역량에 초점을 맞추고 있다(최병순, 2009: 101). Eraut(1994: 179)와 Korthagen(2001)은 역량(competence)과 기능(competency)을 구분하고 있는데, 기능은 '특정 기술이나 기예'이며, 역량은 '일반적이거나 전체적인 속성으로 한 사람의 전반적 능력'이라고 보았다. 한편 Woodruffe(1991)도 역량과 기능을 구분하였는데, 역량은 개인에게 수행하도록 요구되는 직업적 특성(aspects)을 의미하는 반면, 기능은 특정 직업에서의 성과와 연결되는 개인의 행동적(behavioral) 특성이라고 정의하였다. 그러나 대체로는 둘을 엄격하게 구분하지 않고 성과(outcomes), 과업(tasks)과 관련된 사람의 자질이나 특성을 '역량(competence)'으로 지칭하는 것이 일반적이다(Mansfield, 2004). 또한 역량은 실제 현장에서 '지력과 인격에 기반을 둔 뛰어난 수행자가 지닌 능력'으로 정의되기도 하고(McLagan, 1997: 41), 교사 역량은 '교사의 효과적인 직무 수행 능력'으로 보기도 한다(김정원 외, 2011: 44).

여러 개념을 종합해 볼 때, 역량은 1) 성공적 과업 수행과 성과에 기여하는 능력, 2) 행동으로부터 지식, 기능, 태도, 가치관, 자아의식 등 개인의 행동적, 심리적 요인을 망라한 능력, 3) 성공적 수행자에게서 안정적이고 일관되게 나타난다는 능력 등을 의미한다고 할 수 있다.

## II  교사리더십 역량

교사리더십 역량은 '교사가 리더십을 발휘하여 효과적인 성과를 내기 위한 기본 속성, 능력'이라고 할 수 있다(Spenser & Spenser, 1993). 교사가 학생 및 동료교원 등에게 리더십을 발휘하여 교육목표를 달성하도록 하는 데 있어 필요한 능력이 교사리더십 역량이다.

구체적인 리더십 역량은 상황과 맥락에 따라 상당히 다양하게 규정될 수 있다. Briscoe와 Hall(1999: 39-43)은 리더십 역량 도출 접근법을 크게 네 가지고 구분하였는데, 연구기반 접근, 전략기반 접근, 가치기반 접근, 혼합적 접근 등이다. 연구기반 접근은 성공적인 리더들에 대한 연구, 분석을 통해 역량을 도출하는 것이고, 전략기반 접근은 전략적으로 방향을 정하고 그에 맞추어 리더에게 필요한 역량을 도출하는 것이며, 가치기반 접근은 조직의 공적인 가치에 초점을 맞추어 리더 역량을 도출하는 것이고, 혼합적 접근은 위세 가지 접근을 적절하게 혼합하여 리더십 역량을 도출하는 것이다. 본 저서의 모형에서 교사리더십 역량 도출은 연구기반 접근을 토대로 한다. 교사리더십을 수행한 다양한 사례에 대한 연구, 분석을 통해 드러난 교사리더십 역량을 종합하여 본 모형을 구안하였다. 선행연구와 사례들에 대한 분석을 통해 드러난 공통적인 교사리더십 역량은 이해 역량, 소통 역량, 촉진 역량, 성찰 역량, 철학 역량 등 다섯 가지였는데 구체적인 내용은 〈표 9〉와 같다.

**표 9**  교사리더십 역량 요소

| 요소 / 연구자 | 이해 역량 | 소통 역량 | 촉진 역량 | 성찰 역량 | 철학 역량 |
|---|---|---|---|---|---|
| Katzenmeyer & Katzenmeyer (2004) | 서로 다른 관점을 존중하고 이해하는 역량 | 구성원 간의 원활한 상호작용을 위해 듣기, 언어적 의사소통, 발표기술, 글 등을 통한 의사소통 역량 | | 꾸준한 자기 성찰을 통해 자신과 학교 조직에 긍정적 변화를 가져오게 하는 역량 | |

| 연구자 \ 요소 | 이해 역량 | 소통 역량 | 촉진 역량 | 성찰 역량 | 철학 역량 |
|---|---|---|---|---|---|
| Crowther et al.(2002) | | | 학습공동체 촉진 | | 더 좋은 세상에 대한 추구 및 확신 |
| Katzen meyer & Moller (2001) | 다른 사람의 관점 이해, 다른 사람의 필요 이해, 차이 및 다양한 관점 이해, 교사리더십이 발휘되는 맥락에 대한 이해 | | 팀미팅, 교사 및 학부모 모임에서 촉진자 역할, 학습에 대한 관심 및 흥미 촉발 | 저널 쓰기를 통한 개인적 성찰, 본인 스스로를 평가 하는 역량 | 가치의 다양성 존중, 학교교육의 가치와 맥락, 분명한 개인적 교육철학 |
| Zin, L.M (1991) | 교육 필요 및 목적에 대한 이해 | | 동기 유발, 흥미 유발 | | 교육과정, 수업 등에 대한 의사결정의 근거로서의 철학, 왜 가르치 지의 토대, 각자의 가치나 신념의 확인, 상호 가치에 대한 공유 |
| Lieberman, Saxl & Miles (1988) | | 인간관계 기술, 신뢰, 래포 형성 | 동료학습 촉진, 동료의 성장 촉진 | 자기 자신과 자신의 행동에 대한 이해 | |
| Lieberman & Miller (2004) | 이해 역량 | 소통 역량 | | 성찰 역량 | |
| Crowther et al.(2002) | | | 교사 학습공동체 촉진하는 역량 | | 교육의 목적과 가치 추구 |
| Acker-Hocevar & ouchton (1999) | 조직 및 조직의 빅픽쳐에 대한 이해 | 학생 및 동료 교원과의 소통 | | 교육활동에 대 한 성찰 | |
| Sherrill (1999) | 상대의 필요나 관심 사항 파악 | 적극적인 상호 작용 | 동기나 욕구 자극 | | |
| LeBlanc & Shelton (1997) | 타인의 동기 이해, 타인의 필요에 민감 | 의사소통의 중요성 | 동기 부여 | 성찰을 통한 피드백 | |

| 연구자 \ 요소 | 이해 역량 | 소통 역량 | 촉진 역량 | 성찰 역량 | 철학 역량 |
|---|---|---|---|---|---|
| Yager & Lee(1994) | 타인의 생각이나 느낌에 대한 민감성, 수용성 | 인지적, 정서적 유연성, 효과적인 의사소통, 듣는 기술 | 적극적 지원 | | |
| Silva et al. (2000) | 이해를 기반 | | 전문적 성장을 격려, 촉진 | | 교육의 가치 추구 |
| Paulu & Winters (1998) | | 상호작용, 의사소통 | 학부모 참여 촉진 | 성찰과 피드백 | |
| Snell & Swanson (2000) | | 소통하는 교사 | 동기부여하는 교사 | 성찰하는 교사 | |
| Wenner & Campbell (2017) | 이해 역량 | | 지원, 촉진 역량 | | 교육의 가치와 의미 |
| Danielson (2006) | 지식, 이해 역량 | 상호작용 역량 | 자기주도적 역량, 촉진 역량 | | 목표 추구 |
| Murphy (2005) | | 문제해결 역량 | 촉진 역량 | | 목적의식 |
| Kouzes & Posner (2010) | 타인과 상황에 대한 이해 | 공유역량 | 촉진 역량 | | |
| Smylie & Denny (1990) | | 소통 역량 | 촉진 역량 촉매역량 | | |
| 채지수 (2021) | 전문적 지식 역량 | 공동체주의 역량 | 자기주도 역량 문제해결 역량 | 성찰과 반성 역량 | 철학과 목표지향 역량 |
| 정광희 외 (2007) | | 관계 역량 | | 반성적 성찰 역량 | |
| 윤 정(2018) | 서로 다름에 대한 수용 | 통하는 사람들, 관계 형성이 먼저 | | | 아이들 중심의 교육철학 |

| 요소<br>연구자 | 이해 역량 | 소통 역량 | 촉진 역량 | 성찰 역량 | 철학 역량 |
|---|---|---|---|---|---|
| 김진원<br>(2021) | 세심하게 관찰하는 성향, 학생의 지금 상황을 잘 읽어내는 것 | 활발한 의사소통, 학부모와 적극적인 소통, 비공식 모임을 통한 소통 | 학생들이 스스로 기획, 준비할 수 있도록 촉진자 역할, 동료교사에게 동기부여, 동료교사가 성장할 발판, 촉진자로서 학생과 함께 배움을 만들어 나가려는 자세 | 어떤 교사로 살 것인가에 대한 진지한 성찰, 교사로서 자신에 대한 성찰, 시행착오에 대한 해석, 덜어내고 비워내는 과정 | 주체적인 자신의 철학, 학부모에게 자신의 교육철학 알리기, 철학은 흔들리지 않고 묵묵하게 나아가게 하는 원동력 |

첫째, 교사리더십 발휘 교사는 이해 역량을 갖추고 있다. 이해 역량은 사람이나 상황을 이해하는 능력이며, 구체적으로 다른 사람의 생각이나 관점, 필요를 이해하는 능력이다(Katzenmeyer & Moller, 2001). 다른 사람을 이해하기 위해서는 다른 사람을 존중할 수 있어야 하고, 사람 간의 차이에 대해서도 잘 알고 있어야 한다(Murphy, 2005). 다른 사람을 존중하고 이해하는 것은 타인의 필요에 민감한 것이며(LeBlanc & Shelton, 1997), 타인의 생각이나 느낌에 대한 민감성, 수용성이 높다는 것을 의미하기도 한다(Yager & Lee, 1994). 교사리더십 발휘 과정에서 이러한 타인에 대한 이해 및 필요에 대한 민감성, 수용성은 리더십 발휘의 중요한 토대가 된다(Danielson, 2006). 아울러 대체로 이해 역량은 개인 차원뿐만 아니라 조직 차원에 대한 이해도 포함한다(York-Barr & Duke, 2004). 학교 조직의 상황과 맥락, 구조와 상호작용 등도 중요한 이해의 대상이다.

둘째, 교사리더십 발휘 교사는 소통 역량을 갖추고 있다. 소통은 상호 간에 인지적, 정서적 원활한 상호작용으로 조직 활동의 중요한 기반이다(Wenner & Campbell, 2017). 교사리더십 발휘 교사는 구성원과의 원활한 상호작용을 위해 듣기, 언어적 의사표현, 발표, 글 등의 다양한 소통 기법을 사용하며(Kouzes & Posner, 2010), 소통을 위한 인간관계 기술을 갖추고 있다(York-Barr & Duke, 2004: 267). 또한 소통을 위해서는 신뢰 관계가 중요하며(York-Barr & Duke, 2004; Murphy, 2005), 함께 하고자 하는 의식 또한 소통의 기반이 된다(Kouzes & Posner, 2010). 함께 하고자 하기 때문에 보다 적극적으로 소통하고자 하는 것이다(Acker-Hocevar & Touchton, 1999; Wenner & Campbell, 2017).

셋째, 교사리더십 발휘 교사는 촉진 역량을 갖추고 있다. 촉진 역량은 구성원들이 교육활동을 수행하고 교육목표에 도달할 수 있도록 자극하고, 격려하고, 지원하는 능력이다. 교사리더십 발휘 교사는 우선적으로 학생에 대해 촉진하는데, 특히 동기부여를 통한 촉진이 가장 일반적이다(Blanc & Shelton, 1997). 또한 동료교원 및 학부모에 대해서도 촉진한다(Lieberman, Saxl & Miles, 1988; York-Barr & Duke, 2004). 구체적으로 동료교사의 성장, 발전을 위하여 지원, 촉진하기도 하고(Lieberman, Saxl & Miles, 1988; York-Barr & Duke, 2004; Kouzes & Posner, 2010), 학부모의 참여나 협력을 촉진하기도 한다(Katzenmeyer & Moller, 2001; Paulu & Winters, 1998). 교사리더십 발휘 교사의 촉진 역량은 학생들의 성장, 발전을 자극하며, 동료교원 및 학부모의 활동을 활성화시킨다(Yager & Lee, 1994; Wenner & Campbell, 2017; 김진원, 2021).

넷째, 교사리더십 발휘 교사는 성찰 역량을 갖추고 있다. 성찰 역량은 자신과 과업에 대해 되돌아보고 고찰(考察)하면서 더 나은 방향을 찾아 나가는 과정이다. 교사리더십 발휘 교사는 꾸준한 자기 성찰을 통해 자신과 학교 조직에 긍정적 변화를 가져오게 하는 능력을 갖추고 있다(Katzenmeyer & Katzenmeyer, 2004). 성찰은 피드백 활동을 통해 이루어지기도 하고(LeBlanc & Shelton, 1997), 저널쓰기를 통해 이루어지기도 하며(Katzenmeyer & Moller, 2001; Lieberman & Miller, 2004), 시행착오를 해석하는 등 자신과 자신의 행동에 대해 스스로 평가하는 과정을 통해 이루어지기도 한다(Lieberman, Saxl & Miles, 1988; Danielson, 2006). 이러한 성찰은 자신과 자신의 행동에 대해 이해하는 과정이 될 뿐만 아니라, 어떤 교사로 살 것인가에 대해 깊이 있게 숙고하는 기회가 되기도 하고(Snell & Swanson, 2000; 김진원, 2021), 자신의 활동에 대해 덜어내고 비워내며 교정해 가는 과정이 되기도 한다(Kouzes & Posner, 2010; York-Barr & Duke, 2004; 김진원, 2021). 교사리더십 발휘 교사는 성찰 역량을 발휘하여 교육활동을 수행한다.

다섯째, 교사리더십 발휘 교사는 철학 역량을 갖추고 있다. 철학 역량은 철학적으로 사유하고자 하는 의지와 능력이다. 교사리더십 발휘 교사는 더 좋은 교육, 더 의미 있는 교육을 추구하고자 하는 의지와 생각을 가지고 있다(Katzenmeyer & Moller, 2001; Crowther et al., 2002; York-Barr & Duke, 2004). 교사리더십 발휘 교사는 학교교육의 가치와 의미를 찾고 추구하면서(Katzenmeyer & Moller, 2001), 지속적으로 왜 가르치는지, 교육과정 및 수업의 가치와 기반은 무엇인지 등에 대해 사유하면서 교육활동을 수행한다(Zin, L.M, 1991: 44-45; Crowther et al., 2002). 교사리더십 발휘 교사는 교육활동뿐만 아니라 자기 자신에 대해서도 사색한다(Danielson, 2006; Murphy, 2005; Zin, L.M, 1991; 김병찬, 윤 정, 2015; 김진원, 2021). 이러한 철학 역량은 교사리더십을 발휘하는 데 있어 어려움을 극복하는 힘이 되기도 하고(김진원, 2021), 좀 더 의미 있는 공동체를 만들어 가는 토대가 되기도 한다(Wenner & Campbell, 2017; Kouzes & Posner, 2010).

교사리더십 발휘 교사는 이와 같이 이해 역량, 소통 역량, 촉진 역량, 성찰 역량, 철학 역량 등 다섯 가지 역량을 갖추고 있는 교사이다. 아래에서는 각각의 역량에 대해 논의한다.

## 〈 1 〉 이해 역량

교사리더십은 '교사가 교육목표 달성을 위하여 구성원들에게 발휘하는 영향력'인데, 이러한 교사리더십을 발휘하기 위해서는 우선적으로 구성원을 이해할 수 있어야 한다. '이해'는 대상을 포용하고 판별하는 힘이며, '안다'는 것을 넘어서서 '자신의 것으로 받아 들인다'는 것을 의미하기도 한다(김정원 외, 2011: 44). 이해는 또한 '추상적 사고를 할 수 있는 능력', '사태를 인식하고 판단할 수 있는 능력' 등과 같이 인지적 역량을 의미하기도 하고, '관용이나 동정적 인식'과 같이 정서적 수용을 의미하기도 한다(Oxford Dictionaries, n.d.). 이와 같이 '이해'는 인지적 파악을 의미하기도 하고, 정서적 수용을 의미하기도 하는데, 각각의 의미로 사용되기도 하고, 또 두 의미가 통합되어 사용되기도 한다(김정원 외, 2013: 19). 교사리더십 발휘 교사의 이해 역량은 구체적으로 '구성원의 필요를 이해하고', '구성원의 정서를 이해하며', 또한 '상황을 이해하고', '구성원의 차이를 이해하는' 등의 모습으로 나타난다.

### 가. 필요 이해 능력

교사리더십 발휘 교사는 우선적으로 학생 및 동료교원 등 구성원의 필요를 이해하는 교사이다(Katzenmeyer & Moller, 2001; Sherrill, 1999). 교사리더십은 교육목표 달성을 위하여 학생 및 동료교원 등을 돕고, 지원하고, 안내하고, 촉진하는 영향력인데, 학생 및 동료교원 등을 돕고, 지원하고, 안내하고, 촉진하기 위해서는 우선적으로 그들의 필요에 대해 이해할 수 있어야 한다. 교육활동 수행을 위한 이해 중 가장 중요한 것이 학습자의 필요를 이해하는 것이다(이홍우, 2008). 돕고, 지원하고, 안내하고, 촉진하기 위해서는 무엇을 돕고, 지원하고, 안내하고, 촉진할지에 대해 잘 알아야 하는데, 그 대상은 바로 구성원의 필요이다.

따라서 교사리더십 발휘 교사에게 학생이나 동료교원 등의 필요를 이해하는 능력은 매우 중요하다. 구성원의 필요에 대한 이해가 부족한 상태에서는 교사리더십을 제대로 발휘하기도 어렵고 갈등이나 부작용을 낳을 수 있다(Levin & Schrum, 2017; Acker-Hocevar & Touchton, 1999). 교사로서 열심히 하는데 학생들이 잘 따라오지 않는다고 푸념하는 경우도 있는데, 이 경우에도 대부분의 학생에 대한 이해 부족이 원인이 되기도 한다(Danielson, 2006; Kouzes & Posner, 2010).

교사리더십 발휘 교사는 학생이나 동료교원의 필요에 민감하다(LeBlanc & Shelton, 1997; Murphy, 2005). 잘 이끌고 지도하기 위해 학생이나 동료교원 등의 필요를 민감하고 예민하게 파악하려고 하기 때문이다. 따라서 교사리더십 발휘 교사는 상황이나 사람에 대해 보다 세심하게 관찰하는데, 세심한 관찰을 통해 상대방이 '필요로 하는 것', '원하는 것' 등을 파악하고, '상대방의 마음도 읽어 내어' 돕고 지원해 주고자 한다(Yager & Lee, 1994; Silva et al., 2000).

학생이나 동료교원의 필요는 동기, 흥미, 관심 사항, 욕구 등 다양한 형태로 나타난다(Acker-Hocevar & Touchton, 1999; Sherrill, 1999). 이들 중 특히 교육활동 과정에서 구성원을 이해하기 위해 동기를 파악하는 것이 중요하다(Lieberman & Miller, 2004; Levin & Schrum, 2017). 동기는 "행동을 일으키게 하는 내적(內的)인 욕구나 욕망, 의지"이다(표준국어사전). 거의 모든 인간의 행동에는 그 행동을 일으키게 하는 내적인 욕구나 욕망, 의지가 있다(선태유, 2016; 이경숙, 2017). 그 내적인 욕구, 욕망, 의지가 동기가 되어 행동을 일으키는 것이다. 교사리더십 발휘 교사는 학생이나 동료교원의 이러한 내적 욕구, 욕망, 의지 등을 잘 파악하여 교육활동을 이끌어 간다. 교사가 자의적으로 판단하거나 교사중심으로 이끌어 가는 것이 아니라 학생이나 동료교원의 필요에 따라, 그들의 동기를 파악하여 적절하게 교육활동을 이끌어 간다. 필요 이해 능력은 교사리더십을 발휘하기 위해 갖추어야 하는 능력이다.

## 나. 정서 이해 능력

교사리더십을 발휘하기 위한 이해 역량의 또 하나의 모습은 '정서 이해 능력'이다(Sherrill, 1999; LeBlanc & Shelton, 1997; Yager & Lee, 1994). 이해는 '사태나 사람를 파악하고 인식하는 능력', 즉 인지적으로 파악하고 수용하는 능력을 의미할 뿐만 아니라 '관용이나 동정적 인식', 즉 정서적 인식과 수용 능력도 포함한다(김정원 외, 2013: 19). 우리가 타인을 이해한다고 할 때 그의 관점이나 생각, 상황을 이해하는 것이기도 하지만 심리적, 정서적으로 공감하고 동의하는 것도 타인을 이해하는 것이다. 교사리더십 발휘는 학생 및 구성원들을 돕고, 지원하고, 안내하고, 촉진하는 과정인데, 이를 제대로 잘 수행하기 위해서는 인지적 파악 능력뿐만 아니라 정서적 파악과 수용 능력 또한 필요하다.

학생 및 구성원들에 대한 정서적 이해나 수용은 교육활동을 성공적으로 이뤄내기 위한 중요한 기반이다(Katzenmeyer & Katzenmeyer, 2004; Katzenmeyer & Moller, 2001). 교육활동은 지적인 과정이기도 하지만 동시에 심리적 과정이다(Crowther et al., 2002; 권재원, 2017). 예를 들어, 학업부진 학생을 지도하는 경우, 그 학생의 학업 수준과 상태를 이해하는 것만으로는 부족하며, 학업부진에 따른 그 학생의 위축된 감정 및 상실감을 이해할 때 그 학생을 제대로 지도할 수 있다. 학생의 힘듦과 아픔을 공유할 때 그 학생에 대한 교사리더십이 제대로 발휘된다(Sherrill, 1999; LeBlanc & Shelton, 1997; Acker-Hocevar &

Touchton, 1999). 학습 부진에 따른 학생들의 힘듦과 아픔을 공유하는 교사는 학생들을 이끌고 대함에 있어 보다 공감하는 마음으로 감정을 헤아려 학생을 대하게 되는데, 이 과정에서 교사리더십이 발휘되는 것이다. 자신의 아픔을 이해하고 알아주는 교사에게 학생은 마음을 열고 따른다(Danielson, 2006; Donaldson, 2006). 이와 같이 교사가 학생 및 구성원과 정서적으로 이해하고 공유하는 관계가 형성이 되면, 교사리더십 발휘가 촉진된다(Katzenmeyer & Katzenmeyer, 2004; Yager & Lee, 1994).

### 다. 상황 이해 능력

교사리더십을 발휘하기 위한 이해 역량의 또 하나의 모습은 '상황 이해 능력'이다(Katzenmeyer & Moller, 2001). 학교교육 과정에서 상황은 여러 차원으로 구분할 수 있는데 조직 수준별로 구분할 수도 있다. 조직 수준별로 구분을 하면 학급 수준 상황, 학교 수준 상황, 학교 밖 수준 상황 등으로 구분된다. 교사가 교사리더십을 발휘하기 위해서는 기본적으로 학급 수준 상황에 대한 이해 능력을 갖추고 있어야 한다(김진원, 2021: 193). 수업 및 여러 활동이 이루어지는 학급 수준에서 여러 상황이 존재한다. 학급 분위기, 학생들의 심리, 학생들 사이의 관계, 학생들의 가정형편 등 다양한 상황 가운데 학급 활동이 이루어진다. 학생들을 돕고, 지원하고, 안내하고, 촉진하여 교육목표를 이루기 위해서는 이러한 학급 상황에 대한 이해가 필요하다(윤 정, 2018; 안소현, 2020).

교사리더십을 발휘하기 위해서는 학교 수준 상황에 대한 이해도 필요하다. 학교 수준 상황은 학생들의 특성, 학교의 체제나 구조, 교사문화, 학교 내에서의 정치적 역학관계, 학교의 지역적 특성 등 매우 다양하다. 그리고 이러한 상황은 교사리더십 발휘 과정에 영향을 미친다(Lieberman & Miller, 2004). 예를 들어, 동료교원들과 학습공동체를 구성하여 상호 학습하는 과정을 마련하고자 할 때에 교사들의 문화나 정치적 역학관계는 상당한 영향을 미칠 수 있다(Sergiovanni, 1994; 서경혜, 2015). 소극적이고 개인주의적인 교사문화가 강한 학교에서는 학습공동체 구성이 어려울 수도 있다(서경혜, 2015). 교사리더십 발휘 교사가 이러한 상황에 대한 이해가 부족한 경우에는 교사리더십을 제대로 발휘하기 어렵다(Levin & Schrum, 2017; Wenner & Campbell, 2017; Murphy, 2005). 소극적이고 개인주의적인 교사문화가 존재하는 상황을 먼저 잘 이해하고 그에 적절한 대응 전략과 방안을 마련할 때 교사리더십이 발휘될 수 있다(윤 정, 2018).

교사리더십을 발휘하기 위해서는 학교 밖 수준 상황에 대한 이해도 필요하다(Katzenmeyer & Katzenmeyer, 2009; Danielson, 2006). 학교에서의 많은 교육활동은 학교 밖 상황과 긴밀하게 연계되어 있다. 학교 밖 상황은 학교를 둘러싼 지역사회 환경, 지역의 교육자원, 지역사회 기관, 다양한 교사단체 등 여러 상황이 존재하는데, 이러한 상황들은 직·간접적으로 교사의 교사리더십 발휘 과정에 영향을 미친다. 예를 들어 지역사회의 분위기나 교육열 등은 교사가 학생들을 대하고 가르치는 데 있어 상당한 영향을 미칠 수 있는 요인이 될 수 있다(이종각, 2021). 상황 및 환경 요인들을 잘 이해하고 그에 맞게 적절하게 학생을 대할 때 교사리더십이 발휘된다. 이와 같이 학생 및 구성원에 대한 이해 못지 않게 교육활동을 둘러싼 여러 상황에 대한 이해도 교사리더십을 발휘하는 데 있어 중요한 요인이다.

## 라. 차이 이해 능력

교사리더십을 발휘하기 위한 이해 역량의 또 하나의 모습은 '차이 이해 능력'이다(Katzenmeyer & Moller, 2001). 동일한 제품을 대량 생산해 내는 공장 시스템과 달리 교육은 각 학생의 고유성과 개별성을 인정하는 것이 핵심 기반이다(이홍우, 2008). 따라서 교육에서 각 학생의 개별성과 독창성을 이해하고 존중하는 것은 매우 중요하다. 교사리더십을 잘 발휘하기 위해서도 각 학생의 개별성과 독창성을 인정해야 하는데, 이를 위해서는 그들 사이의 차이를 이해할 수 있어야 한다(LeBlanc & Shelton, 1997).

우선 교사리더십 발휘 교사는 학습자들이나 구성원 사이의 차이를 이해할 수 있어야 한다(Sherrill, 1999; LeBlanc & Shelton, 1997; Yager & Lee, 1994). 학생의 경우를 예로 들면, 동일한 학급에서 수업을 받는 학생들이라 하더라도 성격이나 기질 등 개인적인 특성뿐만 아니라 학습 능력, 학습 수준, 학습 스타일 등 학습 측면에서도 모두 다를 수 있다. 교사리더십을 발휘하여 모든 학생들이 교육목표에 도달하도록 이끌어야 하는 교사는 학생들의 이러한 차이를 제대로 이해할 수 있어야 한다. 교사리더십 발휘 과정은 학생이나 구성원 개개인이 교육목표에 도달하도록 돕고, 촉진하는 과정이기 때문에 각 개인에 대한 이해 및 각 개인 간의 차이에 대한 이해는 중요하다. 차이에 대한 이해는 학생 개개인의 필요를 채워주고자 하는 동기로 이어져 이 과정에서 교사리더십이 발휘된다(Crowther, et al., 2009; Danielson, 2006).

　　동료교원을 대상으로 교사리더십을 발휘하는 과정에서도 차이에 대한 이해는 중요하다. 교사는 동료교원과 함께 다양한 교육활동을 수행한다. 교육 패러다임의 변화에 따라 학교에서 동료교원과의 협력, 협동은 더욱 중요해지고 있으며(Sergiovanni, 1994; Hargreaves & Fullan, 2012), 동료교원을 대상으로 한 교사리더십 발휘 기회도 확대되고 있다(Katzenmeyer & Moller, 2009: 99). 동료교원을 대상으로 한 교사리더십을 발휘하기 위해서도 차이에 대한 이해가 중요하다(Lieberman & Miller, 2004). 동료교원은 개별성과 독창성이 강하며, 전문직으로서 자율성을 기반으로 교육활동을 수행하기 때문에 다양성 또한 크다(Sergiovanni, 1994). 이러한 개별성, 다양성이 큰 교사들을 대할 때 각 교사의 특성과 차이를 제대로 이해하지 못하면 교사리더십 발휘가 잘 이루어질 수 없다(Sherrill, 1999; Murphy, 2005).

　　교사리더십 발휘 교사는 또한 자신과 타인의 차이에 대해서도 이해할 수 있어야 한다(Donaldson, 2006). 교사리더십 발휘 교사는 자신의 성격, 성향, 기질, 가치관, 철학 등에 대해 제대로 이해하고 있어야 할 뿐만 아니라 이러한 자신의 특성과 학생 및 동료교원과의 차이에 대해서도 이해하고 있어야 한다. 이러한 자신과 타인과의 차이에 대한 이해를 토대로 상대방은 다를 수 있다는 것, 그리고 나의 생각이나 관점과 상대방 생각이나 관점이 서로 다를 수 있다는 것을 인식하고 그 토대 위에서 교사리더십을 발휘해야 한다(Katzenmeyer & Moller, 2009; Danielson, 2006; Murphy, 2005). 자신과 타인의 차이에 대한 이해는 효과적인 관계를 구축하는데 도움을 주어 교사리더십 발휘를 촉진한다(Kouzes & Posner, 2010; Smylie & Denny, 1990). 교사리더십을 발휘하기 위해서는 이해 역량을 갖추고 있어야 하는데, 차이에 대한 이해 능력도 이해 역량의 중요한 요인이다.

### 마. 이해 역량 종합

교사리더십 발휘 교사는 이해 역량을 갖추고 있는데, 이해 역량은 '필요 이해 능력', '정서 이해 능력', '상황 이해 능력', '차이 이해 능력' 등으로 나타 난다. 교사리더십을 발휘하는 교사는 학생 및 동료교원 등 구성원의 필요를 이해하는 능력을 갖추고 있으며, 또한 이들의 정서를 이해하는 능력도 갖추고 있고, 학급 수준, 학교 수준, 학교 밖 수준의 상황에 대한 이해 능력도 갖추고 있고, 아울러 학생 및 동료교원 등 구성원의 차이 및 교사 자신과 구성원 간의 차이에 대한 이해 능력도 갖추고 있다. 따라서 교사리더십을 발휘하여 교육목표에 도달하도록 하기 위해서는 학생 및 동료교원 등 구성원의 필요와 아울러 정서도 이해할 수 있어야 하고, 교육활동을 둘러싼 상황에 대해서도 이해할 수 있어야 하고, 구성원들 사이의 차이 및 교사리더십 발휘 교사 자신과 구성원 사이의 차이에 대해서도 이해할 수 있어야 한다. 이러한 이해가 뒷받침될 때 학생 및 동료교원 등 구성원들의 교육활동을 돕고, 지원하고, 안내하며, 촉진하는 교사리더십을 제대로 발휘할 수 있다.

그런데 교사리더십 발휘를 위한 이해 역량인 '필요 이해 능력', '정서 이해 능력', '상황 이해 능력', '차이 이해 능력' 등은 개념적으로는 구분이 되지만, 실제에서는 연계되어 통합적으로 작동한다. 필요 이해 능력은 구성원의 동기나 욕구 등을 이해하는 능력인데, 동기나 욕구는 구성원의 정서와도 밀접하게 관련되어 있다. 따라서 필요 이해 능력과 정서 이해 능력은 연계, 통합되어 작동한다. 아울러 필요나 정서는 상황과도 연계되어 있기 때문에 필요나 정서 이해 능력과 상황 이해 능력이 통합되어 작동한다. 또한 필요나 정서, 상황은 상당히 개별적일 수 있기 때문에 이들을 이해하는 과정에서 차이 이해 능력 또한 함께 발휘된다. 따라서 필요 이해 능력, 정서 이해 능력, 상황 이해 능력은 차이 이해 능력과 함께 작동되는 통합적 능력이라고 할 수 있다. 이 관계를 그림으로 나타내면 다음과 같다.

그림 8 // 이해 역량

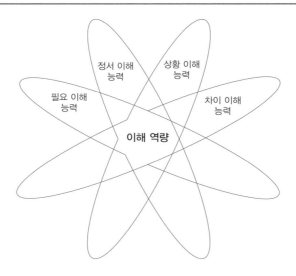

## 2 소통 역량

교사리더십을 발휘하기 위해서는 또한 소통 역량을 갖추고 있어야 한다. 소통은 일반적으로 '막히지 않고 잘 통함', '뜻이 서로 통하여 오해가 없음' 등을 의미한다(표준국어대사전). 상호작용 과정에서 사람들 사이의 생각이나 의도가 서로 통한다는 의미를 표현하기 위해 '의사소통'이라는 용어를 별도로 사용하기도 한다(김정원 외, 2013: 19). 소통은 '사람들 사이에 생각을 나누는 모든 행위', '말이나 글 혹은 다른 수단으로 정보를 교환하거나 알리는 행위', '정보를 포함한 메시지나 편지', '아이디어나 느낌 전달' 등을 포괄적으로 포함한다(Oxford Dictionaries, n.d.). 소통은 '뜻이나 생각, 의미, 느낌이나 감정 등이 서로 잘 통하여 오해나 막힘이 없는 관계'를 의미하기도 한다(김정원 외, 2013: 19). 교사리더십은 학생이나 구성원으로 하여금 교육목표를 달성할 수 있도록 돕고, 지원하고, 안내하며, 촉진하는 과정인데, 학생이나 구성원을 돕고, 지원하고, 안내하며, 촉진하기 위해서는 그들과 소통할 수 있어야 한다. 교사리더십 소통 역량은 '의사소통 능력', '정서적, 사회적 소통 능력', '래포 형성 능력' 등의 모습으로 나타난다.

## 가. 의사소통 능력

소통 중에서 특별히 사람들 사이의 생각이나 의도가 통하는 측면을 중시하여 '의사소통'이라는 용어를 사용하는데, 의사소통은 "자신의 생각이나 의도를 표현하고 다른 사람의 생각이나 의도를 읽어낼 수 있는 능력"이라고 할 수 있다(김정원 외, 2013: 19). 교사리더십 발휘 교사는 의사소통 능력을 갖추고 있는 교사인데, 교육활동을 수행하면서 학생 및 구성원들에게 교사 자신의 생각이나 의도를 잘 표현할 줄 알고, 또 학생이나 구성원의 생각이나 의도를 잘 읽어낼 줄 아는 교사이다. 교사리더십 발휘를 통해 교육목표를 이루는 과정은 학생으로 하여금 교육목표를 이루도록 돕고, 지원하는 과정인데, 교사가 학생을 돕고, 지원하는 과정에서 학생과의 의사소통은 중요하다(Lieberman, Saxl & Miles, 1988; Lieberman & Miller, 2004). 학생과의 의사소통이 잘 이루어지지 않으면 학생을 돕고, 지원하는 역할, 즉 교사리더십 발휘 자체가 어려울 수 있다. 교사의 생각이나 의도가 학생의 생각이나 의도와 상호작용, 교류하면서 교육활동이 이루어지는데, 생각이나 의도의 상호작용, 즉 의사소통이 잘 이루어지지 않으면 교사리더십은 발휘되기 어렵다. 따라서 교사리더십을 잘 발휘하기 위해서는 교사는 자신의 생각이나 의도, 감정을 잘 표현하고 전달할 수 있어야 하고, 또한 학생의 생각이나 의도, 감정을 잘 읽어낼 수 있어야 한다. 이러한 맥락에서 Hills(1986)는 교사리더십 발휘 과정을 교사와 학생 사이의 의사소통 과정으로 이해하기도 하였다.

한편, 일부 교사는 가르치는 내용이나 교과서에 집중하면서 교사 자신의 생각이나 의도를 잘 드러내지 않는 경우도 있다(Katzenmeyer & Katzenmeyer, 2009; Lieberman & Miller, 2004). 교육활동은 단순히 지식을 주고받는 거래 관계가 아니라, 교사와 학생 사이의 전인적 상호작용 관계이기 때문에, 교육이 잘 이루어지도록 하기 위해서는 지식이나 교과서 내용을 잘 전달하는 것도 물론 중요하지만 교사와 학생 사이의 의사소통이 더욱 중요하다(이홍우, 2008). 교사와 학생 사이의 긴밀한 의사소통은 교사리더십 발휘 성공을 위한 관건이다(LeBlanc & Shelton, 1997; Yager & Lee, 1994: 윤 정, 2018; 정성식, 2014). 따라서 교사리더십을 발휘하기 위해서는 학생과 좋은 의사소통 관계를 형성할 수 있어야 한다. 모든 교육활동 과정에서 자신의 생각이나 의도를 학생 및 구성원들에게 정확하게 알릴 수 있어야 하고, 자신의 철학이나 교육관에 대해서도 알릴 수 있어야 한다. 아울러 학생이나 구성원들의 생각이나 의도도 제대로 파악하고 소통할 수 있어야 한다. 교육목표 달성은 교사리더십 발휘 교사 혼자 이뤄가는 것이 아니라 학생 및 구성원들과 함께 이뤄가는 것이기 때문에 서로 의사소통할 수 있어야 한다.

### 나. 정서적, 사회적 소통 능력

교사리더십 발휘 교사의 소통 역량은 또한 '정서적, 사회적 소통 능력'으로 나타난다. 우선, 교사리더십 발휘 교사는 학생 및 동료교원 등과 정서적 소통을 잘하는 교사이다(LeBlanc & Shelton, 1997; Yager & Lee, 1994; Murphy, 2005). 정서적 소통은 정서적 교감과 교류이다. 교사리더십 발휘 교사는 인지적 소통뿐만 아니라 정서적 소통도 잘 하는 교사이다(Danielson, 2006). 정서적 소통은 정서적으로 서로 통하는 관계인데, 교사가 수업을 진행하면서 학생들과 정서적으로 서로 통하게 되면 교사리더십 발휘가 훨씬 더 잘 이루어진다.

정서적 소통은 또한 정서적 수용 능력 및 감수성과도 관련이 있다(Kouzes & Posner, 2010; Smylie & Denny, 1990). 정서적으로 서로 받아들이고, 상대방의 정서와 감정을 민감하게 잘 읽어 낸다면 정서적 소통은 더욱 원활해질 수 있다. 그리고 정서적으로 서로 통하는 관계에서는 상호 편안함과 안정감을 느낄 수 있다. 이런 상황에서 교사의 교육목표 달성을 위한 교사리더십 발휘는 더욱 촉진된다(Crowther, et al., 2009). 실제로 정서적 교감을 통한 정서적 소통이 원활하게 이루어진 학급에서 교사리더십 발휘는 훨씬 더 활성화된 것으로 나타났다(Kouzes & Posner, 2010). 한국의 학교에서도 학생들과 '마음이 통하는 교사'는 교사리더십 발휘를 원활하게 하는 모습을 보여주었다(김병찬, 조민지, 2015).

동료교원을 대상으로 한 교사리더십 발휘 과정에서도 정서적 소통은 중요하다. 동료교원과의 관계에서 정서적 교감이 잘 이루어지면, '동료교원을 적극 참여하게 하고', '불필요한 갈등과 오해를 줄이며', '과업에 더욱 집중하게 하여' 교사리더십 발휘가 촉진된다(윤 정, 2018; 정성식, 2014; 김진원, 2021; 함영기, 2012). 일반적으로 학교에서 정서적으로 서로 통하는 교사는 상호 신뢰하며 서로의 교육활동을 적극 돕고, 지원하는데, 이 과정에서 교사리더십이 발휘된다(함영기, 2012).

교사리더십 발휘 교사는 또한 사회적 소통도 잘하는 교사이다(Murphy, 2005). 정서적 소통이 서로 정서적인 교감의 관계라면 사회적 소통은 우호적인 관계 형성이라고 할 수 있다(Lieberman & Miller, 2004). 교사와 학생 사이에 우호적인 관계 형성이나 우호적인 문화 형성이 사회적 소통의 예가 될 수 있다. 교사와 학생 사이에 권위적이고 위계적인 관계가 아니라 좀 더 편안하고 우호적인 관계, 즉 사회적 소통이 잘되는 관계가 형성되면 교사리더십 역시 잘 발휘된다(Crowther, et al., 2009; Wenner & Campbell, 2017). 교사와 학생 사이에 우호적인 관계가 형성되어 학생들이 적극적이고 창의적으로 교육활동에 임하게 되면, 교사는 학생들을 더 잘 지원하고 촉진해 주는 교사리더십을 발휘하게 된다(문지윤, 2022; 안소현, 2020; 이성대, 2015).

동료교원을 대상으로 한 교사리더십 발휘 과정에서도 사회적 소통은 중요하다(Lieberman & Miller, 2004; 채지수, 2021; 김진원, 2021). 교사들 사이에 서로 편안하고 안정적인 관계가 형성되어 있으면, 새로운 과업을 주도하거나 운영해 나가고자 할 때 교사들은 보다 적극적으로 참여하고 협력한다(이성대, 2015; 이중현, 2017; 이준희, 이경호, 2015). 하지만 사회적 소통이 원활하지 않아 편안하고 안정적인 관계가 아니면, 어떤 교사가 과업을 주도할 때 '비록 옳은 일이고, 필요한 일이라고 하더라도' '적극적으로 참여하거나 따르고 싶은 마음이' 생기지 않는다(Zinn, 1997; Murphy, 2005; 권재원, 2017; 함영기, 2012). 이와 같이 우호적인 관계, 사회적 소통은 교사리더십 발휘에 영향을 미친다(Crowther, et al., 2009). 사회적 소통이 원활하게 이루어지는 환경에서는 비록 리더십 역량이 약한 교사라 하더라도 교사리더십을 잘 발휘할 가능성이 높다(윤 정, 2018; 정성식, 2014; 이인규 외, 2017).

## 다. 래포 형성 능력

교사리더십 발휘 교사의 소통 역량의 또 하나의 모습은 '래포(rapport) 형성 능력'이다(Danielson, 2006; Murphy, 2005). 래포는 '두 사람 사이의 공감적인 인간관계 또는 그 친밀도'를 의미하는 심리학 용어이다(박승호 외, 2000).

'마음이 서로 통한다', '털어놓고 말할 수 있다', '충분히 이해되고 신뢰가 간다' 등의 느낌과 감정이 구축된 관계이다(표준국어사전). 단순한 언어에 의한 의사소통을 넘어서 상호간의 인격적 공감 관계를 의미하기도 한다(최 욱 외, 2010). 이처럼 래포는 서로 마음이 통하는 공감적인 인간관계이다. 교사리더십 발휘 교사는 이러한 공감적인 인간관계, 래포 형성 능력을 갖추고 있다(Levin & Schrum, 2017; Wasley, 1991).

교사리더십을 발휘하여 학생이나 동료교원 등을 돕고, 지원하고, 안내하기 위해서는 그들의 마음을 얻고, 신뢰 관계를 구축할 수 있어야 한다. 상호 신뢰와 공감 정도에 따라 교육활동의 성과는 달라질 수 있다(Lieberman & Miller, 2004; LeBlanc & Shelton, 1997). 교육활동 내용이 가치 있고 의미 있는 것이라고 하더라도 신뢰와 공감 관계가 형성되어 있지 않으면 교사리더십 발휘를 원활하게 할 수 없다(Acker-Hocevar & Touchton, 1999; Sherrill, 1999).

교직 사회의 고립주의, 개별주의, 개인주의 등의 문화는 교사들 사이에 래포 형성을 방해하기도 하는데(Lortie, 2002; 엄기호, 2014; 송상호, 2010), 그럼에도 불구하고 래포를 형성하여 교사리더십을 발휘하고 교육적 성과를 이루어 낸 사례들도 있다. '혁신교육을 이끌어 가는 교사를 따라 무언가 좋은 교육을 해 보고자 하는 공감대', '선배 교사의 진정성에 대한 신뢰감', '함께 해 볼만 할 것 같은 동료교사에 대한 믿음' 등이 래포를 형성하여 교육활동의 성과로 이어지기도 하였다(윤 정, 2018; 이성대, 2015; 정진화, 2016; 정성식, 2014). 이와 같이 공감적인 관계, 서로 신뢰하는 관계, 서로 믿는 관계, 즉 래포 형성은 교사리더십 발휘를 촉진한다(Levin & Schrum, 2017; Pelicer & Anderson, 1995). 래포 형성은 또한 갈등이나 어려운 상황에서 극복할 수 있는 기반이 되기도 한다(Lieberman, Saxl & Miles, 1988; Lieberman & Miller, 2004). 어려움이나 난관에 부딪힌 상황에서 교사와 학생 및 구성원 사이에 래포가 형성되어 있으면, 이를 기반으로 극복하고 이겨낼 수 있는 것이다(Lambert, 1998; 윤 정, 2018; 정성식, 2014).

### 라. 소통 역량 종합

교사리더십 발휘 교사는 소통 역량을 갖추고 있는 교사인데, 소통 역량은 '의사소통 능력', '정서적, 사회적 소통 능력', '래포 형성 능력' 등의 모습으로 나타난다. 교사리더십 발휘 교사는 자신의 생각이나 의도를 잘 표현하고 전달할 수 있으며 또 학생이나 구성원들의 생각이나 의도를 잘 읽어 내고 이해하는 의사소통 능력을 갖추고 있으며, 정서적으로 학생 및 구성원들과 교감, 교류하는 정서적 소통 능력 및 학생 및 구성원들과 우호적인 관계를 형성하는 사회적 소통 능력도 갖추고 있고, 아울러 학생 및 구성원들과 공감적인 인간관계인 래포 형성 능력도 갖추고 있다. 즉 교사리더십 발휘 교사는 학생 및 구성원들과 의사소통을 잘하며, 정서적, 사회적 소통도 잘하고, 공감적 인간관계를 잘 형성하는 소통 역량을 갖추고 있다. 인지적 상호 이해를 기반으로 하는 의사소통 능력, 정서적, 사회적 연대와 유대를 기반으로 한 정서적, 사회적 소통 능력, 상호 공감적인 신뢰 관계를 기반으로 한 래포 형성 능력 등은 교사리더십 발휘 촉진이 요인이 된다.

그리고 이러한 의사소통 능력, 정서적, 사회적 소통 능력, 래포 형성 능력 등은 개념적으로는 구분이 되지만 실제에서는 서로 연계, 통합되어 작동한다. 의사소통 능력은 생각이나 의도를 잘 표현하고 전달하는 능력인데, 생각이나 의도를 표현하고 전달하는 과정은 정서적, 사회적 소통과 밀접하게 관련이 된다. 정서적, 사회적 소통이 잘되면 의사소통도 잘 될 수 있지만 정서적, 사회적 소통이 잘 되지 않으면 의사소통 역시 잘 이루어지기 어렵다. 또한 의사소통, 정서적, 사회적 소통 모두 래포 형성이 중요한 기반이다. 서로 공감적인 인간관계인 래포가 잘 형성되어 있으면 의사소통 및 정서적, 사회적 소통이 잘 이루어질 수 있지만, 래포가 잘 형성되어 있지 않으면 의사소통, 정서적, 사회적 소통 모두 어려울 수 있다. 이와 같이 소통 역량을 구성하는 의사소통 능력, 정서적, 사회적 소통 능력, 래포 형성 능력 등은 실제에서는 개별적, 독립적으로 작동하는 것이 아니라 통합된 실체로 작동한다. 이 관계를 그림으로 나타내면 다음과 같다.

그림 9 // 소통 역량

## ⟨3⟩ 촉진 역량

교사리더십을 발휘하기 위해서는 촉진 역량을 갖추고 있어야 한다 (Katzenmeyer & Katzenmeyer, 2004; Crowther et al., 2002). 촉진 역량은 "구성원들이 목표에 도달하도록 다그치고 빨리 나아가게 하는 능력"이다(표준국어사전). 교사리더십 발휘 교사의 촉진 역량은 '학생이나 구성원이 교육목표에 도달하도록 고무(高撫)시키는 능력'이라고 할 수 있다. 학생이나 구성원으로 하여금 교육목표에 도달하도록 돕고, 지원하고, 안내하는 역할 자체가 바로 촉진 활동이다. 교사리더십 발휘는 학생이나 구성원으로 하여금 교육목표에 도달하도록 하는 촉진활동이 그 본질이기도 하다(Danielson, 2006; Murphy, 2005). 촉진 역량은 구체적으로 '동기 유발 능력', '칭찬, 격려 능력', '여건과 분위기 조성 능력' 등의 모습으로 나타난다.

### 가. 동기 유발 능력

교사리더십 발휘 교사 촉진 역량의 대표적인 모습은 '동기 유발 능력'이다(Lieberman & Miller, 2004). 동기 유발은 "목표지향적 행동을 할 수 있도록 지시하고 유인하여 격려함으로써 행동을 유발하고 그 행동을 유지하며, 일정한 방향으로 나아갈 수 있도록 유도해 가는 과정"이다(최 욱 외, 2010). 즉 목표를 이루도록 행동을 촉진하는 것이 동기 유발이다. 동기는 '어떤 행동이나 작용을 일으키게 하는 내적 요인'인데(표준국어사전), 그 내적 요인은 상당히 다양할 수 있다. 다양한 동기 요인을 생물학적 동기와 사회적 동기로 구분하기도 한다(구광현, 2019). 생물학적 동기는 개인이 가지는 성향이나 기질, 결핍, 욕구 등 개인 속성이 작용하여 어떤 행동이나 활동을 유발하는 것이고, 사회적 동기는 사회적 규범이나 가치, 제도 등을 통해 행동이 유발되는 것이다. 교사리더십 발휘 교사는 학생이나 구성원의 이러한 생물학적 동기나 사회적 동기를 촉진하여 교육목표를 이뤄나가는 교사이다(Danielson, 2006; Donaldson, 2006; Murphy, 2005).

우선, 교사리더십 발휘 교사는 학생이나 구성원의 생물학적 동기를 자극하고 촉진한다(LeBlanc & Shelton, 1997; Yager & Lee, 1994; Silva et al., 2000). 예를 들어 인정받고자 하는 욕구가 강한 학생의 경우 그 욕구를 잘 관리하고 살려주면 교육활동에 적극 참여하게 할 수 있다. 반면 인정받고자 하는 욕구가 크지 않은 학생의 경우에는 인정 욕구를 살려주거나 키워주는 것도 동기 유발 방법이 된다. 외향적인 성격을 가진 학생에게는 그 외향성을 적극 장려하고 격려하여 교육활동을 참여하게 하고, 내향적인 성격을 가진 학생에게는 그 내향성의 토대 위에서 학생이 참여할 수 있는 방안을 강구하여 동기를 유발시킨다.

동료교원들 역시 다양한 수준과 차원의 생물학적 동기를 가지고 있다. 다른 사람과의 관계에서 적극적인 성향의 교사가 있는 반면에 소극적인 성향을 가진 교사도 있다. 동료교원과 함께 교육활동을 수행하는 경우 이 두 성향의 교사 모두 만날 수 있다. 교사리더십을 발휘하여 교육활동을 원활하게 수행하기 위해서는 이 두 성향 각각에 맞는 동기 유발 방법을 강구할 수 있어야 한다. 교사리더십을 발휘하기 위해서는 학생이나 구성원의 생물학적 동기 요인들을 잘 파악하고 촉진해 줄 수 있어야 한다.

교사리더십 발휘 교사는 사회적 동기 유발도 잘하는 교사이다(Crowther et al., 2002; Paulu & Winters, 1998; Kouzes & Posner, 2010). 사회적 동기는 다

양한 맥락에서 형성될 수 있는데, 국가, 사회적인 교육목표도 그 하나의 예이다. 학생이 공부를 하는 경우, 국가, 사회적인 차원에서 왜 공부를 해야 하는지 그 목표의식을 보다 분명하게 심어주면 그 학생은 그 목표의식이 동기가 되어 공부에 적극 참여할 수 있다. 공부에 소극적인 학생들의 경우 왜 공부를 해야 하는지에 대해 잘 모르거나 목표의식이 약하다는 것이 여러 연구를 통해 드러나고 있다(이종각, 2021; 이철웅, 2006; 이경숙, 2017; 손형국, 양정호, 2013). 자신이 하는 공부의 가치를 깨닫게 해 줌으로 학습활동을 촉진할수 있다(이돈희, 1983; 이홍우, 2008). 수학 수업 시간에 반복적이고 기계적으로 문제풀이 수업만 하는 것이 아니라, 이차방정식이나 미분적분 등을 왜 배워야 하는지, 일상생활과 어떤 관련이 있는지 등 수학 수업의 가치에 대해 알고 수업에 임한다면 학생들은 보다 적극적으로 수업에 참여할 수 있을 것이다(김동원, 2021; 박정선, 신재홍, 2021; 박진환, 신보미, 2022). 이와 같이 학생들이 왜 배워야 하는지에 대한 목표, 사회적 동기를 갖게 된다면 교사리더십 발휘가 더 잘 이루어질 수 있다(Crowther et al., 2002).

　동료교원을 대상으로 한 교사리더십 발휘 과정에서도 사회적 동기 유발은 중요하다. 예를 들어, 학교 변화를 이끌어 가는 과정에서 '학교 혁신'에 적극적인 교사도 있고 소극적인 교사도 있다. 학교 혁신의 가치나 의미를 깨닫거나 경험한 교사는 보다 적극적으로 참여하지만, 그 가치나 의미를 깨닫거나 경험하지 못한 교사는 소극적일 수 있다. 학교 혁신의 가치나 의미를 깨닫게 된다면, 또는 학교 혁신이 이루어져야 하는 필요를 깨닫는다면 동료교원과 함께 보다 적극적으로 혁신 및 변화 과정에 참여하게 되는데, 학교 혁신의 가치나 의미를 깨닫게 하는 것도 사회적 동기 유발의 예라고 할 수 있다(서경혜, 2015; 정행남, 최병숙, 2013; 조윤정, 배정현, 2015).

　동기 유발 과정은 또한 학생이나 구성원의 잠재력을 이끌어 내는 과정이기도 하다. 모든 인간은 자신의 내부에 잠재력을 가지고 있다(Lieberman & Miller, 2004; Levin & Schrum, 2017). 잠재력이 발현될 여건이나 기회가 주어지면 잠재력이 실현되어 성과를 낼 수 있지만, 그렇지 않으면 잠재력이 깨어나지 않고 사장(死藏)될 수 있다(Katzenmeyer & Moller, 2009). 학생이나 구성원의 동기를 유발시키는 일은 이러한 잠재력을 이끌어 내는 과정이 될 수 있으며, 잠재력을 잘 이끌어 내어 교육목표 달성을 이뤄 가는 것이 교사리더십 발휘 과정이다.

### 나. 칭찬, 격려 능력

교사리더십 발휘 교사의 촉진 역량은 또한 '칭찬, 격려 능력'으로 나타난다(Crowther et al., 2002; LeBlanc & Shelton, 1997; Paulu & Winters, 1998). 칭찬은 '좋은 점을 일컫고 기리며, 잘 한다고 추어올리는 것'이고, 격려는 '용기를 북돋워 주고 가치를 깨닫도록 도와주는 것'이다(표준국어사전). 우선 교사리더십 발휘 교사는 칭찬을 통해 학생이나 구성원의 교육활동을 촉진한다(Wenner & Campbell, 2017; Danielson, 2006). 칭찬은 잘 하는 것을 추어올리고 좋은 점을 인정해 주는 것이다. 인간은 자신의 좋은 점을 인정해 주고 추어 올려주면 긍정적인 에너지를 얻게 되고 과업 수행에 있어서도 적극적인 동기를 갖는다(박연호, 1989; 박한숙, 정태근, 2017; 김찬호 외, 2018). 특히 청소년기에 있는 학생들에게 이러한 칭찬은 더욱 큰 촉진 요인이 된다(박성희, 2005; 박병량, 2001; 권재원, 2017). 학생을 칭찬해 주기 위해서는 학생의 장점을 적극적으로 찾아낼 수 있어야 하는데, 이를 위해서는 보다 넓은 관점을 가지고 있어야 한다. 교사의 관점이 획일화되어 있고 편협하면 학생의 장점을 제대로 파악하기 어렵다. 특히 청소년기의 아동은 이러한 칭찬에 더욱 민감하기 때문에, 칭찬을 받게 되면 동기나 의욕이 크게 향상되지만, 칭찬을 받지 못하게 되면 그만큼 실망, 낙담할 수 있다(강승규, 2006; 강진령, 2015; 김봉섭 외, 2017). 동기나 의욕이 강한 학생들에게는 교사리더십이 보다 잘 발휘될 수 있지만, 실망하고 낙담한 학생들에게는 교사리더십이 제대로 발휘되기 어렵다(Boles & Troen, 1994; Danielson, 2006). 따라서 교사가 교사리더십을 발휘하여 교육목표를 달성하기 위해서는 학생들이 동기나 의욕을 갖도록 적극 칭찬할 수 있어야 한다.

동료교원을 대상으로 교사리더십을 발휘하는 경우에도 동료교원에 대해 적절하게 칭찬할 수 있어야 한다. 칭찬은 아이뿐만 아니라 어른에게도 긍정적인 효과가 있다(Paulu & Winters, 1998; Murphy, 2005). 교사들 역시 칭찬에 민감하며 인정받고자 하는 욕구가 강하다(Crowther et al., 2002; Katzenmeyer & Moller, 2001; 정성식, 2014). 그 어떤 경제적 보상보다 동료교원의 칭찬과 인정이 교사들에게 더 큰 동기 요인이 되었다는 연구 결과들도 있다(Lortie, 2002; 김병찬, 임종헌, 2017; 권재원, 2017; 김은주, 2017). 이와 같이 칭찬은 교사에게도 중요한 동기 요인이다. 따라서 교사리더십을 발휘하는 교사는 동료교원에 대해서 적절하게 칭찬할 수 있는 역량을 갖추고 있어야 한다.

교사리더십 발휘 교사는 또한 '격려'를 통해 학생이나 구성원을 촉진한다(Levin & Schrum, 2017). 용기를 북돋워 주고 가치를 깨닫도록 도와주는 활동인 격려는 학생이나 구성원 모두에게 큰 힘이 된다. 교사리더십은 학생이나 구성원으로 하여금 교육활동에 적극 참여할 수 있도록 인도하고 안내하는 과정인데, 학생이나 구성원에게 용기를 북돋워 주고 가치를 느끼도록 해 주는 일은 이들의 교육활동 참여를 더욱 촉진할 수 있다. 예를 들어 학생의 경우 공부를 잘 못하거나 교육활동에 뒤처지게 되면 의욕과 동기를 잃고 교육활동에 소극적이게 되는데, 이러한 학생을 방치하지 않고 동기와 의욕을 갖고 참여할 수 있도록 격려해 주면 보다 적극적으로 교육활동에 참여하게 된다(Lieberman, Saxl & Miles, 1988; Lieberman & Miller, 2004; Levin & Schrum, 2017). 교사리더십 발휘 교사는 이러한 격려를 통해 교육활동을 촉진하는 교사이다(Acker-Hocevar & Touchton, 1999; Sherrill, 1999; LeBlanc & Shelton, 1997).

격려는 동료교원을 대상으로 교사리더십을 발휘하는 과정에서도 중요하다. 예를 들어, 학교현장에서 교사들 사이에 공개수업 등을 통해 자신의 수업에 대해 평가받는 일이 상당히 보편화되어 가고 있는데, 이 과정에서 '지적'이나 '비판'은 교사를 상당히 의기소침하게 하는데, '격려'는 힘을 얻게 한다(이봉재, 강경석, 2016; 정행남, 최병숙, 2013; 서경혜, 2015). 동료교사에게도 격려는 상당한 힘이 되는데, 교사리더십 발휘 교사는 이러한 격려를 통해 동료교원의 교육활동을 촉진해 줄 수 있다.

칭찬과 격려가 교육활동에 참여하게 하는 적극적 촉진 기제라면, 꾸중과 질타는 소극적 촉진 기제라고 할 수 있다(박병량, 2001; 문낙진, 1993; 박성희, 2005). 항상 칭찬과 격려만이 동기를 촉진하고 자극하는 것은 아니다. 부정적인 행동이나 잘못된 행동에 대해서는 적절한 꾸중과 질타를 통해 교정, 수정할 수 있도록 해 주어야 한다. 즉 꾸중과 질타를 통해 부정적인 행동이나 잘

못된 행동에 대해 교정, 수정할 수 있도록 촉진해 주어야 한다. 이와 같이 교사리더십 발휘 교사는 칭찬과 격려를 통해 학생이나 구성원의 교육활동 참여를 촉진해 줄 수 있어야 할 뿐만 아니라, 적절한 꾸중이나 질타를 통해 부정적인 행동이나 잘못된 행동의 수정이나 교정 또한 촉진해 줄 수 있어야 한다 (Hargreaves & Fullan, 2012).

### 다. 여건 조성 능력

교사리더십 발휘 교사의 촉진 역량은 '여건 조성 능력'의 모습으로도 나타난다(Danielson, 2006). 교육활동 과정에서 학생이나 구성원에게 직접적으로 동기를 부여하고 칭찬, 격려하여 촉진이 이루어지기도 하지만, 여건이나 분위기 조성을 통해서도 촉진이 이루어진다(Levin & Schrum, 2017; Acker-Hocevar & Touchton, 1999). 예를 들어, 학생들의 교육활동에 있어서도 학급 분위기는 매우 중요한 촉진 요인이 될 수 있다. 학급 분위기가 질서 있으면서도 우호적인 분위기이면 그 학급에서의 교사리더십 발휘는 잘 이루어질 수 있다. 반면에 산만하면서도 소극적인 학급 분위기에서는 교사리더십 발휘 또한 어려울 수 있다. 이와 같이 학급 분위기는 교사리더십 발휘의 촉진 요인이 될 수도 있고 방해 요인이 될 수도 있다. 따라서 교사리더십 발휘 교사는 좋은 학급 분위기나 여건을 만들 수 있는 여건 조성 능력을 갖추고 있어야 한다.

한편, 동료교원을 대상으로 한 교사리더십 발휘 과정에서도 여건 조성 능력은 중요하다. 학교에서 동료교원과 함께 동학년, 혹은 동교과 모임 등을 할 때, 우호적이고 좋은 분위기에서는 적극 참여하지만, 관계가 소원한 분위기에서는 참여를 꺼리게 된다(Sergiovanni, 1994; Shapiro, 2000). 교사리더십 발휘 교사는 동료교사들이 참여할 수 있도록, '분위기를 만들고', '협의가 용이한 일정을 만들어 주며', '모일 기회를 만들어 주는' 등의 여건을 조성하기 위해 노력한다(이준희, 주영효, 2015: 243). 좋은 여건을 조성할 수 있는 능력은 교사리더십 발휘의 중요한 기반이다.

이와 같이 교사리더십을 발휘하여 교육목표에 도달하도록 하기 위해서는 학생이나 구성원이 스스로 움직이거나 참여할 수 있도록 여건이나 환경을 만들어 주는 것도 중요하다(Snell & Swanson, 2000; Wenner & Campbell, 2017;

Danielson, 2006). 학급에서 수업이 잘 이루어지지 않거나 학생들이 잘 참여하지 않는 경우는 대부분 원인이 있는데, 교사리더십을 발휘하기 위해서는 그 원인을 찾고 해결할 수 있어야 한다. 학생들이 잘 참여하지 않는 이유가 교사의 권위적인 태도 때문이라면 그 태도를 고쳐야 하고, 학생들 사이의 역학관계 문제라면 그 관계를 해결해 주어야 하고, 교육시설이나 여건의 문제라면 시설이나 여건을 갖추어 주어야 한다. 교사리더십을 발휘하여 학생 및 구성원의 교육활동을 촉진하기 위해서는 이러한 여건 조성 능력도 갖추어야 한다.

### 라. 촉진 역량 종합

교사리더십 발휘 교사는 촉진 역량을 갖추고 있는데, 촉진 역량은 '동기 유발 능력', '칭찬, 격려 능력', '여건 조성 능력' 등의 모습으로 나타난다. 교사리더십 발휘 교사는 학생이나 구성원이 교육활동에 참여할 수 있도록 생물학적 동기나 사회적 동기를 잘 자극, 유발시킬 수 있는 동기 유발 능력을 갖추고 있으며, 좋은 점을 인정해 주고 추어올리는 칭찬 능력과 용기를 북돋워 주고 가치를 깨닫도록 해 주는 격려 능력을 갖고 있고, 교육활동이 원활하게 이루어질 수 있도록 하기 위한 여건 조성 능력도 갖추고 있다. 즉 교사리더십 발휘 교사는 학생이나 구성원의 동기를 적절하게 잘 유발시키고, 그들의 활동과 과업에 대해 칭찬과 격려를 해 주며, 교육활동이 잘 이루어질 수 있도록 여건을 조성해 주는 능력을 갖추고 있는 교사이다.

교사리더십 발휘 교사의 촉진 역량을 구성하는 동기 유발 능력, 칭찬, 격려 능력, 여건 조성 능력 등은 개념적으로는 구분이 되지만, 실제에서는 상호 긴밀하게 연계, 통합되어 작동한다. 동기 유발은 생물학적, 사회적 욕구나 필요를 자극하는 것인데, 욕구나 필요를 자극하기 위해서는 적절하게 칭찬, 격려할 수 있어야 하며, 동기 유발이 잘 이루어지도록 하기 위한 여건도 잘 갖추어 주어야 한다. 칭찬, 격려 능력 역시 동기 유발을 통해 나타나며, 우호적인 여건 가운데 잘 발휘된다. 여건 조성 능력 또한 동기 유발 및 칭찬, 격려 능력과 연계되어 발휘된다. 이와 같이 동기 유발 능력, 칭찬, 격려 능력, 여건 조성 능력은 상호 연계되어 촉진 역량으로 발휘되는데, 이들 사이의 관계를 그림으로 나타내면 다음과 같다.

그림 10 // 촉진 역량

## ⟨4⟩ 성찰 역량

교사리더십을 발휘하기 위해서는 성찰 역량을 갖추고 있어야 한다 (Katzenmeyer & Katzenmeyer, 2004; Lieberman & Miller, 2004). 성찰의 의미 는 '자신이 한 일을 깊이 되돌아보는 일'을 뜻하며(표준국어사전), 주로 자신 의 내면적 활동에 초점을 맞추는 메타 인식의 과정이다(서경혜, 2005; 이돈희, 1983). 성찰은 또한 '반성적 사고'로 설명되기도 하며, '합리성과 증거를 바 탕으로 신념을 확립하려는 의식적이고 자발적인 행동'을 의미하기도 한다 (Dewey, 1916). 이러한 성찰은 기존의 인지구조에 바탕을 두고 새로운 경험 이나 지식을 평가하고 해석함으로써 새로운 이해를 이끌어 내는 과정이라 고 할 수 있다(Schön, 1983). 즉 성찰은 우리의 사고나 신념 체계가 가지고 있 는 왜곡을 수정하고 발전적 학습으로 지향해 가기 위한 동인(動因)의 역할을 한다(최 욱 외, 2010). 이러한 성찰 역량은 특히 전문가 학습이나 성장, 전문 가 발전의 중요 기제가 된다(Schön, 1983; Fullan, 2005). 교사는 다양한 상황에 서 교사리더십을 발휘하여 교육활동을 이끌어 나가야 하는데, 교사리더십을

제대로 발휘하기 위해서는 자신의 사고나 신념 체계를 왜곡이나 편협이 없
도록 끊임없이 되돌아보면서 수정, 발전시켜 나가야 한다. 자신의 사고나 신
념 체계를 되돌아보며 수정, 발전시켜 나가기 위해 성찰 역량을 갖춰야 한다
(Murphy, 2005).

교사리더십 발휘 교사에게 왜 성찰이 필요한가? 복잡하고 복합적인 교
육활동을 보다 잘 이끌어 가기 위해 성찰이 필요하다(Schön, 1983; Shapiro,
2000). 교육활동은 그 어느 활동보다 복잡하고 복합적이며 다차원적이다
(Palmer, 1998). 교육활동 수행에는 정답이 없으며, 정해진 매뉴얼로 이뤄낼
수 있는 것도 아니다. 이러한 교육활동을 수행하며 교사리더십을 발휘하기
위해서는 끊임없이 반성하고 성찰하면서 교사 스스로 최선의 길과 방법을 찾
아 나가야 한다(Murphy, 2005). 주변에서 도와줄 수는 있지만, 궁극적으로는
교사 본인이 자신의 교육활동 상황과 맥락에 맞게 적합한 교사리더십을 스스
로 발휘해야 한다(Sherrill, 1999). 상황과 맥락에 맞는 적합한 교사리더십 발
휘는 끊임없이 자신과 자신의 교육활동을 되돌아보며 성찰해 나가는 과정을
통해 이룰 수 있다(LeBlanc & Shelton, 1997; Yager & Lee, 1994). 교사리더십 발
휘 교사의 성찰 역량은 구체적으로 '자신의 인식과 행동을 되돌아보는 능력',
'자신의 인식과 행동을 분석, 평가하는 능력', '최선의 인식, 행동을 만들어 가
는 능력' 등의 모습으로 나타난다.

## 가. 자신의 인식과 행동을 되돌아보는 능력

교사리더십을 발휘하기 위해서는 성찰 역량을 갖추고 있어야 하는데, 성
찰을 위해서는 우선적으로 자신의 인식과 행동을 되돌아보는 능력을 갖추고
있어야 한다(Danielson, 2006; Murphy, 2005; Kouzes & Posner, 2010). 교사는 학
교에서 다양한 교육활동 가운데 교사리더십을 발휘하는데, 교사리더십이 올
바른 방향으로 발휘되고 교육적인 효과를 거두기 위해서는 그 과정에서 지속
적으로 자신의 인식과 행동에 대해 되돌아볼 수 있어야 한다.

교사리더십 발휘 교사는 우선 자신의 생각이나 인식에 대해 되돌아볼 수
있어야 한다(LeBlanc & Shelton, 1997; Yager & Lee, 1994). 교사는 자신의 생각,
관점, 가치관, 신념, 철학 기반 위에서 교사리더십을 발휘한다(Katzenmeyer &

Moller, 2001; Lieberman, Saxl & Miles, 1988). 그런데 여러 상황적인 요인들로 인해, 때로는 시간에 쫓겨 자신의 생각과 인식을 제대로 의식하지 못하고 교육활동을 수행하는 경우도 있다. 그리고 때로는 상급기관이나 상급자의 지시나 지침에 따라, 때로는 주변의 요구나 압력에 따라 교육활동을 수행하기도 한다. 그리고 어떤 경우에는 별다른 생각이나 인식 없이 관행적으로, 또는 기능적으로 교육활동을 수행하기도 한다(Katzenmeyer & Moller, 2001; Lieberman, Saxl & Miles, 1988; Lieberman & Miller, 2004). 그런데 교사가 어떤 생각과 인식을 갖고 교사리더십을 발휘하는지는 교육활동의 성패를 좌우하는 매우 중요한 문제이다. 교사리더십 발휘 교사의 인식이나 생각은 교사리더십 발휘 대상이 되는 학생이나 동료교원 등에게 큰 영향을 미치기 때문이다. 교사리더십을 발휘하고 있는 교사가 자신이 어떤 생각과 인식을 가지고 있는지에 대해 명확하게 인지하지 못하고 교육활동을 수행하게 되면, 교육활동을 잘 못 이끌 수도 있고 교육목표 달성을 어렵게 할 수도 있다(Murphy, 2005; Pelicer & Anderson, 1995). 따라서 교사리더십 발휘 교사가 어떤 생각과 인식을 가지고 있는지 스스로 확인하고 인지하는 것은 교육활동을 위해 매우 중요하다.

교사리더십 발휘 교사는 또한 자신의 행동이나 활동에 대해서도 되돌아볼 수 있어야 한다(Sherrill, 1999; LeBlanc & Shelton, 1997). 교사리더십 발휘 교사는 다양한 교육활동을 수행하면서 교사리더십을 발휘하는데, 과업 수행이 계획대로 이루어지는 경우도 있지만, 계획대로 이루어지지 않는 경우도 있다. 교사리더십을 발휘하여 교육목표를 이루기 위해서는 계획대로 이루어진 활동뿐만 아니라 계획대로 이루어지지 않은 활동에 대해서도 되돌아보며 성찰할 수 있어야 한다. 수행한 행동이나 활동을 되돌아보게 되면, 자신의 행동이나 활동에 대해 보다 정확하게 이해하게 될 뿐만 아니라 장점이나 단점도 파악하게 되며 더 나은 행동이나 활동을 위한 토대를 마련할 수도 있다(Donaldson, 2006; Katzenmeyer & Katzenmeyer, 2004). 그러나 교사리더십을 발휘하며 수행한 행동이나 활동에 대해 제대로 되돌아보고 성찰하지 않으면 잘못된 행동을 반복할 수 있고, 교육목표 달성도 어려워질 수 있다(Snell & Swanson, 2000; Wenner & Campbell, 2017).

## 나. 자신의 인식과 행동을 분석, 평가하는 능력

교사리더십 발휘 교사의 성찰 역량은 또한 '자신의 인식과 행동을 분석, 평가하는 능력'으로 나타난다(Murphy, 2005). 자신의 인식과 행동을 되돌아볼 뿐만 아니라 그것을 바탕으로 자신의 인식과 행동에 대해 분석, 평가하는 것이다(Schön, 1983; Danielson, 2006). 성찰 과정에서 자신의 인식이나 행동에 대해 되돌아보는 것은 자신을 드러내며 자신에 대해 이해하는 과정이다. 자신에 대해서 제대로 이해하기 위해서는 자신의 인식이나 행동에 대해 분석, 평가할 수 있어야 한다. 성찰은 자신의 인식과 행동에 대한 되돌아보기를 넘어서서 자신의 인식과 행동에 대한 분석 및 평가까지 이어지는 과정이다(Hart & Segesta, 1994; Wasley, 1991; Whitaker, 1995). 성찰 과정에서 자신의 인식과 행동에 대해 분석, 평가하는 일은 '개인적인 심사숙고(深思熟考)'를 통해 이루어지기도 하고, '연구', '이론', '집단지성' 등을 준거 삼아 이루어지기도 한다(Schön, 1983).

우선, 교사리더십 발휘 교사는 스스로 심사숙고하여 자신의 인식이나 행동을 되돌아보며 분석, 평가한다(Katzenmeyer & Moller, 2001; Levin & Schrum, 2017; Snell & Swanson, 2000). 심사숙고는 '신중을 기하여 깊이 있게 생각하고 고찰하는 것'이다(표준국어사전). 즉 심사숙고는 자신의 인식이나 행동에 대해 신중하고 깊이 있게 생각해 보고 살펴보는 것이다. 교사리더십 발휘 교사가 자신의 인식이나 행동에 대해 깊이 있게 생각하고 살펴보게 되면 그 과정을 통해 분석, 평가가 이루어진다(LeBlanc & Shelton, 1997; Shapiro, 2000; Snell & Swanson, 2000). 어떤 기준이나 준거를 가지고 분석, 평가할 수도 있지만, 스스로 깊이 있게 생각하고 신중하게 살펴보는 것만으로도 자신의 인식이나 행동에 대한 분석, 평가가 이루어진다는 것이다(Katzenmeyer & Moller, 2001; Snell & Swanson, 2000). 예를 들어 학생들을 대상으로 생활지도를 할 때, 교사리더십 발휘가 잘 안 되는 경우, 생활지도 과정에서의 자신의 인식과 행동에 대해 심사숙고를 하게 되면 그 과정을 통해 자연스럽게 자신의 인식과 행동에 대한 분석, 평가가 이루어질 수 있다(문지윤, 2022).

또한 '연구', '이론' 등을 준거 삼아 자신의 인식이나 행동에 대해 분석, 평가할 수도 있다(Schön, 1983; Katzenmeyer & Katzenmeyer, 2004; 김병찬, 윤 정,

2015; 정성식, 2014). 개인적인 심사숙고를 통해 자신의 인식이나 행동에 대한 분석, 평가가 이루어질 수도 있지만, 관련 연구나 이론 등도 준거가 될 수 있다(Schön, 1983; Katzenmeyer & Katzenmeyer, 2004). 특히 교육활동의 경우, 과업 자체가 전문성을 띠고 있고 전문성을 발휘해야 하는 일이기 때문에 전문적인 연구 결과나 이론 등은 자신의 인식 및 행동을 분석, 평가하는 데 있어서 중요한 준거가 된다(Lieberman & Miller, 2004). 예를 들어, 학습부진아 지도 과정에서 교사리더십을 발휘하는 경우, 보다 효과적인 지도를 위해, 학습부진아에 대한 교사 자신의 인식 및 행동, 교수활동에 대해 분석, 평가할 필요가 있는데, 이때 학습부진아 지도 과정에서의 교사리더십 발휘에 관한 다양한 연구나 이론은 자신의 인식과 행동을 분석, 평가하는 중요한 준거가 될 수 있다(Danielson, 2006; 김병찬, 조민지, 2015; 곽영순, 2016). 복잡하고 어려운 교육활동 과정일수록 전문적인 연구나 이론을 기반으로 한 분석 및 평가는 큰 도움이 된다(Schön, 1983; Snell & Swanson, 2000). 이러한 맥락에서 많은 교사들이 전문적인 연구나 이론에 대해 배우는 대학원에 진학하여 학습하기도 한다.

'집단지성' 또한 자신의 인식이나 행동을 분석, 평가하는 준거가 될 수 있다(Katzenmeyer & Moller, 2009; Lieberman & Miller, 2004; 윤 정, 2018; 정성식, 2014). 성찰은 개인적으로 이루어질 수도 있지만, 집단성찰도 효과적인 성찰이 될 수 있다(Schön, 1983). 집단성찰은 집단지성을 기반으로 한다. 자신의 인식이나 행동을 분석, 평가하는 과정에서 동료교원과 함께 하는 것도 그 한 예이다. 동학년, 동교과, 학습공동체 등에서 동료교원과 함께 서로의 교육활동 및 인식에 대해 평가, 분석해 주면, 자신이 생각하지 못했던 부분을 발견하기도 하고, 자신의 인식이나 관점이 넓어지기도 하며, 전문성이 성장하는 경험을 하기도 한다(Sergiovanni, 1994; 서경혜, 2015; 윤 정, 2018; 오찬숙, 2016). 과업 자체가 복잡하고 어려울수록 한 사람의 관점과 판단보다는 여러 사람의 관점과 판단이 교육활동 수행에 도움이 된다(Schön, 1983; Hargreaves & Fullan, 2012). 특히 전문가 집단에서의 집단지성은 과업 수행 및 해결에 기여할 뿐만 아니라 전문성을 향상, 증진시키는 기제가 되기도 한다(Schön, 1983). 집단지성을 통한 자신의 인식과 행동을 분석, 평가하는 것도 중요한 성찰 과정이 될 수 있다.

### 다. 최선의 인식과 행동을 지속적으로 재구성해 가는 능력

교사리더십 발휘 교사의 성찰 역량은 또한 '최선의 인식과 행동을 지속적으로 재구성해 가는 능력'으로 나타난다. 자신의 인식과 행동에 대해 되돌아보며, 분석, 평가할 뿐만 아니라 그 결과를 바탕으로 지속적으로 최선의 인식과 행동을 재구성해 가는 것이다(Katzenmeyer & Katzenmeyer, 2004; Crowther et al., 2002; Katzenmeyer & Moller, 2001; Lieberman, Saxl & Miles, 1988; Lieberman & Miller, 2004). 자신의 인식과 행동에 대해 되돌아보고, 분석, 평가하는 일도 궁극적으로 최선의 인식과 행동을 만들어 가기 위한 것이다. 교육활동에는 정답이 없기 때문에 교사는 항상 본인의 역량을 총동원하여 최선의 교육을 찾아 나가야 한다(이홍우, 2008). 더군다나 교육활동의 대상인 학생은 전인적 인격체로서 연습이나 실험의 대상이 될 수 없기 때문에 학생을 가르치는 교사는 매 순간마다 두려운 마음으로 최선의 교육을 찾아 나가야 한다(Shapiro, 2000; 이돈희, 1983). 자신의 최선의 인식과 행동, 자신의 최선의 교육을 찾아 나가는 과정에서 성찰은 중요한 기반이다(Snell & Swanson, 2000; 서경혜, 2005). 성찰을 통해 자신의 교육활동 및 교사리더십 발휘 과정에 대해 되돌아보고, 분석, 평가하면서 좀 더 나은, 좀 더 적합한 인식과 행동을 재구성해 나가는 과정이 최선의 교육을 찾아 나가는 과정이다(Murphy, 2005). 교사리더십 발휘를 통해 학생 및 구성원으로 하여금 교육목표에 도달하도록 이끄는 것이 교사리더십 발휘의 목표인데, 교사가 자신의 인식과 행동에 대해 지속적으로 되돌아보며, 분석, 평가하고, 좀 더 나은 인식과 행동을 재구성해 교육활동을 수행해 나감으로 이러한 교육목표를 좀 더 잘 이룰 수 있다(Danielson, 2006; Katzenmeyer & Katzenmeyer, 2004; Lieberman & Miller, 2004).

교사리더십을 잘 발휘하기 위해서는 자신의 인식과 행동에 대해 되돌아보고 분석, 평가하여 궁극적으로 자신의 최선의 인식과 행동을 만들어 나가야 한다. 최선의 인식과 행동을 재구성하기 위해서는 자신의 교사리더십 발휘 과정뿐만 아니라 온갖 상황, 맥락, 환경, 여건 등을 고려해야 한다. 교육활동과 관련된 모든 상황과 여건들을 철저히 고려하여 최선의 인식과 행동을 재구성해야 하는 것이다. 교사리더십 발휘 과정에서 최선의 인식과 행동을 재구성하는 일은 주변의 도움을 받을 수도 있지만 전적으로 해당 교사 스스로 감당해야 한다. 교사리더십 발휘 교사는 매 순간 지속적으로 교육적 판단을 해야 하고 스스로 최선의 교육을 찾아 나가야 하는 '고독한 전문가'이다 (Palmer, 1998/이종인, 이은정 역, 2013: 150).

교사리더십 발휘 과정에서 지속적으로 최선의 인식과 행동을 재구성해 나가는 과정은 일회성 활동이 아니라 나선형적 순환 과정이다(Lieberman & Miller, 2004; Levin & Schrum, 2017; Shapiro, 2000). 즉 성찰을 통해 교사리더십 발휘 과정에서 최선의 인식과 행동을 재구성했다고 해서 그것으로 그치는 것이 아니라 재구성된 인식과 행동을 바탕으로 실행을 하고, 또 다시 그 실행 과정에서 대한 성찰을 통해 최선의 인식과 행동을 순환적으로, 나선형적으로 발전시켜 나가는 것이다.

### 라. 성찰 역량 종합

교사리더십 발휘 교사는 성찰 역량을 갖추고 있는데, 성찰 역량은 '자신의 인식과 행동을 되돌아보는 능력', '자신의 인식과 행동을 분석, 평가하는 능력', '최선의 인식과 행동을 지속적으로 재구성해 가는 능력' 등의 모습으로 나타난다. 교사리더십 발휘 교사는 자신의 생각이나 인식, 행동이나 활동에 대해 되돌아볼 수 있고, 심사숙고, 연구, 이론, 집단지성 등을 통해 자신의 인식이나 행동을 분석, 평가할 수 있으며, 이를 바탕으로 최선의 인식과 행동을 지속적으로 재구성해 나갈 수 있는 능력을 갖춘 교사이다. 즉 교사리더십 발휘 교사는 교육활동과 자신에 대해 되돌아보고, 분석, 평가하면서 지속적으로 최선의 교육을 찾아 나가는 교사이다.

'자신의 인식과 행동을 되돌아보는 능력', '자신의 인식과 행동을 분석, 평가하는 능력', '최선의 인식과 행동을 지속적으로 재구성해 가는 능력' 등은 개별적, 독립적으로 작동하는 것이 아니라, 서로 연계되어 통합적으로 작동한다. 자신의 인식과 행동을 되돌아보는 과정은 단순한 '반성'의 과정이 아니라 자신의 인식과 행동을 분석, 평가하는 과정이 되며, 분석, 평가하는 과정은 또한 최선의 교육활동, 최선의 인식과 행동을 구성해 나가는 과정으로 이어진다. 되돌아보고, 분석, 평가하며, 최선의 인식과 행동을 찾아 나가는 과정은 통합적으로 작동되는 성찰의 과정이다. 이 관계를 그림으로 나타내면 다음과 같다.

그림 11 // 성찰 역량

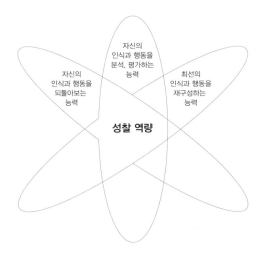

자신의
인식과 행동을
분석, 평가하는
능력

자신의
인식과 행동을
되돌아보는
능력

최선의
인식과 행동을
재구성하는
능력

**성찰 역량**

## ⟨5⟩ 철학 역량

교사리더십 발휘 교사는 철학 역량을 갖추고 있어야 한다(Katzenmeyer & Moller, 2009: 109; Levin & Schrum, 2017; Acker-Hocevar & Touchton, 1999; Sherrill, 1999). 교사리더십 발휘 교사는 끊임없이 교육의 목적, 가치, 의미 등을 추구하며 교육활동을 수행한다(Danielson, 2006; Murphy, 2005; Kouzes & Posner, 2010). 철학은 '인간과 세계에 대한 근본 원리와 삶의 본질을 탐구하는 것'으로(표준국어사전), 전통적으로 철학은 인식론, 논리학, 윤리학 등을 포함하여 하나의 체계적 지식 조직체로 구성되었으나, 현대에 와서는 지식의 체계뿐만 아니라 탐구의 과정으로도 받아들여지고 있다(이돈희, 1983). 예를 들어, 어떤 가치 기준 혹은 판단 기준에 따라 삶이나 행위를 평가하는 규범적 기능도 철학의 영역이다(김정환, 1988). 이러한 맥락에서 철학 역량은 '철학적으로 사유하고자 하는 의지나 힘', 구체적으로 '어떤 활동의 목적, 가치, 의미 등을 추구하는 의지나 힘'이라고 할 수 있다. 교사리더십 발휘 교사에게 철학 역량은 '교사리더십을 발휘하는 과정에서 목적, 가치, 의미 등을 추구하는 의지나 힘'이라고 할 수 있다(Danielson, 2006; Murphy, 2005). 이러한 맥락에서의 철학 역량은 철학이라는 학문을 이해하는 능력보다는 철학적으로 사유하고 철학을 추구하는 능력 측면을 더 강조한 개면이라고 할 수 있다(Crowther et al., 2002; York-Barr & Duke, 2004). 교사리더십 발휘 교사에게 철학 역량은 왜 필요한가? 교사리더십 발휘의 대상이 되는 교육활동 자체의 특성 때문이다 (Murphy, 2005). 교육활동은 인간과 인간의 삶을 다루는 가치 지향적 활동이다. 이러한 가치 지향적 교육활동을 감당하기 위해서는 교육의 가치와 본질에 대한 이해와 아울러 교육의 가치와 본질을 추구하는 힘과 의지를 갖추고 있어야 한다(윤재흥, 2012; 이돈희, 1983; 이홍우, 2008). 인간과 가치를 추구하는 교육활동 자체가 철학적이기 때문에 교사리더십을 발휘하여 교육활동을 수행하기 위해서는 철학적으로 사유하고 추구할 수 있는 철학 역량을 갖추고 있어야 한다는 것이다. 교사리더십 발휘 교사의 철학 역량은 구체적으로 '교육 목적을 추구하는 의지, 힘', '교육의 의미와 가치를 추구하는 의지, 힘', '정체성을 탐구하고자 하는 의지, 힘' 등의 모습으로 나타난다.

### 가. 교육 목적을 추구하는 의지, 힘

교사리더십 발휘 교사는 철학 역량을 갖추고 있는데, 철학 역량은 '교육 목적을 추구하는 의지나 힘'으로 나타난다. 교사리더십은 학생 및 구성원들로 하여금 교육목표에 도달하도록 돕고, 지원하고, 안내하고, 촉진하는 작용이다. 따라서 교사리더십의 궁극적인 지향점은 교육목표 달성이다 (Katzenmeyer & Katzenmeyer, 2004; Crowther et al., 2002). 학생과의 교육활동 과정에서 교사리더십 발휘는 학생으로 하여금 교육목표에 도달하도록 이끄는 것으로 교육목표 및 교육목적 추구 과정이다. 따라서 교육목표나 교육목적에 대한 이해와 추구가 분명하면 교사리더십 발휘가 잘 이루어질 수 있지만, 교육목표나 교육목적에 대한 이해와 추구가 약하면 교사리더십 발휘는 제대로 이루어지기 어렵다. 교사리더십을 잘 발휘하기 위해서는 우선적으로 교육의 목표나 목적을 추구하는 의지나 힘을 갖추고 있어야 한다(Danielson, 2006).

추구하는 교육목표나 교육목적은 다양할 수 있기 때문에, 동일한 학교, 동일한 학급 내에서도 학생마다 다를 수 있고, 교사마다 다를 수 있다. 이러한 상황에서 교사리더십을 발휘하여 교육을 이끌어 가기 위해서는 다양한 교육목표나 목적에 대한 이해뿐만 아니라 교사 스스로 추구하는 교육 목표나 목적을 분명하게 가지고 있어야 한다. 교사의 교육목표나 목적이 분명하지 않으면 교육활동 과정에서 방향을 잡지 못하고 휘둘릴 수 있으며, 교사리더십을 제대로 발휘할 수 없다(Snell & Swanson, 2000; Wenner & Campbell, 2017; Danielson, 2006).

교사리더십 발휘 교사는 교육활동을 잘 이끌어 가기 위해 다양한 교육의 목표나 목적을 이해하고 종합하여 재구축할 수 있어야 한다(Murphy, 2005; Kouzes & Posner, 2010; Smylie & Denny, 1990). 교사리더십 발휘 교사는 관리자, 학생, 학부모 등의 다양한 교육 주체들의 기대와 바람 속에서 교육목표를 정하여 교육활동을 수행한다. 그런데 이 과정에서 관리자, 학부모, 학생 등이 추구하는 교육목표가 다양할 뿐만 아니라 교사가 추구하는 교육목표와 다를 수도 있다. 이러한 상황은 매 수업에서, 각 학급에서, 각 학교에서 실제로 많이 발생한다(박진환 외, 2013; 박한숙, 정태근, 2017; 엄기호, 2014; 유경훈, 2014; 권재원, 2016). 이 과정에서 교사리더십을 발휘하기 위해서는 다양한 교육목표나 목적에 대해 이해할 수 있어야 하고, 판단하고 분석할 수도 있어야 하며, 교육목표를 종합하고 재구성해 낼 수 있어야 한다. 이러한 역할을 감당하기 위해서 교육 목표나 목적을 추구하는 힘과 의지를 갖추고 있어야 한다.

한편, 교사리더십 발휘 교사는 교사리더십 발휘 자체의 목적이나 목표를 추구하는 의지나 힘도 갖추고 있어야 한다(Crowther et al., 2002; York-Barr & Duke, 2004; Lieberman & Miller, 2004; Levin & Schrum, 2017). 교사리더십 발휘 교사는 '왜 교사리더십을 발휘하며', '무엇을 위하여 교사리더십을 발휘하는지' 등에 대해, 즉 교사리더십 발휘 목적에 대해 끊임없이 추구할 수 있어야 한다. 교사리더십 발휘는 '통제'나 '관리'가 아니라 '돕고', '지원하고', '안내하고', '촉진하는' 과정이다(Katzenmeyer & Moller, 2009). 교사리더십 발휘 목적에 대한 인식이나 이해가 약하면, 교사리더십 발휘가 '통제 과정'이 되거나 '권위를 부리는 과정'이 될 수 있다(Danielson, 2006). 교사리더십이 제대로 발휘되기 위해서는 교사리더십 발휘 목적에 대한 인지와 인식이 있어야 한다.

## 나. 교육의 의미와 가치를 추구하는 의지, 힘

교사리더십 발휘 교사는 철학 역량을 갖추고 있는데, 철학 역량은 또한 '교육의 의미와 가치를 추구하는 의지나 힘'으로 나타난다(Crowther et al., 2002; York-Barr & Duke, 2004; Katzenmeyer & Moller, 2001). 교사는 수업지도, 생활지도, 행정업무, 교사공동체 등 다양한 과업을 수행하면서 교사리더십을 발휘한다. 그런데 교사가 수행하는 모든 과업은 단순한 기능적 과업이 아니라 많은 의미와 가치를 갖고 있다. 다만 그 활동들의 의미와 가치를 얼마나 인지하고 인식하느냐는 교사마다 다 다를 수 있다. 어떤 교사는 자신이 하는 교육활동의 의미와 가치를 제대로 인식하고 있는가 하면, 또 어떤 교사는 그 의미와 가치를 잘 인식하지 못하고 교육활동을 수행하기도 한다(엄기호, 2014; 박진환 외, 2013; 송상호, 2010; 이인규 외, 2017). 교사가 자신이 수행하는 교육활동의 의미와 가치를 인식하는 정도는 교사리더십 발휘에 큰 영향을 미친다(Wenner & Campbell, 2017; Danielson, 2006; Murphy, 2005). 자신이 수행하는 교육활동의 의미와 가치를 크게 느끼게 되면 그 교사의 교사리더십 발휘는 더욱 촉진되지만, 본인이 수행하는 교육활동의 의미와 가치를 잘 느끼지 못하면 그만큼 교사리더십 발휘가 잘 이루어지지 않는다. 학생들의 졸업 여행의 의미와 가치를 크게 인식한 교사는 환경의 제약, 교장의 반대 등에도 불구하고 치밀한 준비와 교장마저 설득하는 교사리더십을 발휘하여 성공적인 교육활동을 수행하기도 한다(김진원, 2021). 이 사례에서 보여준 것처럼 졸업여행이 하나의 단순한 프로그램이 아니라 아이들 생애에 큰 영향을 끼칠 수 있는 활동이 될 수 있다는 의미와 가치의 추구는 어떤 난관도 이겨내고 추진하게 하는 동력이 되는 것이다. 수업지도 과정에서 학습부진아들이 처한 상황의 의미에 대한 깊은 인식이 학습 부진 해소를 위한 적극적인 교사리더십 발휘로 이어진 사례도 있다(김상아, 진미영, 변찬석, 2014; 이대식, 2020; 이 준, 이윤옥, 2019). 학습부진이 해당 수업시간뿐만 아니라 그 학생의 추후 학년 및 생애 학습에까지 영향을 끼칠 수 있다는 문제의식에 대한 자각이 적극적인 교사리더십 발휘의 힘이 된 것이다. 학급운영 과정에서도 학급활동의 의미와 가치를 인식하고 '기존에 안 된다고 여겨지던 관행들'에 대해 의문을 제기하고, 학생들의 입장에서 학생들에게 필요한 결정을 내리며 교사리더십을 발휘한 사례도 교육의 가치와 의미를 추구하는 의지와 힘의 발휘 사례라고 할 수 있다(김진원, 2021: 96)

교사리더십 발휘는 학생으로 하여금 교육목표에 도달하도록 돕고, 지원하고, 안내하고, 촉진하는 활동인데, 그 활동 과정의 의미와 가치를 깨닫게 된다면 교사리더십 발휘는 더욱 촉진된다(Crowther et al., 2002; York-Barr & Duke, 2004; Katzenmeyer & Moller, 2001). 교사에게는 물질적인 보상이나 환경적 조건보다도 보람이나 성취감, 일의 가치와 의미 등의 내적 요인들이 교육활동의 중요한 동기요인이라는 연구들도(Lortie, 2002; 정광희 외, 2007; 정성식, 2014; 정진화, 2016; 이인규 외, 2017) 교사리더십 발휘를 위한 교육의 의미와 가치를 깨닫는 것의 중요성을 뒷받침해 주고 있다. 교사리더십 발휘를 위해서는 교육의 의미와 가치를 깨닫고 추구하는 의지와 힘을 갖추고 있어야 한다.

교육의 의미와 가치에 대한 인식 및 각성은 본인뿐만 아니라 학생이나 동료교원의 교육활동을 촉진하기도 한다(Murphy, 2005; Kouzes & Posner, 2010; Hart & Segesta, 1994; Whitaker, 1995). 교사리더십 발휘 교사가 교육활동의 가치와 의미를 크게 자각하고 있다면, 교사리더십 발휘 대상이 되는 학생이나 동료교원의 교육활동 역시 촉진이 된다. 예를 들어, 영어 수업에서 영어단어 습득의 가치와 의미를 보다 크게 느낀 교사가 영어단어 습득을 위한 다양한 방법을 마련하여 학생들에게 제공한 사례도 그 한 예라고 할 수 있다(문지윤, 김병찬, 2022). 학습공동체의 가치와 의미를 크게 깨달은 교사가 동료교사들을 적극 격려하고 설득하여 동료교사들의 자발적인 참여를 활성화시킨 사례도 있다(윤 정, 최영진, 김병찬, 2021). 교육활동의 의미와 가치를 깨닫는 일은 본인의 교사리더십 발휘를 촉진할 뿐만 아니라 교사리더십 발휘의 대상이 되는 학생이나 동료교원의 교육활동도 촉진한다.

한편, 교사리더십 발휘 교사는 또한 교사리더십 발휘 자체의 의미와 가치를 깨닫고 추구한다(Lieberman & Miller, 2004; Levin & Schrum, 2017; Acker-Hocevar & Touchton, 1999; Sherrill, 1999). 교사리더십 발휘 교사는 본인이 발휘하는 교사리더십이 '어떤 의미가 있는지', '어떤 가치가 있는지', '어떤 효과가 있는지' 등에 대해 지속적으로 확인하고 점검한다. 본인의 교사리더십 발휘로 교육활동을 제대로 이끌고 있는지, 학생이나 동료교원이 교육목표를 제

대로 달성하고 있는지 등에 대해 지속적으로 확인, 점검하면서 자신의 교사
리더십 발휘 자체의 의미와 가치를 깨닫고자 하는 것이다. 자신의 교사리더
십 발휘 자체의 의미와 가치에 대해 지속적으로 확인, 점검하는 일은 교사리
더십 발휘의 방향을 잡아주는 과정이 되기도 하며, 보다 가치 있고 의미 있는
교육활동을 지속적으로 추구해 나가는 기반이 되기도 한다(Levin & Schrum,
2017; Sherrill, 1999).

### 다. 자신의 정체성을 탐구하는 의지, 힘

교사리더십 발휘 교사는 철학 역량을 갖추고 있는데, 철학 역량은 또한
'자신의 정체성을 탐구하는 의지와 힘'으로 나타난다(Danielson, 2006; Murphy,
2005). 정체성은 '존재 고유의 독립적 본질 혹은 성질'이다(표준국어사전). 따
라서 이 정체성은 '개체와 타인을 구분지어 주는 준거'이다. 그리고 정체성은
개인적이기도 하지만 집단적이기도 하다. 정체성은 개인 내부에서 일관된 동
일성을 유지하는 것이기도 하고, 집단 내에서 다른 사람과 어떤 본질적인 특
성을 지속적으로 공유하는 것도 정체성이다(Erikson, 1956 : 57). 이러한 정체
성은 일반적으로 자신이 누구이며, 무엇을 하는 사람이고, 무엇을 해야 하는
지 등을 방향 지어 주는 기반이 되기도 한다(이돈희, 1983; 이홍우, 2008).

교사리더십 발휘 교사는 지속적으로 자신의 정체성을 확인하고 점검
하며 형성해 나가는 교사이다(Crowther et al., 2002; York-Barr & Duke, 2004;
Danielson, 2006). 즉 교사리더십 발휘 교사는 자신이 누구이고, 무엇을 하는
사람이며, 무엇을 해야 하는 사람인지 등에 대해 지속적으로 확인하며 점검
해 나간다. 교사리더십을 발휘하는 과정에서 이러한 정체성 탐구는 자신과
자신이 하는 교육활동에 대해 확인하게 해 줄 뿐만 아니라 리더로서의 역할
을 인지하고 방향을 잡아주는 토대가 되기도 한다(Levin & Schrum, 2017; Snell
& Swanson, 2000; Murphy, 2005).

우선 교사리더십 발휘 교사는 '교사'로서의 정체성을 끊임없이 확인하
고 탐구해 간다(Katzenmeyer & Moller, 2001; Lieberman & Miller, 2004; 정성식,
2014; 김진원, 2021). 교사로서의 정체성 탐구는 '교사는 무엇인가', '나는 교
사로서 어떤 역할을 하고 있는가', '나는 교사로서 무엇을 해야 하는가' 등에

대해 지속적으로 확인하며 탐구해 나가는 과정이다. 교사로서의 정체성 탐구 과정은 교사로서의 자신의 역할, 책임, 임무 등을 찾아 나가는 과정이 된다. 정체성 탐구와 형성을 통해 교사로서의 자신의 역할, 책임, 임무 등을 찾게 되면 교육활동과 교사리더십 발휘가 더욱 촉진되게 된다(Sherrill, 1999; LeBlanc & Shelton, 1997; Yager & Lee, 1994; Silva et al., 2000). 좀 더 구체적으로 '수업지도 교사로서의 정체성', '학급 담임교사로서의 정체성', '학교 교사로서의 정체성' 등을 탐구하며 나아가는 교사들이 교사리더십을 보다 잘 발휘한다(채지수, 2021; 정광희 외, 2007; 윤 정, 2018; 김진원, 2021; 김병찬, 윤 정, 2015; 김병찬, 조민지, 2015).

수업지도 교사로서의 정체성은 '나는 수업지도를 통하여 무엇을 가르치는 사람인가', '나는 수업을 제대로 잘 하고 있는가', '내 수업을 통해 학생들은 수업목표에 잘 도달하고 있는가' 등에 대해 끊임없이 숙고하며 정립해 가는 것이다. 이러한 수업지도 교사로서의 정체성을 잘 확립하게 되면 자신의 수업에 대해 제대로 볼 수 있을 뿐만 아니라 자신이 무엇을 잘하고 무엇을 잘 못하고 있는지에 대해 깨닫게 해 주고, 수업에 대한 안목도 키워줄 수 있다. 이와 같이 수업지도 교사로서의 정체성은 수업 과정에서 학생들을 대상으로 교사리더십을 발휘하여 교육목표에 도달하도록 하는 데 중요한 기반이 된다(정광희 외, 2007; 윤 정, 2018; 김병찬, 조민지, 2015).

학급 담임교사로서의 정체성 역시 마찬가지이다. 학급 담임교사로서의 정체성 탐구는 '나는 어떤 학급 담임교사인가', '나는 학급 담임교사로서 준비가 제대로 되어 있는가', '나는 학급 담임교사로서의 역할을 제대로 하고 있는가' 등에 대해 숙고하며 정립해 나가는 과정이다. 학급 담임교사로서의 정체성 확립 정도에 따라 해당 학급의 분위기, 문화, 활동, 성과 등이 달라질 수 있으며, 교사리더십 발휘도 달라진다(채지수, 2021; 정광희 외, 2007; 윤 정, 2018; 김진원, 2021).

또한 '학교 교사로서의 정체성'도 중요한 의미를 갖는다. '학교에서 교사로서 나의 의미는 무엇인가', '학교에서 교사로서의 나의 위치는 무엇인가', '나는 이 학교 교사로서의 역할을 제대로 하고 있는가', '나는 학교의 발전을 위해 기여하고 있는가' 등에 대한 숙고와 사유를 통해 자신을 이해하고 자신의 관점을 정립해 가는 것이 학교 교사로서의 정체성 확립이다. 학교 구성원인 교사들의 이러한 정체성은 그 학교의 문화가 되기도 하며 학교 교육활동의 성패를 좌우하기도 한다(Danielson, 2006). 학교 내에서 다양한 교육활동 및 동료교원들과의 관계에서 '학교 교사로서의 정체성'은 큰 영향을 끼치게 된다(Murphy, 2005; Kouzes & Posner, 2010; 정광희 외, 2007; 윤 정, 2018; 정성식, 2014). 한편, Erikson(1956: 57)에 따르면 정체성은 개인 내에서 형성되기도 하지만, 개인 간에도 공통된 특성을 중심으로 공유되기도 한다. 즉 교사들 사이에 '나의 학교'를 넘어서 '우리 학교' 정체성이 형성될 수 있다. 이러한 공유된 정체성은 교사리더십을 발휘하는 데 있어 중요한 기반이 된다(Silva et al., 2000; Snell & Swanson, 2000; Danielson, 2006; 윤 정, 2018; 정성식, 2014; 안소현, 2020).

교사리더십 발휘 교사는 '교사'로서의 정체성뿐만 개인으로서 '나'의 정체성도 추구한다(Katzenmeyer & Moller, 2009; Crowther, et al., 2009; Darling-Hammond et al., 1995). 교사 또한 교사이기 이전에 인간으로서 한 개인이다. '나'에 대한 정체성 탐구는 한 인간으로서 '나는 누구인가', '나는 한 인간으로서 제대로 살고 있는가', '나의 인생의 목표는 무엇인가' 등에 대해 사유해 나가는 과정이다. 교사에게 이러한 '나'에 대한 정체성 탐구는 '나는 왜 교사를 하고 있고', '교사를 통해 나는 어떤 삶을 살고자 하는지' 등을 탐구하게 하여 자신의 삶의 방향을 보다 분명하게 정립하게 해 주고, 교사리더십을 보다 잘 발휘하게 해 준다(Lieberman & Miller, 2004; Levin & Schrum, 2017; Murphy, 2005). '교사'로서의 정체성 및 '개인'으로서의 자신의 정체성을 탐구하는 의지와 힘은 교사리더십 발휘의 기반이 된다.

### 라. 철학 역량 종합

교사리더십 발휘 교사는 철학 역량을 갖고 있는데, 철학 역량은 '교육 목적을 추구하는 의지나 힘', '교육의 의미와 가치를 추구하는 의지나 힘', '자신의 정체성을 탐구하는 의지나 힘' 등의 모습으로 나타난다. 교사리더십 발휘 교사는 교육 목표와 목적을 분명하게 이해하고 추구하고자 하며, 다양한 교육 목표나 목적을 종합하여 재구축하고자 하고, 또한 교육활동을 수행하면서 그 교육활동의 의미와 가치를 찾고자 하며, '교사'로서의 자신과 '개인'으로서의 자신의 정체성을 탐구해 나가는 의지와 힘을 가지고 있는 교사이다. 교사리더십 발휘 교사는 끊임없이 교육의 목적을 찾고 추구하며, 또한 지속적으로 교육활동의 가치와 의미를 탐색하고, 교사로서의 자신의 정체성을 추구해 나가는 철학 역량을 갖춘 교사이다. 이러한 철학 역량은 본인이 하는 교육활동에 대해 제대로 이해하게 해 주고 교육활동의 방향을 잡게 해 주어 교사리더십 발휘를 촉진한다(Katzenmeyer & Moller, 2001; York-Barr & Duke, 2004: 267).

'교육 목적을 추구하는 의지나 힘', '교육의 의미와 가치를 추구하는 의지나 힘', '자신의 정체성을 탐구하는 의지나 힘' 등은 교사리더십 발휘 교사의 철학 역량을 구성하는 요소들인데, 이들은 개념적으로는 구분이 되지만, 실제에서는 통합되어 함께 작동한다. 교육의 목적을 추구하는 것은 교육활동의 의미와 가치를 추구하는 것과 밀접하게 연관되어 있으며, 교육의 목적 및 의미와 가치 추구는 교사, 개인 자신의 정체성 기반 위에서 이루어진다. 이와 같이 교육의 목적을 추구하고, 의미와 가치를 추구하며, 자신의 정체성을 탐구하는 일은 상호 연계된 철학 역량이라고 할 수 있다. 이들 사이의 관계를 그림으로 나타내면 다음과 같다.

그림 12 // **철학 역량**

## ⟨6⟩ 교사리더십 역량 종합

    교사리더십 발휘 교사는 교사리더십 역량을 갖추고 있는데, 구체적으로 이해 역량, 소통 역량, 촉진 역량, 성찰 역량, 철학 역량 등을 갖추고 있다. 교사리더십 발휘 교사의 이해 역량은 '필요 이해 능력', '정서 이해 능력', '상황 이해 능력', '차이 이해 능력' 등으로 나타나며, 소통 역량은 '의사소통 능력', '정서적, 사회적 소통 능력', '래포 형성 능력' 등으로 나타나고, 촉진 역량은 '동기 유발 능력', '칭찬, 격려 능력', '여건 조성 능력' 등으로, 성찰 역량은 '자신의 인식과 행동을 되돌아보는 능력', '자신의 인식과 행동을 분석, 평가하는 능력', '최선의 인식과 행동을 지속적으로 재구성해 가는 능력' 등으로, 철학 역량은 '교육 목적을 추구하는 의지나 힘', '교육의 의미와 가치를 추구하는 의지나 힘', '자신의 정체성을 탐구하는 의지나 힘' 등으로 나타난다.

    이들을 종합하면, 교사리더십을 발휘하는 교사는 학생 및 동료교원 등 구성원의 필요를 이해하는 능력 및 이들의 정서를 이해하는 능력도 갖추고 있으며, 학급 수준, 학교 수준, 학교 밖 수준의 상황에 대한 이해 능력도 갖추고 있고, 학생 및 동료교원 등 구성원의 차이 및 교사 자신과 구성원 간의 차이에 대한 이해 능력도 갖추고 있다. 또한 교사리더십 발휘 교사는 자신의 생각이나 의도를 잘 표현하고 전달할 수 있으며 학생이나 구성원들의 생각이나 의도를 잘 읽어 내고 이해하는 의사소통 능력을 갖추고 있고, 정서적으로 학생 및 구성원들과 교감, 교류하는 정서적 소통 능력 및 학생 및 구성원들과 우호적인 관계를 형성하는 사회적 소통 능력도 갖추고 있으며, 학생 및 구성원들과 공감적인 인간관계인 래포 형성 능력도 갖추고 있다. 교사리더십 발휘 교사는 또한 학생이나 구성원이 교육활동에 참여할 수 있도록 정서적 동기나 사회적 동기를 잘 자극, 유발시킬 수 있는 동기 유발 능력을 갖추고 있으며, 좋은 점을 인정해 주고 추어올리는 칭찬 능력과 용기를 북돋워 주고 가치를 깨닫도록 해 주는 격려 능력도 갖추고 있고, 교육활동이 원활하게 이루어질 수 있도록 하는 여건 조성 능력도 갖추고 있다. 아울러 교사리더십 발휘 교사는 자신의 생각이나 인식, 행동이나 활동에 대해 되돌아볼 수 있는 능력, 심사숙고, 연구, 이론, 집단지성 등을 통해 자신의 인식이나 행동을 분석,

평가할 수 있는 능력, 이를 바탕으로 최선의 인식과 행동을 지속적으로 재구성해 나갈 수 있는 성찰 역량을 갖추고 있다. 그리고 교사리더십 발휘 교사는 교육 목표와 목적을 분명하게 이해하고 추구하고자 하며 다양한 교육 목표나 목적을 종합하여 재구축하고자 하고, 교육활동을 수행하면서 그 교육활동의 의미와 가치를 찾고자 하며, 또한 '교사'로서의 자신과 '개인'으로서의 자신의 정체성을 탐구해 나가고자 하는 의지와 힘을 갖추고 있는 교사이다.

교사리더십 발휘 교사는 구성원 및 상황에 대해 잘 이해하고, 구성원과 의사소통 및 정서적, 사회적 소통을 잘 할 수 있으며, 구성원의 교육활동을 잘 촉진할 수 있고, 교육활동에 대해 지속적으로 성찰하면서, 교육의 목적과 가치, 의미를 추구해 나가는 역량을 가지고 있는 교사이다. 즉 이해 역량, 소통 역량, 촉진 역량, 성찰 역량, 철학 역량을 갖추고 있는 교사이다. 그런데 이 다섯 가지 역량은 서로 개념적으로는 구분이 되지만, 실제에서는 개별적, 독립적으로 작동하는 것이 아니라 서로 연계, 통합되어 작동한다.

그리고 교사리더십 역량 다섯 가지는 또한 체계를 이룬다고 할 수 있다. 우선 교사리더십 역량이 발휘되기 위해서는 철학 역량이 기반이 되어야 한다. 가치 있고 의미 있는 교육을 추구하고자 하는 철학 역량이 기반이 되고, 그 토대 위에서 자신과 교육활동에 대해 지속적으로 성찰하는 성찰 역량이 발휘된다. 철학 역량과 성찰 역량의 기반 위에 대상과 교육활동 상황에 대해 이해하는 이해 역량을 갖추고, 또 그 토대 위에서 대상 및 구성원들과 소통할 수 있는 소통 역량을 갖춘 다음에, 구체적인 교육활동을 추진할 수 있도록 촉진하는 촉진 역량을 갖출 때 교사리더십이 발휘된다. 따라서 철학 역량, 성찰 역량, 이해 역량, 소통 역량, 촉진 역량은 체계를 이루어 교사리더십을 발휘한다고 할 수 있다.

물론 이 다섯 가지 역량이 엄격한 체계를 이룬다고 하기는 어렵다. 실제에서는 철학 역량이나 성찰 역량은 약하더라도 이해 역량이나 소통 역량을 잘 갖추고 있는 교사도 있고, 촉진 역량은 약해도 소통 역량을 잘 갖추고 있는 교사도 있다. 즉 다섯 가지 역량은 실제에서는 상당히 개별적, 독립적으로 작동할 수 있다. 실제에서의 이러한 개별적, 독립적 작동은 교사의 개인적인 성격, 기질, 경험, 교육 등이 다 다르기 때문일 수 있다. 소통이 잘 이루어지는 가정에서 자랐거나 소통 경험이 풍부한 교사, 소통에 대해 잘 교육받은 교사는 철학 역량이나 성찰 역량, 촉진 역량 등과 상관없이 소통 역량을 잘 발휘할 수 있다. 촉진 역량 역시 철학 역량이나 성찰 역량과 상관없이 독립적으로 발휘될 수 있다. 철학적 기반이 약하더라도 촉진 활동을 잘할 수 있다. 이와 같이 교사리더십 다섯 가지 역량은 실제에서는 독립적, 개별적으로 작동될 수 있다.

하지만 본 저서의 모형에서는 다섯 가지 역량을 체계를 구성하여 제안한다. 실제에서는 다섯 가지 역량이 개별적, 독립적으로 작동될 수도 있지만, 교사리더십이 제대로 잘 발휘되기 위해서는 다섯 가지 역량이 체계를 이루어 작동해야 한다고 보고 본 모형을 구안하였다. 교사리더십은 학생 및 구성원에게 미치는 영향력이기 때문에 직접적으로 촉진 활동을 통해 나타난다. 따라서 교사리더십 발휘를 위해서는 촉진 역량을 갖추고 있어야 하는데, 촉진 활동을 잘하기 위해서는 소통이 원활하게 이루어져야 하기 때문에 소통 역량을 갖추고 있어야 하고, 소통을 잘하기 위해서는 잘 이해하고 있어야 하기 때문에 이해 역량을 갖추고 있어야 하며, 이해를 잘하기 위해서는 상황과 사람을 성찰할 수 있는 성찰 역량을 갖추고 있어야 하고, 성찰을 잘하기 위해서는 철학적으로 사유할 수 있는 철학 역량을 갖추고 있어야 한다. 이러한 차원에서 다섯 가지 역량은 체계를 이룬다고 보았다. 철학 역량이나 성찰 역량이 뒷받침될 때 이해 역량이나 소통 역량도 잘 발휘되고, 그 토대 위해서 촉진 역량도 잘 발휘되어 교사리더십이 구현된다. 그 반대의 관계는 형성되기 어렵다. 예를 들어, 촉진 역량의 기반 위에서 철학 역량이나 성찰 역량을 갖추게 된다거나, 소통 역량의 기반 위에서 이해 역량이나 성찰 역량을 갖추게 된다거나, 성찰 역량의 기반 위에서 철학 역량을 갖추게 된다거나 하는 관계는 형성되기 어렵다.

그런데 실제에서는 대부분 다섯 가지 역량의 관계에 대해 잘 인식하지 않고 있을 뿐만 아니라, 개인의 삶과 경험의 특성에 따라 필요한 역량을 중심으로 길러 왔기 때문에 체계적이고 균형 잡힌 함양은 이루어지기 어려웠을 수 있다. 즉 소통 역량이 필요한 경우에 소통 역량을 중심으로 함양시키고자 하는 노력을 했지, 철학 역량이나 성찰 역량까지 기르고자 하지는 않았다는 것이다. 다섯 가지 역량의 체계적인 관계에 대한 인식이 없는 상태에서는 자연스러운 모습일 수 있다. 결과적으로 실제에서 교사들에게서 다섯 가지 역량의 불균형성이 보편적으로 나타난다고 할 수 있다. 이러한 불균형성이 교사리더십을 발휘하는 데 방해요인이 될 수 있다고 보고, 다섯 가지 역량을 체계적으로 갖출 때 교사리더십이 더 잘 발휘될 수 있다는 전제를 기반으로 본 모형이 구안되었다. 교사리더십 역량 다섯 가지의 체계 관계를 그림으로 나타내면 다음과 같다.

**그림 13** // **교사리더십 역량 체계**

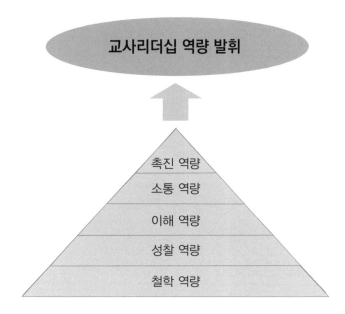

# 7장

# 교사리더십
# 행동 성향

# 교사리더십 행동 성향

    교사리더십 발휘 교사는 교사리더십 의식을 가지고 교사리더십 역량을 발휘하여 교사리더십 행동 성향으로 교육활동을 수행하는 교사이다. 교사리더십을 발휘하기 위해서는 교사리더십 의식 및 교사리더십 역량과 함께 교사리더십 행동 성향을 갖추고 있어야 한다. 교사리더십 행동 성향은 교사리더십 발휘 행동 특성이다(Danielson, 2006; Katzenmeyer & Moller, 2009; Lieberman & Miller, 2004; Murphy, 2005). 본 저서에서는 선행연구 및 사례 등에 대한 분석을 바탕으로 교사리더십 행동 성향 네 가지를 도출하여 모형을 구안하였다.

그림 14 //  교사리더십 발휘 모형(교사리더십 행동 성향)

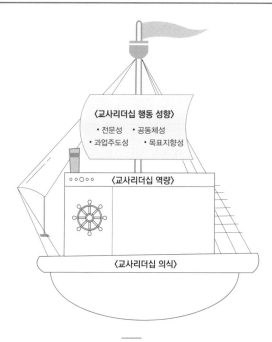

## Ⅰ  행동 성향

'행동(behavior)'은 '몸을 움직여 동작을 하거나 어떤 일을 하는 것'을 의미하며, 사회적으로는 '분명한 목적이나 동기를 가지고 생각과 선택, 결심을 거쳐 의식적으로 행하는 인간의 의지적 동작'이다(표준국어사전). 즉 행동은 움직여 동작하는 것이고 사회적으로 목적이나 동기를 가지고 수행하는 작용이다. '성향(disposition)'은 '사물의 성질 혹은 기질 등을 통칭하는 말'로(표준국어사전) 직접적으로 관찰되는 특징은 아니다. 어떤 사물이 어떤 특정한 종류의 상황 혹은 사태에 놓였을 때 관찰 가능한 자료에 근거하여 그 사물의 잠재적 성질을 파악하게 된다. 즉 성향은 잠재적 형태로 존재하는 것이다(구광현, 2019). 그리하여 '행동 성향'은 '목적이나 동기를 가지고 생각, 판단, 결심을 거쳐 의식적으로 동작하고자 하는 잠재된 성질, 기질'이라고 할 수 있다(이성진, 1991). 그리고 사람들은 대체로 자신의 행동 성향에 따라 과업을 수행한다(이성진, 1991; 이남인, 2017). 행동 성향은 즉흥적으로 나타날 수도 있지만, 사회, 환경의 영향을 받으며 비교적 장기간 구축된 성질, 기질에 의해 나타난다(구광현, 2019; 조한익, 2014; 온기찬, 2015).

리더십 행동 성향은 '리더로서 동기나 목적을 가지고 의식적으로 동작하고자 하는 잠재된 성질, 기질'이라고 할 수 있다. 리더는 리더로서 자신을 자각하고 사회적으로 주어진 역할을 인식하며 어떻게 행동해야 하는지에 대한 성질, 기질을 갖고 있다고 할 수 있는데, 이러한 행동의 성질, 기질이 리더십 행동 성향이다. 그리고 이러한 리더십 행동 성향은 리더십 발휘 및 수행의 기반이 되며, 대체로 리더십 행동 성향에 따라 리더십을 발휘한다(Cosenza, 2015; Coyle, 1997; Cheung, Reinhardt, Stone & Little, 2018).

## Ⅱ 교사리더십 행동 성향

교사리더십 행동 성향은 '교사리더십 발휘 교사가 교육활동을 수행하면서 목적이나 동기를 가지고 의도적이고 의식적으로 동작하고자 하는 성질, 기질'이라고 할 수 있다. 교사리더십을 발휘하기 위해 다양한 행동을 수행하는데, 그 행동 속에 의식적이고 의도적인 행동 성질이나 기질이 있다(Hart, 1995; Peterson & Barnes, 1996; Danielson, 2006; Donaldson, 2006). 이러한 성질이나 기질이 교사리더십 행동 성향이다.

교사들은 교사리더십을 발휘하면서 다양한 행동 성향을 보여준다. Suranna와 Moss(2002)는 교사리더십을 발휘하는 교사에 대한 분석을 통해 '전문성 발달에 적극 참여하는 성향', '학생에 대해 높은 관심을 보이는 성향', '교육과정 개발 및 개선에 적극 참여하는 성향', '전통을 극복하고 도전하고자 하고자 하는 성향', '협력적으로 활동하려는 성향', '주도적으로 참여하려는 성향' 등의 행동 성향을 밝혀낸 바 있다. Smylie와 Denny(1990)는 사례 분석을 통해 교사리더십 발휘 교사는 '촉진자', '도와주는 자', '변화 촉매자', '정서적 지원자', '지식 관리자' 등의 행동 성향을 보인다고 밝혀냈다. Kouzes와 Posner(2010)는 여러 연구들을 종합하여 교사리더십 발휘 교사의 행동 성향을 정리하였는데, '도전하고자 하는 성향', '구성원과 함께 하려는 성향', '타인을 배려하려는 성향', '모범을 보이려는 성향', '격려하려는 성향' 등의 행동 성향이 있음을 드러냈다. Davidson과 Dell(2003)은 학교개혁 프로그램 운영 과정에서 교사리더십을 발휘하는 교사들에 대한 분석을 통해 '혁신자', '멘토', '안내자', '위험 감수자', '기획자', '총체적 변화 중개인' 등의 행동 성향을 밝혀냈다.

교사리더십 행동 성향은 교사 개인, 학교, 교육 상황과 맥락 등에 따라 다양하게 나타날 수 있다. 다양한 상황과 맥락에서 교사들은 교사리더십 행동 성향에 따라 과업을 수행한다. 선행연구 및 사례 등에서 나타난 공통적인 교사리더십 행동 성향은 목표지향성, 과업주도성, 공동체성, 전문성 등 네 가지였으며, 구체적인 내용은 다음 표와 같다.

표 10 교사리더십 행동 성향 요소

| 연구자 \ 요소 | 목표지향성 | 과업주도성 | 공동체성 | 전문성 |
|---|---|---|---|---|
| Katzenmeyer & Katzenmeyer (2004) | | 학교 문제를 개선하고 해결하기 위한 주도적 노력, 변화 주도 | | 교사 자신의 전문성 신장을 위한 노력 |
| Merideth (2007) | 목표추구 | 주도적, 도전적 | 공동체, 상호소통 | 우수한 실천, 전문성 성장, 직업 윤리, 정직 |
| Cosenza (2015) | | 지시를 기다리는 것이 아니라 주도성을 가지고 행동에 옮김 | 동료교사와 함께 일하는 협력성, 우수한 실천의 공유 | |
| Supovitz (2018) | 의미부여하기 비전제시하기 | 주도적으로 이끌어 가기 | 동료교사와 함께 하기 | |
| Day & Harris (2002) | 학교 이념 및 교육 방침 실천 | | 외부 협력, 동료와의 관계 | 탁월한 실천 |
| Conley (1997) | 학생 교육의 목표 | 주도적인 계획 | 의사결정 공유, 팀워크, 공동체의식 | |
| Cheung, Reinhardt, Stone & Little (2018) | 목표 달성 | 주도, 주창 | 협업, 공유, 지원 | 우수 사례 모델링, 우수 자원 활용 |
| Katzenmeyer & Moller (2001) | 문제해결 추구 | | 다른 사람과의 합의나 협의, 의사결정 공유, 동료들과의 피드백 | 발전을 위해 필요한 지식 갖추고 활용, 영향력 행사의 기반은 전문성, 자원의 활용, 지속적인 학습자, 탁월한 전문적 티칭 기술, 수업 경험과 전문성, 독서모임을 통한 지적 성장 |
| Katzenmeyer & Moller (2009) | 목적의식 | 주도성 | 협동성 | |
| Snell & Swanson (2000) | | | 협동성 | 높은 수준의 수업 전문성 |

| 연구자 \ 요소 | 목표지향성 | 과업주도성 | 공동체성 | 전문성 |
|---|---|---|---|---|
| Darling-Hammond et al. (1995) | | 주도적 도전 | 동료 교원과의 협업, 집단 책임, 상호 책무성, 협력 | 전문적 지식 |
| Sherrill (1999) | 목표 달성 | | 협동적 과업 수행 | 전문적 과업 수행 |
| Silva et al. (2000) | | 장애물 극복에 대한 적극적인 도전 | 동료와 협업 | 모델링, 전문적 성장 촉진 |
| Acker-Hocevar & Touchton (1999) | | 설득, 지원을 통한 주도 | 관계 구축 및 협동 | 유능감 |
| Kouzes & Posner (1987) | 비전 공유 | 과정에 대한 도전 | 타인에 대한 배려 | 시범 보이기 |
| Lai & Cheung (2015) | | 변화 주도 및 도전 | 협력적, 실행동공체 | |
| Henson(1996) | | 변화를 이끌어 가기 | 교사공동체 협력 | 실행연구 참여 |
| Kouzes & Posner (2010) | 목표 의지 | 도전 의지 | | |
| Wilson (1993) | | 위험 감수 | 동료교사 협력 | 역할 모델링, 행정적, 조직적 전문성 |
| Wasley (1991) | 명확한 목표 추구 | 적극적으로 과업 받아들이기 | 동료와 협력할 때 강력한 리더십 발휘 | |
| Hart (1995) | 변화에 대한 갈망 | | 공동체 거버넌스, 의사결정 과정에 참여 | |
| Peterson & Barnes, (1996) | | | 학교 구성원 협력 | 전문적인 기술과 능력 |
| Danielson (2006) | 목표 성취, 미래 비전, 공동의 목표 추구 | 문제해결이나 학교 수업목표 달성에서 과업을 주도, 주도적 의사결정 및 판단, 위험을 무릅쓴 용기와 의지 | 협력 관계, 동료교사와 함께, 동료 설득 및 참여 | 교사전문성에 기반 |

| 연구자 \ 요소 | 목표지향성 | 과업주도성 | 공동체성 | 전문성 |
|---|---|---|---|---|
| Donaldson (2006) | | 적극적, 주도적 참여 | 학생, 동료교사 또는 타인과의 협력 | 탁월한 교사의 수행 |
| Paulu & Winters (1998) | | 의사결정 참여 | 지역사회 공동체와 협업 | |
| Suranna & Moss (2002) | | | 협동성 | 전문성 기반, 최상의 티칭 |
| Murphy (2005) | 목적지향 | | 협동 의지 | |
| Crowther, Ferguson & Hann (2009) | | | 공동체 삶 | 윤리적 자세, 교육적 수월성 |
| Fullan (1994) | 목표의식 | 주도적 참여 | 집단적 협력, 협력 문화 | |
| LeBlanc & Shelton (1997) | | 적극적 참여 | 관계 형성, 인내 | 전문적 수행 |
| Yager & Lee (1994) | 목표 달성 | | 효과적인 협력적, 집합적 운영 능력 | |
| Lieberman & Miller (2004) | | 자기주도성 | | 전문성 |
| 윤 정 (2018) | 공동의 지향점 | | 함께 학습, 공평한 보상, 문제의식 공유, 설계도의 공유 | |
| 김옥희 & 최인숙 (2005) | | | 좋은 인간관계, 상호 발전 도모 | 교수-학습 리더십 |
| 김병찬 & 윤 정 (2015) | 도전정신, 목적의식 | | 관계성 | |
| 안소현 (2020) | 공동 비전 | 권위적 주도, 개인적 희생 | 인간관계 관심 | 전문성, 솔선수범 |

| 연구자＼요소 | 목표지향성 | 과업주도성 | 공동체성 | 전문성 |
|---|---|---|---|---|
| 김진원 (2021) | 분명한 목적의식, 학생을 위한 더 나은 것에 대한 추구 | 주도적 변화 시도, 교장,학부모도 설득, 학교 일 주도 하기, 학교문제 선도적으로 대처, 주도적, 창의적 과업 찾아 수행, 비공식모임을 주도 적으로 운영, 선도 그룹 형성 | 상호작용, 집단 영향력, 화합과 공동체, 동료교사와 협력하여 융합, 통합 수업, 공동학습, 집단학습, 집단지 성, 함께 하는 것을 좋아하는 성향 | 전문성 기반, 끊임없이 연구하고 배우기, 독서토론, 교사전문성을 존중해 주는 문화 |

우선, 교사리더십 발휘 교사는 목표지향적 행동 성향을 가지고 있다. 목표지향적 행동 성향은 리더십을 발휘하면서 목표를 이루고자 하는 의지와 의도를 가지고 행동하는 성향이다(Katzenmeyer & Moller, 2009). 교사리더십 발휘 교사는 대체로 강한 목표의식을 가지고 행동을 수행한다(Katzenmeyer & Moller, 2009; Danielson, 2006). 행동을 수행하면서 목표는 무엇이고 어떻게 목표를 이룰 것인가에 대한 의식을 가지고 행동하는 것이다(Murphy, 2005; Lieberman & Miller, 2004). 그리고 교사리더십 발휘 교사는 목표를 이루기 위한 비전을 제시하고, 구성원들과 비전을 공유하고자 한다(Kouzes & Posner, 2010; Donaldson, 2006; 윤 정, 2018). 비전 제시 및 비전 공유를 통해 공동의 지향점을 만들어 가고자 하며(윤 정, 2018) 공동의 목표를 추구해 가려는 행동 성향을 보인다(Donaldson, 2006; Lieberman & Miller, 2004). 강한 목표지향성은 적극적인 목표 달성 추구로 이어진다(Kouzes & Posner, 2010; Darling-Hammond et al., 1995).

교사리더십 발휘 교사는 또한 목표 달성을 점검하고 확인하며 나아가고자 한다(Danielson, 2006; Katzenmeyer & Moller, 2009). 목표가 달성되었는지, 문제가 해결되었는지 등을 적극 확인하려고 하며(Katzenmeyer & Moller, 2009), 궁극적으로 '더 좋은 교육을 이루었는지'에 대해 지속적으로 확인하려고 한다(김진원, 2021; 정성식, 2014; 윤 정, 2018). 교사리더십 발휘 교사는 분명한 목표지향적 행동 성향을 가지고 있다.

교사리더십 발휘 교사는 또한 과업주도적 행동 성향을 가지고 있다. 과업주도적 행동 성향은 과업을 능동적으로 주도하여 이끌어 가고자 하는 성향이다(Coyle, 1997). 교사리더십 발휘 교사는 과업을 수행함에 있어 지시에 수동적으로 따르는 것이 아니라 주도성을 가지고 행동한다(Cosenza, 2015; 김진원, 2021). 수업 및 교육목표 달성을 위한 과업을 주도하며(Danielson, 2006), 주도적으로 판단하고 의사결정하려고 한다(Lieberman & Miller, 2004). 교사리더십 발휘 교사의 과업주도적 성향은 도전적인 행동 성향으로도 나타난다. 교사리더십 발휘 교사는 장애물이나 방해물에 대해 회피하지 않고 극복하고자 도전하며(Silva et al., 2000; York-Barr & Duke, 2004) 위험에 대해서도 적극적으로 감수하고자 하는 등 도전적인 행동 성향을 보인다(Wilson, 1993; Kouzes & Posner, 1987; 2010; 안소현, 2020).

교사리더십 발휘 교사는 또한 공동체적 행동 성향을 가지고 있다. 공동체적 행동 성향은 혼자 과업을 수행하기보다는 다른 사람과 함께 과업을 수행하고자 하는 행동 성향이다. 교사리더십 발휘 교사는 교육활동을 수행함에 있어 누군가와 함께 하고자 하는 의지가 강하다(Kouzes & Posner, 2010; 김진원, 2021). 교사 혼자서 개별적으로 과업을 수행하는 것이 아니라 학생, 동료교원, 학부모 등과 함께 하고자 하는 의지가 강하다(Darling-Hammond et al., 1995; 윤 정, 2018). 아울러 이들은 교사리더십 발휘의 성공은 학생, 동료교원, 또는 구성원들과의 협력에 달려있다고 여기기도 한다(Donaldson, 2006; Katzenmeyer & Moller, 2009). 함께 하고자 하는 의지는 의사결정 공유, 팀워크 형성, 다양한 공동체 활동 등으로 나타난다(Coyle, 1997; Lieberman & Miller, 2004; 김진원, 2021; 윤 정, 2018; 안소현, 2020). 공동체적 행동 성향은 기본적으로 인간에 대한 관심, 타인에 대한 배려, 관계의 중요성에 대한 인식 등에 기반을 두고 있다(Kouzes & Posner, 1987; York-Barr & Duke, 2004; 안소현, 2020; 정광희, 외, 2007). 이러한 공동체적 행동 성향은 함께 성공하고자 하는 의지로 구현되기도 한다(Kouzes & Posner, 1987; Danielson, 2006; Katzenmeyer & Moller, 2009, 윤 정, 2018).

교사리더십 발휘 교사는 또한 전문적으로 과업을 수행하고자 하는 행동 성향을 가지고 있다. 전문적으로 과업을 수행하고자 하는 행동 성향은 수월성을 지향하며 질적으로 우수한 교육을 추구하는 성향이다. 끊임없이 질 높은 교육, 우수한 교육, 좋은 교육을 추구하는 것이다(Lieberman & Miller, 2004;

Kouzes & Posner, 2010; York-Barr & Duke, 2004; 윤 정, 2018; 정광희, 외, 2007). 그리고 전문적으로 과업을 수행하고자 하는 행동 성향은 적극적으로 학습하려고 하는 성향으로도 나타난다(Katzenmeyer & Moller, 2001). 다른 사람의 경험을 통해서도 배우려 하고, 독서모임이나 공동체모임 등을 통해서도 배우려고 한다(Katzenmeyer & Moller, 2001; York-Barr & Duke, 2004; Lieberman & Miller, 2004). 전문적으로 과업을 수행하고자 하는 행동 성향은 전문가 의식에 기반하여 윤리적으로 바르게 행동하려는 모습으로도 나타난다(Silva et al., 2000; Wilson, 1993; Kouzes & Posner, 1987; 김성아, 2019). 교사리더십 발휘 교사는 질 높은 교육을 추구하고자 하고, 지속적으로 배우고 학습하고자 하며, 윤리적으로 바르게 행동하고자 하는 등의 전문성 추구의 행동 성향을 보여주고 있다. 교사리더십 발휘 교사의 행동 성향인 목표지향성, 과업주도성, 공동체성, 전문성에 대해 구체적으로 논의하면 다음과 같다.

## 〈1〉 목표지향성

교사리더십 발휘 교사는 목표지향적 행동 성향을 가지고 있다 (Katzenmeyer & Moller, 2009; Levin & Schrum, 2017; Pelicer & Anderson, 1995). 교사리더십은 학생이나 동료교원 등으로 하여금 교육목표에 도달하도록 돕고, 지원하고, 안내하고, 촉진하는 영향력으로, 목표지향성은 교사리더십 발휘의 핵심 행동 성향이라고 할 수 있다. 목표지향성은 목표달성에 대한 의지를 가진 행동 성향인데, 구체적으로 목표를 인식하고, 목표를 추구하며, 목표 달성을 확인하고자 하는 행동 성향이라고 할 수 있다.

### 가. 목표 인식

교사리더십 발휘 교사는 보다 분명하게 목표를 인식하며 행동한다(Silva et al., 2000; Pelicer & Anderson, 1995; Kouzes & Posner, 2010). 목표 인식은 교사가 교육활동을 수행하면서 목표가 무엇인지를 인지하는 것이다. 즉 무엇을 위하여, 무엇을 이루기 위하여 교육활동을 수행하는지를 알고 행동하는 것이다. 많은 교사들은 이러한 목표를 인식하고 교육활동을 수행하지만, 일부 교사들은 목표 인식이 약한 상태에서 교육활동을 수행하기도 한다. 생활지도를 하면서 문제행동을 일으킨 학생에 대해 어느 방향으로 이끌어야 할지에 대한 분명한 목표 인식 없이 당면한 문제해결에 급급한 교사도 있고(정은균, 2017; 이철웅, 2006; 이경숙, 2017; 엄기호, 2014), 수업지도를 하면서 해당 단원의 목표가 무엇인지에 대한 인식이 약한 상태에서 진도 나가기에 매몰되는 교사도 있다(이종태 외, 2000; 송상호, 2010; 박진환 외, 2013). 목표 인식이 약한 상태에서는 목표 달성을 제대로 이루기 어렵다. 교육목표 달성을 위한 촉진 활동이 교사리더십 발휘 과정인데, 교육목표에 대한 인식이 약한 교사는 교사리더십 발휘 자체가 어려울 수 있다. 목표를 분명하게 인식하고 있을 때, 적극적인 교사리더십 발휘가 이루어진다(정성식, 2014; 문지윤, 2022; 김은선, 2022).

주기적으로 반복되는 학교 교육활동의 특성으로 인해 교사의 목표 인식이 약해질 수 있다(Lortie, 2002; Day, 1999; Donaldson, 2006). 즉 학교의 교육활동은 상당히 정형화된 구조와 틀 속에서 이루어지는데, 기본적으로 학교의 교육활동은 1년 주기로 반복이 된다. 교육과정이 1년 단위로 짜여지며, 교과서도 1년 단위, 학생이나 교사 배치도 1년 단위로 이루어진다. 그리고 동일한 학년을 연속해서 맡게 되면 같은 내용을 몇 년간 반복하여 가르치기도 한다. 중등학교 교사의 경우 과목에 따라 여러 학급의 수업을 맡게 되는데, 이 경우에 같은 내용의 수업을 맡은 학급 수만큼 반복할 수도 있다. 이러한 과정이 몇 년간 지속되면 관행적으로 교육활동을 수행하게 되고 목표 의식이 약해질 수 있다(Lortie, 2002; 문낙진, 1993; 엄기호, 2014). 목표 인식이 약한 상태에서는 교사리더십 발휘가 어려울 수 있다.

목표를 인식하는 것의 또 하나의 의미는 교육의 방향을 잡아 나가는 것이다(Danielson, 2006; Donaldson, 2006; Murphy, 2005). 교육목표는 교사리더십 발휘 교사가 교육활동을 통해 도달해야 할 지점이자 방향이다. 도달해야 할 방향을 분명하게 인식하고 있지 못하면, 교육활동을 제대로 추진해 나갈 수 없을 뿐만 아니라 혼란스러울 수도 있다. 반면 분명한 목표는 교사리더십 발휘 교사에게 교육활동의 방향이 되며, 힘든 과정을 버텨내게 하는 '대들보'가 되기도 한다(채지수, 2021: 88). 교육목표에 대한 인식은 교육활동 수행 과정에서 갈

등이나 혼란이 있더라도 그것을 극복하고 이겨내게 하는 힘이 되는 것이다.

　　교사리더십 발휘 교사에게 목표에 대한 인식은 두 차원이 있을 수 있다. 하나는 제도적 차원이고, 또 하나는 교사 개인 차원이다(Katzenmeyer & Moller, 2009; Darling-Hammond et al., 1995; Murphy, 2005). 우선 제도적 차원에서 교사는 제도적으로 주어진 교육목표를 인식하고 교사리더십을 발휘한다. 예를 들어 교과목 수업과 관련하여 국가 차원의 목표가 있고, 교육청 차원의 목표가 있으며, 학교 차원의 목표가 있다. 교사리더십 발휘 교사는 학생들을 가르치면서 끊임없이 국가차원의 목표가 무엇이고, 교육청 차원의 목표는 무엇이며, 학교차원의 목표는 무엇인지에 대해 분명하게 인식하며 교육활동을 수행한다(Pelicer & Anderson, 1995; 김진원, 2021; 정성식, 2014). 이러한 제도적 차원의 교육목표에 대한 인식은 교사의 역할과 책임을 분명하게 해 주고 보다 적극적으로 교사리더십을 발휘하게 한다.

　　교사 개인 차원의 교육목표 인식 역시 교사리더십 발휘의 중요한 기반이다. 교사는 개인 차원에서도 교육목표를 인식한다(Crowther et al., 2002; Levin & Schrum, 2017; 문지윤, 2022). 예를 들어, 수업과 관련하여 교사로서 나는 왜 가르치며, 무엇을 가르칠 것인가 등의 목표를 인식하기도 하고, 생활지도를 하면서 아이들을 어느 방향으로 인도해 갈 것인지, 아이들을 어떻게 다룰 것인지 등에 대한 교육목표를 갖고 있다. 이러한 개인 차원의 교육 목표를 분명하게 인식하면 교사리더십 발휘가 더욱 촉진된다(Fullan, 2016).

　　제도적 차원 혹은 개인적 차원에서 보다 분명하게 교육목표를 인식하고 있는 교사는 교육목표 달성을 위해 보다 적극적인 노력을 기울이게 되는데, 이 과정이 바로 교사리더십이 발휘 과정이 된다. 자신이 교육활동을 통해 이루어야 할 목표와 방향을 분명하게 인식한 만큼 교사리더십 발휘도 더욱 촉진되는 것이다. 교사리더십 발휘 교사는 보다 적극적으로 교육 목표를 추구하는데, 교육 목표 추구는 교육 목표 인식에서 시작된다(Lieberman & Miller, 2004; Levin & Schrum, 2017; Wasley, 1991). 교사리더십 발휘 교사는 교육활동을 수행함에 있어 목표가 무엇인지를 먼저 확인하고 인지하려고 한다(윤 정, 2018; 정성식, 2014; 김진원, 2021). 이와 같이 교사리더십 발휘 교사는 목표지향적 행동 성향을 갖고 있다.

## 나. 목표 달성 추구

교사리더십 발휘 교사의 목표지향적 행동 성향은 또한 '목표 달성 추구'의 모습으로 나타난다(Donaldson, 2006; Wasley, 1991). 목표 인식은 목표를 확인하여 아는 것이고, 목표 달성 추구는 목표 인식을 바탕으로 목표를 달성하기 위해 노력하는 것이다. 교사리더십 발휘 자체가 목표 달성을 지향하기 때문에 목표 달성 추구는 교사리더십 발휘의 핵심 속성이라고 할 수 있다(Danielson, 2006; Murphy, 2005). 교사리더십 발휘 교사가 목표 달성을 추구하는 모습은 상당히 다양한 모습으로 나타나는데, 목표 달성을 위한 전략 마련, 목표 달성을 위한 여건이나 환경 마련, 목표 달성을 위한 지원, 촉진 활동 등의 모습으로도 나타난다.

우선, 교사리더십 발휘 교사는 목표 달성을 위하여 목표 달성 전략을 마련한다(채지수, 2021; 정성식, 2014). 학생들과 수업 과정에서도 일방적인 강의식 수업으로 진행하기보다는 수업목표를 생각하면서 학생들이 수업목표에 잘 도달하도록 하기 위해 학생들의 수준에 맞는 수업 방법을 강구하는 것도 한 예이다(문지윤, 2022). 수업 목표를 이루기 위하여 선수학습이 부족한 학생을 위해서는 선수학습 이수 방안을 마련하여 수업을 운영하기도 한다(오찬숙, 2016; 이성대, 2015: 정성식, 2014). 또한 교사들과의 학습공동체 운영 과정에서 목표를 달성하기 위하여 '1대1 짝꿍 전략'을 마련하여 운영하기도 한다(윤정, 최영진, 김병찬, 2021). 이와 같이 교사리더십 발휘 교사는 목표를 이루기 위하여 목표 달성 전략을 마련하여 추진한다.

교사리더십 발휘 교사는 또한 교육목표 달성을 위한 여건이나 환경 마련에도 적극적이다(Lambert, et al., 1995; Kouzes & Posner, 2010). 교육활동 과정에서 목표 달성을 위해 적절한 여건 및 환경 마련이 필요하다. 목표 달성에 적극적인 교사일수록 이러한 여건이나 환경 마련에 관심을 기울인다. 학생 생활지도 과정에서 학생의 일탈 행동이 학급 내에서의 비우호적인 학급분위기 때문임을 파악한 교사가 우호적인 학급 분위기를 조성하여 학생의 일탈 행동을 교정한 사례도 그 한 예이다(Wasley, 1991; 김은선, 2022). 학교에서 공동의 목표를 달성해 가는 과정에서 비협조적인 교사들로 인해 애로 사항이 있는 상황에서 적극적으로 교사들과의 '티타임' 문화를 만들어 공동 참여를 이끌어 낸 사례도 있다(윤 정, 2018). 또한 교사들이 교사공동체 활동에 참여할 수 있는 여건을 만들어 주기 위하여 행정업무를 줄이고 조정하는 노력을 한 사례도 있다(윤 정, 2018). 교사리더십 발휘 교사는 목표 달성을 위한 여건과 환경을 만들고 조성해 주는 데 적극적이다.

교사리더십 발휘 교사는 또한 목표 달성을 위한 지원, 촉진 활동에도 적극적이다(Katzenmeyer & Moller, 2009; Lieberman, Saxl & Miles, 1988; Lieberman & Miller, 2004; Levin & Schrum, 2017). 교육목표를 달성하기 위해 교사리더십 발휘 교사는 학생이나 동료교원 등을 보다 적극적으로 지원, 촉진한다. 학습속도가 느린 학생에 대해서 기다려주면서 '할 수 있다'고 계속 격려해 주어 교육활동을 이끌어 간 사례, 동학년 교사의 참여에 대해 계속 칭찬하고 격려하면서 동학년 교육활동을 이끌어간 사례, 때로는 '어려움을 들어주기도 하고', '위로해 주기도 하여' 지원, 촉진하는 사례 등 다양하게 나타난다(안소현, 2020; 김진원, 2021; 채지수, 2021; 문지윤, 2022; 김은선, 2022). 교사리더십 발휘 교사의 목표지향적 행동 성향은 목표 달성 전략을 마련하고, 목표 달성을 위한 여건이나 환경을 마련며, 목표 달성을 위해 적극 지원, 촉진하는 등의 목표 달성 추구의 모습으로 나타난다.

## 다. 목표 달성 확인

교사리더십 발휘 교사의 목표지향적 행동 성향은 또한 '목표 달성 확인'의 모습으로 나타난다(Danielson, 2006; Murphy, 2005; Donaldson, 2006). 교사리더십 발휘 교사는 자신의 교사리더십 발휘에 대해 책임을 지고자 하는데, 책임을 지기 위하여 목표 달성 및 목표 달성 확인에 보다 적극적이다(Katzenmeyer & Moller, 2009; Crowther, et al., 2009).

교사리더십 발휘 교사는 목표 달성을 확인하고자 한다(Crowther et al., 2002; Levin & Schrum, 2017; Danielson, 2006; Murphy, 2005). 학생과 관련하여 교사리더십 발휘 교사는 학생이 교육목표에 잘 도달하였는지 확인을 하는데, 학생들의 학업성취도가 향상이 되었는지, 만족도나 자신감이 길러졌는지, 주체성이 향상이 되었는지 등 학생의 교육목표 달성을 확인하려고 한다. 목표 달성을 확인하기 위하여 시험이나 수행평가 등 학교의 공식적인 평가 과정이나 제도를 활용하기도 하고, 교사 자체적으로 다양한 평가 기준 등을 마련하여 활용하기도 한다(김병찬, 윤 정, 2015; 김병찬, 조민지, 2015). 교사리더십 발휘 교사의 이러한 목표 달성 확인은 달성 정도를 알아보는 데에도 의미가 있지만, 후속적인 교사리더십 발휘를 위한 개선이나 발전을 위해서도 의미가 있다. 예를 들어 교육 목표 달성을 확인하여 달성을 못했거나 달성 정도가 미흡한 학생들을 찾아내, 그 학생들의 특성에 맞게 후속 노력을 기울인다(문지윤, 2022). 교사리더십 발휘는 목표 달성을 확인하고자 하는 행동 성향으로 나타난다.

교사리더십 발휘 교사의 교육 목표 달성 확인은 지적 영역뿐만 아니라 정의적 영역에서도 이루어진다(Lieberman & Miller, 2004; Donaldson, 2006; Wasley, 1991). 지적 영역과 달리 정의적 영역에서의 교육목표 달성 확인은 어려울 수 있다(황정규, 1987). 정의적 영역에서의 목표 달성 정도는 쉽게 파악할 수 없기 때문이다. 하지만 교사리더십 발휘 교사는 지적 영역뿐만 아니라 정의적 영역에서의 목표 달성 확인에도 관심을 기울인다(Lieberman & Miller, 2004; Danielson, 2006; Murphy, 2005). 학생들의 인성 함양, 성격 형성, 인간관계, 사회성 형성 등 정의적 영역에서의 교육목표 달성에 지속적으로 관심을 기울인다(Donaldson, 2006; Wasley, 1991).

교사리더십 발휘 교사는 동료교원과의 교육활동 과정에서도 목표 달성을 확인하고자 한다(Levin & Schrum, 2017; Acker-Hocevar & Touchton, 1999; Sherrill, 1999). 학습공동체, 동학년 모임 등 다양한 동료교원과의 활동 과정에서 교사리더십 발휘를 통해 목표 달성이 어느 정도 이루어졌는지 적극적으로 확인하고자 한다(윤 정, 2018; 안소현, 2020; 윤 정, 최영진, 김병찬, 2021). 학습공동체나 동학년 모임 등에서 교사리더십을 발휘하는데, 교사들에게 도움이 되었는지, 필요를 채울 수 있었는지, 수업에서 긍정적인 변화가 나타났는지, 성장이나 발전이 이루어졌는지 등에 대해 적극 관심을 기울이는데, 이러한 관심과 성향이 교사리더십 발휘를 더욱 촉진한다.

교사리더십 발휘 교사는 목표 달성을 확인하여 목표 달성을 이루어낸 학생이나 동료교원에 대해서는 적극적인 칭찬이나 보상을 하며, 반면에 목표 달성을 잘 이루지 못한 학생이나 동료교원에 대해서는 격려하며 보완할 수 있도록 지원해 주기도 한다(Danielson, 2006; Donaldson, 2006; Murphy, 2005; 문지윤, 2021). 교사리더십 발휘의 목적이 학생이나 동료교원의 교육목표 달성이기 때문에 목표 달성 확인은 교사리더십 발휘 교사의 보다 적극적인 행동 성향이 된다. 교사리더십 발휘 교사의 목표지향적 행동 성향은 목표 달성을 확인하는 모습으로 나타난다.

### 라. 목표지향성 종합

교사리더십 발휘 교사는 목표지향적 행동 성향을 갖고 있는데, 목표지향적 행동 성향은 '목표 인식', '목표 달성 추구', '목표 달성 확인' 등의 모습으로 나타난다. 교사리더십 발휘 교사는 제도적 차원 및 개인적 차원에서 보다 분명하게 목표를 인식하고 있으며, 또한 목표 달성을 위하여 전략을 마련하고, 여건이나 환경을 조성하며, 적극적으로 지원, 촉진하는 성향을 갖고 있고, 아울러 지적 영역 및 정의적 영역에서 교육 목표 달성을 확인하고자 하는 성향을 갖고 있다. 교사리더십 발휘 교사는 적극적으로 목표를 인식하고 목표 달성을 추구하며 목표 달성을 확인하고자 하는 목표지향적 행동 성향을 갖고 있다. 즉 교사리더십 발휘 교사는 우선적으로 거의 모든 교육활동에서 목표를 명확하게 인식하려고 한다. 즉 본인이 담당한 교육활동의 목표가 무엇이고 방향이 무엇인지에 대해 명확하게 확인하고 교육활동을 수행한다. 또한 교사리더십 발휘 교사는 목표 인식의 토대 위에서 적극적으로 목표 달성을 추구해 가는 교사이다. 즉 목표 달성을 위하여 적극적으로 전략과 방안을 마련하고 여건이나 환경을 만들며, 적극적으로 지원, 촉진하는 활동을 한다. 교사리더십 발휘 교사는 아울러 목표 달성을 확인하는 데도 적극적이다. 목표 달성을 확인하여 칭찬이나 보상도 하고, 미흡한 부분에 대해서는 적극적인 후속 조치와 노력을 기울인다.

'목표 인식', '목표 달성 추구', '목표 달성 확인' 등의 목표지향적 행동 성향은 개념적으로는 구분이 되지만 실제에서는 서로 연계, 통합되어 작동한다. 교사리더십 발휘 교사의 목표 인식은 목표 달성 추구의 기반이다. 목표 달성을 추구하기 위해서는 보다 분명한 목표 인식이 있어야 한다. 그리고 목표 달성 확인은 목표를 인식하고 목표 달성을 추구할 때 보다 적극적으로 이루어질 수 있다. 목표 인식 및 목표 달성 추구 노력이 약할 때는 목표 달성 확인 노력 역시 적극적으로 이루어지기 어렵다. 보다 분명한 목표 인식을 통해 적극적인 목표 달성 추구 노력이 이루어지고 이를 토대로 목표 달성 확인도 적극적으로 이루어질 수 있다. 교사리더십 발휘 교사가 교육 목표를 인식하고 교육 목표 달성을 위해 노력하며 교육 목표 달성을 확인하고자 하는 행동 성향은 통합되어 작동되는 교사리더십 행동 성향이다. 이러한 관계를 그림으로 나타내면 다음과 같다.

**그림 15** // **목표지향성**

## ⟨2⟩ 과업주도성

교사리더십 발휘 교사는 과업주도적 행동 성향을 가지고 있다(Katzenmeyer & Moller, 2009; Crowther, et al., 2009). 교사리더십 발휘 교사는 적극적, 능동적으로 주도권을 가지고 과업을 수행한다. 교육목표 달성을 위해 과업주도성은 중요하다. 학생이나 동료교원 등은 교사가 얼마나 주도적으로 과업을 이끌어 가느냐에 큰 영향을 받는데, 교사의 과업주도적 성향에 따라 교육 성과나 목표 달성이 달라질 수 있다(Danielson, 2006; Donaldson, 2006; Murphy,

2005). 교사리더십 발휘 교사의 과업주도적 행동 성향은 '적극적 과업 수행', '주도적 과업 수행', '도전적 과업 수행' 등의 모습으로 나타난다.

## 가. 적극적 과업 수행

교사리더십 발휘 교사의 과업주도적 행동 성향은 '적극적 과업 수행' 모습으로 나타난다(Katzenmeyer & Moller, 2009; Danielson, 2006). 적극적 과업 수행은 '과업에 대한 태도가 의욕적이고 능동적인 것'을 의미한다(표준국어사전). 교사리더십 발휘 교사는 교육활동에 대해 열의와 의지를 갖고 의욕적이고 능동적으로 과업을 수행해 가는 교사이다.

교사리더십 발휘 교사는 적극적으로 과업을 수행하는데, 우선 과업 수행에 대해 긍정적인 생각을 갖고 있다(Levin & Schrum, 2017; Pelicer & Anderson, 1995; Henson, 1996; Kouzes & Posner, 2010). 교사들은 수업지도, 생활지도, 동학년·동교과 활동, 학습공동체, 행정업무 등 다양한 활동을 수행하며, 또한 교육부나 교육청의 정책사업, 연구학교나 시범학교 운영 등 다양한 교육활동에 참여한다. 교사리더십 발휘 교사는 이러한 다양한 교육활동을 수행하면서 대체로 긍정적인 생각을 갖는다. 학교 차원에서 혁신학교 프로그램에 참여하면서 여러 가지 활동과 사업으로 인해 귀찮아질 수도 있지만, 오히려 학교혁신의 가치와 의미를 깨닫고 긍정적인 마음으로 각종 프로그램에 적극 참여한 사례(이성대, 2015; 이중현, 2017; 정진화, 2016), 교수학습 자료를 개발하면서 적극적이고 긍정적인 마음으로 참여하여 동료교원과 공유한 사례(김진원, 2021: 149) 등도 그 예라고 할 수 있다. 물론 교사리더십 발휘 교사라고 해서 모든 과업에 대해 긍정적으로 대하는 것은 아니다. 교장의 불합리한 결정에 저항하여 사업을 철회시킨 사례(김진원, 2021: 140)에서 나타난 바와 같이 불합리하거나 부당한 과업에 대해서는 저항하거나 반대하기도 한다. 불합리하거나 부당한 일에 대한 저항이라고 해서 이 자체가 부정적인 사고에 의한 접근은 아니다. 오히려 더 좋은 교육, 더 나은 교육을 추구하고자 하는 더 적극적인 긍정적인 마음의 토대 위에서 나온 저항이라고 할 수 있다. 이와 같이 교사리더십 발휘 교사는 교육활동을 수행하면서 대체로 긍정적인 마음으로 접근한다(Murphy, 2005; Lieberman & Miller, 2004).

교사리더십 발휘 교사의 적극적인 과업 수행 성향은 또한 열의를 가진 과업 수행 모습으로 나타난다(정성식, 2014; 김진원, 2021; 김병찬, 윤 정, 2015; 김병찬, 조민지, 2015; 채지수, 2021). 열의(熱意)는 '어떤 일을 이루기 위하여 온갖 정성을 다하는 마음과 의지'이다(표준국어사전). 교사리더십 발휘 교사는 열의를 가지고 과업을 수행한다. 학생이나 구성원으로 하여금 교육목표에 도달하도록 하는 교사리더십 발휘 과정은 매우 복잡하고 복합적일 뿐만 아니라 어려운 과정이다. 이 과정을 잘 이끌어 가기 위해서는 열의가 필요하다. 정성을 다하여 이뤄 가고자 하는 열의가 없다면, 교사리더십 발휘가 어려울 수 있다(Danielson, 2006; Murphy, 2005). 동료교원들이 수업에 집중하도록 공문을 줄이기 위해 온갖 노력을 기울여 '좋은 학교'를 만들어 낸 교사도 열의가 그 바탕이었으며(윤 정, 2018), 소극적인 동료교원들을 설득하여 협력 수업을 만들어 낸 고등학교 교사 역시 열의를 가진 교사였다(김진원, 2021: 154). 적극적인 과업 수행은 열의를 가진 과업 수행 모습으로 나타난다.

교사리더십 발휘 교사의 적극적인 과업 수행은 또한 '강한 추진 의지'로 나타난다(Katzenmeyer & Moller, 2009; Crowther, et al., 2009; Darling-Hammond et al., 1995; Levin & Schrum, 2017). 추진하고자 하는 의지 정도에 따라 교사리더십 발휘는 달라질 수 있다. 교육활동 수행에 있어 추진하고자 하는 의지가 강하면 교사리더십 발휘는 더욱 촉진될 수 있지만, 추진하고자 하는 의지가 약하면 교사리더십 발휘 역시 약해질 수 있다(Katzenmeyer & Moller, 2009; Crowther, et al., 2009). 교사리더십 발휘는 학생이나 구성원을 움직이게 하여 교육목표에 도달하도록 돕고, 지원하는 활동이므로, 학생이나 구성원을 움직이고자 하는, 그리고 교육목표에 도달하고자 하는 추진 의지가 강해야 교사리더십이 발휘될 수 있다. 학부모와의 관계에서 학부모의 중요성은 이해하지만 귀찮고 힘든 과정이라 여겨 학부모와의 관계에 소극적인 교사에 비해, 학부모들의 협력을 적극적으로 이끌어 내며 교사리더십을 발휘한 교사는 적극적인 추진 의지를 갖고 있는 교사이다(한영진, 2014; 정광희 외, 2007; 이성대, 2015). 교사리더십 발휘 교사는 긍정적인 생각과 열의를 바탕으로 강한 추진 의지로 과업을 수행하는 적극적인 과업 수행 성향을 가지고 있다.

### 나. 주도적 과업 수행

교사리더십 발휘 교사의 과업주도적 행동 성향은 또한 '주도적 과업 수행' 모습으로 나타난다(Silva et al., 2000; Wilson, 1993; Wasley, 1991; Danielson, 2006). 주도권은 '주도적으로 이끌어 나갈 수 있는 의지나 힘'인데(표준국어사전), 교사리더십 발휘 교사는 주도적으로 교육활동을 이끌어 나가고자 하는 의지나 힘을 가진, 주도권을 가진 교사이다.

주도권을 갖고 교사리더십 발휘 교사는 우선 '스스로' 교육활동을 추진해 가려는 성향이 강하다(Silva et al., 2000; Wilson, 1993; 정성식, 2014; 윤 정, 2018; 김진원, 2021). 학교에서 교사는 교육부, 교육청, 교장 등의 지침에 따라, 그리고 국가교육과정이나 교과서 등을 토대로 교육활동을 수행한다. 교사리더십 발휘 교사에게 이러한 다양한 지침이나 토대는 교육활동의 중요한 준거이다. 교사리더십 발휘 교사는 이러한 다양한 준거나 토대를 기반으로 하면서도 자신의 신념이나 교육철학을 바탕으로 주체적으로 교육활동을 이끌어 간다(윤 정, 2018; 정성식, 2014; 채지수, 2021; 김은선, 2022). 주체적으로 스스로 교육활동을 이끌어 가고자 하는 의지가 주도적 과업 수행 모습으로 나타난다(Levin & Schrum, 2017; Wasley, 1991; Donaldson, 2006).

교사리더십 발휘 교사의 주도적 과업 수행 성향은 '주도적인 위치에 서고자 하는 성향'으로도 나타난다(Danielson, 2006; Suranna & Moss, 2002; Murphy, 2005; Yager & Lee, 1994; Lieberman & Miller, 2004). 주도적인 위치에 서는 성향인 주도성은 '어떤 관계나 활동에 있어 뒤에 물러나 있거나, 소외되거나, 주변적인 위치에 있지 않고 앞에 있거나 중심에 있는 성향'이다(박성희, 2005; 김창옥, 2013). 학생들과의 수업 과정에서 단순히 시간표나 교과서에 따른 수동적 수업에 그치는 것이 아니라 수업의 중심이 되어 학생들의 전체적인 필요를 살피면서 치밀하게 계획과 전략을 세워 수업해 나가는 교사(윤 정, 2018), 학교에 새로 전입해 온 교사들을 위해 형식적인 적응 프로그램에 맡기지 않고 스스로 중심이 되어 학교 맥락에 맞게 실질적인 적응 프로그램을 만들어 성과를 거둔 교사(김병찬, 조민지, 2015) 등도 주도적인 위치에 서서 교사리더십을 발휘한 사례라고 할 수 있다.

주도적인 위치에 서고자 하는 성향은 또한 과업을 다른 사람에게 맡기기보다는 스스로 주도적으로 떠맡는 모습으로도 나타난다(Silva et al., 2000; Levin & Schrum, 2017; Wilson, 1993). 교사리더십 발휘 교사는 대체로 지시를 기다리거나 과업을 남에게 맡기기보다는 본인이 주도적으로 떠맡는다(Cosenza, 2015; 김진원, 2021: 20). 학교 교사들의 협력 학습 분위기를 만들기 위하여 학교교육과정 작성을 떠맡아 주도적으로 처리한 교사(윤 정, 2018), 동학년 교사들의 학습공동체 활성화를 위하여 행정업무를 도맡아 처리한 교사(김병찬, 윤 정, 2015) 등은 다른 사람에게 맡기지 않고 스스로 주도적으로 맡아 처리하면서 교사리더십을 발휘한 사례들이다. 그리고 생활지도 과정에서 '학생 사안'이 발생했을 때, 바로 생활지도부나 학교폭력위원회에 넘기지 않고 담임교사가 최대한 끌어안고 문제를 해결해 가려고 노력하며 교사리더십을 발휘한 사례도 그 예라고 할 수 있다(이경숙, 2017; 정진화, 2016).

주도권을 갖고 교사리더십을 발휘한다고 해서 항상 앞장서는 것만을 의미하는 것은 아니다. 앞장서서 이끌고 가는 것도 주도권을 갖는 것이지만, 뒤에서, 또는 옆에서 적극 밀어주고 도와주는 것도 주도권을 갖는 것이 될 수 있다(Danielson, 2006; Donaldson, 2006; Murphy, 2005). 전체적인 큰 방향이나 그림 가운데 앞에서 끌고 가기보다는 지원해 주고 도와주는 것도 주도권을 갖는 것이다. 다른 사람의 지시에 따라 수동적으로 도와주고 밀어주는 것이라면 주도권을 갖는다고 할 수 없는데, 본인 스스로의 목표와 계획 가운데 교육목표를 이루기 위하여 도와주고 밀어주는 것이라면 주도권을 갖는 것이다. 주도권은 단지 앞에 있느냐, 뒤에 있느냐의 문제가 아니라 과업 전체에 대한 주도적인 책임의식을 갖느냐의 문제이다(Murphy, 2005). 주도적인 책임의식을 갖고 있다면 앞에서 끌고 나갈 때뿐만 아니라 뒤나, 옆에서 도와주고 밀어주는 것도 주도권을 갖는 것이 될 수 있다. 수업에서 학생들이 참여할 수 있도록 분위기나 여건을 마련해 주면서 학생들의 학습활동을 활성화시키기 위해 돕고 지원해 주는 모습도 주도권을 갖고 교사리더십을 발휘한 사례라고 할 수 있다(Crowther, et al., 2009; Darling-Hammond et al., 1995; Levin & Schrum, 2017; 문지윤, 2022). 교사리더십 발휘 교사는 '스스로 교육활동을 수행하고자 하며', '주도적인 위치에서', '앞장서서', '또는 밀어주고 도와주면서' 교육활동을 수행하고자 하는 주도적 과업 수행 성향을 가지고 있다.

## 다. 도전적 과업 수행

교사리더십 발휘 교사의 주도적 과업 수행 성향은 '도전적 과업 수행' 모습으로도 나타난다(Silva et al., 2000; Levin & Schrum, 2017; Henson, 1996; Kouzes & Posner, 2010; Wilson, 1993). 도전(挑戰)은 '맞서서 대응하는 것'을 의미한다(표준국어사전). 교사리더십 발휘 교사는 학교에서 교육활동을 수행하면서 개선이나 변화, 발전이 필요한 일에 대해서는 뒤로 물러서는 것이 아니라 적극적으로 맞서서 대응하려고 한다(Katzenmeyer & Moller, 2009: 40-44). 아이들과의 교육활동에 방해가 되는 시스템이나 방침을 그냥 따라가는 것이 아니라 협의를 해서 아이들에게 맞게 만들어 가려고 노력한 교사(김진원, 2021: 111), 형편이 어렵거나 문제가 있는 아이들을 그냥 두지 않고 동료교원들과 협력하여 진로를 개척해 주려고 하는 교사(채지수, 2021: 99-100), 학교에서 아이들을 위한 생태농장을 만들어 주기 위해 직접 지역사회에 나가 도움을 요청하여 일을 이뤄낸 교사(윤 정, 2018) 등도 도전적 과업 수행의 예라고 할 수 있다. 또한 같은 수업을 반복하는 것보다는 새로운 수업을 만들어 가야겠다는 의지로 창의적 수업방법을 위해 계속 도전하는 교사(김병찬, 조민지, 2015), 아이들을 변화시키기 위해 멈추지 않고 조금씩 나아가고자 하는 교사(김진원, 2021: 158), 학생들의 학습 흥미를 돋우기 위하여 낱말카드 같은 학습자료를 만드는 교사(문지윤, 2022) 등도 도전적으로 과업을 수행하며 교사리더십을 발휘한 예라고 할 수 있다.

교사리더십 발휘 교사의 도전적 과업 수행은 장애물이나 어려움을 감수하고 극복하는 모습으로도 나타난다(Silva et al., 2000; Wilson, 1993; York-Barr & Duke, 2004: 266-267). 학교 변화나 발전 과정에 장애물이 어려움이 있을 수 있는데, 교사리더십 발휘 교사는 장애물이나 어려움에 소극적으로 대응하지 않고 적극적으로 극복하기 위해 노력한다. 유튜브 통합수업을 실시하면서 참여를 꺼리거나 소극적인 나이 많은 선배교사들로 인해 벽에 부딪힌 상황에서 선배교사들을 출연자로 참여시키거나, 다른 잡다한 일들을 도맡아 하면서 선배교사들과 함께 성공적인 수업을 이뤄낸 사례(김진원, 2021: 101-102), 교사들끼리 공동체모임을 만들어 나가는 과정에서 교장의 반대로 난관에 부딪혔을 때 수차례 교장을 찾아가 설득하고 이해시켜 결국 교사공동체 모임을 만들어 낸 사례(윤 정, 2018) 등도 장애물을 극복한 도전적 과업 수행 예라고 할 수 있다. 교사리더십 발휘 교사는 장애물이나 어려움에도 적극 도전하여 과업을 수행해 나가려고 한다(Wilson, 1993; York-Barr & Duke, 2004: 267).

교사리더십 발휘 교사의 도전적 과업 수행은 또한 '창의적' 과업 수행 모습으로 나타나기도 한다(Crowther, et al., 2009; Levin & Schrum, 2017; Wilson, 1993; Wasley, 1991). 대체로 도전은 새로운 시도이기 때문에 창의성이 수반된다(이인규 외, 2017). 우호적인 교사문화를 만들기 위해 특별히 정년퇴임하는 교사들로 하여금 특별강연을 하게 하여 학생 및 교사들과 공유하여 교육적 성과를 거둔 교사(김진원, 2021: 113), 동학년 학생들의 학습 결과물 전시회를 위해 지자체 예산 지원을 찾아내 동료교원들과 협력하여 과업을 성공적으로 수행한 교사(김진원, 2021: 113) 등도 도전을 통해 창의적으로 과업을 수행한 예라고 할 수 있다. 교사리더십 발휘 교사는 어떤 상황에서도 적극적으로 맞서서 대응하고자 하며, 장애물이나 위험에 대해서도 감수하며 극복하고자 하고, 창의적인 시도를 하고자 하는 도전적 과업 수행 성향을 가지고 있다.

### 라. 과업주도성 종합

교사리더십 발휘 교사는 과업주도적 행동 성행을 가지고 있는데, 과업주도적 행동 성향은 '적극적 과업 수행', '주도적 과업 수행', '도전적 과업 수행' 등의 모습으로 나타난다. 교사리더십 발휘 교사는 긍정적인 생각과 열의를 갖고 강한 추진 의지로 과업을 수행하며, 스스로 주도적인 위치에서 끌어주고 밀어주고 도와주면서 과업을 수행하고, 적극적으로 맞서서 대응하며 장애물이나 어려움을 극복하고자 노력하며, 도전적, 창의적으로 과업을 수행하려는 성향을 가지고 있다. 이와 같이 교사리더십 발휘 교사는 적극적이고 주도적이며 도전적으로 과업을 수행하는 과업주도적 행동 성행을 갖고 있다. 주도적으로 과업을 이끌어 나가기 위해 우선 과업에 대해 긍정적인 마음과 열의를 가지고 적극적으로 과업을 수행하며, 남에게 미루거나 의지하지 않고 주도권을 갖고 과업을 수행하고, 변화나 발전, 개선을 위하여 도전적으로 과업을 수행한다.

교사리더십 발휘 교사의 '적극적 과업 수행', '주도적 과업 수행', '도전적 과업 수행' 등의 행동 성향은 개념적으로는 구분이 되지만, 실제에서는 서로 긴밀하게 연계, 통합되어 작동한다. 적극적으로 과업을 수행하는 것은 주도 적 과업 수행을 기반으로 한다. 과업 수행에서 주도성을 갖고 있을 때 적극적 으로 과업을 수행하게 된다. 주도성이 약할 때는 적극적으로 과업을 수행하 기가 어렵다. 또한 적극적이고 주도적으로 과업을 수행할 때 도전적 과업 수 행도 이루어질 수 있다. 도전은 창의적이고 새로운 시도인데, 적극적이고 주 도적일 때 창의적인, 새로운 시도가 가능하다. 적극적 과업 수행, 주도적 과 업 수행, 도전적 과업 수행은 서로 통합되어 과업주도적 행동 성향을 이룬다. 이들 관계를 그림으로 나타내면 다음과 같다.

그림 16　／／　**과업주도성**

**〈3〉 공동체성**

교사리더십 발휘 교사는 또한 공동체적 행동 성향을 가지고 있다(Cosenza, 2015; Coyle, 1997; Cheung, Reinhardt, Stone & Little, 2018; Katzenmeyer & Moller, 2009; Crowther, et al., 2009). 공동체는 '생활이나 행동 또는 목적 따위를 같이 하는 집단'으로(표준국어사전), 상호의무감, 정서적 유대, 공동의 이해관계, 공

동의 이익추구 등을 특징으로 한다(Sergiovanni, 1994; Shapiro, 2000). 교사리더십 발휘 교사는 교육활동을 수행하면서 혼자 교육활동을 수행하려 하기보다는 학생 및 동료교원 등과 함께 교육활동을 수행하려는 성향을 갖고 있다(Cosenza, 2015; 김진원, 2021: 20). 교사리더십 발휘 교사는 학생 및 동료교원 등과 함께 서로 의무감을 갖고, 정서적 유대 관계를 맺으며, 공동의 목표를 달성하고자 하는 의지와 성향을 갖고 있다(Ackerman & Mackenzie, 2007). 교사리더십 발휘 교사의 공동체적 행동 성향은 '함께 하고자 하는 의지', '협력 및 협동', '모두의 성공 추구' 등의 모습으로 나타난다.

## 가. 함께 하고자 하는 의지

교사리더십 발휘 교사는 공동체적 행동 성향을 갖고 있는데, 공동체적 행동 성향은 '함께 하고자 하는 의지와 성향'으로 나타난다(Katzenmeyer & Moller, 2009; Crowther, et al., 2009; Levin & Schrum, 2017). 교사리더십 발휘는 학생 및 구성원으로 하여금 교육목표에 도달하도록 하는 과정이기 때문에, 근본적으로 혼자 하는 활동이 아니라 함께 하는 활동이다(Danielson, 2006; Donaldson, 2006). 함께 하고자 하는 의지가 강할수록 교사리더십 발휘는 촉진된다(Paulu & Winters, 1998; Suranna & Moss, 2002).

교사리더십 발휘 교사는 우선 학생과 함께 하고자 하는 의지가 강하다(Ackerman & Mackenzie, 2007; Snell & Swanson, 2000; Darling-Hammond et al., 1995; 김병찬, 조민지, 2015; 문지윤, 2022; 김진원, 2021). 학생 개개인과도 함께 하고자 하며 학급 전체 학생들과도 함께 하고자 한다. 교사리더십 발휘 교사는 학생 개개인과 관계 맺기 위해 노력한다. 예를 들어 학생 개인별로 '학습 플랜노트'를 만들어 작성하게 하고 교사와 함께 공유하면서 끊임없이 소통하고 개별적인 피드백을 주면서 교사리더십을 발휘한 교사(김진원, 2021), 코로나19 시대에 온라인 수업이 장기화되면서 수업뿐만 아니라 '댓글 창'을 만들어 지속적으로 실시간 소통을 해 나가며 개인적인 필요를 채워주며 교사리더십을 발휘한 교사(김진원, 2021; 윤 정, 최영진, 김병찬, 2021) 등의 사례도 학생과 관계 맺기 위해 노력한 사례들이라고 할 수 있다. 학생과 함께 하고자 하는 성향은 학급 전체 학생과의 관계에서도 나타난다. 학급 전체 학생들과 '비빔밥 해 먹기', '졸업 여행 가기', '전시회 하기', '학급 야영하기', '단합 대회 하기' 등 다양한 활동을 하며 학급 차원의 교사리더십을 발휘하기도 한 다(정성식, 2014; 윤 정, 2018; 김진원, 2021; 정진화, 2016; 문지윤, 2022; 한희정, 2015). 학생과 함께 하고자 하는 의지와 성향에는 학생에 대한 존중과 애정 이 뒷받침되어 있는데(Danielson, 2006; Donaldson, 2006; Suranna & Moss, 2002; Murphy, 2005; 김은선, 2022; 문지윤, 2022), 학생에 대한 존중과 애정이 학생과 함께 하고자 하는 의지와 성향으로 나타나는 것이다.

교사리더십 발휘 교사는 또한 동료교원과 함께 하고자 하는 의지와 성 향이 강하다(Katzenmeyer & Moller, 2009; Crowther, et al., 2009; Ackerman & Mackenzie, 2007). 학교에서 동료교원과의 관계는 '수평적 관계'이고 상당히 '독립적 관계'로서 '개인주의 문화'가 강하다(Lortie, 2002; Sergiovanni, 1994). 이러한 관계에서 동료교원에 대해 교사리더십을 발휘하는 것은 쉽지 않다. 그럼에도 불구하고 학교에서 정책적, 제도적으로 교원들 사이에 공동 과업 이 늘어나면서(조희연, 2016; 박한숙, 정태근, 2017), 동료교원 사이의 협력은 중 요해지고 있다(Hargreaves & Fullan, 2012; Sergiovanni, 1994). 동료교원과의 관 계에서 동료교원과 함께 하고자 하는 성향이 강한 교사들이 교사리더십을 잘 발휘한다. 이들은 학교에서 하는 과업 중 많은 것들이 교사 혼자 하는 것보다 함께 하는 것이 더 효과적이고, 또 더 교육적이라고 생각한다(Katzenmeyer & Moller, 2009; Crowther, et al., 2009; Ackerman & Mackenzie, 2007; Sherrill, 1999; Silva et al., 2000). 교육활동이 복잡해지고 어려워지면서 문제를 혼자 해결하 는 것보다 함께 해결하는 것이 더 효과적이며 교육적이라고 생각하는데, 이 러한 생각이 동료교원과 함께 하고자 하는 성향으로 나타나는 것이다. 동료 교원과 함께 하고자 하는 성향은 여러 모양으로 나타나는데, '동료교원의 필 요에 관심을 갖거나', '동료교원의 어려움이나 문제를 해결해 주고자 하거나', '동료교원을 격려하거나 용기를 불어넣어 주고자 하는' 등의 모습으로 나타 난다(Levin & Schrum, 2017; Wasley, 1991; Danielson, 2006; Donaldson, 2006).

교사리더십 발휘 교사의 함께 하고자 하는 성향은 학부모와의 관계에서 도 나타난다. 교사리더십 발휘 교사는 대체로 학부모를 '부담스러운 대상'으 로 여기기보다는 '교육을 함께 수행할 파트너'로 여긴다(한영진, 2014; 정성식,

2014; 강선희, 2010). 교육을 함께 수행할 파트너이기 때문에 학부모는 거리를 두어야 할 대상이 아니라 함께 해야 할 대상인 것이다. 예를 들어 '가정통신문'이나 '편지글'을 통해 지속적으로 학부모와 소통을 하면서 학급담임으로서 본인의 교육철학, 교육관 등을 공유하려고 하거나(김진원, 2021), '학급 밴드'나 '학급 홈페이지'를 활성화하여 적극적으로 학부모들의 의견을 들으려고 하는(김진원, 2021) 등의 모습에서 나타난 바와 같이 교사리더십 발휘 교사는 학부모와 함께 하려는 성향을 갖고 있다. 이와 같이 교사리더십 발휘 교사는 학생, 동료교원, 학부모 등과 함께 하고자 하는 행동 성향과 의지를 갖고 있다.

## 나. 협력 및 협동

교사리더십 발휘 교사의 공동체적 행동 성향은 또한 '협력 및 협동'의 모습으로도 나타난다(Coyle, 1997; Cheung, Reinhardt, Stone & Little, 2018; Katzenmeyer & Moller, 2009; Snell & Swanson, 2000; Darling-Hammond et al., 1995). 교사리더십 발휘 교사는 교육활동을 수행하면서 학생 및 동료교원 등과 적극적으로 협동하고 협력한다. 우선 적극적으로 협동하고 협력하기 위하여 협력 및 협동 관계 구축을 위해 노력한다. 학교 현장에서 협력이나 협동이 이루어지기 위해서는 협력이나 협동할 수 있는 여건이나 분위기가 마련되어야 한다. 교사리더십 발휘 교사는 학생 및 동료교원 등과 협력 및 협동하기 위하여 협력 및 협동할 수 있는 분위기나 여건을 만든다(Silva et al., 2000; Acker-Hocevar & Touchton, 1999; Kouzes & Posner, 2010; Wilson, 1993). 학생과 관련하여, 일방적으로 교육활동을 끌어가지 않고 학생들과의 협력 및 협동하여 교육활동을 수행하고자 하는데, 이를 위해 협력 및 협동할 수 있는 여건이나 분위기를 만들기 위하여 노력한다. 예를 들어 '계절학교 프로그램을 기획하는 과정에서 전교생이 함께 모여 토의하는 토론회'를 개최하여 학생들이 참여하고 협력할 수 있는 분위기를 만들어 가거나(윤 정, 2018: 41), '교사가 하나에서 열까지 다 준비해 주는 것이 아니라 학생들 스스로 준비할 수 있도록 여건이나 분위기를 만들어 주어 학생들이 서로 협력하고 협동하여 교육활동을 이뤄갈 수 있도록' 해 주는 사례(윤 정, 2018: 44) 등도 그 예라고 할 수 있다.

교사리더십 발휘 교사는 동료교사들과의 관계에 있어서도 협력하고 협동하는 분위기를 만들기 위하여 노력한다(Silva et al., 2000; Levin & Schrum, 2017; Wasley, 1991; Hart, 1995; Danielson, 2006). 학교에는 직원회의나 동학년모임, 동교과모임 등 공식적으로 교사들이 함께 하는 모임들이 있는데, 대체로 이런 모임들은 상당히 형식적이어서 교사들의 참여나 협동이 소극적인 편이다(박진환 외, 2013; 엄기호, 2014; 이종태 외, 2000). 그런데 교사리더십 발휘 교사는 동학년모임, 동교과모임이라고 하더라도 형식적인 모임에 그치지 않고 좀 더 활성화된 모임이 되기 위한 여건이나 분위기를 만들기 위하여 노력을 한다. 구체적으로 쉬는 시간에 해당 학년이나 해당 교과 교사들과 함께 지속적으로 '티타임'을 갖거나, 개인적인 관심사나 흥미 거리를 함께 이야기하며 협력할 수 있는 여건을 만들어 가는 등의 노력을 기울인다(윤 정, 2018: 93). 이를 통해 동학년모임이나 동교과모임이 형식적인 모임에 그치지 않고 '실질적이고 의미 있는' 모임이 될 수 있도록 만들어 나가는 것이다. 또한 교사들 간에 의견이 서로 달라 협력하기가 어려운 상황에서도 적극적으로 협력할 수 있는 분위기나 여건을 만들어 가기도 한다(Donaldson, 2006; Paulu & Winters, 1998; Suranna & Moss, 2002; Murphy, 2005).

협력 및 협동할 수 있는 분위기나 여건을 만든 다음에는 적극적으로 협력이나 협동을 추진한다(LeBlanc & Shelton, 1997; Yager & Lee, 1994; Lieberman & Miller, 2004). 학생들과 수업을 하는 과정에서도 교사 혼자 수업을 이끌어가지 않고, 프로젝트 수업, 발표수업, 참여수업 등을 통해 학생들로 하여금 적극 참여하게 하여 학생들과 협력하는 수업을 만들어 가기도 하고(문지윤, 2022; 김은선, 2022; 김진원, 2021; 김병찬, 조민지, 2015), 학급운영 과정에서 학생들에게 책임을 부여하고 여러 역할들을 맡겨 학생들과 함께 협력하는 학급을 만들어 가기도 한다(정진화, 2016; 유경훈, 2014).

교사리더십 발휘 교사는 동료교원과 관계에서도 적극적으로 협력하고 협동한다(Darling-Hammond et al., 1995; Sherrill, 1999; Silva et al., 2000; Acker-Hocevar & Touchton, 1999). 교사학습공동체를 기획하고, 운영하면서 협력할 수 있는 분위기를 만들고 그 토대 위에서 동료교원과 적극적으로 협력 및 협동을 추진하거나(오찬숙, 2015; 윤 정, 최영진, 김병찬, 2021), 동료교원들과 함께 학습 주제를 찾아 공동학습을 추진하기도 하고(윤 정, 2018), 기존의 장학에 대한 부정적인 인식과 부담으로 교사들이 수업공개를 잘 하려고 하지 않는 상황에서 비공식적인 교사모임을 통해 협의하고 논의하여 '자발적인 수업공개'를 이뤄내기도 한다(정성식, 2014; 윤 정, 2018). 이와 같이 교사리더십 발휘 교사는 학생, 동료교원, 구성원 등과 적극 협력 및 협동하면서 교육활동을 수행한다.

그런데 학생 및 동료교원 등과 협력하고 협동하는 것이 쉬운 과정은 아니다. 많은 경우, 갈등이나 어려움도 발생하기도 한다(Acker-Hocevar & Touchton, 1999; Levin & Schrum, 2017; Wilson, 1993; Wasley, 1991; Hart, 1995). 교사리더십 발휘 교사는 학생 및 동료교원 등과 협력하고 협동하는 과정에서 발생하는 갈등이나 어려움에 대해서 회피하지 않고 대체로 긍정적이고 적극적으로 받아들여 극복하기 위해 노력한다(Levin & Schrum, 2017; Wasley, 1991). 갈등이나 어려움을 협력이나 협동을 통해 함께 극복한 다음에는 "소름 돋을 정도의 행복감"을 느끼기도 한다(김진원, 2021: 122). 교사리더십 발휘 교사는 학생, 동료교원, 구성원 등과 적극적으로 협력 및 협동하고자 하는 행동 성향을 갖고 있다.

### 다. 모두의 성공 추구

교사리더십 발휘 교사의 공동체적 행동 성향은 '모두의 성공 추구' 모습으로도 나타난다(Danielson, 2006; Donaldson, 2006; Paulu & Winters, 1998; Murphy, 2005; LeBlanc & Shelton, 1997). 교사리더십 발휘 교사는 학생 및 동료교원 등 구성원 모두의 교육목표 달성 및 성공을 추구하는 성향을 갖고 있다(Danielson, 2006; Donaldson, 2006). 모두의 성공을 추구하는 의지가 공동체적 과업 수행 성향으로 나타나는 것이다.

교사리더십 발휘 교사는 우선 학생 모두의 성공을 추구하며, 학생 모두 교육목표에 도달해야 한다는 의지가 강하다(Cosenza, 2015; Levin & Schrum, 2017). 구체적으로 학생 모두의 성공을 위하여 개별학습 지도를 보다 체계적으로 진행하기도 하며, 보다 적극적으로 상담을 진행하기도 하고, 학생의 가정이나 성장 배경에 관심을 두기도 한다(김은선, 2022; 윤 정, 2018). 그리고 선수학습 지도에 더 관심을 기울이고, 성취 결과에 따른 평가와 피드백을 적극적으로 진행하기도 하며, 특히 뒤처지는 학생을 포기하지 않으려고 적극적인 노력을 기울이기도 한다(문지윤, 2022; 정성식, 2014; 김진원, 2021; 채지수, 2021; 안소현, 2020; 김병찬, 윤 정, 2015; 김병찬, 조민지, 2015). 모두의 성공을 위해서는 뒤처지는 학생, 소외되는 학생 등에 대한 지도가 특별히 더 필요한데, 교사리더십 발휘 교사는 이러한 학생을 포기하지 않고 적극적으로 지도하며 이끌고자 한다.

학생 모두를 성공시키고자 하는 성향은 생활지도 영역에서도 나타난다(Katzenmeyer & Moller, 2009; Crowther, et al., 2009; Levin & Schrum, 2017). 학습뿐만 아니라 생활 면에서도 학생들이 소외됨이 없이 모두 잘 교육받도록 적극적인 관심을 기울인다. 예를 들어, "학교 가는 것이 행복한" 학교를 만들기 위해 노력한 사례가 있다(윤 정, 2018: 50-52). 학교에는 공부를 잘하는 아이도 있고 공부를 잘 못하는 아이도 있으며, 적극적인 성격의 아이도 있지만 소극적인 성향의 아이도 있고, 친구들과 잘 어울리는 아이도 있지만 잘 어울리지 못하는 아이도 있다. 따라서 모든 학생이 학교 가는 것이 즐겁고 행복한 것은 아니다. 이러한 상황에서 아이들이 학교 생활에 흥미와 재미를 느끼도록 하기 위해 계절학교 프로젝트, 학예회, 박물관 견학, 캠프, 자전거 배우기, 요리하기 등을 마련하여 추진함으로 아이들에게 활력과 생기를 찾아주어, 소외되는 아이도 줄어들고, 친구관계도 좋아지는 등 모든 아이들에게 "학교 가는 것이 행복한" 학교를 만들어 준 사례이다(윤 정, 2018).

교사리더십 발휘 교사는 동료교원에 대해서도 모두의 성공을 추구한다(Silva et al., 2000; Levin & Schrum, 2017; Wilson, 1993; Wasley, 1991). 동료교원을 대상으로 교사리더십을 발휘하는 교사는 동료교원 모두의 성공에 대한 기대와 바램은 갖고 동료교원을 지원, 촉진한다. 동료교원 모두의 성공 추구 모습은 여러 가지로 나타나는데, 신규교사에 대한 도움도 그 한 예이다. 학교에 잘 적응을 못하고 힘들어 하는 신규교사에게 먼저 다가가 그 교사의 어려움을 살피고 어려움을 해결하도록 돕고, 지원해 주는 리더십을 발휘하는 교사들이 있는데(김진원, 2021; 채지수, 2021; 안소현, 2020), 이러한 도움은 신규교사들이 적응하는 데 큰 도움이 될 뿐만 아니라 "평생 잊지 못할 고마움"이 되기도 한다(채지수, 2021). 온라인 비대면 수업 상황에서 교사들이 서로 힘들어

하고 있을 때, 비대면 수업 노하우와 방법을 혼자만 사용하지 않고, 동학교 교사 모두와 '공부모임'을 만들어 서로 개방하고 공유하면서 모두의 성공을 이뤄간 교사리더십 발휘 사례도 있다(윤 정, 최영진, 김병찬, 2021). 교사리더십 발휘 교사는 학생, 동료교원, 구성원 등 모두의 성공을 추구하는 행동 성향을 갖고 있다.

### 라. 공동체성 종합

교사리더십 발휘 교사는 공동체적 행동 성향은 갖고 있는데, 공동체적 행동 성향은 '함께 하고자 하는 의지', '협력 및 협동', '모두의 성공 추구' 등의 모습으로 나타난다. 교사리더십 발휘 교사는 학생, 동료교원, 학부모 등과 함께 하고자 하는 의지가 강하고, 이들과 협력 및 협동할 수 있는 여건과 분위기를 만들어 적극 노력하며, 뒤처지거나 소외되는 사람 없이 모두가 성공할 수 있도록 모두의 성공을 추구한다. 교사리더십 발휘 교사는 함께 하고자 하는 의지를 갖고 적극적으로 협력 및 협동하며 모두의 성공을 추구하는 공동체적 행동 성향을 갖고 있다.

교사리더십 발휘 교사의 '함께 하고자 하는 의지', '협력 및 협동', '모두의 성공 추구' 등의 공동체적 행동 성향은 개념적으로는 구분이 가능하지만 실제에서는 서로 연계, 통합되어 작동한다. 함께 하고자 하는 의지는 협력하고 협동할 수 있는 기반이고, 모두의 성공 추구로 이어진다. 또한 모두의 성공을 추구하기 때문에 함께 하고자 하며 협력하고 협동하는 것이다. 함께 하고자 하는 마음과 의지를 갖고 협력 및 협동하여 모두의 성공을 이뤄내고자 하는 공동체적 행동 성향은 서로 긴밀하게 연계되어 작동하는데, 이들 사이의 관계를 그림으로 나타내면 다음과 같다.

그림 17 // 공동체성

## ④ 전문성

교사리더십 발휘 교사는 전문성 추구 행동 성향을 가지고 있다(Katzenmeyer & Moller, 2001; Crowther, et al., 2009; Ackerman & Mackenzie, 2007; Snell & Swanson, 2000; Darling-Hammond et al., 1995). 전문성은 '전문적인 성질, 또는 특성'인데(표준국어사전), 교사리더십 발휘 교사의 전문성 추구 성향은 교육활동 수행 과정에서 전문적으로 과업을 수행하고자 하는 성향이나 기질이라고 할 수 있다. 교사리더십 발휘 교사의 전문성 추구 성향은 '질 높은 교육 추구', '배움 추구', '윤리 추구' 등의 모습으로 나타난다.

### 가. 질 높은 교육 추구

교사리더십 발휘 교사는 전문성 추구 성향을 갖고 있는데, 전문성 추구는 우선 '질 높은 교육 추구'의 모습으로 나타난다(Danielson, 2006; Donaldson, 2006; Lieberman & Miller, 2004). 교육의 질은 '교육의 가치, 의미, 유용성'이라고 할 수 있는데(박의수 외, 2020), 질 높은 교육을 추구한다는 것은 교육활동을 수행하면서 가치 있고, 의미 있고, 유용한 교육을 추구하는 것이다.

교사리더십 발휘 교사는 교육활동을 수행하면서 좀 더 가치 있고, 의미 있고, 유용한 교육이 되도록 하기 위한 의지와 성향을 갖고 있다(Wasley, 1991; Danielson, 2006; Murphy, 2005).

교사리더십 발휘 교사는 우선 학생을 대상으로 한 교사리더십 발휘 과정에서 질 높은 교육을 추구한다. 예를 들어, 좀 더 나은 수업이 되도록 하기 위해 기존의 수업방식과는 다른 수업방법을 개발하여 시도해 보기도 하고, 학생의 학습을 촉진하기 위해 평가방법 개선 노력도 하며, 수업에 흥미를 잃은 학생들을 위한 별도 프로그램을 마련하여 운영하기도 한다(문지윤, 2022; 김진원, 2021: 154). 자신의 수업이 질 높은 수업이 되도록 하기 위해, 또는 학생을 지도하는 활동의 질을 높이기 위해 노력한다.

질 높은 교육의 추구는 동료교원을 대상으로 한 교사리더십 발휘 과정에서도 나타난다(Katzenmeyer & Moller, 2001; Crowther, et al., 2009; Snell & Swanson, 2000; Darling-Hammond et al., 1995). 예를 들어, 동료교원과의 상호 수업공개를 통해, 협동학습이나 프로젝트 학습 과정에서, 또는 교내 연수 및 수업컨설팅 과정 등에서 질 높은 교육을 위해 상호 돕고, 협력한다(김진원, 2021; 김은선, 2022; 윤 정, 2018). 또한 교사학습공동체 활동을 통해 수업지도뿐만 아니라 생활지도, 비교과활동, 교육철학이나 교육관 등 다양한 영역을 다루는데, 이 역시 질 높은 교육을 추구하는 활동들이다(서경혜, 2015; 오찬숙, 2016). 이러한 활동을 수행하면서 동료교원을 대상으로 교사리더십을 발휘하는데 이 과정에서 '좋은 수업', '좋은 학교', '좋은 교육' 등의 질 높은 교육을 추구한다. 질 높은 교육의 추구는 교사리더십 발휘 교사의 전문성 추구 성향의 한 모습이다(Danielson, 2006; Murphy, 2005; Lieberman & Miller, 2004).

## 나. 배움 추구

교사리더십 발휘 교사의 전문성 추구 성향은 '배움 추구'의 모습으로도 나타난다(Katzenmeyer & Moller, 2001; Darling-Hammond et al., 1995; Silva et al., 2000). 배움은 '배워서 익히는 것'으로(표준국어사전). 지속적으로 배우고 익히고자 하는 성향이다. 교사리더십을 발휘하는 교사는 학생이나 동료교원을 잘 돕고, 지원하고, 안내하고, 촉진하기 위해 배우고자 하는 성향을 가지고 있다

(Crowther, et al., 2009; Ackerman & Mackenzie, 2007).

교사리더십 발휘 교사는 우선 개인 차원에서 배움을 추구한다 (Katzenmeyer & Moller, 2001; Danielson, 2006; Donaldson, 2006). 개인적으로 전문적인 서적을 구입하여 보기도 하고, 온-오프라인으로 다양한 자료들을 찾아 활용하며, 수업사례나 다양한 교육활동 사례들을 보고 배우는 과정에도 적극 참여한다(정성식, 2014; 윤 정, 2018; 김진원, 2021; 정광희 외, 2007). 또한 많은 연수 과정에도 참여하고, 대학원에 진학하여 배우기도 한다. 이들은 교사리더십을 발휘하기 위해 필요한 것들을 적극 배우고자 하는 성향을 가지고 있다.

교사리더십 발휘 교사는 또한 공동체를 통해서도 배움을 추구한다 (Henson, 1996; Wilson, 1993; Wasley, 1991; Peterson & Barnes, 1996; Danielson, 2006; Murphy, 2005). 동료교원과 독서모임을 만들어 배워 나가기도 하고, 교사학습공동체를 통해서도 배우기도 한다(정성식, 2014; 윤 정, 2018; 김진원, 2021). 학교에서는 동료교원 사이에서 '무형식의 상호학습'도 많이 일어난다 (정진화, 2016; 이성대, 2015). 예를 들어, 학교 교육과정을 동료교원과 함께 만들어 가면서 서로 논의하고 협의하고, 문제를 발견하고 해결해 가면서 교사들 사이에 서로 배우게 된다(윤 정, 2018). 이와 같이 교사들 사이에는 특별한 형식을 갖추지 않아도 자연스럽게 배움이 일어나는 경우가 많다(문지윤, 2022; 김은선, 2022; 안소현, 2020; 채지수, 2021). 비슷한 처지나 상황에 있는 동료교원과 함께 배우는 것은 배움을 더욱 촉진할 뿐만 아니라 "좀 더 필요한 것을 서로 배우는 실질적인 배움의 과정"이 되기도 한다(김은선, 2022). 교사리더십 발휘 교사는 개인적으로 뿐만 아니라 동료교원과 함께 배우고자 하는 배움 추구 성향을 가지고 있다.

교사리더십 발휘 교사는 학교 밖의 프로그램을 통해서도 배우고자 한다(Katzenmeyer & Moller, 2009; Crowther, et al., 2009; Ackerman & Mackenzie, 2007; Lieberman & Miller, 2004). 학교 밖에도 교사들이 배울 수 있는 장이 많이 있다. 교육청에서 제공해 주는 교육 프로그램도 많을 뿐만 아니라, 각종 교원단체, 그리고 여러 교원연수기관에서도 교사들을 위한 교육프로그램을 다양하게 제공하고 있는데, 교사리더십 발휘 교사는 이러한 학교 밖의 배움 과정에도 적극 참여한다. 지역의 학교 교사들이 모여 수업사례를 나누고 함께 배우는 과정에 참여하기도 하며(윤 정, 2018: 109), 전국단위의 교사 모임을 통해 배워 나가기도 한다(김은선, 2022; 김진원, 2021).

교사리더십 발휘 교사는 연구 활동에도 적극적이다(Darling-Hammond et al., 1995; Silva et al., 2000; Levin & Schrum, 2017; Henson, 1996; Wilson, 1993). 교육 현상이나 대상에 대해 좀 더 잘 이해하여 교사리더십을 잘 발휘할 수 있도록 하기 위해 연구 활동에도 적극적이다. 특히 실행연구는 실행 당사자가 구체적인 교육활동 개선을 목적으로 하는 연구로서 현장교원들의 참여가 확대되고 있다(Levin & Schrum, 2017; Henson, 1996; Wasley, 1991). 교사들의 이러한 연구는 학위 과정과 연계하여 이루어지기도 하고, 교사들 사이에 공동연구로 이루어지기도 하며, 개인적으로 수행하기도 한다(정진화, 2016; 박한숙, 정태근, 2017).

교사리더십 발휘를 통해 교육활동을 잘 이끌고자 하는 의지와 마음이 배움이나 연구로 이어지는 것이다(Murphy, 2005; Lieberman & Miller, 2004). 학생의 입장을 이해하고 학생을 위한 학교를 만들어 가기 위해 학생인권에 관해 배우는 과정에 참여한 교사, 수업에 집중할 수 있는 여건을 만들기 위해 학교의 과다한 공문 문제 해결을 위해 교육법을 공부하기 시작한 교사, 다문화 학생의 증가로 다문화 학생을 이해하기 위해 대학원 과정에 진학하여 공부하는 교사 등이 그 예라고 할 수 있다(정성식, 2014; 김병찬, 윤 정, 2015; 김병찬, 조민지, 2015; 이성대, 2015). 배움 추구는 교사리더십 발휘 교사의 전문성 추구 성향의 한 모습이다.

## 다. 윤리 추구

교사리더십 발휘 교사의 전문성 추구 성향은 '윤리 추구'의 모습으로도 나타난다(Danielson, 2006; Donaldson, 2006; Murphy, 2005). 윤리성은 '이상적인 가치나 규범에 따라 마땅히 지켜야 할 것을 지키며 바르게 살고자 하는 성향'이다(표준국어사전). 윤리성은 바르게 살고자 하는 성향으로 사회적 책임과 자율성을 부여받고 있는 전문직 규범이기도 하다(Schön, 1983). 각 국가에서는 전문직들에게 교육, 의료, 법률 등 사회적으로 중추가 되는 직무를 맡기며, 그 직무를 수행할 수 있도록 자율성을 부여하고 있다. 전문직은 자율성을 부여받은 만큼 바르고 양심적으로 과업을 수행해야 한다. 자신의 이해관계에 따라 자율성을 활용해서는 안 되며 엄격한 사회적 책임 가운데 발휘해야 한다. 전문직이 사회적 책임에 따라 바람직한 방향으로 판단하고 행동하려는 의지와 성향이 윤리성이다(Schön, 1983; 이홍우, 2008).

교사리더십 발휘 교사는 이러한 윤리적 행동 성향을 갖고 있다(Levin & Schrum, 2017; Crowther, et al., 2009; Ackerman & Mackenzie, 2007). 우선 학생을 대상으로 교사리더십을 발휘하면서 윤리성을 추구한다. 교사리더십 발휘 교사는 학생을 대상으로 교사리더십을 발휘하면서 공정하고 공평하게 대하고자 한다(Levin & Schrum, 2017). 학생은 모두 소중한 인격체이기 때문에 그 자체로 목적으로 대하려고 하고, 그 어떠한 차별도 하지 않으려고 한다. 학생의 가정 배경, 성적, 외모 등으로 차별하지 않고 공정하게 대하려고 한다. 나아가 교사리더십 발휘 교사는 학생의 개인차를 인정하고 소외되거나 뒤처지는 학생의 성취를 위하여 관심과 노력을 기울인다(Crowther, et al., 2009). 이와 같이 교사리더십 발휘 교사는 교육활동을 수행하면서 공정하고 공평하게 학생을 대하고자 하는 윤리적 행동 성향을 갖고 있다(Ackerman & Mackenzie, 2007).

교사리더십 발휘 교사는 동료교원과의 관계에서도 윤리적으로 행동 하려고 한다(Ackerman & Mackenzie, 2007; Darling-Hammond et al., 1995; Levin & Schrum, 2017; Wasley, 1991; Donaldson, 2006). 동료교원을 존중하고 인정해 주려고 하며, 공평하고 공정하게 대하려고 한다. 동료교원과의 교육활동에 있어 상호 신뢰는 교육활동 성공을 위한 중요한 기반인데(윤 정, 최영진, 김병찬, 2021; 이성대, 2015; 유경훈, 2014), 신뢰할 수 있는 기반이 윤리성이다(선태유, 2016; 박연호, 1984). 즉 윤리적일 때 신뢰할 수 있으며, 신뢰 관계가 형성되었을 때 교사리더십이 발휘될 수 있다(Wasley, 1991; Donaldson, 2006). 윤리성을 갖춘 교사의 교사리더십 발휘는 잘 이루어질 수 있지만, 윤리성을 갖추지 못한 교사는 교사리더십을 잘 발휘하기 어렵다. 교사리더십 발휘 교사는 윤리적으로 행동하고 과업을 수행하려고 노력한다. 교사리더십을 발휘하면서 교직이라는 전문직에 부여된 자율과 재량을 바르게 사용하기 위하여 윤리적으로 판단하고 행동하려고 한다. 이와 같이 교사리더십 발휘 교사는 윤리적으로 행동하려는 전문성 추구 성향을 가지고 있다.

## 라. 전문성 종합

교사리더십 발휘 교사는 전문적으로 과업을 수행하고자 하는 성향을 갖고 있는데, 전문적 과업 수행 성향은 '질 높은 교육 추구', '배움 추구', '윤리 추구' 등의 모습으로 나타난다. 교사리더십 발휘 교사는 학생 및 동료교원과의 교육활동의 질을 높이기 위하여 적극 노력하며, 개인 및 공동체 차원에서 적극 배우고자 하고, 학생 및 동료교원을 대함에 있어 윤리적으로 대하고자 하는 성향을 가지고 있다. 교사리더십 발휘 교사는 질 높은 교육을 하고자 하고 적극적으로 배우고자 하며, 윤리적으로 과업을 수행하고자 하는 전문적 과업 수행 성향을 가지고 있다.

교사리더십 발휘 교사의 '질 높은 교육 추구', '배움 추구', '윤리 추구' 등의 전문적 과업 수행 성향은 개념적으로는 구분이 되지만, 실제적으로는 연계, 통합되어 작동한다. 질 높은 교육을 추구하기 위하여 지속적으로 배우고자 하며, 공평하고 공정하게 윤리적으로 과업을 수행하려고 한다. 배움을 추구하는 것도 질 높은 교육을 위한 것이며, 바르고 공정하게 가르치기 위한 것이다. 바르고 공정한 교육을 위해 배우고자 하며 질 높은 교육을 추구한다. '질 높은 교육 추구', '배움 추구', '윤리 추구' 등은 함께 통합되어 작동하는 교사리더십 발휘 교사의 전문적 과업 수행 성향으로 이들 사이의 관계를 그림으로 나타내면 다음과 같다.

**그림 18** // **전문성**

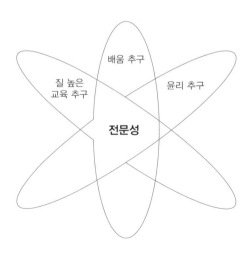

## ⟨5⟩ 교사리더십 행동 성향 종합

교사리더십 발휘 교사는 목표지향적이고 과업주도적이며 공동체적이고 전문적으로 과업을 수행하는 성향을 가지고 있다. 교사리더십 발휘 교사는 '목표 인식', '목표 달성 추구', '목표 달성 확인' 등의 목표지향적 성향으로 과업을 수행하며, '적극적 과업 수행', '주도적 과업 수행', '도전적 과업 수행' 등 과업주도적 성향으로 과업을 수행하고, '함께 하고자 하는 의지', '협력 및 협동', '모두의 성공 추구' 등 공동체적 성향으로 과업을 수행하며, '질 높은 교육 추구', '배움 추구', '윤리 추구' 등의 전문적 성향으로 과업을 수행한다. 교사리더십을 발휘하는 교사는 적극적으로 목표를 인식하고 과업을 수행하며 목표 달성을 위해 노력하고 목표 달성을 확인하고자 하며, 적극적이고 주도적으로 과업을 수행하고 또한 도전적으로 과업을 수행하며, 혼자 하려고 하지 않고 함께 하려고 하는 의지가 강하고 적극적으로 협력 및 협동하며 모두의 성공을 추구하고, 질 높은 교육을 추구하면서 적극적으로 배우려 하고 윤리적으로 행동하려고 하는 성향을 가지고 있다. 즉 교사리더십 발휘 교사는 목표지향적, 과업주도적, 협동적, 전문적 행동 성향을 갖고 있다.

교사리더십 발휘 교사의 '목표지향성', '과업주도성', '공동체성', '전문성' 등의 행동 성향은 개념적으로는 구분이 되지만, 실제에서는 서로 연계되어 작동한다. 교사리더십 발휘 교사는 적극적으로 목표를 이루기 위하여 교육활동을 수행하는데, 목표를 이루기 위하여 주도적으로 과업을 수행하고, 함께 이루어가고자 하며, 전문적으로 과업을 수행하려고 한다. 또한 주도적으로 과업을 이끌어 나가기 위해서는 목표지향성이 기반이 되어야 하고, 공동체적으로 과업을 수행하기 위해서는 목표지향성 및 과업주도성이 기반이 되어야 한다. 질 높은 교육을 바르게 이끌어 가고자 하는 전문성은 목표지향성, 과업주도성, 공동체성 등의 기반이기도 하다. 이와 같이 교사리더십 발휘 과정에서 목표지향성, 과업주도성, 공동체성, 전문성 등의 성향은 서로 긴밀하게 연계되어 작동한다.

교사리더십 행동 성향인 목표지향성, 과업주도성, 공동체성, 전문성은 또한 체계를 이루어 구현된다. 우선 교사리더십을 발휘하여 과업을 수행하기 위해서는 기본적으로 목표를 달성하고자 하는 목표지향성이 기반이 되어야 한다. 목표를 달성하고자 하는 적극적인 성향은 과업을 주도적으로 이끌어가고자 하는 과업주도성으로 이어진다. 과업을 주도적으로 이끌어 가는 과정에서 교사리더십 발휘는 혼자 하는 것이 아니라 학생 및 구성원과 함께 해 나가는 것이기 때문에 함께 하려고 하는 공동체적 성향으로 이어진다. 또한 목표지향적이고, 과업주도적이며, 공동체적으로 과업을 수행하며 목표를 더 잘 달성하고 질 높은 교육을 이루기 위하여 전문성 성향이 발휘된다. 이러한 관계를 체계성으로 보았다.

하지만 교사리더십 행동 성향인 목표지향성, 과업주도성, 공동체성, 전문성은 실제에서는 체계성이 약할 수 있다. 왜냐하면 실제에서 공동체성은 강하지만 목표지향성은 약한 교사도 있고, 전문성은 강하지만 과업주도성은 약한 교사도 있는 등 네 가지 행동 성향이 체계를 이루기보다는 각각 독립적, 개별적으로 나타날 수 있기 때문이다. 실제에서는 교사의 성향, 기질, 경험, 교육, 여건이나 환경 등에 따라 네 가지 성향의 발휘 정도나 수준은 차이가 날 수 있다. 공동체 경험이 많은 교사는 공동체성은 강할 수 있지만 목표지향성은 보통일 수 있고, 리더십 경험이 많은 교사는 과업주도성이 강할 수 있지만 전문성은 약할 수 있는 등 다양한 관계가 형성될 수 있다. 이와 같이 네 가지 행동 성향은 여러 요인에 의해 불균형적일 수 있고 체계적이지 않은 모습으로 나타날 수 있다. 더군다나 실제에서는 대부분의 경우 네 가지 행동 성향에 대해 잘 인식하지도 않고 있기 때문에 네 가지 요소의 균형이나 체계는 거의 고려되지 않는다.

그런데 본 저서에서는 목표지향성, 과업주도성, 공동체성, 전문성 네 가지를 체계를 이루는 교사리더십 행동 성향으로 구성하여 모형을 제안한다. 교사리더십 행동 성향 네 가지 요소를 체계화시킨 것이다. 본 모형은 개념적, 이념적 방향을 지향한다. 실제를 그대로 반영하기보다는 방향이나 지향점을 갖고 교사리더십 발휘 모형을 제안하는 것이다. 교사리더십을 잘 발휘하기 위해서는 목표지향성, 과업주도성, 공동체성, 전문성 등의 행동 성향이 모두 필요하다고 보고, 또 네 가지가 체계를 이루어 작동할 때 교사리더십이 잘 발휘될 수 있다는 것을 전제하고 모형을 구안하였다. 교사리더십이 잘 발휘되기 위해서는 우선적으로 목표지향성이 기반이 되어야 한다. 교사리더십 발휘 자체가 목표를 달성하기 위한 작용이기 때문에 목표지향성을 기본으로 보았다. 그리고 목표를 이루기 위하여 과업을 주도해 나가야 하는데 이를 위해 과업주도성이 발휘되어야 하고, 과업 주도 과정에서 교사리더십 발휘는 그 자체가 혼자 하는 활동이 아니라 함께 하는 작용이기 때문에 공동체성이 발휘되되어야 하며, 이러한 토대 위에서 과업을 잘 수행하도록 하기 위한 전문성이 발휘될 때 교사리더십이 제대로 발휘된다고 보았다. 그리고 그 반대의 관계는 형성되기 어렵다고 보았는데, 예를 들어, 전문성 성향을 갖추었다고 해서 공동체성이 발휘되거나 공동체성 성향을 갖추었다고 해서 과업주도성이 발휘된다고 보기는 어렵다는 것이다. 교사리더십이 잘 발휘되기 위해서는 네 가지가 체계를 이루어 작동해야 한다.

그리고 네 요소를 체계적으로 보는 것은 실제에도 도움을 줄 수 있다. 실제에서는 네 가지 요소 사이에 불균형이 존재할 수 있고, 조직이나 개인의 상황 및 환경에 따라 각각의 성향 정도도 다 다를 수 있다. 실제에서는 네 가지 요소가 불균형적인 상황에서 교육활동을 수행하고 교사리더십을 발휘해야 하는데, 이러한 상황에서는 교사리더십이 잘 발휘되지 않거나 한계를 가질 수 있다. 예를 들어 교사가 공동체성과 전문성을 갖추고 있더라도 목표지향성이 약하거나 과업주도성이 약하면 교사리더십이 잘 발휘되기 어렵고 교육목표 달성도 어려울 수 있다. 마찬가지로 전문성 성향은 강한데 공동체성이나 과업주도성이 약하면 이 또한 교사리더십 발휘가 어려울 수 있다. 이러한 상황에서 네 가지 요소를 점검해 보고 부족하거나 약한 부분을 발견하고 보충할 수 있게 해 준다면 교사리더십 발휘는 촉진될 수 있을 것이다. 전문성은 뛰어나지만 효과적으로 수업이나 학급을 운영하지 못하는 교사에게 목표지향성이나 과업주도성, 공동체성 측면을 점검하고 보완해 준다면 보다 원활한 교사리더십 발휘로 이어질 수 있을 것이다. 본 모형은 교사리더십이 잘 발휘되기 위해서는 교사리더십 행동 성향 네 가지 요소가 체계를 이루어 작동해야 한다고 전제하고 구안되었다. 교사리더십 행동 성향 네 가지 요소의 체계를 그림으로 나타내면 다음과 같다.

그림 19 // 교사리더십 행동 성향 체계

# 8장

# 교사리더십
# 발휘 모형 종합

# 교사리더십 발휘 모형 종합

    교사리더십 발휘는 교사가 교육활동 과정에서 교사리더십 의식을 가지고, 교사리더십 역량을 발휘하여, 교사리더십 행동 성향으로 과업을 수행해 나가는 과정이다. 이 과정을 종합하여 교사리더십 발휘 모형을 제시하면 아래 그림과 같다.

그림 20 // 교사리더십 발휘 모형(종합)

교사리더십 의식, 교사리더십 역량, 교사리더십 행동 성향은 개념적으로는 구분이 되지만 실제적으로는 명확하게 구분하기 어려우며 모두 밀접하게 연계되어 있다. 교사리더십 의식은 교사리더십 역량이 발휘되기 위한 기반이 되며, 교사리더십 행동 성향은 이미 그 안에 교사리더십 의식과 교사리더십 역량이 내포되어 있다. 따라서 교사리더십 의식, 교사리더십 역량, 교사리더십 행동 성향은 교사리더십 발휘 과정 속의 하나의 통합된 실체이지 각각 독립적인 것은 아니다. 교사리더십 의식, 교사리더십 역량, 교사리더십 행동 성향의 관계 특성을 정리하면 다음과 같다.

## Ⅰ 교사리더십 세 영역 관계 특성

### 〈1〉 통합성

교사리더십 의식, 교사리더십 역량, 교사리더십 행동 성향은 개념적으로는 구분이 되지만 실제에서는 하나의 통합된 구현체이다. 교사리더십을 발휘하기 위해서는 교사리더십 의식, 교사리더십 역량, 교사리더십 행동 성향을 함께 갖추고 있어야 한다. 바다에서 힘차게 항해하는 배의 경우 기관실, 갑판실, 돛대 등이 각각 구분이 되기는 하지만 하나의 완전체로 함께 작동할 때 배가 나아갈 수 있듯이, 교사리더십도 교사리더십 의식, 교사리더십 역량, 교사리더십 행동 성향이 함께 작용할 때 발휘된다.

세 영역 중 부족한 영역이 있으면 교사리더십이 제대로 발휘되기 어려울 수 있다. 교사리더십 의식을 갖추고 교사리더십 역량을 갖추었다고 하더라도 교사리더십 행동 성향이 미흡하면 교사리더십을 잘 발휘하기 어렵다. 마찬가지로 교사리더십 의식을 갖추고 교사리더십 행동 성향을 갖추었다고 하더라도 교사리더십 역량을 갖추고 있지 않으면 역시 교사리더십이 제대로 발휘되기 어렵다. 교사리더십 의식을 갖추고 있지 않을 경우에도 동일하게 교사리더십 발휘는 어렵다. 교사리더십 의식, 교사리더십 역량, 교사리더십 행동 성향은 하나의 통합된 실체이기 때문에 교사리더십을 제대로 발휘하기 위해서는 이 세 영역을 모두 갖추어야 한다.

## 〈2〉 체계성

교사리더십 의식, 교사리더십 역량, 교사리더십 행동 성향은 또한 체계적 통합체이다. 즉 이 세 영역은 단순한 통합체가 아니라 체계를 이루고 있다는 것이다. 교사리더십이 발휘되기 위해서는 교사리더십 의식을 먼저 갖추어야 한다. 교사리더십 의식 없이 교사리더십 역량이나 행동 성향이 발휘되기 어렵다. 교사리더십 의식을 기반으로 갖추고 있어야 교사리더십 역량도, 교사리더십 행동 성향도 나타날 수 있다. 같은 맥락에서 교사리더십 의식, 교사리더십 역량을 갖추고 있을 때 교사리더십 행동 성향도 나타날 수 있다. 교사리더십 의식과 교사리더십 역량이 부족한 상황에서 교사리더십 행동 성향이 나타나기 어렵다. 이 세 영역 사이에 거꾸로의 관계는 성립하지 않는다. 즉 교사리더십 행동 성향을 갖추어야 교사리더십 의식이나 역량을 갖게 되는 것은 아니라는 것이다. 마찬가지로 교사리더십 행동 성향, 교사리더십 역량을 갖출 때 교사리더십 의식을 갖게 되는 관계도 성립하기 어렵다.

따라서 교사리더십 의식, 교사리더십 역량, 교사리더십 행동 성향은 체계적인 관계이기 때문에 그 특성에 맞게 접근할 필요가 있다. 즉 교사리더십을 발휘하고자 하는 경우, 우선적으로 교사리더십 의식을 먼저 갖출 필요가 있다. 그 기반 위에서 교사리더십 역량을 갖추고, 또 그 토대 위에서 교사리더십 행동 성향을 갖출 때 교사리더십이 제대로 발휘된다. 교사리더십 개발 프로그램을 만들고 운영하는 과정에서도 이러한 체계적인 특성을 고려하여, 교사리더십 의식 개발이 먼저 이루어지고, 교사리더십 역량, 교사리더십 행동 성향 순으로 개발하는 것이 적절하다.

## 〈3〉 불균형성

교사리더십 의식, 교사리더십 역량, 교사리더십 행동 성향은 하나의 통합된 실체이고 체계적인 구조임에도 불구하고 불균형적일 수 있다. 교사에 따라 어떤 교사는 교사리더십 의식은 갖추고 있는데, 교사리더십 역량이나 행동 성향이 부족한 경우도 있고, 교사리더십 역량은 갖추고 있는데, 교사리더십 의식이나 행동 성향이 부족한 경우도 있을 수 있다. 세 가지를 모두 다 잘 갖추고 있는 교사도 있지만, 세 가지 영역 중에 일부는 갖추고 있고 일부는 갖추고 있지 않은 경우도 있다. 그런데 이러한 불균형성은 자연스러운 것이다. 왜냐하면 대부분의 교사들은 성격과 기질이 다를 뿐만 아니라 교사리더십을 체계적으로 이해하거나 접근하지 않기 때문이다. 교사리더십에 대한 개념도 약하고 교사리더십 의식, 교사리더십 역량, 교사리더십 행동 성향을 함께 고려하지 않는 것이 현실의 더 자연스러운 모습이라는 것이다. 교사리더십 의식이 있다고 하더라도 교사리더십 역량, 교사리더십 행동 성향을 함께 갖추어야 한다는 생각을 갖기 어려웠을 수 있고, 교사리더십 역량을 갖추었다고 하더라도 교사리더십 행동 성향으로 과업을 수행해야 한다는 인식을 갖지 못할 수도 있다. 세 영역을 모두 고려하기보다는 각자의 특성과 상황 속에서 교사리더십을 발휘하기 때문에 균형적으로 갖춘다는 것은 쉽지 않았을 수 있다.

따라서 실제에서 교사리더십이 잘 발휘되지 않을 때 막연하게 접근하는 것이 아니라 이러한 불균형성을 인정하고 어느 영역이 약하거나 부족한지를 찾아내어 그 부분을 먼저 개발하는 방식으로 접근할 필요가 있다. 아울러 교사들 마다 차이가 있다는 것을, 그리고 교사 내에서도 불균형성이 존재할 수 있다는 것을 인정하고 그 기반 위에서 교사리더십 개발 및 함양 노력을 기울일 필요가 있다.

## II 교사리더십 발휘 함수

교사리더십 발휘 모형의 3영역 12요소는 각각 개념적으로는 구분이 되지만 실제에서는 독립적으로 작동하지 않는 통합된 하나의 실체이다. 만약 이것들이 실제에서는 통합된 하나의 실체라면, 영역과 요소를 구분하는 이유는 무엇인가? 영역과 요소를 구분하는 이유는 교사리더십 발휘에 대한 보다 정확한 이해를 위해서이다. 즉 교사리더십이 발휘되기 위해서는 세 가지 영역과 열두 가지 요소가 모두 제대로 잘 구현되어야 한다. 이들 중 어느 한 영역이 혹은 어느 한 요소가 부족하거나 약하면 교사리더십 발휘는 온전하게 이루어질 수 없다. 어느 한 영역이나 어느 한 요소 때문에 교사리더십 발휘가 어려워질 수 있다는 것이다.

실제에서는 교사리더십 3영역 12요소를 모두 갖춘 교사도 있지만 모두를 갖추지 않은 교사도 있고, 또 모두를 갖추었거나 모두를 갖추지 않은 교사보다, 교사리더십 3영역 12요소 중 일부는 갖추고 있는데 일부는 갖추지 않은 교사의 경우가 훨씬 더 많을 수 있다. 즉 주체의식, 이해 역량, 목표지향성 등은 갖추고 있지만 책임의식이나 소통 역량, 공동체성 등은 잘 갖추지 않는 경우, 자율의식, 철학 역량, 과업주도성 등은 갖추고 있으나 책임의식, 촉진 역량, 전문성 등은 갖추지 못한 경우 등이 더 자연스러운 교사들의 모습일 수 있다는 것이다. 이것은 인간의 몸 상태와 유사하다. 보통의 경우 몸이 아플 때 온 몸이 모두 아픈 경우보다, 대부분은 두통, 관절염, 고혈압 등 특정 부위에 이상이 생기는 것이 일반적인 모습이듯이 교사리더십 발휘의 경우에도 일부 영역과 요소는 잘 갖추고 있지만 일부 영역과 요소를 잘 갖추고 있지 못할 수 있다는 것이다. 사람의 몸도 몸이라는 하나의 실체이기는 하지만 수많은 장기와 기관들로 구성되어 있듯이 교사리더십 발휘 역시 교사리더십 발휘라는 하나의 실체이기는 하지만 매우 다양한 영역과 요소들로 구성되어 있다. 몸 건강을 위해 각 기관이나 장기를 정밀 진단하여 처방하여 치료하듯이 교사리더십 발휘를 위해서도 교사리더십 각 영역 및 요소들을 제대로 진단하고 함양시킬 수 있어야 한다. 신체를 단련시킬 때 전신 운동을 하기도 하지만, 하체운동, 상체운동, 근력운동 등을 각각 수행하여 몸의 건강을 유지하듯이 교사리더십과 관련해서도 필요에 따라 교사리더십 발휘의 각 영역 및 요소를 잘 분별하여 개발할 필요가 있다.

종합하면 교사리더십 발휘를 위한 3영역 12요소의 영역 및 요소의 정도에 따라 교사리더십 발휘가 달라질 수 있다는 것이다. 3영역 12요소 각각의 정도에 따라 교사리더십 발휘가 달라지는 것을 비유적으로 함수 관계로 설명하고자 한다. 함수는 수학 용어로 두 개의 변수 x, y 사이에서, x가 일정한 범위 내에서 값이 변하는 데 따라서 y의 값이 종속적으로 정해질 때, x에 대하여 y를 이르는 말로 y가 x의 함수라고 하고 y=f(x)로 표시한다(조완영 외, 2017). 그리고 x와 y는 일대일의 대응 관계를 형성한다. 교사리더십 발휘(y)는 교사들이 갖추고 있는 교사리더십 의식(x1), 교사리더십 역량(x2), 교사리더십 행동 성향(x3)에 의해 결정된다. 즉 교사들이 어떤 교사리더십 의식, 역량, 행동 성향을 갖추느냐에 따라 교사리더십 발휘가 달라진다. 즉 교사리더십 발휘는 교사리더십 의식, 역량, 행동 성향 등에 따른 함수 관계라고 할 수 있고 그 관계를 나타내면 다음과 같다.

**그림 21 // 교사리더십 발휘 함수**

| |
|---|
| **f(교사리더십 발휘) = (교사리더십 의식 × 교사리더십 역량 × 교사리더십 행동 성향)** |
| f(교사리더십 의식) = (주체의식 × 책임의식 × 자율의식) |
| f(교사리더십 역량) = (이해 역량 × 소통 역량 × 촉진 역량 × 성찰 역량 × 철학 역량) |
| f(교사리더십 행동 성향) = (목표지향성 × 과업주도성 × 공동체성 × 전문성) |
| **f(교사리더십 발휘) = 교사리더십 의식(주체의식 × 책임의식 × 자율의식) × 교사리더십 역량(이해 역량 × 소통 역량 × 촉진 역량 × 성찰 역량 × 철학 역량) × 교사리더십 행동 성향(목표지향성 × 과업주도성 × 공동체성 × 전문성)** |

## ⟨1⟩ 각 영역 사이의 함수 관계

교사리더십 발휘는 교사리더십 의식, 교사리더십 역량, 교사리더십 행동 성향에 따른 함수 관계이다. 즉 교사리더십 의식, 교사리더십 역량, 교사리더십 행동 성향에 따라 교사리더십 발휘가 달라진다는 것이다. 교사리더십이 제대로 발휘되기 위해서는 이 세 영역이 잘 갖춰지고 작동해야 한다. 오른 편에 있는 영역들 중에서 하나라도 부족하거나 약하게 되면 교사리더십은 제 대로 발휘될 수 없다. 교사가 교사리더십 역량이나 교사리더십 행동 성향을 갖추었다고 하더라도 주체의식, 책임의식, 자율의식 등의 교사리더십 의식이 없거나 약하면 그 교사는 교사리더십을 제대로 발휘할 수 없다. 마찬가지로 교사리더십 의식과 교사리더십 행동 성향을 갖추었다고 하더라도 이해 역량, 소통 역량, 촉진 역량, 성찰 역량, 철학 역량 등의 교사리더십 역량을 제대로 갖추지 않으면 그 교사 역시 교사리더십을 제대로 발휘할 수 없다. 또한 교사 리더십 의식과 교사리더십 역량을 갖춘 교사라고 하더라도 목표지향성, 과업 주도성, 공동체성, 전문성 등 교사리더십 행동 성향을 갖추지 못하면 그 교사 도 교사리더십을 제대로 발휘할 수 없다. 이와 같이 교사리더십 발휘는 교사 리더십 의식, 교사리더십 역량, 교사리더십 행동 성향에 따른 함수 관계라고 할 수 있다.

## ⟨2⟩ 각 요소 사이의 함수 관계

이러한 함수 관계는 각 영역 내의 요소들 사이에도 성립한다. 우선 교사 리더십 의식은 주체의식, 책임의식, 자율의식의 함수라고 할 수 있다. 즉 교 사들이 주체의식, 책임의식, 자율의식을 어떻게 갖고 있느냐에 따라, 그리고 이 네 가지 요소의 조합에 따라 교사리더십 의식이 달라질 수 있다. 같은 맥 락에서 교사리더십 역량도 이해 역량, 소통 역량, 촉진 역량, 성찰 역량, 철학 역량의 함수라고 할 수 있다. 이해 역량, 소통 역량, 촉진 역량, 성찰 역량, 철 학 역량 각각의 정도와 조합에 따라 교사리더십 역량이 달라지기 때문이다. 교사리더십 행동 성향도 목표지향성, 과업주도성, 공동체성, 전문성과 함수 관계에 있다. 마찬가지로 이 네 가지 요소의 정도와 조합에 따라 교사리더십 행동 성향이 달라지기 때문이다. 이와 같이 교사리더십 발휘의 각 영역 내의 요소들 사이에도 함수 관계가 성립한다. 각 영역 내의 각 요소를 어느 정도 갖추었느냐에 따라 교사리더십 발휘가 달라진다.

## III ▶ 교사리더십 발휘 모형의 가치

학교에서 교사들의 교사리더십 발휘는 매우 중요하고 필요하지만, 쉬운 일이 아니며 매우 복잡하고 다차원적 과정이다. 그리고 학교, 교사, 학생, 교육 여건이나 환경 등에 따라 교사리더십 발휘는 매우 다양하게 나타날 수 있다. 그렇다면 교사리더십을 발휘하기 위하여 교사들은 구체적으로 무엇을 어떻게 해야 하는가? 이에 대한 답도 매우 다차원적이며 다양할 수 있다. 한편, 이 질문은 이 책을 읽는 독자들에게 가장 관심이 있는 질문일 수 있다. 왜냐하면 교사리더십의 의미와 중요성을 깨달았다면, 아마 누구든 교사리더십을 발휘하여 성공적으로 교육활동을 이끌어 가고 싶어 할 것이기 때문이다. 그래서 교사리더십을 발휘하기 위해 구체적으로 어떻게 해야 하는지는 가장 현실적이며 필요한 질문이다.

이 질문에 대한 답을 찾는 방법 중의 하나는 이미 교사리더십 발휘 교사들의 모습을 살펴보는 것이다. 교사리더십 발휘 교사들에게서 나타난 공통적인 특징은 크게 세 가지였다(Crowther, et al., 2009; Ackerman & Mackenzie, 2007; Levin & Schrum, 2017; Danielson, 2006; Donaldson, 2006). 교사리더십 발휘 교사는 첫째, 교사리더십 의식을 가지고 있고, 둘째, 교사리더십을 발휘하기 위한 역량을 갖추고 있으며, 셋째, 구체적으로 교사리더십 행동 성향으로 과업을 수행하는 교사였다. 즉 교사리더십 발휘 교사는 교사리더십 의식의 기반위에서 교사리더십 역량을 갖추고 교사리더십 행동 성향으로 과업을 수행하는 모습을 보여주었다. 따라서 교사들 중에 교사리더십을 발휘하기 위하여 구체적으로 무엇을 어떻게 해야 하지에 대해 생각하고 있는 교사들은 구체적인 교육활동 과정에서 본 저서의 모형을 적용해 볼 수 있다. 즉 교사리더십 의식, 교사리더십 역량, 교사리더십 행동 성향을 갖추기 위해 노력하고 이를 바탕으로 교육활동을 수행하는 것이다.

한편, 교사리더십은 상황이나 환경 속에서 적응, 대응하면서 자연 발생적으로 형성될 수 있다는 점도 인정할 필요가 있다. 교사리더십은 그 특성상 상황이나 환경 속에서 자연스럽게 길러질 수도 있다. 즉 교사리더십은 기술이나 방법 등을 익혀서 혹은 교육이나 연수를 받고 형성될 수 있지만, 교육활동 상황과 맥락 속에서 자연스럽게 형성되기도 한다. 즉 학생과의 끊임없는 상호작용, 동료교원들과의 협력, 협동, 갈등, 문제해결 등을 통해 교육목표를 이뤄 가기 위한 다양한 노력을 하는 가운데 교사리더십이 형성될 수도 있다. 따라서 교사리더십이 형성될 수 있도록 하기 위한 환경이나 여건 조성에도 관심을 기울일 필요가 있다. 아울러 교사리더십이 자연스럽게 형성되는 환경 속에서 교사리더십 함양을 위한 다양한 교육 및 연수 프로그램을 활용한다면 교사리더십 함양은 더욱 촉진될 수 있다(Lieberman & Miller, 2004: 22; Murphy, 2005). 교육현장의 자연스러운 상황 속에서도 교사리더십이 형성될 수 있다는 점을 인정하고 그 토대 위에서 개발 노력을 기울인다면 교사리더십 함양은 더욱 고양될 것이다.

다만 교사리더십 발휘나 형성에 있어 교사리더십에 대한 인지와 인식은 매우 중요하다. 교사리더십에 대한 인지와 인식이 없으면 자연스러운 과정을 통해 교사리더십이 발휘되거나 교사리더십이 함양되었음에도 불구하고 교사리더십 관점에서 상황을 보지 못할 수 있다. 그러면 설령 교사리더십이 발휘된다고 하더라도 무의식 중에 지나가는 하나의 작용으로 밖에 인식이 되지 않아 교사리더십을 더 촉진하지도 개선하지도 못할 수 있다. 이렇게 되면 교육활동의 목표 달성 효과를 기대하기 어려울 것이다. 반면 교사리더십에 대한 인지와 인식을 가지고 있으면 자신의 교육활동 및 교사리더십 발휘 상황을 교사리더십의 관점에서 볼 수 있다. 교사리더십의 관점에서 보면 자신의 교사리더십 발휘와 관련하여 무엇을 잘하고 있고 무엇이 부족하며, 무엇을 발전시켜야 하는지 등에 대한 통찰을 가질 수 있다. 그렇게 되면 교사리더십 발휘에 보다 적극적으로 임할 수 있고 교사리더십 개발이나 발전을 위한 노력으로 이어질 수 있다. 이러한 교사는 교사리더십을 좀 더 잘 발휘하게 되어 교육목표 달성을 잘 이룰 수 있다. 아직 학교현장에 교사리더십에 대한 개념 및 인식이 활성화되어 있지 않는 상황에서 본 저서는 교사리더십에 대한 인지와 인식을 촉진할 수 있는 하나의 토대를 마련해 주고자 하는 책이다.

본 모형에서 제시하고 있는 교사리더십 발휘 영역 및 요소들을 갖추게 되면, 교사는 어떤 상황에서도 교사리더십을 발휘할 수 있다. 수업, 생활지도, 학급운영 등 학생과의 관계에서 교사리더십을 발휘할 수 있을 뿐만 아니라 동료교사들과의 관계 및 학습공동체, 교장·교감과의 관계에서도 교사리더십을 발휘할 수 있고, 학부모 및 지역사회 인사들과의 관계에서도 교사리더십을 발휘할 수 있다. 아울러 이러한 교사리더십 영역 및 요소들을 갖추고 있으면 구성원들과의 갈등 및 침체된 분위기, 그리고 다루기 힘든 아이들과의 관계 속에서도 어려움을 극복하며 교육활동을 수행해 나갈 수 있다.

또한 교사리더십 발휘 영역과 요소들을 갖추고 있으면, 교육개혁이나 학교개혁을 추진해 나가는 과정에서도 교사리더십을 발휘할 수 있다. 교사들이 이러한 교사리더십 영역과 요소들을 갖추고 있으면, 설령 교장, 교감 등 학교 관리자들이 소극적인 경우에도, 또는 교육청의 정책이나 방향이 명확하지 않는 경우에도 교사리더십을 발휘할 수 있다. 아울러 전문성을 잘 발휘하기 위해서도 교사리더십이 필요하다. 전문적인 역량과 능력, 자질을 갖춘 교사라도 하더라도 구체적인 교육활동 상황에서 학생이나 동료교원을 참여하게 하고 변화하게 하고 움직이게 하는 힘, 영향력이 없다면 전문성을 제대로 발휘하기 어렵다. 교사리더십은 전문성을 제대로 발휘하기 위해서도 필요하다.

# 3부

교사리더십 발휘 모형의
활용 및 과제

# 9장

## 교사리더십
## 발휘 모형 활용

# 교사리더십 발휘 모형 활용

본 저서의 교사리더십 발휘 모형은 다양한 적용과 활용이 가능하다. 우선 교사 개인 차원에서 활용할 수 있고, 단위학교 차원에서도 활용할 수 있으며, 교사공동체 차원에서도 활용할 수 있고, 또한 교육청 및 교원양성기관 차원에서도 활용할 수 있다.

## 〈 1 〉 교사 개인 차원의 활용

교사리더십 발휘 모형은 우선 교사 개인 차원에서 활용할 수 있다. 먼저 교사 개인적으로 교사리더십 개념 및 발휘 모형에 관한 본 저서의 내용을 읽는 것만으로도 도움이 될 수 있다. 교사리더십에 대한 인지와 논의 자체만으로도 교사에게 도움이 된다는 것이다(Katzenmeyer & Moller, 2009: 45; Levin & Schrum, 2017; Danielson, 2006). 본 저서의 교사리더십 개념 및 발휘 모형에 관한 내용을 읽다 보면 자연스럽게 본인의 상황에 대한 생각과 성찰이 이루어질 수 있다. 본 저서를 읽어가면서 '나의 교사리더십 의식은 어떠한지', '나의 교사리더십 역량은 어떠한지', '나의 교사리더십 행동 성향은 어떠한지' 등에 대해 생각하고 성찰해 볼 수 있다. 이러한 생각과 성찰의 과정 중에 '어느 영역은 나도 잘하고 있다'는 생각이 들기도 하고, '어느 영역은 내가 부족하니 더 개발해야겠다'는 생각이 들 수 있다. 이 과정에서 내가 잘 하고 있는 영역은 더욱 발전시켜 나가고 내가 약하거나 부족하다고 생각되는 영역은 개발 노력을 기울이게 된다면 교사리더십 함양에 도움이 될 수 있다.

또한 교사 개인 차원에서 교사리더십 발휘 측정 도구를 사용하는 방법도 있다. 외국에서 개발된 교사리더십 측정 도구들도 있고(Katzenmeyer & Moller, 2009: 16-19), 국내에서 개발된 교사리더십 측정 도구들도 있다(조민지, 2022)[4]. 이러한 측정 도구를 활용하여 본인의 교사리더십 발휘 상황에 대해 점검해 보고 본인의 교사리더십 향상을 위한 기반으로 삼을 수 있다. 교사리더십 측정 도구를 활용하여 진단해 보면, 종합적으로 본인의 전반적인 교사리더십 수준과 각 영역 및 요소별 특성을 파악할 수 있을 것이다. 이러한 특성들을 파악하게 되면 자신의 교사리더십 함양 및 개발을 위한 지침을 얻을 수 있고 좀 더 효과적으로 개발 노력을 기울일 수 있을 것이다.

좀 더 구체적으로 초임교사, 중견교사, 원로교사 모두 각각의 필요에 맞게 본 교사리더십 발휘 모형을 활용할 수 있다. 우선 초임교사는 교사리더십 진단 도구를 통해 본인의 교사리더십 특성을 파악하고 향후 교사리더십의 어떤 영역, 어떤 요소들을 발전, 개발시켜야 할지에 대한 자기 점검이 가능할 것이다. 중견교사 역시 교사리더십 진단 도구를 통해 본인의 교사리더십 특성 및 장·단점을 파악하고 본인 장점의 활용, 그리고 단점의 보완을 위한 시사점을 얻을 수 있다. 또한 후배 교사들이 교사리더십을 개발하고 발휘할 수 있도록 돕고, 지원해 주는 역할도 감당할 수 있을 것이다. 원로교사들 역시 본 모형을 활용할 수 있다. 학교에서는 원로교사임에도 불구하고 수업활동 및 교육활동은 젊은 교사들과 똑같이 수행을 해야 하기 때문에 동일하게 교사리더십을 발휘할 수 있어야 한다. 원로교사 역시 교사리더십 진단 도구를 통해 본인의 교사리더십 특성을 파악하고 개선, 발전시켜 나갈 시사점들을 얻을 수 있다. 이와 같이 교사 개인 차원에서 본 저서를 읽고 교사 스스로 본인이 리더라는 것을 자각하고 본인의 교사리더십에 대해 확인하고, 점검하는 것만으로도 큰 도움이 될 수 있다. 더 나아가 교사리더십 개발을 위한 노력으로 이어 나갈 수 있다.

---

4  본 저서에서는 조민지(2022) 박사가 개발한 '교사리더십 진단 도구'를 부록으로 제시하였다.

## 〈2〉 단위학교 차원에서의 활용

본 저서에서 제안하고 있는 교사리더십 발휘 모형은 단위학교 차원에서도 다양한 활용이 가능하다. 우선 해당 학교 교원 전체를 대상으로 교사리더십 발휘 상황에 대한 이해 및 점검 차원에서 활용할 수 있다. 해당 학교 교원 전체 교사리더십에 대한 분석을 토대로 그 학교의 종합적인 교사리더십 상황을 이해할 뿐만 아니라 각 학년별, 각 교과별, 각 부서별 다양한 특성과 차이를 이해할 수 있을 것이다. 이러한 이해는 학교 및 교사들의 개선 및 발전을 위한 중요한 기반이 될 수 있다.

교사리더십 발휘 모형은 단위학교 차원에서 장학, 컨설팅, 교사평가 등의 대안으로 활용할 수도 있다. 장학, 컨설팅, 교원평가 등은 모두 교원을 도와서 교육 성과를 높이고자 하는 활동들인데, 교사리더십은 이들 활동들이 제대로 잘 이루어질 수 있도록 하는 기제가 될 수 있으며, 좀 더 적극적으로 보면 이들 활동들을 대체할 수 있는 기제이기도 하다. 왜냐하면 교사리더십 발휘를 통해 이들 활동들이 이루고자 하는 목표를 이룰 수 있기 때문이다. 장학, 컨설팅, 교사평가 모두 교사의 질을 향상시키는 데 목적이 있다. 교사리더십은 교사 질의 핵심 요소로서(Murphy, 2005; Hargreaves & Fullan, 2012) 교사리더십 함양은 교사의 질 향상으로 이어져 장학, 컨설팅, 교사평가 등을 통해 이루고자 목적을 동일하게 이룰 수 있다.

현재 단위학교에서 다양한 장학, 컨설팅, 교원평가 등이 이루어지고 있는데 상당히 형식적이고 교사들에게 실질적인 도움이 되지 않는다는 분석이 많다(박은진, 2020; 오은석, 2020; 우선재, 2011; 허병기, 1997). 이러한 상황에서 장학 및 컨설팅 대안으로 본 교사리더십 발휘 모형을 활용할 수 있다. 본 모형을 통해 교사리더십이 함양되고 발휘된다면, 교사들의 교육활동 성과 및 효과가 향상되어 장학이나 컨설팅을 통해 얻고자 하는 목표를 이룰 수 있다. 그리고 본 저서의 교사리더십 발휘 모형은 교원평가의 대안으로도 활용할 수 있다. 교원평가는 상당히 오랜 기간 실시해 왔음에도 불구하고 교사들의 전문성 개발 및 향상에 크게 기여하지 못하고 있다는 평가가 많다(하병수, 2006; 김민호, 2010; 오성삼, 2010; 옥현진, 2021). 이는 교원평가의 항목과 내용이 최소 기준을 제시하고 있을 뿐 교사들의 전문성 향상을 위한 내용과 깊이를 갖추고 있지 못하기 때문이다(하병수, 2006). 본 저서에서 제시하고 있는 교사리더십 발휘 모형은 교원평가의 대안으로도 의미가 있다. 본 교사리더십 발휘 모형을 활용하여 교사들의 리더십 상황을 진단, 분석하면 교사들의 특성과 장·단점을 파악할 수 있고, 그 결과를 토대로 교사리더십 및 전문성 향상 및 개발을 위한 노력을 기울일 수 있어 교사들의 실질적인 전문성 및 리더십 향상에 기여할 수 있기 때문이다. 교원평가를 통해 이루고자 하는 목표를 교사리더십 발휘를 통해 이룰 수 있다.

단위학교 관리자(교장, 교감)의 중요한 책무 중의 하나는 교사들이 교사리더십을 발휘할 수 있도록 여건과 환경을 만들어 주고 교사들에게 교사리더십을 함양시켜 주는 것이다. 교사리더십은 타고나는 것이 아니라 삶과 경험 속에서 길러지며 성장하고 발전하는 것이다(Crowther, et al., 2009; Katzenmeyer & Moller, 2009). 교사들이 학교 교육활동 수행 과정에서 교사리더십을 발휘하고 함양할 수 있도록 교장, 교감은 적극 돕고, 지원해 주어야 한다(Crowther, et al., 2009; Levin & Schrum, 2017; Katzenmeyer & Moller, 2009: 101).

본 모형을 기반으로 학교 현장에서 다양한 교사리더십 함양 노력을 시도해 볼 수 있는데, 우선 교사의 과업 영역별로 수업지도 교사리더십 함양 프로그램, 생활지도 교사리더십 함양 프로그램, 학부모관계 교사리더십 함양 프로그램, 업무수행 교사리더십 함양 프로그램, 동료교사 관계에서의 교사리더십 함양 프로그램 등을 마련하여 운영할 수 있다. 또한 교사 경력별로 초임교사 교사리더십 함양 프로그램, 중견교사 교사리더십 함양 프로그램, 원로교사 교사리더십 함양 프로그램 등을 마련하여 운영할 때 본 모형을 활용할 수 있다. 또한 교사의 보직에 따라 담임교사 교사리더십 함양 프로그램, 업무부장교사 교사리더십 함양 프로그램, 학년부장교사 교사리더십 함양 프로그램 등을 개발하여 운영할 수도 있다. 본 저서에서 제시하고 있는 교사리더십 발휘 모형을 기반으로 학교 차원에서 교사들의 필요와 상황에 따라 다양하게 교사리더십 함양 프로그램을 개발, 운영할 수 있다.

## 〈3〉 교사공동체 차원에서의 활용

본 저서에서 제안한 교사리더십 발휘 모형은 교사 교사공동체 차원에서도 활용할 수 있다. 교사들은 학교 안팎에서 다양한 공동체 모임에 참여하고 있다. 교사들은 학교 내에서 동학년 교사모임, 동교과 교사모임, 학습공동체 모임 등에 참여하고 있으며, 학교 밖에서 이루어지는 여러 학습공동체나 연수 과정에도 참여하고 있다. 이러한 다양한 교사공동체 모임에서 본 교사리더십 발휘 모형을 활용할 수 있다. 예를 들어, 동학년 교사모임이나 동교과 교사모임에서 본 교사리더십 발휘 모형을 함께 이해하고 토론하면서 자신과 동료교사들을 더 깊이 이해하는 시간을 가질 수 있다. 이러한 이해를 바탕으로 상호 교사리더십을 잘 갖출 수 있도록 자극하고 지원해 줄 수도 있다.

아울러 본 저서의 기본 모형을 토대로 서로 교사리더십 발휘 과정을 참관, 관찰하면서 상호 분석, 평가를 통해 교사리더십을 함양시켜 나갈 수도 있다. 또한 교사공동체 차원에서 교사리더십 진단 도구를 활용하여 함께 진단, 점검해 보고 상호 검토와 토론을 통해 서로 교사리더십 장점과 단점을 파악하여 개선 및 변화를 이끌어 낼 수도 있다. 최근 들어 단위학교 차원에 머물지 않고 학교 밖의 다양한 교사공동체가 만들어지고 있는데, 이러한 학교 밖의 교사공동체 차원에서도 본 저서에서 제안한 모형을 토대로 교사리더십 함양을 위한 다양한 시도들이 이루어질 수 있다.

## 〈4〉 교육청 차원에서의 활용

교육청의 중요한 역할과 기능 중의 하나는 교사들의 역량과 자질을 함양시켜 주는 것이다. 실제로 각 교육청에서는 교사들의 역량과 지질을 길러주기 위하여 다양한 노력을 기울이고 있다(경기도교육청, 2023; 서울특별시교육청, 2022). 교사리더십은 교육 환경 변화에 따라 교사들에게 요구되는 핵심 역량이라고 할 수 있다(Lieberman & Miller, 2004; Hargreaves & Fullan, 2012; Wenner & Campbell, 2017). 따라서 교육청 차원에서도 교사들의 교사리더십 함양 및 향상을 위하여 적극적인 노력을 기울일 필요가 있다.

우선 교육청 차원에서는 본 교사리더십 발휘 모형을 토대로 교사리더십 함양을 위한 정책을 수립할 수 있을 것이다. 교사리더십 함양을 교육청의 주요 정책과제로 삼고 교사들의 교사리더십을 개발시켜 줄 정책을 마련하는 것이다. 구체적으로 교사리더십 함양 및 개발을 위한 체제와 구조를 구축하고 프로그램 및 내용을 개발하여 현장 교원 및 학교를 지원하기 위한 방안을 마련할 필요가 있다. 이러한 정책적 노력을 기반으로 교육청 차원에서 교사리더십 함양 및 개발을 위한 구체적인 교육프로그램을 마련하여 제공할 수도 있다. 아울러 교사리더십 개발 및 함양과 관련하여 교사 개인 및 단위학교 차원에서 수행하기 어려운 영역이 있을 수 있는데, 이러한 영역을 교육청이 적극 지원해 줄 필요가 있다.

좀 더 구체적인 교육청 차원의 활용방안을 보면, 우선 각 교육청에서는 신규교사 연수 과정을 마련하여 운영하고 있는데, 신규교사 연수 프로그램에서 교사리더십 함양 과정을 하나의 코스로 마련하여 본 저서의 모형을 기반으로 신규교사의 교사리더십 함양을 도모할 수 있다. 또한 각 교육청에서는 1급정교사 자격연수 과정을 마련하여 운영하고 있는데, 1급정교사 자격연수 프로그램에서도 본 저서에서 제시하고 있는 모형을 기반으로 교사리더십 함양 과정을 운영할 수 있다. 아울러 각 교육청에서는 다양한 연수 프로그램을 마련하여 운영하고 있는데, 그 프로그램들과 병행하여 본 모형을 기반으로 연수 프로그램을 운영할 수도 있다.

## ⟨5⟩ 교원양성기관 차원에서의 활용

교원양성기관은 교사로서의 기본적인 역량과 자질을 길러주는 곳이다. 따라서 미래 교원에게 필요한 핵심 역량인 교사리더십을 길러주는 것은 교원양성기관이 담당해야 할 중요한 책무 중의 하나이다. 하지만 아직까지 우리나라 교원양성기관에서 교사리더십 함양과 관련된 논의나 구체적인 노력은 거의 없는 편이다(김병찬, 2019; 정진욱, 2022; 김진원, 2021). 이제 우리나라 교원양성기관에서도 교사리더십 함양을 위해 적극적인 관심과 노력을 기울일 필요가 있다. 교사들이 학교 현장에서 교사리더십을 제대로 발휘하기 위해서는 예비교사 양성 과정에서부터 준비될 필요가 있기 때문이다(Danielson, 2006; Murphy, 2005; Donaldson, 2006).

우선, 각 교원양성기관의 특성에 맞게 교사리더십 과목을 개발하여 운영할 수 있다. 현재 우리나라 교사양성 교육과정 운영 시스템 내에서도 예비교사들의 현장 역량 함양을 위한 과목을 개발하여 개설, 운영하고 있는데, 교사리더십 과목도 포함하여 개설, 운영하는 것이다. 또한 교사양성 교육과정의 체제와 구조를 개편하여 교사리더십 함양 프로그램을 하나의 모듈로 구축하여 운영할 수도 있다. 교사리더십 함양을 위한 프로그램을 하나의 과목으로 운영하는 것은 다룰 수 있는 내용이나 범위에 있어 한계가 있기 때문에, 보다 충분한 준비를 위해서는 모듈화된 프로그램을 마련하여 운영할 필요가 있다. 본 교사리더십 함양 모델을 토대로 교사리더십 의식, 교사리더십 역량, 교사리더십 행동 성향을 모듈의 축으로 하여 각 영역에서 필요한 과목들을 개발하여 종합적이고 체계적으로 운영하는 것이다. 이 모듈 프로그램에서는 3-4학기에 걸쳐 체계적이고 단계적이며 나선형적으로 프로그램을 운영하여 예비교사들에게 보다 실질적으로 교사리더십을 함양할 수 있도록 해 줄 필요가 있다.

위계적 체제와 객관주의 교육 패러다임 기반으로 하는 전통적 교육에서는 국가 혹은 교육청에서 내려준 지식, 교과 등을 학생들에게 효과적이고 효율적으로 잘 전달하는 것이 교사들의 역할이었다. 이러한 전통적 학교와 교육에서는 학생들에게 지식을 잘 전달하기 위한 전문성은 강조되었지만 교사리더십은 크게 요구되지 않았다(Hargreaves, 2003). 따라서 교사를 길러내는 교사양성기관에서도 교사전문성은 강조했지만 교사리더십에 대해서는 큰 관심을 기울이지 않았다. 하지만 객관주의 교육 패러다임에서 구성주의 교육 패러다임으로 변하고, 학교가 위계적 체제에서 공동체 체제로 변하면서 학교교육을 잘 감당하기 위한 개별 교사의 역량, 특히 교사리더십이 중요해졌다(Murphy, 2005; Lieberman & Miller, 2004). 교육 패러다임의 변화에 따라 교사들에게 자율과 책임이 확대되어 과거처럼 국가나 교육청의 지시나 지침에 따라 교육활동을 수행하는 것이 아니라 자율과 재량을 바탕으로 책임 있게 교육활동을 수행해 나가야 할 필요성이 높아졌다. 자율적이고 책임 있는 교육활동을 제대로 수행하기 위해서는 반드시 교사리더십이 필요하다. 즉 교사에게 교사리더십은 선택이 아니라 필수이다. 이러한 변화에 따라 교사양성기관에서도 당연히, 그리고 매우 체계적이고 깊이 있게 예비교사들에게 교사리더십을 길러주어야 한다.

우리나라 교원양성기관 커리큘럼은 거의 40여 년 동안 큰 변화 없이 교과내용학, 교과교육학, 교직학, 실습 등으로 구성되어 있다(신현석, 2010). 이러한 구성은 지식의 전달을 중시하는 객관주의 교육 패러다임에 기반한 것으로 구성주의 교육 패러다임이 주류가 되어 가고 있는 현대의 교사교육에는 적합하지 않다. 또한 교육 현장의 변화 흐름에도 맞지 않다. 즉 현재의 교원양성기관 커리큘럼은 학교 현장에서 필요로 하는 교사를 길러내는 데 한계가 있다(이인규 외, 2017; 정진화, 2016). 학교 현장에서는 교사리더십이 교사들에게 매우 중요하고 필요한 교사 자질이 되어가고 있다(Hargreaves & Fullan, 2012; Wenner & Campbell, 2017). 교사양성기관에서도 예비교사들에게 교사리더십을 함양시켜 주기 위한 다양한 노력을 기울일 필요가 있다.

따라서 교사양성기관에서는 예비교사들의 교사리더십 함양을 위한 다양한 프로그램을 마련하여 운영해야 한다. 교사리더십 함양을 위한 다양한 프로그램을 필수 과정으로 운영할 필요가 있으며, 아울러 다양한 실습 프로그램을 마련하여 학교 현장에서의 교사리더십 발휘 과정 및 사례들을 관찰하고 경험할 수 있게 해 주어야 한다. 이러한 경험은 예비교사들에게 교사리더십 함양뿐만 아니라 교사리더십 잠재력을 일깨워 줄 수 있다(Murphy, 2005; Donaldson, 2006; Du, 2007: 194; Katzenmeyer & Moller, 2009: 99). 교사양성기관에서 예비교사들에게 교사리더십의 기초와 기반을 구축해 주기 위해 다양한 노력을 기울일 필요가 있는데, 본 저서에서 제안하고 있는 3영역 12요소의 교사리더십 발휘 모형은 하나의 대안이 될 수 있다.

## ⟨6⟩ 교사리더십 함양을 위한 연수 프로그램 운영 제안

교사리더십 함양을 위한 연수 프로그램 운영은 매우 다양하게 접근할 수 있다. 교사리더십 영역 및 요소별 접근과 연수 기간별 접근을 제안하면 다음과 같다.

## 가. 교사리더십 영역 및 요소별 접근

교사리더십 함양을 위해 교사리더십 영역 및 요소별 접근이 가능하다. 본 저서의 모형에서는 교사리더십 자질로 3영역 12요소를 구안하였다. 주체의식, 책임의식, 자율의식으로 구성된 교사리더십 의식 영역, 이해 역량, 소통 역량, 촉진 역량, 성찰 역량, 철학 역량으로 구성된 교사리더십 역량 영역, 그리고 목표지향성, 과업주도성, 공동체성, 전문성으로 구성된 교사리더십 행동 성향 영역이다. 교사리더십 함양을 위해 이들 영역 및 요소를 기반으로 연수 프로그램을 마련하여 운영할 수 있다.

1) 종합적 접근 : 교사리더십 의식, 교사리더십 역량, 교사리더십 행동 성향 세 영역을 종합하여 체계적으로 프로그램을 구성하여 개발하는 운영하는 것이다.

2) 각 영역별 접근 : 교사리더십 의식, 교사리더십 역량, 교사리더십 행동 성향의 세 영역 중에서 좀 더 개발이 필요한 영역을 선정하여 연수 프로그램을 운영하는 것이다. 각 영역별로 하나씩 연수 프로그램을 운영할 수도 있고, 1-2개 영역을 묶어서 프로그램을 운영할 수도 있다.

3) 개별 요소별 접근 : 본 교사리더십 발휘 모형은 교사리더십 의식 3요소, 교사리더십 역량 5요소, 교사리더십 행동 성향 4요소 등 모두 12요소로 구성되어 있다. 교사리더십 함양 연수 프로그램을 운영함에 있어 이들 12가지 요소 중에서 어느 한 요소에 집중하여 프로그램을 운영할 수 있다. 즉 교사리더십 의식 중에서 주체의식 함양을 위한 연수, 교사리더십 역량 중에서 이해 역량 함양을 위한 연수, 또는 교사리더십 행동 성향 중에서 목표지향성 함양을 위한 연수 등을 각각 운영할 수 있다. 그리고 각 영역 내에서 2-3가지 요소를 묶어 함께 개발하는 연수 프로그램을 운영할 수도 있다. 예를 들어 교사리더십 역량 영역에서 이해 역량과 소통 역량을 함께 개발하는 연수 프로그램을 운영하는 것이다.

4) 복합적 접근 : 본 모형은 교사 및 학교의 필요에 따라 다양하게 활용할 수 있다. 필요에 따라 각 영역의 요소들을 복합적으로 구성하여 연수 프로그램을 운영할 수 있다. 예를 들어, 교사들의 필요에 따라 자율의식(교사리더십 의식 영역), 촉진 역량(교사리더십 역량 영역), 공동체성(교사리더십 행동 성향 영역)을 묶어서 교사리더십 함양 연수 프로그램을 운영하는 것이다. 이와 같이 영역을 교차하여 복합적으로 교사리더십 함양 프로그램을 운영할 수도 있다.

## 나. 연수 기간별 접근

교사리더십 함양 연수 프로그램은 교사나 학교의 필요에 따라 다양하게 연수 기간을 마련하여 운영할 수 있다.

1) 1시간 프로그램 : 연수 대상자의 상황이나 필요에 따라 1시간 프로그램을 마련하여 운영할 수 있다. 각 영역 및 요소에 대해 핵심적으로 축약하여 프로그램을 제공하는 형식이 될 수 있다. 교내 연수나 다른 프로그램 운영 과정에서 함께 병행하여 운영하는 방법으로 이루어질 수 있다.

2) 3-5시간 프로그램 : 상황이나 여건에 따라 3-5시간 프로그램으로 운영할 수도 있다. 한 영역, 혹은 한 요소에 집중하여 프로그램을 운영할 수도 있다. 마찬가지로 교내 연수나 다른 프로그램을 운영과 병행하여 운영할 수 있다.

3) 1일 프로그램 : 교사리더십 함양 연수 프로그램을 1일 프로그램으로 운영할 수도 있다. 교사리더십 각 영역 및 요소를 함께 다룰 수도 있고, 영역이나 요소를 선택하여 집중적으로 다룰 수도 있다. 독자적으로 교사리더십 함양을 위한 1일 프로그램으로 개발하여 운영할 수도 있고, 다른 프로그램과 연계하여 운영할 수도 있다.

4) 1주일 프로그램 : 교사리더십 함양 연수 프로그램을 1주일 동안 집중적으로 운영할 수도 있다. 대상자들의 특성과 필요에 따라 1주일 프로그램이 필요한 경우에 적용한다. 1주일 프로그램부터는 다른 프로그램과 연계하기보다는 독립적인 교사리더십 함양 연수 프로그램으로 운영하는 것이 적합하다.

5) 1개월 프로그램 : 교사리더십 함양 연수 프로그램을 1개월 프로그램으로 운영할 수도 있다. 1개월 연수 프로그램에서는 교사리더십 발휘의 3영역, 12요소를 모두 다루게 된다. 즉 연수 기간을 충분히 확보한 만큼 보다 종합적이고 깊이 있게 다룰 수 있다. 1개월 프로그램은 그 기간의 특성으로 인해 대체로 방학을 이용하여 운영하게 된다.

6) 1학기 프로그램 : 좀 더 체계적이고 깊이 있게 교사리더십을 함향하고자 하는 경우에 한 학기 동안 이루어지는 프로그램을 개발하여 운영할 수도 있다. 한 학기 프로그램에서는 대체로 교사들이 학교 근무와 연수 프로그램 참여를 병행하게 된다. 즉 학교에서 가르치는 일을 하면서 방과후나 저녁 시간을 통하여 교사리더십 함양 연수 프로그램에 참여하는 것이다. 한 학기 프로그램에서는 연수 프로그램에서 배우는 내용을 현장에 적용하면서 나아갈 수 있다는 점에서 장점이 있다.

7) 1년 프로그램 : 상황과 여건에 따라 필요한 경우에는 1년 프로그램도 운영할 수 있다. 1년 프로그램 역시 학교 근무와 연수 프로그램 참여를 병행하게 되며, 연수에서 배운 것들을 현장에 적용할 수 있다는 점에서 장점이 있다. 1년 프로그램인 만큼 반복 적용 및 피드백이 활성화될 수 있다는 장점이 있다.

8) 대학원 프로그램 : 교사리더십 함양을 대학원 프로그램으로 운영할 수 있다. 대학원은 대략 2-3년 정도 운영이 되며, 대체로 야간, 혹은 방학 과정으로 운영된다. 대학원 과정을 통해서는 이론적, 학문적 깊이를 더할 수 있고, 현장 적용, 성찰, 피드백 등도 활발하게 이루어질 수 있는 장점이 있다.

그동안의 교사 연수는 대부분 전문성 기반 연수라고 할 수 있다(Murphy, 2005). 교사들의 전문성에 초점을 맞추고 전문성을 길러주는 것이 교사 연수의 목표였다. 그런데 전문성을 갖추었다고 하더라도 실제 학교 현장에서 교육활동을 제대로 운영하지 못하면 교육적 효과를 거두기 어렵다. 교육활동을 제대로 운영하지 못하면 전문성도 제대로 발휘되지 못하는 것이다. 실제로 교육활동을 제대로 운영하기 위해 필요한 것이 교사리더십이다. 전문성을 갖추고 교사리더십을 발휘할 때 교육활동이 제대로 운영되며 교육적 성과도 거둘 수 있다. 따라서 교육활동의 진정한 성공을 바란다면 그동안의 전문성 위주의 교사 연수에서 교사리더십 중심의 교사 연수로 패러다임이 바뀌어야 한다. 전문성을 갖추는 연수에서 더 나아가 교사리더십을 함양시켜 주는 연수로 전환이 필요하다.

이러한 교사리더십 함양 및 개발에 초점을 맞춘 연수는 교육활동 변화와 개선 측면에서 훨씬 더 생산적이고 효과적이다. 전문성을 갖추는 데 그치지 않고 그 전문성을 제대로 발휘하기 위한 교사리더십까지 갖춰주기 때문에 교육활동의 성공 가능성을 훨씬 높여줄 수 있다.

# 10장

## 교사리더십 발휘 효과 및 실행 과제

# 10 장
## 교사리더십 발휘 효과 및 실행 과제

## Ⅰ 교사리더십 발휘 효과

교사리더십 발휘의 효과는 무엇인가? 교사리더십 발휘 효과는 매우 다양하게 나타나는데, 대체로 교사리더십을 갖추게 되면 교사들은 활력을 회복하게 되고, 교육활동을 성공적으로 이끌며 학교개혁 및 변화를 이루고, 교사들의 만족감과 보람이 증대되는 것으로 나타났다(York-Barr & Duke, 2004: 282-287; Smylie, 1994; Wenner & Campell, 2017). 구체적으로 교사리더십을 발휘하게 되면, 우선 교사리더십 발휘 교사 본인에게 효과가 있고, 아울러 동료교원, 학생에게도 효과가 있으며, 학교 차원에서도 효과가 있다.

### 〈1〉 교사리더십을 발휘하는 교사 본인에게 주는 효과

교사리더십 발휘는 우선 교사 본인에게 자신감을 고양시켜 주고, 의욕과 책임감을 북돋워주며, 교육활동 수행에 있어 만족감을 증대시켜 주는 것으로 나타났다(Beachum & Dentith, 2004; Hunzicker, 2012). 또한 교사리더십 발휘는 과업 수행 과정에서 자신의 목적의식을 투철하게 할 뿐만 아니라 스스로 변화를 이끌어내고 있다는 자율적 주도권 의식도 높여주는 것으로 나타났다(Chew & Andrews, 2010). 교사리더십 발휘는 교사들에게 자신들의 교육활동 실행 역량을 높여주는 과정이 되기도 하며, 교육방법 및 내용에 대해 더 많이 알게 되는 계기가 되기도 하고, 이를 통해 전문성 신장을 가져오기도 한다

(Singh et al., 2012).

교사리더십 발휘는 또한 교사 자신에게 최고의 학습 기회가 되기도 한다 (Barth, 2001). 교사가 리더십을 발휘하는 과정에서 리더십 기술이 향상될 뿐만 아니라 조직에 대한 관점도 넓어지는 것으로 나타났다(Ryan, 1999). 아울러 교사리더십 발휘를 통해 교사의 수업도 개선되고 변화되는 것으로 나타났는데, 왜냐하면 리더십 발휘 과정을 통해 수업과 관련된 새로운 정보나 실천 사례들을 접하게 될 뿐만 아니라 다른 교사의 수업을 관찰할 기회도 늘어나며 수업과 관련된 상호작용이 확대되기 때문이다(Ovando, 1996; Porter, 1986; Smylie, 1994). 수업에서 교사리더십 발휘 과정은 새로운 수업 방법을 개발하고 적용하는 과정이며 전문성 신장을 위한 도전의 과정이기도 하다(Henson, 1996).

교사리더십 발휘는 또한 자신의 과업의 의미와 가치에 대한 인식의 증대를 가져와 교직생애를 안정적으로 유지해 가는 효과도 있으며(Duke, 1994), 심리적 동기를 고양시켜 만족감을 증대시키기도 한다(Smylie, 1994). 교사리더십 발휘 과정은 지적 자극, 연대의식 강화, 자신의 일상적 과업에 대한 성찰적, 분석적 사고 역량의 증대 등의 효과도 있는 것으로 나타났다(Porter, 1986). Wenner와 Campell(2017)은 교사리더십 발휘가 교사 자신에게 스트레스와 어려움 극복, 동료 및 관리자와의 관계 변화, 긍정적인 정서 및 전문성 신장, 리더십 역량의 증진 등의 효과가 있다고 밝혀냈다.

교사리더십 발휘는 동료교원과의 관계를 형성하는 데에도 긍정적인 효과가 있는 것으로 나타났다. 우선, Podjasek(2009: 18)의 연구에서는 교사리더십 발휘를 통해 동료교사와 좀 더 협력적이 되고, 상호 능동적이 되었으며, 새로운 시도와 노력의 적극성도 증대되는 것으로 나타났고, Beacher(2012: 323)의 연구에서는 교사리더십 발휘가 관리자들로 하여금 교사를 더 잘 이해하게 되는 계기가 되었다고 밝혀낸 바 있다. 이와 같이 교사리더십 발휘는 동료교원과의 관계를 향상시켜 리더십의 확산을 가져오는 효과도 있는 것으로 나타났다(Vernon-Dotson & Floyd, 2012).

또한 교사리더십을 갖추게 되면 교사 본인에게 활력, 생동감이 생기고 안정감을 갖고 과업을 수행할 수 있게 되며, 아울러 넓게 보는 안목 및 관점도 생기게 된다(Katzenmeyer & Moller, 2009). 교사리더십을 갖춤으로 자신감과 효능감도 증가하는 것으로 나타났는데(Wenner & Campbell, 2017), 이를 통해 학생 및 동료교원에게 영향을 미치고, 학급과 학교 수준의 변화를 이끌어내며, 교실의 범위를 뛰어넘는 좀 더 넓은 시야를 갖고 교육활동을 수행하게 된다(Katzenmeyer & Moller, 2009).

한편, 교사리더십을 발휘하는 것은 장기적으로 볼 때 교사의 시간과 여유를 더 확보하는 길이기도 하다(Katzenmeyer & Moller, 2009: 226). 즉 교사리더십 발휘를 통해 과업 수행의 효과성과 효율성을 높일 수 있게 되고 과업의 필요와 경중을 구분하는 안목도 길러주어 좀 더 여유를 갖고 교육활동을 수행할 수 있게 된다는 것이다.

교사리더십 발휘를 통해 교사 스스로 자신이 영향력 있는 사람이라는 인식을 해 나가게 되는 것도 큰 효과이다(Murphy, 2005). 교사가 학생, 동료교원, 학부모 등에게 영향력을 발휘할 수 있다고 인지하고 인식하는 것은 교사에게는 큰 보상이다. 자신이 영향력 있는 사람이라고 느끼는 것은 자부심을 갖게 할 뿐만 아니라 역경과 어려움을 이겨내게 하는 동기와 힘이 되기도 한다(Lortie, 2002). 교사가 수행하는 일이 아무리 어렵고 힘들더라도 자신이 누군가에게 영향력을 끼칠 수 있는, 그리고 끼치고 있다고 확신이 들면 교사는 희생을 감수하더라도 그 일을 감당하고자 한다(Wasley, 1991; Donaldson, 2006; Murphy, 2005). 설령 봉급이 낮고 사회적 인식이 낮아도 자신이 영향력을 끼치고 있는 사람이라는 확신이 들면 교육활동에 적극 참여한다(Lortie, 2002). 따라서 교사가 교육활동에 있어 영향력을 행사할 수 있고, 영향력을 행사하고 있다고 느끼는 것은 매우 중요한데, 교사리더십 발휘는 바로 이러한 영향력 경험의 과정이다(Levin & Schrum, 2017; Danielson, 2006; Katzenmeyer & Moller, 2009: 183-184). 이상의 여러 논의를 종합하여 교사 자신에게 주는 교사리더십 발휘의 효과를 정리하면 다음과 같다.

- 교사로서 주체의식을 가지고 책임 있게 교육을 이끌어 갈 수 있다.
- 교사로서 학생들과 상호작용을 원만하고 원활하게 할 수 있다.
- 교사로서 동료교원 및 학부모들과 상호작용을 원만하고 원활하게 할

수 있다.

- 교사로서 학생들의 교육목표 달성을 적극 지원하고 촉진할 수 있다.
- 교사로서 올바른 교육의 비전과 방향을 제시하며 이끌어 갈 수 있다.
- 교사로서 활력이 넘칠 수 있다.
- 창의적이며, 도전하는 교사가 될 수 있다.
- 교사로서 옳은 길을 꾸준히 추구하며 나아갈 수 있다.
- 교육청의 어떤 정책 변화에도 흔들리지 않고 주체적으로 대응하며 나아갈 수 있다.
- 학교에서의 삶뿐만 아니라 개인적인 삶에서도 만족과 보람을 느낄 수 있다.

## 〈 2 〉 동료교원에게 주는 효과

교사리더십 발휘는 동료교원에게도 효과가 있다. Wenner와 Campell(2017)은 선행연구들을 분석을 통해 교사리더십 발휘는 동료교사들에게 자신감과 의욕을 고취시켜 주고, 전문성 신장을 위해 필요한 도움과 지원을 받게 하며, 교사 문화 변화를 이뤄내는 등의 효과가 있다고 밝혔다.

교사리더십 발휘를 통해 동료교원과 우호적인 관계를 형성하는 것으로 나타났는데, 교사리더십 발휘는 동료교원들과의 관계에서 갈등과 거리감을 줄이고, 신뢰관계를 회복할 뿐만 아니라 서로 간의 다툼이나 화냄도 줄어들게 하는 등의 관계 회복 효과가 있는 것으로 나타났다(Smylie, 1992: 87). 또한 동료교사의 수업 개선 효과 역시 교사리더십 발휘의 중요한 효과이다(Ryan, 1999). 교사리더십 발휘를 통해 상호 수업에 대한 이해를 높일 뿐만 아니라 새로운 수업 방법의 도입 등에 있어서 서로 도움을 줄 수 있고, 나아가 개인적인 문제를 서로 조언해 주는 관계로까지 발전할 수 있다(Ryan, 1999: 26). 또한 교사리더십 발휘는 의사결정 과정에서도 동료교사의 동료의식을 높일 뿐만 아니라 교사들의 참여를 촉진하는 것으로 나타났다(Griffin, 1995; Taylor & Bogotch, 1994). 교사리더십 발휘를 통해 동료교원과 발전적인 관계를 만들어 동료교원의 교육활동 성과를 향상시킨다는 것이다(Smylie, 1994). 교사리더십 발휘는 동료교사들의 리더십 의식을 고취시키는 효과도 있는 것으로 나타났다(Vernon-Dotson & Floyd, 2012). 교사리더십 발휘는 동료교사들에게 자아존중감을 높여줄 뿐만 아니라 책임감을 갖게 하며, 롤 모델이 되어 동료교사의 리더십 의식을 촉진시켜 준다는 것이다(Friedman, 2011: 295).

### 〈3〉 학생에게 주는 효과

교사리더십 발휘는 또한 교사리더십 발휘 대상이 되는 학생에게도 효과가 있다. 교사리더십 발휘는 학생으로 하여금 교육목표에 도달할 수 있도록 돕고, 지원하고, 안내하고, 촉진하는 활동으로, 교사리더십이 잘 발휘되면 학생이 교육목표에 잘 도달하게 되는데, 이는 교사리더십 발휘의 가장 큰 효과이다(Danielson, 2006; Murphy, 2005). 즉 교사리더십 발휘를 통해 학생이 잘 배워 교육 성과를 잘 달성하게 된다는 것이다(Lieberman & Miller, 2004; Wenner & Campbell, 2017). 학생이 잘 배울 수 있도록 하기 위해 다양한 노력을 기울이는데, 예를 들어 학교에서 학생의 학습 환경 개선 및 교육을 위한 의사결정 및 정책결정 과정에서 교사리더십을 발휘하여 학생이 좀 더 잘 배울 수 있도록 해 주는 것도 교사리더십 발휘의 효과이다(Ryan, 1999). 같은 맥락에서 York-Barr와 Duke(2004)는 교사리더십 발휘를 통해 동료교사, 학교장 및 학교 구성원들에게 영향력을 행사하여 교수-학습 환경을 향상시킴으로써 학생의 학업 성취를 높이는 효과가 있다고 주장하였다. 교사리더십 발휘는 또한 학생의 다양한 방과후 교육활동 지원을 통해서도 이루어지는데, 이 과정에서도 학생의 성장, 발전을 도모하는 효과가 있는 것으로 나타났다(Katzenmeyer & Moller, 2009: 122).

교사리더십 발휘는 또한 학생들에게 능동적, 민주적 의식을 고양시키는 효과도 있는 것으로 나타났다. Barth(2001: 444)의 연구에 의하면 교사리더십 발휘 과정에서 학생의 참여와 협동을 촉진하여 민주시민 의식 및 실천 역량을 높여주는 것으로 나타났다. 민주시민은 스스로 책임을 지며 자율을 누리는 시민인데, 민주사회에서는 리더십을 갖춘 시민을 필요로 한다(박한숙, 정태근, 2017; 정진화, 2016). 학생들이 이러한 민주시민으로서의 리더십을 갖추는 장이 학교이다(Danielson, 2006; Murphy, 2005; Lieberman & Miller, 2004). 학교에서 교사는 학생들에게 민주시민 의식과 리더십을 보여주는 모델이다. 민주시민 의식과 리더십을 갖춘 교사가 학생에게도 제대로 된 민주시민 의식과 리더십을 길러 줄 수 있다(Crowther, et al., 2009; Ackerman & Mackenzie, 2007). 교사리더십 발휘는 학생에게 리더십 및 민주시민 의식과 역량을 길러주는 과정이 되기도 한다.

## ⟨4⟩ 학교 차원의 효과

교사리더십 발휘는 학교 차원에서도 효과가 있다. 우선 학교에서의 교사리더십 발휘는 교사들의 창의성을 발현시키는 계기가 되어 학교 개선 및 발전에 긍정적인 영향을 미치며(Muijs & Harris, 2006: 965), 학교 차원에서 교수-학습 개선 및 학교 문화의 변화나 개선으로 이어지기도 한다(Brooks et al., 2004). 결과적으로 교사리더십 발휘는 학교의 교육적 성과를 달성하는 데 중요한 영향을 미친다(박새롬, 2017: 5). Barth(2001)는 학교공동체 내에서 모든 교사가 리더가 될 수 있는 잠재력을 가지고 있다고 강조하면서, 교사들이 교사리더십을 발휘하면 교사들은 보다 적극적으로 교육활동에 임하고, 학생들은 민주적인 학습공동체를 경험하게 되며, 학교관리자인 교장의 역량 또한 증대되어 학교 교육의 성과가 높아진다고 주장하였다. Merideth(2007) 또한 교사리더십 발휘의 학교 차원 효과에 주목하면서, 교사리더십 발휘는 학생들의 학업 성취도 향상을 가져올 수 있으며, 교사들 사이의 협력 및 학습을 증진시키고, 성공적인 학교 개선 노력을 촉발하여 학교의 비전과 가치를 구현할 수 있는 중요한 기제가 된다고 주장하였다.

Katzenmeyer와 Moller(2009: 71-75)는 교사리더십을 갖추었을 때 학교 차원에서 교사의 효능감 증대, 우수교사의 장기근속, 학교 변화에 대한 저항 극복, 교직원의 경력 개발, 전문성 향상, 동료교사 유대관계 향상, 학교교육 결과 책무성 공유, 학교의 지속적 발전 등의 효과가 있다고 밝히고 있다. 이러한 교사리더십 발휘는 또한 교사들의 전문성 향상뿐만 아니라 교사들의 정책 개발 및 수행 과정에 참여를 증대시켜 교사들의 권위 신장에도 기여하는 것으로 나타났다(Paulu & Winters, 1998). Crowther, Ferguson와 Hann(2009)은 교사리더십 발휘는 학교에서 교수-학습의 효과를 증진시키고, 학교 공동체를 활성화시켜 주며, 교육활동의 질과 성과를 높여 주어 학교개혁을 촉진한다고 주장하였다. 나아가 이러한 교사리더십 발휘는 학교의 변화나 발전에 기여할 뿐만 아니라 지역사회 등에도 교사의 영향력을 증대시키는 효과가 있는 것으로 나타났다(Paulu & Winter, 1998). 이러한 맥락에서 Foster(1998)와 King 등(1996)은 학교 성공의 핵심 요소가 교사리더십이라고 주장하였다.

## Ⅱ 교사리더십 발휘 모형 실행 및 연구 과제

### 〈 1 〉 교사리더십 발휘 모형 실행 과제

#### 가. 종합적인 적용

본 저서에서 제시하고 있는 교사리더십 발휘 모형은 3영역 12요소로 구성되어 있다. 3영역 12요소를 갖추면 교사리더십을 제대로 발휘할 수 있다. 교사리더십을 발휘하기 위해 3영역 12요소를 모두 함께 적용해 보는 것이 종합적 적용이다. 예를 들어 어느 교사든 교육활동을 수행하면서 교사리더십을 발휘하고자 하는 마음을 먹고, 우선 교사리더십 의식을 갖고(주체의식, 책임의식, 자율의식을 갖고), 교사리더십 역량을 발휘하여(이해 역량, 소통 역량, 촉진 역량, 성찰 역량, 철학 역량을 발휘하여), 교사리더십 행동 성향으로(목표지향성, 과업주도성, 공동체성, 전문성 성향으로) 과업을 수행하면 교사리더십을 발휘할 수 있다. 즉 교사가 어떤 교육활동을 수행하든 그 교육활동에 대한 주체의식, 책임의식, 자율의식을 갖고(교사리더십 의식), 이해하고, 소통하고, 촉진하고, 성찰하고, 철학적으로 사유하며(교사리더십 역량), 목표지향적이고, 과업주도적이며, 공동체적이고, 전문적으로(교사리더십 행동 성향) 과업을 수행하면 그 교사는 교사리더십을 발휘할 수 있다.

이러한 종합적인 적용은 어느 교사든 당장부터 적용이 가능하다. 교사의 과업이자 일상인 수업지도와 생활지도 등의 상황에서 지금까지의 접근과 달리 교사리더십 관점에서 새로운 접근을 시도해 보는 것이다. 수업지도를 하면서 그 수업 운영과 관련하여 좀 더 주체의식, 책임의식, 자율의식을 가지고, 수업 과정에서 보다 적극적으로 이해하고, 소통하고, 촉진하고, 성찰하고, 철학적으로 사유하며, 보다 목표지향적이고, 과업주도적이고, 공동체적이고, 전문적으로 수업을 이끌어 가면 수업지도 교사리더십이 발휘되는 것이다. 이러한 시도는 다른 교육활동에서도 적용이 가능하다. 동료교사들과 학습공동체를 운영하면서도 학습공동체 운영과 관련하여, 좀 더 주체의식, 책임의식, 자율의식을 갖고, 학습공동체 운영 과정에서 좀 더 이해하고, 소통하고, 촉진하고, 성찰하고, 철학적으로 사유하면서, 좀 더 목표지향적이고, 과업주도적이며, 공동체적이고, 전문적으로 학습공동체 활동을 수행한다면 동료교사를 대상으로 교사리더십을 발휘할 수 있다.

　물론 본 모형의 3영역 12요소를 적용하는 데 있어 교사들마다 개인차가 존재할 수 있다. 어느 교사는 3영역 12요소를 잘 갖추고 있을 수 있지만, 어느 교사는 잘 갖추고 있지 못할 수도 있다. 또 교사들 마다 어느 영역, 어느 요소는 잘 갖추고 있지만, 다른 영역 다른 요소는 잘 갖추고 있지 못할 수도 있다. 하지만 이 부분은 크게 염려할 필요가 없다. 3영역 12요소를 모두 갖추고 있지 못하더라도, 혹은 일부 영역 일부 요소가 약하더라도 3영역 12요소를 의식하고 교육활동을 수행하는 것만으로도 교사리더십을 발휘할 수 있다. 아직 완벽하게 갖추지는 않았지만 3영역 12요소의 적용 및 시도는 교사들의 교사리더십 발휘를 더욱 촉진할 것이다.

　그리고 이러한 종합적인 적용을 통해 교사 입장에서 자신의 교사리더십 발휘의 강점과 약점을 찾아내는 계기가 될 수 있다. 3영역 12요소를 종합적으로 적용하여 교사리더십 발휘를 해 나가는 과정에서 자신이 어느 영역 어느 요소가 강한지, 어느 영역 어느 요소가 약한지에 대해 파악할 수 있게 되는데, 이는 후속 개발 노력으로 이어져 교사리더십 발전, 향상을 가져올 수 있다.

### 나. 부분적인 적용

　본 모형의 교사리더십 발휘 3영역 12요소의 적용과 관련하여 3영역 12

요소를 모두 적용하는 종합적인 접근도 가능하지만, 3영역 12요소의 일부만을 적용하는 부분적인 접근도 가능하다. 각 교사의 상황과 필요에 맞게 융통성 있게 적용할 수 있다. 예를 들어 생활지도 상황에서 교사리더십을 발휘하기 위하여 교사리더십 의식만 먼저 적용해 볼 수 있다는 것이다. 생활지도 과정에서 교사리더십을 발휘하고자 할 때 우선 교사리더십 의식을 갖고 접근한다. 생활지도를 수행함에 있어 주체의식, 책임의식, 자율의식의 교사리더십 의식을 갖고 접근하는 것이다. 생활지도를 좀 더 주체적으로 수행하고자하며, 좀 더 책임지고자 하고, 좀 더 자율적으로 판단, 결정하고자 하면 교사리더십이 발휘될 수 있다. 교사리더십 의식을 갖는 것만으로도 교사리더십을 발휘될 수 있다. 물론 교사리더십 의식을 기반으로 교사리더십 역량, 교사리더십 행동 성향으로 과업을 수행할 수도 있지만, 교사리더십 역량이나 교사리더십 행동 성향으로 이어지지 않는다 하더라도 교사리더십 의식을 갖는것만으로도 교사리더십은 발휘될 수 있다는 것이다. 또 다른 예를 들어 보면, 학부모와의 관계에서도 교사리더십이 발휘될 수 있는데, 교사리더십 행동 성향만 적용해 볼 수 있다. 즉 학부모와의 관계에서 상담이나 면담을 할 때에도좀 더 목표지향적이고, 과업주도적이며, 협력하고자 하는 마음으로, 전문적으로 상담이나 면담을 하면 교사리더십이 발휘될 수 있다.

이와 같이 본 저서의 3영역 12요소의 교사리더십 발휘 모형은 교사의 상황과 필요에 맞게 모형의 일부만 적용하는 부분적인 적용도 가능하다. 오히려 처음 시도해 보는 교사들의 경우, 3영역 12요소를 모두 적용하는 것은 부담이 될 수 있다. 그리하여 각자의 상황에 맞게 교사리더십 의식, 교사리더십 역량, 교사리더십 행동 성향 중에서 일부만 적용해 보고 단계적으로 확대해 나가는 것도 좋은 방안이 될 수 있다.

또한 본 모형에서는 각 영역에 하위 요소들이 구성되어 있는데, 하위 요소들 중 일부만 적용해 보는 것도 가능하다. 예를 들어 교사리더십 역량에 이해 역량, 소통 역량, 촉진 역량, 성찰 역량, 철학 역량 등 다섯 요소가 있는데, 이들 다섯 요소를 모두 다 적용해 보는 것이 아니라 일부만 적용해 보는 것이다. 구체적으로 교내 장학 과정에서 교사리더십을 발휘해 보고자 할 때, 교사리더십 역량 다섯 가지 요소 중에서 촉진 역량만을 적용해 볼 수도 있다. 교내 장학 과정에서 동료교사들을 적극적으로 촉진해 주는 촉진 역량을 구현하는 것만으로도 교사리더십이 발휘될 수 있다.

이와 같이 3영역 12요소로 이루어진 본 저서의 교사리더십 발휘 모형은 모형 전체를 적용하는 종합적인 접근도 가능하고, 모형의 일부 영역이나 일부 요소를 적용하는 부분적 접근도 가능하다. 교사리더십 발휘는 매우 상황 맥락적이기 때문에 각 학교나 교사의 필요나 상황에 맞게 적절하게 적용할 필요가 있다.

## 〈2〉 교사리더십 발휘 모형 개발 및 연구 과제

본 저서에서 제시하고 있는 3영역 12요소의 교사리더십 발휘 모형은 종합적으로, 혹은 부분적으로 다양하게 현장에서 적용해 볼 수 있다. 아울러 본 모형은 하나의 기본 안이기 때문에 상황과 맥락에 맞는 구체적인 적용을 위해서는 교사리더십 발휘 모형 개발 및 연구 노력도 함께 이루어져야 한다.

### 가. 교사리더십 진단 도구 개발

교사리더십을 함양하고 개발하기 위해서는 우선 교사리더십 진단이 필요하다. 교사리더십을 정확하게 진단하여 그 교사의 상황과 필요에 맞게 교사리더십을 함양시켜 주어야 한다. 따라서 교사리더십 함양을 위해서는 교사리더십 진단이 먼저 이루어져야 하는데, 교사리더십 진단을 위한 진단 도구 개발이 필요한 것이다.

교사리더십 진단을 위해서는 다양한 접근이 필요한데 본 저서에서 제시하고 있는 교사리더십 발휘를 위한 3영역 12요소 모형도 하나의 대안이 될 수 있다. 즉 본 모형의 3영역 12요소를 토대로 교사리더십을 진단해 보는 것이다. 본 모형의 3영역 12요소를 기반으로 교사리더십 진단 도구를 개발한다고 할 때 다양한 차원과 수준에서 개발이 이루어질 수 있다. 교사리더십 진단 도구 개발 사례를 제시하면 다음과 같다.

(학교급별 교사리더십 진단 도구 개발 예시)

- 의식-역량-행동 성향 모형 기반 초등학교 교사의 교사리더십 진단 도구 개발
- 의식-역량-행동 성향 모형 기반 중학교 교사의 교사리더십 진단 도구 개발
- 의식-역량-행동 성향 모형 기반 고등학교 교사의 교사리더십 진단 도구 개발

(학년별 교사리더십 진단 도구 개발 예시)

- 의식-역량-행동 성향 모형 기반 초등학교 1학년 교사의 교사리더십 진단 도구 개발
- 의식-역량-행동 성향 모형 기반 중학교 2학년 교사의 교사리더십 진단 도구 개발
- 의식-역량-행동 성향 모형 기반 고등학교 3학년 교사의 교사리더십 진단 도구 개발

(교과별 교사리더십 진단 도구 개발 예시)

- 의식-역량-행동 성향 모형 기반 중학교 국어 교사의 교사리더십 진단 도구 개발
- 의식-역량-행동 성향 모형 기반 고등학교 수학 교사의 교사리더십 진단 도구 개발
- 의식-역량-행동 성향 모형 기반 전문계 고등학교 기계금속 교사의 교사리더십 진단 도구 개발

(경력별 교사리더십 진단 도구 개발 예시)

- 의식-역량-행동 성향 모형 기반 초등학교 초임교사의 교사리더십 진단 도구 개발
- 의식-역량-행동 성향 모형 기반 중학교 중견교사의 교사리더십 진단 도구 개발
- 의식-역량-행동 성향 모형 기반 고등학교 원로교사의 교사리더십 진단 도구 개발

(과업별 교사리더십 진단 도구 개발 예시)

- 의식-역량-행동 성향 모형 기반 초등학교 교사학습공동체 운영 교사리더십 진단 도구 개발
- 의식-역량-행동 성향 모형 기반 중학교 생활지도 교사리더십 진단 도구 개발
- 의식-역량-행동 성향 모형 기반 고등학교 수업지도 교사리더십 진단 도구 개발

(발휘 대상별 교사리더십 진단 도구 개발 예시)

- 의식-역량-행동 성향 모형 기반 학생 대상 교사리더십 진단 도구 개발
- 의식-역량-행동 성향 모형 기반 동료교사 대상 교사리더십 진단 도구 개발
- 의식-역량-행동 성향 모형 기반 학부모 대상 교사리더십 진단 도구 개발

(교사리더십 영역 및 요소별 교사리더십 진단 도구 개발 예시)
- 의식-역량-행동 성향 모형 기반 초등학교 3학년 경력교사의 교사리더십 의식 진단 도구 개발
- 의식-역량-행동 성향 모형 기반 중학교 1학년 원로교사의 교사리더십 역량 진단 도구 개발
- 의식-역량-행동 성향 모형 기반 고등학교 2학년 영어과목 초임교사의 교사리더십 행동 성향 진단 도구 개발

(종합 개발 예시)
- 의식-역량-행동 성향 모형 기반 초등학교 1학년 초임교사의 교사리더십 진단 도구 개발
- 의식-역량-행동 성향 모형 기반 중학교 2학년 경력교사의 교사리더십 진단 도구 개발
- 의식-역량-행동 성향 모형 기반 고등학교 3학년 역사과목 원로교사의 교사리더십 진단 도구 개발

## 나. 교사리더십 함양 프로그램 개발

본 저서의 3영역 12요소의 교사리더십 발휘 모형을 기반으로 다양한 차원과 맥락에서 교사리더십 진단을 시행하면 교사들의 교사리더십 강점과 약점 영역이나 요소들이 드러날 것이다. 이를 통해 드러난 부족한 영역이나 요소에 대해 개발시킬 교사리더십 함양 프로그램 개발 노력도 필요하다. 교사리더십 함양 프로그램 개발 사례를 제시하면 다음과 같다.

(학교급별 교사리더십 함양 프로그램 개발 예시)
- 의식-역량-행동 성향 모형 기반 초등학교 교사의 교사리더십 함양 프로그램 개발
- 의식-역량-행동 성향 모형 기반 중학교 교사의 교사리더십 함양 프로그램 개발
- 의식-역량-행동 성향 모형 기반 고등학교 교사의 교사리더십 함양 프로그램 개발

(학년별 교사리더십 함양 프로그램 개발 예시)
- 의식-역량-행동 성향 모형 기반 초등학교 2학년 교사의 교사리더십 함양 프로그램 개발
- 의식-역량-행동 성향 모형 기반 중학교 3학년 교사의 교사리더십 함양 프로그램 개발
- 의식-역량-행동 성향 모형 기반 고등학교 1학년 교사의 교사리더십 함양 프로그램 개발

(교과별 교사리더십 함양 프로그램 개발 예시)
- 의식-역량-행동 성향 모형 기반 중학교 사회 교사의 교사리더십 함양 프로그램 개발
- 의식-역량-행동 성향 모형 기반 고등학교 물리 교사의 교사리더십 함양 프로그램 개발
- 의식-역량-행동 성향 모형 기반 전문계 고등학교 선반과목 교사의 교사리더십 함양 프로그램 개발

(경력별 교사리더십 함양 프로그램 개발 예시)

• 의식-역량-행동 성향 모형 기반 초등학교 중견교사의 교사리더십 함양 프로그램 개발

• 의식-역량-행동 성향 모형 기반 중학교 원로교사의 교사리더십 함양 프로그램 개발

• 의식-역량-행동 성향 모형 기반 고등학교 초임교사의 교사리더십 함양 프로그램 개발


(과업별 교사리더십 함양 프로그램 개발 예시)

• 의식-역량-행동 성향 모형 기반 초등학교 교사학습공동체 운영 교사리더십 함양 프로그램 개발

• 의식-역량-행동 성향 모형 기반 중학교 생활지도 교사리더십 함양 프로그램 개발

• 의식-역량-행동 성향 모형 기반 고등학교 수업지도 교사리더십 함양 프로그램 개발


(발휘 대상별 교사리더십 함양 프로그램 개발 예시)

• 의식-역량-행동 성향 모형 기반 학생 대상 교사리더십 함양 프로그램 개발

• 의식-역량-행동 성향 모형 기반 동료교사 대상 교사리더십 함양 프로그램 개발

• 의식-역량-행동 성향 모형 기반 학부모 대상 교사리더십 함양 프로그램 개발


(교사리더십 영역 및 요소별 교사리더십 함양 프로그램 개발 예시)

• 의식-역량-행동 성향 모형 기반 초등학교 3학년 경력교사의 교사리더십 의식 함양 프로그램 개발

• 의식-역량-행동 성향 모형 기반 중학교 1학년 원로교사의 교사리더십 역량 함양 프로그램 개발

• 의식-역량-행동 성향 모형 기반 고등학교 2학년 화학과목 초임교사의 교사리더십 행동 성향 함양 프로그램 개발


(종합 함양 프로그램 개발 예시)

• 의식-역량-행동 성향 모형 기반 초등학교 1학년 초임교사의 교사리더십 함양 프로그램 개발

• 의식-역량-행동 성향 모형 기반 중학교 2학년 경력교사의 교사리더십 함양 프로그램 개발

• 의식-역량-행동 성향 모형 기반 고등학교 3학년 국어과목 원로교사의 교사리더십 함양 프로그램 개발


## 다. 교사리더십 함양 프로그램 운영

3영역 12요소의 모형을 기반으로 교사리더십을 진단하고, 그 결과를 토대로 교사리더십 함양 프로그램을 개발한 다음에는 그 프로그램을 실제로 적용해 볼 필요가 있다. 즉 교사리더십 함양을 위한 프로그램 운영 사례를 제시하면 다음과 같다.

(학교급별 교사리더십 함양 프로그램 운영 예시)
• 의식-역량-행동 성향 모형 기반 초등학교 교사의 교사리더십 함양 프로그램 운영
• 의식-역량-행동 성향 모형 기반 중학교 교사의 교사리더십 함양 프로그램 운영
• 의식-역량-행동 성향 모형 기반 고등학교 교사의 교사리더십 함양 프로그램 운영

(학년별 교사리더십 함양 프로그램 운영 예시)
• 의식-역량-행동 성향 모형 기반 초등학교 3학년 교사의 교사리더십 함양 프로그램 운영
• 의식-역량-행동 성향 모형 기반 중학교 1학년 교사의 교사리더십 함양 프로그램 운영
• 의식-역량-행동 성향 모형 기반 고등학교 2학년 교사의 교사리더십 함양 프로그램 운영

(교과별 교사리더십 함양 프로그램 운영 예시)
• 의식-역량-행동 성향 모형 기반 중학교 미술 교사의 교사리더십 함양 프로그램 운영
• 의식-역량-행동 성향 모형 기반 고등학교 체육 교사의 교사리더십 함양 프로그램 운영
• 의식-역량-행동 성향 모형 기반 전문계 고등학교 원예과목 교사의 교사리더십 함양 프로그램 운영

(경력별 교사리더십 함양 프로그램 운영 예시)
• 의식-역량-행동 성향 모형 기반 초등학교 원로교사의 교사리더십 함양 프로그램 운영
• 의식-역량-행동 성향 모형 기반 중학교 초임교사의 교사리더십 함양 프로그램 운영
• 의식-역량-행동 성향 모형 기반 고등학교 중견교사의 교사리더십 함양 프로그램 운영

(과업별 교사리더십 함양 프로그램 운영 예시)
• 의식-역량-행동 성향 모형 기반 초등학교 교사학습공동체 운영 교사리더십 함양 프로그램 운영
• 의식-역량-행동 성향 모형 기반 중학교 생활지도 교사리더십 함양 프로그램 운영
• 의식-역량-행동 성향 모형 기반 고등학교 수업지도 교사리더십 함양 프로그램 운영

(발휘 대상별 교사리더십 함양 프로그램 운영 예시)
• 의식-역량-행동 성향 모형 기반 학생 대상 교사리더십 함양 프로그램 운영
• 의식-역량-행동 성향 모형 기반 동료교사 대상 교사리더십 함양 프로그램 운영
• 의식-역량-행동 성향 모형 기반 학부모 대상 교사리더십 함양 프로그램 운영

(교사리더십 영역 및 요소별 교사리더십 함양 프로그램 운영 예시)
• 의식-역량-행동 성향 모형 기반 초등학교 3학년 경력교사의 교사리더십 의식 함양 프로그램 운영
• 의식-역량-행동 성향 모형 기반 중학교 1학년 원로교사의 교사리더십 역량 함양 프로그램 운영
• 의식-역량-행동 성향 모형 기반 고등학교 2학년 역사과목 초임교사의 교사리더십 행동 성향 함양
  프로그램 운영

(종합 함양 프로그램 운영 예시)

- 의식-역량-행동 성향 모형 기반 초등학교 1학년 초임교사의 교사리더십 함양 프로그램 운영

- 의식-역량-행동 성향 모형 기반 중학교 2학년 경력교사의 교사리더십 함양 프로그램 운영

- 의식-역량-행동 성향 모형 기반 고등학교 3학년 수학과목 원로교사의 교사리더십 함양 프로그램 운영

### 라. 교사리더십 함양 프로그램 평가

본 저서에서 제시한 교사리더십 발휘 모형을 기반으로 교사리더십을 진단하고 교사리더십 함양 프로그램을 개발하여 운영한 다음에는 교사리더십 함양 프로그램에 대한 평가가 이루어져야 한다. 교사리더십 함양 프로그램 평가는 프로그램이 효과적이고 효율적으로 이루어졌는지에 대해서 평가해야 하고, 무엇보다도 프로그램 운영을 통해 교사리더십이 함양되었는지에 대해서 평가해야 한다. 교사리더십 함양 프로그램 평가 사례를 제시하면 다음과 같다.

(학교급별 교사리더십 함양 프로그램 평가 예시)
- 의식-역량-행동 성향 모형 기반 초등학교 교사의 교사리더십 함양 프로그램 평가
- 의식-역량-행동 성향 모형 기반 중학교 교사의 교사리더십 함양 프로그램 평가
- 의식-역량-행동 성향 모형 기반 고등학교 교사의 교사리더십 함양 프로그램 평가

(학년별 교사리더십 함양 프로그램 평가 예시)
- 의식-역량-행동 성향 모형 기반 초등학교 5학년 교사의 교사리더십 함양 프로그램 평가
- 의식-역량-행동 성향 모형 기반 중학교 2학년 교사의 교사리더십 함양 프로그램 평가
- 의식-역량-행동 성향 모형 기반 고등학교 3학년 교사의 교사리더십 함양 프로그램 평가

(교과별 교사리더십 함양 프로그램 평가 예시)
- 의식-역량-행동 성향 모형 기반 중학교 수학 교사의 교사리더십 함양 프로그램 평가
- 의식-역량-행동 성향 모형 기반 고등학교 사회 교사의 교사리더십 함양 프로그램 평가
- 의식-역량-행동 성향 모형 기반 전문계 고등학교 수산과목 교사의 교사리더십 함양 프로그램 평가

(경력별 교사리더십 함양 프로그램 평가 예시)
- 의식-역량-행동 성향 모형 기반 초등학교 초임교사의 교사리더십 함양 프로그램 평가

- 의식-역량-행동 성향 모형 기반 중학교 중견교사의 교사리더십 함양 프로그램 평가
- 의식-역량-행동 성향 모형 기반 고등학교 원로교사의 교사리더십 함양 프로그램 평가

(과업별 교사리더십 함양 프로그램 평가 예시)
- 의식-역량-행동 성향 모형 기반 초등학교 교사학습공동체 운영 교사리더십 함양 프로그램 평가
- 의식-역량-행동 성향 모형 기반 중학교 생활지도 교사리더십 함양 프로그램 평가
- 의식-역량-행동 성향 모형 기반 고등학교 수업지도 교사리더십 함양 프로그램 평가

(발휘 대상별 교사리더십 함양 프로그램 평가 예시)
- 의식-역량-행동 성향 모형 기반 학생 대상 교사리더십 함양 프로그램 평가
- 의식-역량-행동 성향 모형 기반 동료교사 대상 교사리더십 함양 프로그램 평가
- 의식-역량-행동 성향 모형 기반 학부모 대상 교사리더십 함양 프로그램 평가

(교사리더십 영역 및 요소별 교사리더십 함양 프로그램 평가 예시)
- 의식-역량-행동 성향 모형 기반 초등학교 3학년 경력교사의 교사리더십 의식 함양 프로그램 평가
- 의식-역량-행동 성향 모형 기반 중학교 1학년 원로교사의 교사리더십 역량 함양 프로그램 평가
- 의식-역량-행동 성향 모형 기반 고등학교 2학년 국어과목 초임교사의 교사리더십 행동 성향 함양 프로그램 평가

(종합 함양 프로그램 평가 예시)
- 의식-역량-행동 성향 모형 기반 초등학교 1학년 초임교사의 교사리더십 함양 프로그램 평가
- 의식-역량-행동 성향 모형 기반 중학교 2학년 경력교사의 교사리더십 함양 프로그램 평가
- 의식-역량-행동 성향 모형 기반 고등학교 3학년 수학과목 원로교사의 교사리더십 함양 프로그램 평가

위에서 언급한 교사리더십 진단, 개발, 운영, 평가 등은 각각 개별적으로 이루어질 수도 있고 통합하여 함께 이루어질 수도 있다. 각 학교나 교사의 필요나 상황에 따라 통합하여 운영할 필요가 있는 경우에는 전체를 통합하여 하나의 프로그램처럼 운영하고, 개별적으로 운영할 필요가 있을 경우에는 각각 운영할 수도 있다.

## 〈 3 〉 교사리더십 현상 연구 과제

교사리더십에 대한 좀 더 폭넓은 이해 및 발전을 위해서는 본 모형의 개발, 적용 노력 이외에도 실제 학교 현장에서 교사리더십이 어떻게 나타나고 발휘되는지에 대한 폭넓은 연구도 함께 이루어질 필요가 있다. 교사리더십 발휘 관련 연구 과제를 제시하면 다음과 같다.

(교사리더십 발휘 과정 연구 예시)
- 학교급별 교사리더십 발휘 과정 연구
- 학년별 교사리더십 발휘 과정 연구
- 교과별 교사리더십 발휘 과정 연구
- 경력별 교사리더십 발휘 과정 연구
- 과업별 교사리더십 발휘 과정 연구

(교사리더십 발휘 결과 연구 예시)
- 교사리더십 발휘를 통해 교사에게 나타난 변화 연구
- 교사리더십 발휘를 통해 나타난 교실 변화 연구
- 교사리더십 발휘를 통해 나타난 학교 변화 연구
- 교사리더십 발휘를 통해 나타난 학생의 변화 연구
- 교사리더십 발휘를 통해 나타난 동료교원의 변화 연구
- 교사리더십 발휘를 통해 나타난 학부모의 변화 연구

(교사리더십 발휘 교사 연구 예시)
- 교사리더십 발휘 교사의 배경 요인 연구
- 교사리더십 발휘 교사의 개인 삶 연구

(교사리더십 발휘를 위한 체제와 구조 연구 예시)
- 교사리더십을 촉진, 지원해 주는 학교 체제와 구조 연구
- 교사리더십 발휘를 방해하는 체제와 구조 연구
- 교사리더십 발휘를 위한 교장과 교사의 관계 연구

## ⟨4⟩ 교사리더십 발휘 모형 후속 연구

본 저서에서 제시하고 있는 교사리더십 발휘 모형은 하나의 기초 모형이다. 따라서 본 모형을 좀 더 정교화시키고 발전시키기 위한 후속 연구들이 이어져야 한다. 본 모형에서 제시하고 있는 각 요소들의 내용을 좀 더 개발하고, 체계화시키고, 정련시키고, 풍부하게 하는 후속 연구가 필요하다. 현재 제시하고 있는 각 요소의 내용들은 가장 기본적인 것이며, 기초적인 것으로 구성되어 있다. 따라서 각 요소(예를 들어, 주체의식, 이해 역량, 목표지향성 등)의 내용을 무엇으로 구성할 것인지에 대한 끊임없는 후속 연구가 필요하다.

그리고 교사리더십 요소의 내용을 구성하고 개발하는 연구는 교사리더십 발휘 대상 및 영역에 따라 달라질 수 있다. 즉 학생을 대상으로 하느냐, 교원을 대상으로 하느냐에 따라 이해 역량이 달라질 수 있고, 또 수업지도 영역이냐 생활지도 영역이냐에 따라 목표지향성이 달라질 수 있다. 따라서 교사리더십 발휘 대상이나 영역에 따라 각 요소들을 어떻게 구성할 것인지에 대한 후속 연구도 함께 이루어져야 한다. 본 저서에서 제시하고 있는 모형을 발전시키는 연구와 아울러 본 모형 이외에 또 다른 교사리더십 발휘 모형을 개발하는 연구도 이루어질 필요가 있다. 교사리더십 발휘 모형 후속 연구 사례를 제시하면 다음과 같다.

---

(본 모형의 정교화, 발전 연구 예시)

• 3영역 12요소 교사리더십 발휘 모형의 타당화 연구
• 교사리더십 발휘 모형 3영역 타당화 연구
• 교사리더십 발휘 모형 12요소의 타당화 연구
• 교사리더십 의식(주체의식, 책임의식, 자율의식)의 적합성, 타당성 연구
• 교사리더십 역량(이해, 소통, 촉진, 성찰, 철학 역량)의 적합성, 타당성 연구
• 교사리더십 행동 성향(목표지향성, 과업주도성, 공동체성, 전문성)의 적합성, 타당성 연구

(본 모형의 3영역 12요소의 내용 개발 연구 예시)

• 교사리더십 의식 내용 개발 연구
• 교사리더십 역량 내용 개발 연구
• 교사리더십 행동 성향 내용 개발 연구

---

(본 모형 이외의 또 다른 교사리더십 진단 및 측정 도구 개발 연구 예시)

- 학교급별 교사리더십 진단 및 측정 도구 개발 연구

- 학년별 교사리더십 진단 및 측정 도구 개발 연구

- 교과별 교사리더십 진단 및 측정 도구 개발 연구

- 경력별 교사리더십 진단 및 측정 도구 개발 연구

- 발휘 대상별 교사리더십 진단 및 측정 도구 개발 연구

- 과업별 교사리더십 진단 및 측정 도구 개발 연구

(본 모형 이외의 또 다른 교사리더십 발휘 모형 개발 연구 예시)

- 3영역 12요소 이외의 또 다른 교사리더십 발휘 모형 개발 연구

# 11장

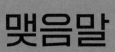

## 맺음말

# 11 장
# 맺음말

"이제는 교사리더십의 시대이다."

(Katzenmeyer & Moller, 2009: Ⅶ)

교사들에게 새로운 시대가 열리고 있다(Katzenmeyer & Moller, 2009: 59; Lieberman & Miller, 2004; Levin & Schrum, 2017; Wenner & Campbell, 2017). 교사들의 자율과 책임이 강화되는 시대가 열리고 있는 것이다. 교육 패러다임의 변화에 의해 분권화가 확대되고 있으며, 이러한 흐름에 따라 단위학교 및 교사들의 자율 및 책임이 증대되고 있다. 교사들에게 자율과 책임의 확대는 기회이면서 부담이기도 하다. 교사들이 좀 더 자율적이고 전문적으로 교육활동을 수행하게 된다는 점에서는 기회이지만, 부여된 자율만큼 책임을 져야 한다는 점에서는 부담이다. 어쨌든 교사들의 역할과 책임은 더욱 엄중해지고 있다. 이러한 변화는 교사들에 의해 쟁취된 것이 아니라 사회 변화로 인한, 교육 패러다임의 변화에 따른 주어진 변화이기도 하다.

교사들이 이러한 새로운 시대에 교육을 잘 이끌어 가기 위해서는 그에 맞는 역량과 자질을 갖추어야 한다. 교사들이 자율과 책임이 증대되는 시대에 맞게 역량과 자질을 갖추면 잘 가르치고 잘 적응할 수 있지만, 그러한 역량과 자질을 잘 갖추지 못하면 고통과 어려움에 처할 수 있다. 이러한 상황에서 교사교육 분야 연구자인 저자에게 새로운 시대에 맞게 교사의 역할을 정립해야 한다는 무언의 압박감이 작용했다. 새로운 시대에 맞게 교사들이 바뀌거나 대비하지 않으면 교사들이 역할 수행을 제대로 하기 어려울 뿐만 아니라 지치고 힘들어질 것이라는 염려와 우려가 저자에게 작은 소명의식으로 작용한 것이다. 새로운 시대에 교사들이 반드시 갖춰야 할 자질 중의 하나가 교사리더십이다.

이제는 승진이나 보직 여부에 상관없이 교사리더십을 갖추고 있으면 가치 있고 의미 있는 교직생활을 영위해 갈 수 있지만, 교사리더십을 갖추고 있지 않으면 교직생활을 제대로 영위해 가기 어려운 시대가 되었다. 새로운 시대에는 교사들에게 주어진 자율과 책임을 어떻게 감당하느냐가 교직생활의 성패를 좌우할 관건인데, 자율과 책임을 제대로 감당하기 위해 갖추어야 가장 중요한 자질이 교사리더십이다. 따라서 모든 교사들은 반드시 교사리더십을 갖춰야 한다. 교사를 둘러싼 여건과 환경의 변화로 교사들에게 교사리더십은 선택의 문제가 아니라 필수가 되었다. 변화된 교육 환경과 체제에서 교사로서 잘 적응하고 대응하기 위해서는 반드시 교사리더십을 갖춰야 한다.

교사리더십은 기존의 교육개혁 접근과는 다른 특성이 있다. 기존의 교육개혁은 변화나 발전을 위해 정책이나 제도를 바꾸거나 도입하여 교육개혁을 추진하는 방식이었다. 즉 입시제도를 바꾸거나 교원평가제도나 성과급제도를 도입하는 등의 접근이었다. 하지만 교사리더십은 기존의 것을 바꾸거나 새로운 것을 도입하는 접근이 아니다. 교사 스스로 변화되는 접근이며, 교사 스스로 깨어나는 접근이다(Katzenmeyer & Moller, 2009). 다행히 우리 교사들은 이미 오래전부터 교사리더십을 발휘해 오고 있다. 다만 교사리더십의 필요성이나 가치를 크게 인식하지 않아 주목하지 않았을 뿐이다.

그런데 교육 패러다임이 변하고 교사의 역할이 새롭게 규정되면서 교사리더십이 주목받기 시작한 것이다. 기존의 교육 패러다임에서는 교사의 리더로서의 역할은 크게 필요하거나 요구되지 않았다. 기존의 교육 패러다임에서는 지식을 잘 전달하는 교사, 잘 가르치는 교사, 즉 전문성을 갖춘 교사를 요구하고 강조하였다. 하지만 구성주의 교육 패러다임이 보편화되면서 학생들의 지식 구성을 돕고 지원하는 리더로서의 교사 역할이 중요해졌다. 이러한 교육 패러다임의 변화는 그동안 크게 주목하지 않았던 교사리더십의 가치와 역할을 다시 일깨우고 있다. 새로운 시대에 교사리더십은 교사가 반드시 갖추어야 할 핵심 역량이 되었다. 따라서 아직도 교사리더십에 대해 잘 모르고 있거나 교사리더십이 깨어나지 않은 교사들을 적극적으로 돕고, 지원하여 교사리더십이 깨어나도록 해 주어야 한다. 교사리더십 접근은 새로운 정책이나 제도를 만드는 접근이 아니라 교사들의 내면에 잠자고 있는 리더십을 깨우는 접근이다.

교사리더십은 특정 지식이나 방법, 기법을 익힌다고 해서 발휘될 수 있는 것이 아니다. 교사리더십이 발휘되는 과정은 매우 개별적이고 맥락적이며 상황적이다. 교사리더십 발휘를 위한 지식, 방법, 기법 등을 갖추었다고 하더라도 교사리더십이 발휘되는 구체적인 상황과 맥락에 적합하게 구현되지 않으면 교사리더십을 제대로 발휘될 수 없다. 지식, 방법, 기법의 토대 위에서 교사리더십 의식을 갖고 구체적인 상황과 맥락에 대한 정확한 이해와 통찰을 바탕으로 역량을 발휘하여 과업을 수행해 나갈 때 교사리더십이 발휘될 수 있다.

교육분야에서 거대 담론(grand theory)의 시대가 지나가고 있다(Hargreaves & Fullan, 2012; Sergiovanni, 2001). 앞으로 교육 현장에서 과거 열린교육, 혁신교육 등과 같은 거대 담론이 자리 잡을 가능성은 높지 않다. 왜냐하면 거대 담론이 잘못되어서가 아니라, 거대 담론이 교육 현장에서 자리 잡을 여지가 줄어들고 있기 때문이다. 과거의 획일화, 균등화되어 있던 교육현장이 이제는 점점 더 다양화, 개별화되어 가고 있다. 과거처럼 어느 정도 균등화된 넓은 토대에서는 광범위하게 변화시키기 위한 거대 담론이 필요했는데, 오늘날과 같이 다양화, 개별화된 토대에서는 거대 담론이 영향을 미치기 어렵다. 거대 담론보다는 개별적인 접근이, 그리고 상급기관의 역량보다 학교 현장의 개별 주체들의 역량이 훨씬 더 중요해졌다. 이제 교육개혁은 각 지역, 각 학교, 각 교사, 각 학생의 특성에 맞게 접근해야 한다. 교사분야 역시 교사 개인에 주목해야 하고, 새로운 시대에 교사 역할을 제대로 감당하기 위한 교사리더십에 초점을 맞추어야 한다.

본 저서의 교사리더십 발휘 모형은 이론이나 논리를 바탕으로 도출된 것이 아니라, 다양한 연구와 사례 분석을 통해 귀납적으로 도출된 것이다. 따라서 본 저서에서 제시한 교사리더십 발휘 모형은 앞으로 더 정련되고 다듬어지며 논리적 정합성을 갖추기 위한 후속 노력이 필요하다. 다만, 본 저서에서 제시하고 있는 모형은 다양한 선행연구와 사례들을 바탕으로 하고 있기 때문에 현장 적용 가능성이 높고, 교사리더십 발휘 모형의 선구적인 시도라는 점에서 의의가 있다고 본다. 본 저서에서 제시한 모형이 기반이 되어 학교 현장에서 교사리더십이 함양되고 발휘되는 실제적인 변화들이 나타날 수 있기를 기대하며, 또한 앞으로 교사리더십 발휘에 관한 다양한 연구와 논의들이 활성화되길 소망한다.

# 부록

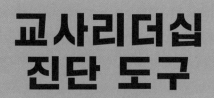

# 교사리더십
# 진단 도구

# 교사리더십 진단 도구[5]

\* 다음 문항을 잘 읽어보시고 선생님의 생각이나 행동에 가장 가까운 번호에 체크해 주세요.

(1: 전혀 그렇지 않다 ~ 5: 매우 그렇다)

## 〈1〉 교사리더십 의식

| 영역 | 하위 요소 | | 문항 내용 | 전혀 그렇지 않다 | 별로 그렇지 않다 | 보통 이다 | 비교적 그렇다 | 매우 그렇다 |
|---|---|---|---|---|---|---|---|---|
| 교사 리더십 의식 | 주체 의식 | 1 | 나는 학교 교육활동에 있어 교사가 주체라고 생각하고 있다. | ① | ② | ③ | ④ | ⑤ |
| | | 2 | 나는 학교공동체의 변화와 발전을 위해 주체적으로 참여해야 한다고 생각하고 있다. | ① | ② | ③ | ④ | ⑤ |
| | 책임 의식 | 3 | 나는 나의 교육활동에 대해 책임져야 한다고 생각하고 있다. | ① | ② | ③ | ④ | ⑤ |
| | | 4 | 나에게 학교를 더 나은 공동체로 만들기 위한 책임이 있다고 생각하고 있다. | ① | ② | ③ | ④ | ⑤ |

---

5  본 교사리더십 진단 도구는 경희대학교 대학원에서 저자의 지도를 받아 조민지(2022) 박사가 박사학위 논문 연구를 통해 개발한 것을 수정, 보완한 것이다. 조민지 박사의 허락을 받고 본 저서의 부록으로 실었다.

| | | 5 | 나는 국가 공교육 담당자로서의 책임이 있다고 생각하고 있다. | ① | ② | ③ | ④ | ⑤ |
|---|---|---|---|---|---|---|---|---|
| 교사 리더십 의식 | 자율 의식 | 6 | 나는 교육과정 운영의 자율성이 있다고 생각하고 있다. | ① | ② | ③ | ④ | ⑤ |
| | | 7 | 나는 상황과 맥락에 맞게 재량껏 학생을 지도하는 교사라고 생각하고 있다. | ① | ② | ③ | ④ | ⑤ |
| | | 8 | 나는 스스로 더 효과적인 교육 방법을 탐색해 가는 교사라고 생각하고 있다. | ① | ② | ③ | ④ | ⑤ |
| | | 9 | 나는 타인을 존중하면서 스스로 판단하여 교육활동을 수행해 나가는 교사라고 생각하고 있다. | ① | ② | ③ | ④ | ⑤ |

## 〈2〉 교사리더십 역량

| 영역 | 하위 요소 | | 문항 내용 | 전혀 그렇지 않다 | 별로 그렇지 않다 | 보통 이다 | 비교적 그렇다 | 매우 그렇다 |
|---|---|---|---|---|---|---|---|---|
| 교사 리더십 역량 | 이해 역량 | 10 | 나는 내가 가르치는 학생의 특성 및 가정배경 등 학생 상황을 잘 이해할 수 있다. | ① | ② | ③ | ④ | ⑤ |
| | | 11 | 나는 내가 가르치는 학생들 사이의 관계에 대해 잘 이해할 수 있다. | ① | ② | ③ | ④ | ⑤ |
| | | 12 | 나는 주변 동료교사의 욕구와 동기에 대해 잘 이해할 수 있다. | ① | ② | ③ | ④ | ⑤ |
| | | 13 | 나는 학부모의 생각과 필요를 잘 이해할 수 있다. | ① | ② | ③ | ④ | ⑤ |
| | | 14 | 나는 우리 학교가 가진 녹특한 상황과 맥락을 잘 이해할 수 있다. | ① | ② | ③ | ④ | ⑤ |

| | | | | | | | | |
|---|---|---|---|---|---|---|---|---|
| 교사<br>리더십<br>역량 | 소통<br>역량 | 15 | 나는 수업지도 과정에서 학<br>생들과 잘 소통한다. | ① | ② | ③ | ④ | ⑤ |
| | | 16 | 나는 동료교사들과 교수활<br>동과 관련된 피드백을 서로<br>잘 주고 받는다. | ① | ② | ③ | ④ | ⑤ |
| | | 17 | 나는 동료교사들과 수업지<br>도나 학생지도 과정에서의<br>고충이나 문제에 대해 자주<br>이야기한다. | ① | ② | ③ | ④ | ⑤ |
| | | 18 | 나는 동료교사들과 함께 학<br>교 교육의 문제나 원인에 대<br>해 자주 이야기 한다. | ① | ② | ③ | ④ | ⑤ |
| | | 19 | 나는 동료교사들과 교육 현<br>안의 해결 방안이나 실천 방<br>향에 대해 잘 이야기 한다. | ① | ② | ③ | ④ | ⑤ |
| | 촉진<br>역량 | 20 | 나는 학생들의 학습 욕구를<br>잘 촉진시킬 수 있다. | ① | ② | ③ | ④ | ⑤ |
| | | 21 | 나는 동료교사의 필요와 욕<br>구를 파악하여 잘 도와줄 수<br>있다. | ① | ② | ③ | ④ | ⑤ |
| | | 22 | 나는 동료교사들이 적극 참<br>여하고 협력할 수 있도록 잘<br>촉진할 수 있다. | ① | ② | ③ | ④ | ⑤ |
| | | 23 | 나는 동료교사를 잘 격려하<br>며 그들로부터 신뢰감을 얻<br>고 있다. | ① | ② | ③ | ④ | ⑤ |
| | | 24 | 나는 동료교사의 능력개발<br>을 위해 잘 촉진할 수 있다. | ① | ② | ③ | ④ | ⑤ |
| | | 25 | 나는 다른 사람들에게 동기<br>부여를 잘한다. | ① | ② | ③ | ④ | ⑤ |
| | | 26 | 나는 학부모들이 학교활동<br>에 참여하도록 잘 촉진할 수<br>있다. | ① | ② | ③ | ④ | ⑤ |

| | | | | ① | ② | ③ | ④ | ⑤ |
|---|---|---|---|---|---|---|---|---|
| 교사<br>리더십<br>역량 | 성찰<br>역량 | 27 | 나는 나의 수업활동에 대해<br>잘 성찰한다. | ① | ② | ③ | ④ | ⑤ |
| | | 28 | 나는 학생들이 겪는 어려움<br>이나 장애물에 대해 잘 성찰<br>하면서 지도한다. | ① | ② | ③ | ④ | ⑤ |
| | | 29 | 나는 교사로서 바른 삶에 대<br>해 지속적으로 성찰하면서<br>교육활동을 수행한다. | ① | ② | ③ | ④ | ⑤ |
| | | 30 | 나는 문제 상황에 부딪혔을<br>때 성찰을 통해 해결 방법을<br>찾아 나간다. | ① | ② | ③ | ④ | ⑤ |
| | | 31 | 나는 학생과의 관계에 대해<br>지속적으로 성찰하며 학생<br>을 지도한다. | ① | ② | ③ | ④ | ⑤ |
| | 철학<br>역량 | 32 | 나는 교육의 목적을 탐구하<br>며 교육활동을 수행한다. | ① | ② | ③ | ④ | ⑤ |
| | | 33 | 나는 교사로서 나의 소신을<br>가지고 있다. | ① | ② | ③ | ④ | ⑤ |
| | | 34 | 나는 학생들을 대함에 있어<br>교육철학을 가지고<br>행동한다. | ① | ② | ③ | ④ | ⑤ |
| | | 35 | 나는 동료교사와의 관계에<br>서 교육철학을 가지고 행동<br>한다. | ① | ② | ③ | ④ | ⑤ |
| | | 36 | 나는 교사로서의 삶의 의미<br>를 추구하며 살고 있다. | ① | ② | ③ | ④ | ⑤ |
| | | 37 | 나는 교사로서 나 자신의 교<br>사상을 가지고 있다. | ① | ② | ③ | ④ | ⑤ |

## ⟨3⟩ 교사리더십 행동 성향[6]

| 영역 | 하위<br>요소 | | 문항 내용 | 전혀<br>그렇지<br>않다 | 별로<br>그렇지<br>않다 | 보통<br>이다 | 비교적<br>그렇다 | 매우<br>그렇다 |
|---|---|---|---|---|---|---|---|---|
| 교사<br>리더십<br>행동<br>성향 | 목표<br>지향성 | 38 | 나는 교육활동의 비전과 목표를 세우며 교육활동을 수행한다. | ① | ② | ③ | ④ | ⑤ |
| | | 39 | 나는 목표가 뚜렷하지 않으면 교육활동을 수행하기 어렵다. | ① | ② | ③ | ④ | ⑤ |
| | | 40 | 나는 교육목표 달성을 위해 필요한 것들을 잘 알고 있다. | ① | ② | ③ | ④ | ⑤ |
| | | 41 | 나는 교육목표를 달성하지 못한다면 원인을 분석해 개선하려고 노력한다. | ① | ② | ③ | ④ | ⑤ |
| | | 42 | 나는 교육활동 수행 과정에서 힘들 때 목표를 떠올리며 극복한다. | ① | ② | ③ | ④ | ⑤ |
| | | 43 | 나는 학생이나 동료교사에게 목표의식을 심어주기 위해 노력한다. | ① | ② | ③ | ④ | ⑤ |
| | 과업<br>주도성 | 44 | 나는 교육활동 과정에서 주어진 역할을 주도적으로 담당한다. | ① | ② | ③ | ④ | ⑤ |
| | | 45 | 나는 내가 맡은 업무를 적극적으로 솔선수범한다. | ① | ② | ③ | ④ | ⑤ |
| | 공동<br>체성 | 46 | 나는 교육 문제를 동료교사와 함께 해결하려고 한다. | ① | ② | ③ | ④ | ⑤ |
| | | 47 | 나는 문제가 생겼을 때 동료교사에게 도움을 구한다. | ① | ② | ③ | ④ | ⑤ |

6  조민지(2022) 박사의 논문에서는 교사리더십 행동 성향을 '교사리더십 발휘 속성'으로 지칭하였는데, 본 저서에서는 '교사리더십 행동 성향'으로 수정하였다. 그 이유는 교사리더십 발휘 속성은 교사리더십을 발휘하는 교사들이 어떻게 행동, 수행하느냐를 지칭하는 것으로, 좀 더 구체적으로 교사리더십 행동 성향을 나타낸 것이라고 보고, 개념적 명료화를 위해서는 '교사리더십 행동 성향'이라는 용어가 좀 더 적합하다고 판단하였기 때문이다.

| 교사<br>리더십<br>행동<br>성향 | 공동<br>체성 | 48 | 나는 어려움을 겪는 학생이나 동료교사를 적극적으로 돕는다. | ① | ② | ③ | ④ | ⑤ |
|---|---|---|---|---|---|---|---|---|
| | | 49 | 나는 학교공동체에 적응하지 못하는 동료교사를 잘 돕는다. | ① | ② | ③ | ④ | ⑤ |
| | | 50 | 나는 교육활동을 학생, 동료교사 등 구성원들과 협력하여 수행하려고 한다. | ① | ② | ③ | ④ | ⑤ |
| | | 51 | 나는 학생, 동료교사 등과 함께 할 때 기쁨과 보람을 느낀다. | ① | ② | ③ | ④ | ⑤ |
| | 전문성 | 52 | 나는 수업에 관한 전문적인 지식 및 노하우를 바탕으로 수업하려고 노력한다. | ① | ② | ③ | ④ | ⑤ |
| | | 53 | 나는 학생 특성에 맞는 생활지도 방법을 찾고 탐구하여 지도하려고 노력한다. | ① | ② | ③ | ④ | ⑤ |
| | | 54 | 나는 교사로서 전문성 향상을 위하여 지속적으로 배우기 위하여 노력한다. | ① | ② | ③ | ④ | ⑤ |
| | | 55 | 나는 윤리적으로 바른 교사가 되기 위해 노력한다. | ① | ② | ③ | ④ | ⑤ |

\* 교사리더십 진단 척도 설명 및 채점 방법

| 교사리더십 진단 척도 및 채점 방법 | | | | | | | | | | |
|---|---|---|---|---|---|---|---|---|---|---|
| 영역 | 요소 | 척도 설명 | 채점 방법 | 점수(요소) | | 점수(영역) | | 총합 | |
| | | | | 소계 | 평균 | 소계 | 평균 | 점수 | 평균 |
| 교사 리더십 의식 | 주체 의식 | 교육활동 및 공동체활동에서 주체의식을 가지고 있다. | 1-2번 점수 총합 | | | | | | |
| | 책임 의식 | 교육활동에 대한 책임의식을 가지고 있다. | 3-5번 점수 총합 | | | | | | |
| | 자율 의식 | 자율적으로 교육활동을 수행한다. | 6-9번 점수 총합 | | | | | | |
| 교사 리더십 역량 | 이해 역량 | 학생 및 구성원의 필요, 동기, 상황 등을 잘 이해한다. | 10-14번 점수 총합 | | | | | | |
| | 소통 역량 | 학생 및 구성원들과 소통을 잘한다. | 15-19번 점수 총합 | | | | | | |
| | 촉진 역량 | 학생 및 구성원에 대해 동기부여, 격려 등 촉진을 잘한다. | 20-26번 점수 총합 | | | | | | |
| | 성찰 역량 | 교육활동 수행 과정에서 지속적으로 성찰한다. | 27-31번 점수 총합 | | | | | | |
| | 철학 역량 | 교육의 가치, 철학, 의미 등을 추구한다. | 32-37번 점수 총합 | | | | | | |
| 교사 리더십 행동 성향 | 목표 지향성 | 목표의식을 가지고 목표 달성에 적극적이다. | 38-43번 점수 총합 | | | | | | |
| | 과업 주도성 | 주도적으로 교육활동을 수행한다. | 44-45번 점수 총합 | | | | | | |
| | 공동 체성 | 학생 및 구성원과 함께 교육활동을 수행하려고 한다. | 46-51번 점수 총합 | | | | | | |
| | 전문성 | 수월성을 추구하며 윤리적으로 교육활동을 수행하려고 한다. | 52-55번 점수 총합 | | | | | | |

# 참고문헌

강선희(2010). 초등학교 담임교사의 역할에 대한 학생과 학부모, 교사의 기대 차이 연구. 초등교육학연구, 17(2), 1-25.

강수돌, 김 용, 남미자, 박승열, 송기창(2021). 자본과 국가 권력을 넘어 교육자치의 새 길을 찾다. 서울: 학이시습.

강승규(2006). 학생의 삶을 존중하는 교사의 교육철학: 일 제안. 교육문제연구, 25, 1-25.

강인애(1997). 왜 구성주의인가. 서울: 문음사.

강진령(2015). 학교상담과 생활지도: 이론과 실제. 서울: 학지사.

강충렬, 권동택, 신문승, 이성대, 송주명, 서길원, 이광호, 이범희(2013). 학교혁신의 이론과 실제. 서울: 지학사.

경기도교육청(2023). 2023 경기도 연구대회 운영 기본계획 알림. 경기도교육청.

곽영순(2016). 구성주의 인식론과 교수 학습론. 서울: 교육과학사.

구광현(2019). 교육심리학. 서울: 동문사.

권기욱 외(1996). 교육행정학개론. 서울: 양서원.

권재원(2017). 교사가 말하는 교사, 교사가 꿈꾸는 교사. 서울: 북멘토.

권 혁(역)(2015). 군주론. 서울: 돋을새김.

김계현(2020). 학교상담과 생활지도(3판). 서울: 학지사.

김동원(2021). 수학교육과정 실태분석 경험에 대한 성찰. 수학교육철학연구, 3(2), 29-42.

김민호(2010). 우리나라 '교원능력개발평가'의 쟁점과 과제. 교육제주, 제145호, 18-22.

김병찬(2000). 교사교육에 대한 구성주의적 접근. 교육행정학연구, 18(4), 275-304.

김병찬(2015). 교사리더십 개념 모형 구안 연구. 한국교원교육연구, 32(1), 339-370.

김병찬(2019). 왜 교사리더십인가. 서울: 학지사.

김병찬, 윤 정(2015). '창의적으로 수업하는 교사'에 대한 생애사적 사례 연구. 학습자중심교과교육 연구, 15(4), 497-530.

김병찬, 임종헌(2017). 한국 교사의 희, 노, 애, 락: 교사의 삶에 관한 일 고찰. 한국교원교육연구, 34(4), 49-80.

김병찬, 조민지(2015). '창의적으로 수업하는 교사'의 특징은 무엇인가?: 초등학교 A 교사에 대한 생애사적 사례 연구. 교육문제연구, 28(2), 111-149.

김봉섭, 김붕년, 김의성, 김혜림, 박효정, 서미, 이영주, 이인재, 이현철, 전인식, 정시영, 조윤오, 최성보(2017). 학교폭력예방 및 학생생활의 이해. 서울: 학지사.

김상아, 진미영, 변찬석(2014). 학습부진 및 학습장애아의 사회성 관련 연구 동향 분석. 학습장애연구, 11(3), 117-134.

김성아(2019). 교사리더십 개발과정에 관한 연구: 교육과정재구성 교사공동체에서의 경험을 중심으로. 조선대학교 박사학위논문.

김성아, 송경오(2019). 교사공동체 기반 교사리더십 개발과정에 관한 연구. 한국교원교육연구, 36(3), 153-181.

김세화, 이희정, 심덕섭(2010). 셀프리더십의 선행요인 및 성과변수와의 관계에 관한 연구: 셀프 애피커시의 매개효과를 중심으로. 대한경영학회지, 23: 1287-1312.

김영돈(1979). 학급경영론. 서울: 교육과학사.

김영태(1999). 교사 지도성 탐색. 서울: 창지사.

김옥희, 최인숙(2005). 교사리더십 프로그램. 경기: 한국학술정보.

김요한(2011). 조별 발표 토론 수업이 수학 학습에 미치는 영향. 대구대학교 석사학위논문.

김용련(2019). 마을교육공동체: 생태적 의미와 실천. 서울: 살림터.

김우식(2015). 리더십 자질론의 통합적 접근과 中庸의 도: 대척성의 균형적 수용. 한국사회과학연구, 36(2), 1-19.

김은선(2022). 교사리더십 발휘 교사의 특성에 대한 질적 분석 연구: 고등학교 교사 사례를 중심으로. 경희대학교 박사학위논문.

김은주(2017). 교사소진의 원인과 대안 모색. 교육의 이론과 실천, 22(1), 1-38.

김정례(1999). 교육의 목적. 서울대교육연구소(편). 교육학 대백과사전. 서울: 하우동설. pp. 689-695.

김정원, 박소영, 김기수, 정미경(2011). 교사 생애단계별 역량 강화 방안 연구. 한국교육개발원 연구보고 RR 2011-06.

김정원, 신철균, 강인구, 김성수, 윤태호(2013). 교사의 학생 이해 및 소통 역량 강화 방안 연구. 한국교육개발원 연구보고 RR 2013-08.

김정환(1988). 교육철학. 서울: 박영사.

김진원(2021). 교사리더십 실행에 관한 질적 연구. 연세대학교 박사학위논문.

김찬호, 손연일, 심선화, 우소연, 위지영, 조춘애, 최신옥, 최현미(2018). 나는 오늘도 교사이고 싶다. 서울: 푸른숲.

김춘경, 이수연, 이윤주, 정종진, 최웅용(2016). 상담학 사전. 서울: 학지사.

김해룡, 김쌍언(2011). 직무자율성이 혁신행동에 미치는 영향: 셀프 리더십의 매개효과를 중심으로. 조직과 인사관리연구, 35: 199-229.

김희규(2012). 교장의 분산적 지도성과 교사의 교직 헌신과의 관계. 교육종합연구, 10(3), 123-144.

라연재. (2009). 디자인순환분석모델을 통한 지도성 실행에 대한 이해. 교육행정학연구, 27(1), 303-326.

류근하(2012). 중등학교 교사 리더십 개발을 위한 학교장의 창의적 리더십의 개념화. 평생교육·HRD 연구, 8(1), 133-148.

류윤석(2009). 교사리더십 개발 전략 및 지원 과제 탐구. 교육행정학연구, 27(1), 281-301.

문낙진(1993). 학교·학급경영의 이론과 실제. 서울: 형설출판사.

문지윤(2022). 중학교 수업에서 교사리더십 발휘 과정에 대한 질적분석 연구. 경희대학교 박사학위논문.

문지윤, 김병찬(2022). 중학교 수업에서 교사리더십 발휘 과정에 대한 질적분석 연구. 한국원교육연구, 39(1), 137-166.

박남기 외(2023). 교육대학원 역할 재정립 및 발정 방안 연구. 한국교육개발원 수탁연구.

박대휘(2014). 교사리더십과 학교조직문화 및 학교조직효과성의 구조적 관계분석. 동아대학교 박사학위논문.

박동수, 이희영(2000). 자기 유능감과 직무성과 간의 관계에 대한 셀프 리더십의 매개작용. 인사·조직연구, 10: 135-159.

박병량(2001). 훈육: 학교훈육의 이론과 실제. 서울: 학지사.

박병량, 주철안(2006). 학교·학급경영. 서울: 학지사.

박상완(2009). 개방형 자율학교의 학교혁신 사례 분석. 교육행정학연구, 27, 177-201.

박승호 외(2000). 교육심리학 용어사전. 한국교육심리학회. 서울: 학지사.

박새롬(2017). 변혁적 리더십에 기반한 사회과 수업 전문성의 의미와 구성 요소. 사회과교육, 56(2), 1-18.

박선형(2003). 변혁적 지도성에 대한 비판적 고찰: 분산적 지도성을 중심으로. 교육행정학연구, 21(4), 179-196.

박성희(2005). 꾸중을 꾸중답게 칭찬을 칭찬답게. 서울: 학지사.

박세훈, 박지훈(2014). 교사의 지도성에 관한 연구동향과 과제. 교육학연구, 52(4), 191-221.

박연호(1984). 교사와 인간관계론. 서울: 법문사.

박영숙 외(1999). 학교급별, 직급별, 취득자격별 교원 직무수행 기준에 관한 연구. 한국교육개발원 수탁연구 CR99-48.

박은실(2002). 단위학교의 효율적 운영을 위한 학교 조직문화 특성에 관한 질적 탐색. 교육행정학연구, 20(2). 77-96.

박은진(2020). 수업장학, 수업컨설팅, 수업코칭의 개념의 혼란과 차이 탐색. 열린교육연구, 28(2), 47-65.

박의수 외(2020). 교육의 역사와 철학. 서울: 동문사.

박정선, 신재홍(2021). 수학교육에서 진보주의와 구성주의 적용에 대한 성찰. 수학교육, 60(3), 387-407.

박진환, 신보미(2022). 중학교 수학 교사의 수업 성찰 실행 연구: 학생의 참여를 촉진하는 교사의 담론 역량을 중심으로. 수학교육, 61(1), 63-82.

박진환, 윤지형, 지아, 조해수, 정의진, 정은희, 임동헌, 이형환, 이민아, 윤양수, 박지희, 김종욱, 김윤주, 김수현, 고민경, 강아지똥, 이계삼(2013). 이것은 교육이 아니다. 서울: 교육공동체 벗.

박한숙, 정태근(2017). 따뜻한 교육공동체 혁신학교를 하다: 왜 혁신학교는 상을 주지 않는가? 경기: 교육과학사.

박호근(2005). 교원리더십 교육 프로그램 개발 및 운영사례 분석. 한국교원교육연구, 22(3). 한국교원교육학회. 47-73.

백승영(2005). 니체, 디오니소스적 긍정의 철학. 서울: 책세상.

백종현 역(2014). 실용적 관점에서의 인간학 / 임마누엘 칸트 지음. 서울: 아카넷.

서경혜(2015). 교사학습공동체. 서울: 학지사.

서울특별시교육청(2022). 2022 서울교육 주요업무. 서울특별시교육청.

서울형혁신학교학부모네트워크(2014). 행복한 나는 혁신학교 학부모입니다. 서울: 맘에드림.

서재진(2020). 아들러 리더십 코칭. 박영스토리.

서정화 외(2002). 교장학의 이론과 실제. 서울: 교육과학사.

선태유(2016). 소통, 경청과 배려가 답이다. 서울: 북랩.

성서공회(1990). 성경. 서울: 성서공회.

소경희, 최유리(2018). 학교 중심 교육 개혁 맥락에서 교사의 실천 이해: '교사 행위주체성' 개념을 중심으로. 교육과정연구, 36(1), 91-112.

손형국, 양정호(2013). 초등학교 6학년 담임교사의 교직생활 탐구. 한국교원교육연구, 30(2), pp. 413-437.

송상호(2010). 학교시대는 끝났다. 서울: 신인문사.

신현석(2010). 한국의 교원정책. 서울: 학지사.

신현석(2014). 교육자치와 일반자치의 관계 분석 및 미래 방향. 교육행정학연구, 32(4), 27-59.

실천교육교사모임(2017). 교사, 교육개혁을 말하다. 서울: 에듀니티.

안병영, 하연섭(2015). 5·31 교육개혁 그리고 20년: 한국교육의 패러다임 전환. 서울: 다산.

안소현(2020). 초등학교 학년부장교사 리더십에 대한 질적 사례 연구, 경희대학교 석사학위논문.

양성관, 이승덕, 전상훈(2010). 학교변화 수용에 대한 교사의 인식 연구. 교육정치학연구, 17(2), 65-88.

양지혜, & 김종인. (2017). 상사의 서번트 리더십이 조직시민행동에 미치는 영향: 일의 의미의 매개효과. 전략경영연구, 20(1), 31-53.

엄기호(2014). 교사도 학교가 두렵다. 서울: 따비.

오성삼(2010). 교원평가, 폐지해야 하나. 私學, 통권127호, 28-33.

오은석(2020). 동료장학과 자기장학이 교사학습공동체를 매개로 교사전문성에 미치는 영향. 사회과학연구, 13(1), 123-153.

오찬숙(2016). 교사학습공동체 특성에 따른 공유와 정착과정 연구. 한국교원교육연구, 33(1), 297-328.

오헌석(2007). 역량중심 인적자원개발의 비판과 쟁점 분석. 경영교육연구, 47, 191-213.

옥현진(2021). 신자유주의 교육정책이 초등학교 저경력 교사 정체성에 미친 영향: 교원 능력 개발평가, 성과급 제도를 중심으로. 한국교원대학교 석사학위논문.

온기찬(2015). 교육심리학. 파주: 교육과학사.

우선재(2011). 컨설팅 장학으로의 장학 패러다임 전환가능성 탐색. 한국교원대학교 석사학위논문.

유경훈(2014). 학교혁신 과정의 양가성(ambivalence): 혁신 학교 운영과정에 관한 문화기술적 사례연구. 경희대학교 대학원 박사학위논문.

윤재흥(2012). 교육철학 및 교육사. 서울: 학지사.

윤 정(2018). 학교는 어떻게 성공하는가?: A초등학교 교사들의 공유리더십에 관한 질적 사례 연구. 경희대학교 박사학위 논문.

윤 정, 최영진, 김병찬(2021). 무엇이 교사를 달리게 하는가?: 교사 학습공동체를 촉진하는 핵심 요인의 발견. 한국교원교육연구, 38(4), 199-228.

윤 정일 외(2004). 교육 리더십. 서울: 교육과학사.

이경숙(2017). 생활지도와 상담. 서울: 정민사.

이남인(2017). 본능적 지향성과 가치경험의 본성. 철학사상, 63, 63-95.

이대식(2020). 학습부진 및 학습장애 교육: 교수-학습이론과 모형의 조건. 서울: 학지사.

이돈희(1983). 교육철학개론. 서울: 교육과학사.

이봉재, 강경석(2016). 초등학교장의 진성 리더십, 학교장-교사 교환관계, 교사의 팔로워십 및 교직헌신 간의 구조적 관계. 교육문화연구, 22(4), 349-378.

이성대(2015). 혁신학교, 행복한 배움을 꿈꾸다. 서울: 행복한 미래.

이성은, 이상희, 임영애(2009). 직무특성화모형(JCM)에서 나타난 초·중등교사의 분산적 지도력 실행 인식에 관한 연구, 교육행정학연구, 27(3), 1-21.

이성진(1991). 교육심리학 서설. 서울: 교육과학사.

이신철 역(2009). 헤겔사전. 서울: 도서출판비.

이인규, 유 재, 권재원, 정성식, 박순걸, 이기정, 이상우, 천경호, 차승민(2017). 교사, 교육개혁을 말하다. 서울: 에듀니티.

이종각(2014). 부모 학부모 교육열에 대한 새로운 생각 새로운 정책. 서울: 원미사.

이종각(2021). 교육열 올바로 보기. 서울: 원미사.

이종수(편)(2009). 행정학 사전. 서울: 대영문화사.

이종인, 이은정 (역)(2013). 가르칠 수 있는 용기. 파커 J. 파머 지음. 서울: 한문화.

이종태, 김영화, 김정원, 류방란, 윤종혁(2000). 학교교육 위기의 실태와 원인 분석. 서울: 한국교육개발원.

이 준, 이윤옥(2019). 학습부진 학생에 대한 교육봉사활동 경험이 예비교원의 학습부진 학생 지도에 주는 의미. 한국교원교육연구, 36(3), 77-97.

이준희, 이경호(2015). 전문가 학습공동체 구현양상에 관한 질적 연구: 혁신학교를 중심으로. 교육문제연구, 28(2), 231-259.

이중현(2017). 혁신학교는 지속 가능한가. 서울: 에듀니티.

이진경 (2016). 공유리더십이 팀 효과성에 미치는 영향: 팀 효능감과 팀 내재적 동기부여 및 팀 책무감의 매개효과 검증. 국민대학교 박사학위논문.

이철수(2013). 사회복지학 사전. 고양: 혜민북스.

이철수 외(2009). 사회복지학사전. 서울: Blue Fish.

이철웅(2006). 교육상담과 생활지도 연구. 경기: 교육과학사.

이혁규(2015). 한국의 교육 생태계. 서울: 교육공동체벗.

이혜정. (2012). 전문계 고등학생이 지각한 교사의 서번트 리더십이 자기효능감 및 조직시민행동에 미치는 영향. 교육종합연구, 10(3), 29-51.

이혜정(2019). 대학생들의 조별발표수업 경험에 대한 교육적 의미 탐색. 학습자중심교과교육연구, 19(9), 1063-1090.

이홍우(2008). 교육의 목적과 난점. 서울: 교육과학사.

임석진 외(2008). 철학사전. 서울: 중원문화.

임지은(2018). 윤리적 리더십과 심리적 주인의식, 그리고 조직몰입 간의 관계에 관한 연구. 한국콘텐츠학회논문지, 18(4), 541-549.

장상호(2000). 학문과 교육(하). 서울: 서울대학교출판부.

장훈, 김명수. (2011). 경기 혁신학교 운영 사례 분석-초등학교 사례를 중심으로. 학습자중심교과교육연구, 11(1), 311-333.

정광희, 김병찬, 박상완, 이용관, 방희경(2007). 한국의 헌신적인 교사 특성 연구. 서울: 한국교육개발원 연구보고. RR 2007-8.

정성식(2014). 교육과정에 돌직구를 던져라. 서울: 에듀니티.

정은균(2017). 학교 민주주의의 불한당들: 우리는 어떤 학교에서 살아가고 있는가. 서울: 살림터.

정제영 외(2023). AI융합교육개론. 서울: 박영스토리.

정진욱(2022). 초등교사의 구성주의 리더십 요인 타당화 연구 -초등학교 고학년의 인식을 중심으로-. 한국교원대학교 박사학위 논문.

정진화(2016). 교사, 학교를 바꾸다. 서울: 살림터.

정행남, 최병숙(2013). 동료 장학 모임에 참여한 과학교사의 경험 사례 연구.한국과학교육학회지, 33(1), 63-78.

조민지(2022). 교사리더십 진단도구 개발 및 타당화 연구. 경희대학교 박사학위논문.

조석훈, 김 용(2007). 학교와 교육법. 서울: 교육과학사.

조영남(1998). "구성주의 교수-학습". 김종문 외, 구성주의 교육학. 서울:교육과학사.
pp. 151-180.

조완영 외(2017). 수학 교사를 위한 지침서 5: 함수의 필수 이해. 서울: 교우.

조윤정, 배정현(2015). 교사학습공동체 기반 연수에 관한 질적 연구: 교과연수년
직무연수 사례를 중심으로. 한국교원교육연구, 32(2), 33-65.

조한익(2014). 교육심리학. 서울: 학지사.

조희연(2016). 일등주의 교육을 넘어: 혁신미래교육의 철학과 정책. 파주: 한울.

주영효, 김규태(2009). 분산적 지도성의 이론적 탐색. 교육행정학연구, 27(2), 25-54.

주현준, 김태연, 남지영 (2012). 교사의 지도성과 학교효과성 관계에 대한 메타분석.
한국교원교육연구, 29(1), 119-141.

최병순(2009). 군 지휘관의 리더십 역량에 관한 연구: 한국형 리더십 역량모형을
중심으로. 국방연구, 52(2), 99-125.

채지수(2021). 초등학교 교사들이 경험한 교사리더십에 대한 내러티브 연구:
교사리더십 역량의 촉진과 저해 요인을 중심으로. 연세대학교 박사학위논문.

최봉기(1994). 정치적 리더십과 지방의회의원의 역할과 자질. 대구경북행정학회보, 제
6집.

최 욱 외(2010). HRD 용어사전. 서울: 중앙경제.

최은주(2014). 교사 지도성이 초등학생의 학업 성취도에 미치는 영향에 관한 다층분석.
초등교육연구, 27(3), 163-187.

최지혜(2013). 교사 지도성이 초등학생의 학업 성취도에 미치는 영향에 관한 다층분석.
이화여자대학교 박사학위논문.

하병수(2006). 교원평가 거짓과 진실. 교육비평, 20, 33-63. 2006.

한희정(2015). 혁신학교 효과. 서울: 맘에드림.

허병기(1997). 장학의 본질이탈: 개념적 혼란과 실천적 오류. 교육학연구, 35(3), 181-
212.

황기우(2008). 학교개혁을 위한 교사 리더십의 연구. 교육문제연구, 제31집, 23-47.

황기우(2011). 교사 리더십에 관한 중등교사의 인식 분석. 교육과학연구, 42(1), 77-
106.

황선필(2020). 초등학교 업무부장 교사 리더십 현상과 의미에 관한 질적 사례 연구. 경희대학교 박사학위논문.

황성민(2020). 자기 주도적 학습이 강화된 조별 발표 수업이 과학 관련 태도와 의사소통 능력에 미치는 영향: 마이스터고를 중심으로. 한국교원대학교 석사학위논문.

황정규(1987). 學校學習과 敎育評價. 서울: 敎育科學社.


Acker-Hocevar, M., & Touchton, D. (1999, April). A model of power as social relationships: Teacher leaders describe the phenomena of effective agency in practice. Paper presented at the annual meeting of the American Educational Research Association, Montreal, Quebec, Canada.

Ackerman, R. H., & Mackenzie, S. V. (Eds.)(2007). *Uncovering teacher leadership: Essays and voices from the field*. Thousand Oaks, CA: Corwin.

Angelle, P. S., & DeHart, C. A. (2011). Teacher perceptions of teacher leadership: Examining differences by experience, degree, and position. *NASSP Bulletin, 95*(2), 141-160.

April, K. A. (1997). *An investigation into the applicability of new science, chaos theory, and complexity theory to leadership, and development of guiding principles for the modern leader and organization*. Research report, Cape Town: Graduate School of Business, University of Cape Town.

Armistead, C., Pettigrew, P., & Aves, S. (2007). Exploring leadership in multi-sectoral partnership. *Leadership, 3*(2), 211-230.

Arrowsmith, T. (2007). Distributed Leadership in secondary school in England: The impact on the role of the headteacher and other issues. *Management in Education, 22*(2), 21-27.

Baecher, L. (2012). Pathways to teacher leadership among English-as-a-second language teachers: Professional development by and for emerging teacher leaders. Professional Development in Education, 38, 317-330. doi:10.1080/19415257.2012.657877

Barbuto, J. E., & Wheeler, D. W. (2006). Scale development and construct clarification of servant leadership. Group & Organization Management, 31(3), 300-325.

Barnard, C. I. (1938). The functions of the executive. Cambridge, Mass: Harvard University Press.

Barth, R. S. (1988). School: A community of leaders. In A. Lieberman (Ed.), *Building a professional culture in schools*. New York: Teachers college press. 129-147.

Barth, R. S. (2001). Teacher leader. Phi Delta Kappan, 82, 443-449.

Bass, B. M. (1990). *Bass and stogdill's handbook of leadership*. New York: Free press.

Bass, B. M. (2008). *The Bass handbook of leadership: theory, research, and managerial applications*. New York: Free Press.

Bateson, G. (1972). *Steps to an ecology of mind*. San Francisco: Jossey-Bass.

Beachum, F., & Dentith, A. M. (2004). Teacher leaders creating cultures of school renewal and transformation. Educational Forum, 68, 276-286. doi:10.1080/00131720408984639

Bell, B. S., & Kozlowski, S. W. (2002). A typology of virtual teams: Implications for effective leadership. *Group & Organization Management*, 27(1), 14-49.

Bennett, N., Wise, C., Woods, P., & Harvey, J. (2003). *Distributed Leadership: Full report*. Nottingham: National College for School Leadership.

Berliner, D. C. (1984). The half-full glass: A review of the research on teaching. In P. Hosford (Ed.), *Using what we know about teaching*. Alexandria, Va: Association for Supervision and Curriculum Development.

Bettencourt, A. (1989). 'What is constructivism and why are they all talking about it?' Reproduction By EDRS, ED 325402.

Block, P. (1998). From leadership to citizenship. In L. C. Spears (Ed.), Insights on leadership: Service, stewardship, spirit and servant-leadership, 87-95. New York: John Wiley & Sons, Inc.

Bolden, R., Petrov, G., & Gosling, J. (2009). Distributed leadership in higher education rhetoric and reality. *Educational Management Administration*

& *Leadership, 37*(2), 257-277.

Boles, K., & Troen, K. (1994). Shool restructuring by teachers: a study of the teaching project at the Edward Devotion School, paper presented at the Annual Meeting of the American Educational Research Association.

Bolman, L.G & Deal, T. E (1992). *Reflaming organization: Artistry, choice, and leadership.* San Francisco: Jossey-Bass.

Bransford, J., Goldman, S., & Pellegrino, J. (1992). Some thoughts about construtivism and instructional design. In T. M. Duffy & D. H. Jonassen (eds.), *Constructivism and the technology of instruction*: A conversation. Hillsdale, NJ: Erlbaum.

Briscoe, J. F., & D. T. Hall (1999). Grooming and picking leaders using competency frameworks: Do they work?. *Organizational Dynamics,* Autumn, 37-52. pp. 39-43.

Brooks, J. S., Scribner, J. P., & Eferakorho, J. (2004). Teacher leadership in the context of whole school reform. Journal of School L

Burnstein, N. et al. (1999). 'Redesigning teacher education as a shared responsibility of schools and universities'. *Journal of Teacher Education* 50(2). pp. 106-118.

Carlsen, M. B. (1988). *Meaning-making.* New York: Norton.

Carpenter, B. D., & Sherretz, C. E. (2012). Professional development school partnerships: An instrument for teacher leadership. School-University Partnerships, 5, 89-101.

Cautela, J. R. (1969). *Behavior therapy and self-control: techniques and applications,* pp. 323-340, Behavioral Therapy: Appraisal and Status, McGraw-Hill, New York, NY.

Cheung, R., Reinhardt, T., Stone, E., & Little, J. W. (2018). Defining teacher leadership: A framework. *Phi Delta Kappan,* 100(3), 38-44.

Chew, J. O. A., & Andrews, D. (2010). Enabling teachers to become pedagogical leaders: Case studies of two IDEAS schools in Singapore and Australia. Educational Research for Policy and Practice, 9, 59-74. doi:10.1007/ s10671-010-9079-0

Cobb, P. (1994). 'Where is the mind? Constructivist and sociocultural perspectives on mathematical development'. *Educational researcher* 23. pp. 13-20.

Coleman, H. J. Jr (1999). 'What enables self-organizing in business's emergence. *Journal of Complexity issues in Organizations and Management,* 1(1), 33-48.

Colleir, J. & Esteban, R. (2000). 'Systemic leadership: Ethical and effective', *The Leadership and Organization Development Journal,* 21(4), 207-215.

Collinson, V. (2012). Leading by earning, learning by leading. *Professional Development in Education, 38*(2), 247-266.

Collinson, M., & Collinson, D. (2006). *'Blended Leadership': Employee Perspectives on Effective Leadership in the UK FE Sector.* Lancaster: Centre for Excellence in Leadership.

Conger, J. A., & Kanungo, R. N. (1988). The empowerment process: Integrating theory and practice. *Academy of management review,* 13(3), 471-482.

Conley, M. (1997). Teacher leadership vs. school management: Flatten the hierarchies. *The Cleaning House,* 70(5), 236-239.

Cosenza, M. (2015). Defining teacher leadership: Affirming the teacher leader model standards. *Issues in Teacher Education,* Fall, 79-99.

Coyle, M. (1997). Teacher leadership vs. school management: Flatten the hierarchies. *Clearing House,* 70(5), pp. 236-239.

Crowther, F., Ferguson, M., & Hann, L. (2009). *Developing teacher leaders: How teacher leadership enhances school success* (2nd ed.). Thousand Oaks, Corwin Press.

Crowther, F., Kaagen, S. S., Ferguson, M., & Hann, M. (2002). *Developing teacher leaders: How teacehr leadership enhances school success.* Thousand Oaks, CA: Corwin Press.

Cusack, B. O. (1993). Political engagement in the restructured school: The New Zealand experience. *Educational Management and Administration,* 21(2). 107-114.

Darling-Hammond, L., Bullmaster, M. L., & Cobb, V. L. (1995). Rethinking teacher leadership through professional development schools. *The Elementary School Journal,* 96(1), 87-106.

Darling-Hammond, l., & Prince, C. D. (2007). *Strengthening teacher quality in high-need schools-policy and practice.* Washington, DC: Council of Chief State School Officers.

Danielson, C. (2006). *Teacher Leadership: that strengths professional practice.* Alexandria, VA: ASCD.

David, F., & Judy, D. (2003). *Teacher-led development work: guidance and support* London: David Fulton Publishers.

Davidson, B. M. & Dell, G. L. (2003). A school restructuring model: A tool kit for building teacher leadership. paper presented at the Annual Meeting of the AERA. Chicago, April 2003.

Davis, M. W. (2009). *Distributed leadership and school performance* (Doctoral dissertation, The George Washington University).

Day, C. (1999). *Developing teachers: The challenges of lifelong learning.* London: Falmer Press.

Day, C. & Harris, A. (2003). Teacher leadership, reflective practice and school improvement in Leithwood, K. & Hallinger, P. (eds). *Second international handbook of educational leadership and administration.* Dordrecht: Kluwer Academic.

Day, D. V., Gronn, P., & Salas, E. (2004). Leadership capacity in teams. *The Leadership Quarterly, 15,* 857-880.

Deci, E. L., & Ryan, R. M. (1987). The support of autonomy and the control of behavior. Journal of Personality and Social Psychology, 53: 1024-1037.

Dewey, J. (1916). *Democracy and education.* New York: Macmillan.

Dobransky, N. D. & Frymier, A. B. (2004). Developing teacher-student relationship through out of class communication. *Communication Quarterly,* 52(3), 211-223.

Donaldson, G. A. (2006). *Cultivating leadership in schools: Connecting people, purpose, and practice* (2nd ed.). New York: Techers College Press.

Du, F. (2007). A case study of teacher leaders as group leaders: Implication for research and teacher education. *The Teacher Educator, 42(3)*, 185-208.

Duffy, T. M. & Cunningham, D. J. (1996). 'Constructivism: implications for the design and delivery of instruction'. *Handbook of research for educational communications and technology.* pp. 170-198.

Duke, D. L. (1996). Perception, prescription and the future of school leadership. In K. Leithwood et al(Ed). *The international handbook of educational leadership and admimistration.* Boston: Kluwer Academic Publishers. 841-872.

Duke, D. L. (1994). Drift, detachment, and the need for teacher leadership. In D. R.

Walling (Ed.), Teachers as leaders: Perspectives on the professional development of teachers (pp. 255-273). Bloomington, IN: Phi Delta Kappa Educational Foundation.

Elmore, R. F. (2000). Building a new structure for school leadership. Washington DC: The Albert Shanker Institute.

Ensley, M. D., & Pearce, C. L. (2001). Shared cognition in top management teams: Implications for new venture performance. *Journal of Organizational Behavior*, 22(2), 145-160.

Eraut, M. (1994). *Developing professional knowledge and competence.* London: Falmer Press.

Erez, M., & Arad, R. (1986). Participative goal-setting: Social, motivational, and cognitive factors. *Journal of Applied Psychology*, 71(4), 591-597.

Erikson, E. H. (1956). The problem of ego identity. *Journal of the American Psychoanalytic Association*, 4, 56-121.

Farling, M. L., Stone, A. G., & Winston, B. E. (1999). Servant leadership: Setting the stage for empirical research. Journal of Leadership Studies, 6(1): 49-72.

Fay, C. (1992). Empowerment through leadership: In the teachers' voice. In C. Livingston (Ed.), *Teachers as leaders: Evolving roles.* Washington, DC: National Education Association. 57-90.

Fenwick, W. E. (2005). *The SAGE handbook of educational leadership.* London: SAGE Publications.

Fleishman, J. L(1973). Public financing of election campaigns: Constitutional constraints on steps toward equality of political influence of citizens. *North Carolina law review,* 52(2), pp. 349-416. Chapel Hill: North Carolina Law Review Association, etc.

Fletcher, J. K., & Kaufer, K. (2003). Shared leadership. *Shared leadership: Reframing the hows and whys of leadership,* 21-47.

Fosnot, C. T. (1996). *Constructivism: theory, perspectives, and practice.* New York: Teachers College Press.

Foster, R. (1998). Leadership in two secondary schools with a reputation for success. Paper presented at the annual meeting of the American Educational Research Association. San Diego, CA.

Freire, P. (1973). *Education for critical consciousness.* New York: Continuum.

Friedman, H. (2011). The myth behind the subject leader as a school key player. Teachers and Teaching, 17, 289-302. doi:10.1080/13540602.2 011.554701

Frost, D. & Durrant, J. (2002). Teachers as leaders: exploring the impact of teacher-led development work. *School Leadership & Management,* 22(2), 143-161.

Fullan, M. (1994). Teacher leadership: A failure to conceptualize. In D. R. Walling (Ed), *Teachers as leaders* (pp. 241-253). Bloomington, IN: Phi Delta Kappa Educational Foundation.

Fullan, M. (1998). The meaning of educational change: A quarter of a century of learning. In A. Hargreaves, A, Lieberman, M, Fullan, & D, Hopkins (Eds.). *International Handbook of Educational Change* (pp. 242-260). Dordrecht: Kluwer.

Fullan, M. (2005). Leadership and sustainability: System thinkers in action. Thousand Oaks. CA: Corwin Press.

Fullan, M. (2016). *The new meaning of educational change(5th ed.). leadership and sustainability: System thinkers in action.* New York:

Teachers college press. Columbia University.

Gaffney, M., & Faragher, R. (2010). Sustaining improvement in numer.

Glickman, C. (1993). *Renewing American's schools: A guide for school based education.* San Francisco: Jossey-Bass.

Goodlad, J. (1990). The occupation of teaching in schools. In J. Goodlad & R. Soder (Eds.). *The moral dimension of teaching* (pp. 33-34). San Francisco: Jossey-Bass.

Gordon, S. P., Jacobs, J., Croteau, S. M., & Solis, R. (2021). Informal teacher leaders: Who they are, what they do, and how they impact teaching and learning. *Journal of School Leadership*, 31(6), pp. 526-547.

Greene, M. (1988). *The dialectic of freedom.* New York: Teachers College Press.

Greenleaf, R. K. (1970). *Servant as leader.* Republished in 1991 by The Robert K. Greenleaf Center in Indianapolis, Indiana, USA.

Greenleaf, R. K. (1979). Servant leadership: A journey into the nature of legitimate power and greatness. *Business Horizons*, 22(3), 91-92.

Greenleaf, R. K. (1995). *Reflection on leadership: How Robert L. Greenleaf's theory of servant leadership influenced today's top management thinkers.* New York: John Wiley and Sons.

Greenlee, B. J. (2007). Building teacher leadership capacity through educational leadership programs. *Journal of Research for Educational Leaders, 4*(1), 44-74.

Griffin, G. A. (1995). Influences of shared decision making on school and classroom activity: Conversations with five teachers. Elementary School Journal, 96, 29-45.

Guiney, E. (2001). Coaching isn't just for athletes: The role of teacher leaders. Phi Delt.

Gronn, P. (2000). Distributed properties: A new architecture for leadership, *Educational management Administration & leadership 28*(3), 317-338.

Gronn, P. (2002). Distributed leadership as a unit of analysis. *The leadership Quarterly, 13*, 423-451.

Gronn, P. (2003). Leadership: who needs it?. *School leadership & management, 23*(3), 267-291.

Hargreaves, A. (2003). *Teaching in the knowledge society: Education in the age of insecurity.* New York: Teachers College Press, Columbia University.

Hargreaves, A. & Fullan, M. (2008)(Eds.). *Change wars.* Toronto: Solution Tree.

Hargreaves, A. & Fullan, M. (2012). *Professional capital.* New York: Teachers College Press, Columbia University.

Harris, A. (2003). "Teacher leadership as distributed leadership: Heresy, fantasy or possibility?". *School leadership & Management*, 23(3), 323-324.

Harris, A. (2008). *Distributed school leadership: Developing tomorrow's leaders.* London: Routledge Falmer Press.

Harris, A. (Ed.). (2009). Distributed leadership: Different perspectives (Vol. 7). Springer Science & Business Media.

Hart, A. W. (1995). Reconceiving school leadership: Emergent views. *Elementary School Journal, 96.* 9-28.

Hart, P. & Segesta, J. (1994). *Leadership development for teachers: 1994 evaluation.* Tampa, FL: West Central Educational Leadership Network.

Heenan, D. A., & Bennis, W. G. (1999). *Co-leaders:* The power of great partnerships. University of Texas Press.

Hemphill, J. K. & Coons, A. E. (1950). *Leader behavior description questionaire.* Columbus: Personnel Research Board, Ohio State University.

Henson, K. T. (1996). Teachers as researchers. In J. Sikula, T. J. Buttery, & E. Guyton (Eds.), *Handbook of research on teacher education* (2nd ed.) (pp.53-64). New York: Simon & Schuster.

Herbert, S. C. (2003). The relationship of perceived servant leadership and job satisfaction from the follower's perspective. Doctoral dissertation of Capella University.

Hiller, N. J., Day, D. V., & Vance, R. J. (2006). Collective enactment of leadership roles and team effectiveness: A field study. *The Leadership*

*Quarterly, 17*(4), 387-397.

Hills, P. J. (1986). *Teaching, learning, and communication.* London: Croom Helm Ltd.

Hodgkinson, C. (1991). *Educational leadership, the moral art.* Albany: State University of New York Press.

Hord, S. M. (1997). *Professional learning communities:* Communities of continuous inquiry and improvement. Southwest Educational Development Laboratory.

Houghton, J. D., and Neck, C. P. (2002). The revised self-leadership questionnaire: testing a hierarchical factor structure for self-leadership. *Journal of Managerial Psychology, 17*(8). 672-691.

Hughes, R. L., Ginnett, R. C., & Curphy, G. J. (1999). Leadership: Enhancing the Lessons of experience. Sydney: McGraw-Hill.

Hunter, J. C. (1998). The servant: A simple story about the true essence of leadership (1st ed.). Rocklin, CA: Prima Pub.

Hunzicker, J. (2012). Professional development and job-embedded collaboration: How teachers learn to exercise leadership. Professional Development in Education, 38, 267-289. doi:10.1080/19415257.2012.657870

Irwin, C. C. (1985). What research tells the teacher about instructional leadership. Paper presented at the annual meeting of the national association of secondary school principals. 69th New Orleans.

Johnson, B. L. (1998). Organizing for collaboration: A reconsideration of some basic organizing principles. In D. G. Pounder (Ed.). *Restructuring schools for collaboration: Promises and pitfalls.* Albany: State University of New York Press. 9-25.

Jonassen, D. H. (1991). 'Evaluating constructivistic learning'. In Duffy, T. M. & Jonassen, D. H(eds). *Constructivism and the technology of instruction: A conversation* Lawrence Erlbaum Associates. pp. 137-148.

Katzenmeyer, W., & Katzenmeyer, M. (2004). *Teacher leader self assessment.* Tampa, FL: Professional Development Center.

Katzenmeyer, M. & Moller, G. (2009). *Awakening the sleeping giant*(3rd eds.). Thousand Oaks: Corwin Press.

Katzenmeyer, M. & Moller, G. (2001). *Awakening the sleeping giant*(2nd eds.). Thousand Oaks: Corwin Press.

Katzenmeyer, M. & Moller, G. (1995). *Awakening the sleeping giant*. Helping teachers develop as leaders. (1st Ed) CA: Corwin Press.

Kaufman, R. A. (1995). *Mapping educational success: Strategic thinking and planning for school administrators*. Thousand Oaks, CA: Corwin Press.

Kegan, R. (1982). *The evolving self: Problems and process in human development*. Cambridge, MA: Harvard University Press.

Kelley, R. E. (1988). In praise of followers (pp. 142-148). *Harvard Business Review*, 66(6), 141-148.

Kerr, S. & Jermier, J. M. (1978), Substitutes for leadership: their meaning and measurement. *Organization Behavior and Human Performance*, 22, 375-403.

Kindred, L. W., Bagin, D., & Callagher, D. R. (1976). *The school and community relations*. Englewood Cliffs. New Jersey: Prentice Hall.

King, B., Louis, K. S., Marks, H. M., & Peterson, K. D. (1996). Participatory decision making. In F. Newman (Ed.). Authentic assessmment: Restructuring schools for intellectual quality (pp. 245-263). San Francisco: Jossey Bass.

Klamp, G, O. (1980). *The assessment of occupational competence*. Washington, D. C.: Report to the National Institute of Education.

Klimoski, R., & Mohammed, S. (1994). Team mental model: Construct or metaphor? *Journal of management*, 20(2), 403-437.

Korthagen, F. J. et al. (2001). *Linking practice and theory: the pedagogy of realistic teacher education*. Lawrence Erlbaum Associates, Inc.

Kouzes, J. & Posner, B. (2010). *The leadership challenge activities book (Ed.)*. San Francisco, CA: Wiley.

Lambert, L. (1998). B*uliding Leadership Capacity in schools*. Alexandria, VA: Association for supervision and curriculum development.

Lambert, L., Walker, D., Zimmerman, D. P., Cooper, J. E., Lambert, M. D., Gardner, M. E., & Ford Slack, P. J. (1995). *The Constructivist Leader.* N.Y.: Teachers College Press.

Lambert, M. D. & Gardner, M. E. (1995). The school district as interdependent learning community. In L. Lambert(ed.). *The Constructivist Leader.* N.Y.: Teachers College Press. 134-158.

Laub, J. A. (1999). Assessing the servant organization: Development of the servant leadership instrument. Doctoral Dissertation, Florida Atlantic University.

LeBlanc, P. R., & Shelton, M. M. (1997). Teacher leadership: The needs of teachers. Action in Teacher Education, 19, 32-48.

Leithwood, K. (1994). Leadership for school restructuring. *Educational Administration Quarterly*, 30(4). 498-518.

Leithwood, K., Mascall, B., Strauss, T., Sacks, R., Memon, N., & Yashkina, A. (2007). Distributing leadership to make schools smarter. Taking the ego out of the system. *Leadership and policy in schools, 6*(1), 37-67.

Levin, B. B. & Schrum, L. (2017). *Every teacher a leader.* Corwin, Thousand oaks: California.

Levinson, M. (2011). Democracy, accountability, and education. *Theory and Research in Education*, 9(2). 125-144.

Lewin, K., Lippitt, R., & White, R. K. (1939). 'Patterns of aggressive behavior in experimentally created social climate'. *Journal of Social Psychology*, 10, 271-299.

Lieberman, A. (1992). Teacher leadership: What are we learning? In C. Livingston (Ed.). Teachers as leaders: Evolving roles(pp. 159-165). Washington, DC: National Educational Association.

Lieberman, A. (1994). Woman, power, and the politics of educational reform: A conversation about teacher education. Paper presented at the annual meeting of the American Educational Research Association. New Orleans.

Lieberman, J. M. (2002). "Promoting teacher leadership in urban schools".

paper presented at the Annual Meeting of the AACYE. New York. 2002.

Lieberman, A. & Miller, L. (2004). *Teacher leadership*. New Jersey: John Wiley & Sons, Inc.

Lieberman, A., Saxl, E. R., & Miles, M. B. (1988). Teacher leadership: Ideology and practice. In A. Lieberman (Ed.), *Building a professional culture in schools* (pp. 148-166). New York: Teachers College Press.

Lightbody, I. (2011). *Shared leadership in schools*: Lessons from an expolration of theory and practice. LAP LAMBERT Academic Publushing.

Likert, R. (1961). *New pattern of management*. New York: McGraw-Hill.

Little, J. W. (1995). Contested ground: The basis of teacher leadership in two restructuring high schools. *Elementary School Journal, 96(1)*, 47-73.

Lortie, D. (2002). *School teacher* (2nd Ed.). Chicago: University of Chicago Press.

Meyer, J. W & Rowan, B. (1978). The Structure of Educational Organization. San Francisco: Jossey-Bass.

Mansfield, B. (2004). Competence in transition. *Journal of European Industrial Training, 28(2/3/4)*, 296-309.

Manz, C. C. (1983). *The art of self-leadership: Strategies for personal effectiveness in your life ans work*. Englewood Cliffs, NJ: Prentice-Hall.

Manz, C. C. (1986). 'Self-leadership: Toward an expanded theory of self-influence processes in organizations'. *The Academy of Management Review*. 11(3), 585-600.

Manz, C. C. & Neck, C. P. (2003). *Mastering self-leadership: Empowering yourself for personal excellence*. Upper Saddle River, NJ: Prentice-Hall.

Manz, C. C. & Sims, H. P. Jr. (2001). *New super leadership: Leading others to lead themselves*. San Francisco, CA: Berrett-Koehler.

Manz, C. C. & Sims, H. P. (1980), Self-management as a substitute for leadership: a social learning perspective. *Academy of Management Review*, 5, 361-367.

Manz, C. C. & Sims, H. P. (1991). Super-leadership: Beyond the myth of heroic leadership. *Organizational Dynamics, 19(4)*, 18-35.

Manz, C. C., & Sims, H. P., Jr. (2004). *Mastering self-leadership: Empowering yourself for personal excellence* (3rd ed.). Upper Saddle River, NJ: Pearson Prentice-Hall.

Mayrowetz, D. (2008). Making sense of distributed leadership: Exploring the multiple usages of the concept in the field. *Educational Administration Quarterly, 44*, 424-435.

McLagan, P. A. (1997). Competencies: The next generation. *Training and Development,* 51(5), 40-47.

McIntyre, D., & Hagger, H. (1992). Professional development through the Oxford internship model. *British Journal of Educational Studies,* 40(3), 264-283.

McLaughlin, M. W. (1995). Context for professional development. Speech delivered at the annual conference of the National Staff Development Council. Chicago, IL. (Avaible from National Cassette Services, Front Royal, VA; No. 5985-22).

McLaughlin, M. W. (1998). Listening and learning from the field: Tales of policy implementation and situated practice. In A. Hargreaves, A, Lieberman, M, Fullan, & D, Hopkins (Eds.). *International Handbook of Educational Change* (pp. 242-260). Dordrecht: Kluwer.

McSwain, A. M. (2011). Perceived mentoring responsibilities of charge nurses, the nursing-unit frontline leaders: A phenomenological study. ProQuest Dissertations Publishing.

Mirabile, R. (1997). Everything you wanted to know about competency modeling. *Training and Development.* 51(8), 73-77.

Morrison, K. (2002). *School leadership and complexity theory.* London: Routledge, Taylor & Francis Group.

Muijs, D., & Harris, A. (2003). Teacher leadership-Improvement through empowerment? An overview of literature. *Educational Management Administration & Leadership,* 31, 437-448.

Muijs, D., & Harris, A. (2006). Teacher led school improvement: Teacher leadership in the UK. Teaching and Teacher Education, 22, 961-972.

doi:10.1016/j.tate.2006.04.010

Muijs, D., & Harris, A. (2007). Teacher leadership in action. *Educational Management Administration & Leadership, 35*(1), 111-134.

Murphy, J. (2005). *Connecting teacher leadership and school improvement.* Thousand Oaks, California: Corwin Press.

Murphy, J. & Louis, K. S. (Eds)(1999), *Handbook of research on educational administration*(2ed). San Francisco: Jossey-Bass Publishers.

Neck, C. P., Houghton, J. D. (2006), Two decades of self-leadership theory and research: Past developments, present trends, and future possibilities. *Journal of Managerial Psychology*, 21(4), 270-295.

Neck, C. P., & Manz, C. C. (2012). *Mastering self-leadership: Empowering yourself for personal excellence. (6th ed).* New Jersey: Pearson.

Neuman, M., & Simmon, W. (2000). Leadership for student learning. *Phi Delta Kappan, 82*, 8-12.

Nichols, J. D. (2010). *Teachers as servant leaders.* Rowman & Littlefield Publishers. Inc.

Northouse, P. G. (2004). Leadership: Theory and practice. London: SAGE.

Ovando, M. N. (1996). Teacher leadership: Opportunities and challenges. Planning and Changing, 27, 30-44.

Palmer, P. J. (1998). *The courage to teach: exploring the inner landscape of a teacher's life.* San Francisco, Calif.: Jossey-Bass.

Patterson, J. L. (1993). *Leadership for tomorrow's schools.* Alexandria, VA: Association for Supervision and Curriculum Development.

Patterson, K. A. (2003). *Servant leadership: A theoretical model.* Doctoral dissertation. Regent University.

Paulu, N., & Winters, K. (1998). *Teacher leading the way: Voices from the National Teacher Forum.* Washington, DC: U.S. Department of Education.

Pearce, C. L. (2004). The future of leadership: Combining vertical and shared leadership to transform knowledge work. *The Academy of Management Executive*, 18(1), 47-57.

Pearce, C. L. & Conger, J. A. (2003). *All those years ago: the historical underpinnings of shared leadership.* In C. L. Pearce, & J. A. Conger(Eds), Shared Leadership: Reframing the Hows and Whys of Leadership, 1-18. Thousand Oaks, CA: Sage Publications.

Pearce, C. L., and Manz, C. C. (2005). The new silver bullets of leadership: The importance of self-and shared leadership in knowledge work. *Organizational Dynamics,* 34(2), 130-140.

Pelicer, L. O., & Anderson, L. W. (1995). *A handbook of teacher leaders.* Thousand Oaks, CA: Corwin Press.

Peterson, P. L. & Barnes, C. (1996). The challenge of methematics, equity, and leadership. *Phi Delta Kappan,* on-line serial, 77(7).

Podjasek, H. L. (2009). The space between: Women teachers as leaders (Order No. 3401058). Available from ProQuest Dissertations & Theses Global. (UMI No. 305168168)

Poekert, P., Alexandrou, A., & Shannon, D. (2016). How teachers become leaders: An internationally validated theoretical model of teacher leadership development. *Research in Post-Compulsory Education, 21*(4), 307-329.

Porter, A. C. (1986). Teacher collaboration: New partnership to attack old problems. Phi Delta Kappan, 69, 147-152.

Rogus, J. F. (1988). Teacher leader programming: Theoretical underpinnings. *Journal of Teacher Education,* 39, 46-52.

Rost, J. C. (1991). Leadership for the 21st century. New York: Praeger.

Ryan, S. (1999, April). Principals and teachers leading together. Paper presented at the annual meeting of the American Educational Research Association, Montreal, Quebec, Canada.

Sahlberg, P. (2011). *Finnish lessons.* New York: Teachers College Press, Columbia University.

Schön, D. A. (1983). The reflective practitioner: How practitioners think in action. London: Temple Smith.

Schrum, L. & Levin, B. B. (2015). *Leading 21st century schools what strategic school leaders need to know.* Thousand Oaks: Corwin.

Senge, P. M. (1990). *The fifth discipline: The art and practice of the learning organization.* New York: Doubleday.

Senge, P. M. (1995). Robert Greenleaf's Legacy: A new foundation for twenty-first century institutions. In L. Spears (Ed.), Reflection on leadership: How Robert Greenleaf's theory of Servant-leadership influenced today's top management thinkers, 217-240. New York: John Wiley & Sons, Inc.

Senge, P. M., & Cambron-McCabe, N. H. (2000). *Schools that learn: a fifth discipline fieldbook for educators*, parents and everyone who cares about education. London, UK: Nicholas Brealey.

Sergiovanni, T. J. (1994). *Building community in schools.* CA: Jossey-Bass.

Sergiovanni, T. J. (2001). *Leadership: What's in it for schools?* London: Routledge Falmer.

Shapiro, A. (2000). *Leadership for constructivist schools.* London: Scarecrow Press, Inc.

Sherrill, J. A. (1999). Preparing teachers for leadership roles in the 21st century. Theory Into Practice, 38, 56-61.

Silva, D. Y., Gimbert, B" & Nolan, J. (2000). Sliding the doors: Locking and unlocking possibilities for teacher leadership. Teachers College Record, 102, 779-804.

Sims, B. J. (1997). Servanthood: Leadership for the group effectiveness. The Wharton School, University of Pennsylvania.

Spears, L. (1995). Insights on leadership: service, stewardship, spirit and servant-leadersh.

Singh, A., Yager, S. O., Yutakom, N., Yager, R. E., & Ali, M. M. (2012). Constructivist teaching practices used by five teacher leaders for the Iowa Chautauqua professional development program. International Journal of Environmental & Science Education, 7, 197-216.

Sivasubramaniam, N., Murry, W. D., Avolio, B. J., & Jung, D. I. (2002). A longitudinal model of the effects of team leadership and group potency on group performance. *Group & Organization Management,* 27(1), 66-96.

Sleeter, C. E. (Ed.)(2007). *Facing accountability in education.* New York and London: Teachers college, Columbia University.

Smylie, M. A. (1992). Teachers' reports of their interactions with teacher leaders concerning classroom instruction. Elementary School Journal, 93, 85-98.

Smylie, M. A. (1994). Redesigning teachers' work: Connections to the classroom. In L. Darling-Hammond (Ed.), Review of research in education (Vol. 20, pp. 129-177). Washington, DC: American Educational Research Association.

Smylie, M. A. (1995). New perspectives on teacher leadership. Elementary Sch.

Smylie, M. A., Conley, S., & Marks, H. M. (2002). Reshaping leadership in action: In J. Murphy (Ed), *The educational leadership challenge: Redefining leadership for 21st century.* Chicago: National Societry for the Study of Education.

Smylie, M. A. & Denny, J. W. (1990). Teacher leadership: tensions and ambiguities in organizational perspective. *Educational Administration Quarterly,* 26(3). pp. 235-259.

Snell, J. & Swanson, J. (2000). *The essential knowledge and skills of teacher leaders: A search for a conceptual framework.* Paper presented ath annual meeting of American Education Research Association. New Orleans, LA.

Spears, L. C. (1998). *Insights on leadership: Service, stewardship, spirit, and servant-leadership.* New York: John Wiley & Sons, Inc.

Spears, L. C. (Ed)(2002). *Focus on leadership.* New York: John Wiley & Sons.

Spears, L. C. (2010). Character and servant leadership: Ten characteristics of effective, caring leaders. *The journal of virtues & leadership,* 1(1), 25-30.

Spenser, I. M., & Spenser, S. M. (1993). *Competence at work: Modes for superior performance.* New York: Wiley.

Spillane, J. P. (2005). *Distributed leadership.* In The Educational Forum (Vol.

69, No. 2, pp. 143-150). Taylor & Francis Group.

Spillane, J. P. (2006). *Distributed leadership*. San Francisco: Jossey-Bass.

Spillane, J. P., & Diamond, J. B. (Eds.). (2007). *Distributed leadership in practice*. New York: Teachers College, Columbia University.

Spillane, J. P., Halverson, R., & Diamond, J. B. (2004). Towards a theory of leadership practice: A distributed perspective. *Journal of curriculum studies, 36*(1), 3-34.

Stein, M. K., Smith, M. S., & Silver, E. A. (1999). The development of professional developers: Learning to assist teachers in new setting in new ways. *Harvard Educational Review*, 69, 237-270.

Stenhouse, L. (1975). *An introduction to curriculum research and development*. London: Heineman.

Stogdill, R. M. (1974). *Handbook of Leadership: A Survey of Theory and Research*. N.Y.: The Free Press.

Stone, A. B., Robert, F., & Russell, K. P. (2004). Transformational versus servant leadership: A difference in leadership focus. The Leadership & Organizational Development Journal, 25(4), 362-372.

Suranna, K. J. & Moss, D. M. (2002). "Exploring teacher leadership in the context of teacher preparation". paper presented at the Annual Meeting of the AERA. New Orleans, April 2002. ERIC ED 465751.

Tan, O., Liu, W. & Low, E. (2017). *Teacher education in the 21st century: Singapore's evolution and innovation*. Singapore: Springer.

Taylor, D. L., & Bogotch, I. E. (1994). School-level effects of teachers' participation in decision making. Educational Evaluation and Policy Analysis, 16, 302-319.

Tead, O. (1935). The art of leadership. New York: McGraw-Hill Book Co., Inc.

Terrey, J. N. (1986). Leadership can create excellence. Paper presented at the Annual National Convention.

Terry, H. (1960). Albert Camus: the Nature of Political Rebellion. Political research quarterly, 13(3), pp. 573-580. Thousand Oaks, CA: Sage Publications.

Tichy, N. M. & Devanna, M. A. (1986). *Transformational leader*. New York: Wiley. Vernon-Dotson, L. J., & Floyd, L. O. (2012). Building leadership capacity via school partnerships and teacher teams. Clearing House, 85, 38-49. doi:10.1080/00098655.2011.607477

Von Glasersfeld, E. (1995). *Radical Construction:* A Way of Knowing and Learning, London: The Falmer Press.

Vygotsky, L. S. (1962). Thought and language. Cambridge, MA: MIT Press.

Walker, P. D. (1997). A case study of servant leadership. Unpublished.

Walling, D. R. (Ed.)(1994). *Teacher as leaders: Perspectives on the professional development of teachers*. Bloomington, IN: Phi Delta Kappa.

Wasley, P. A. (1991). *Teachers who lead: the rhetoric of reform and the realities of practice*. New York: Teachers College Press.

Wenner, J. A. & Campbell, T. (2017). The theoretical and empirical basis of teacher leadership: A review of the literature. *Review of Educational Research*, 87(1), pp. 134-171.

Westfall-Rudd, D. (2011). Agricultural education teacher leaders' development of ownership and responsibility for the profession through participation in continuing professional education program planning: A case study. Journal of Agricultural Education, 52, 148-161. doi:10.5032/jae.2011.03148

Whitaker, T. (1995). Informed teacher leadership-the key to successful change in the middle level school. *NASSP Bulletin*, 79. 76-81.

Whitty, G. (2002). *Making sense of education policy: studies in the sociology and politics of education*. London: Paul Chapman.

Weick, K. (1976). "Educational organizations as loosely coupled systems", *Administrative Science Quarterly, 21*, 1-9.

Wilson, M. (1993). The search for teacher leaders:. *Educational Leadership*, 50(6), 24-27.

Woodruffe, B. J. (1991). Rural change in Europe (II). *Journal of rural studies, 7(3)*, 354-355.

Wright, L. L. (2008). Merits and limitation of distributed leadership: Experiences and understandings of school principals. Canadian Journal of Educational Administration and Policy, 69. Retrieved 06.02.2022, from http://www.umanitoba.ca/publications//articles/wright.html.

Yager, S. J. & Lee, O. (1994). The development and sustenance of instructional leadership. In D. R. Walling (Ed), *Teacher as leader: Perspectives on the professional development of teachers.* Bloomington, IN: Phi Delta Kappan. 223-237.

York-Barr, J. & Duke, K. (2004). What do we know about teacher leadership? Findings from two decades of scholarship. *Review of Educational Research,* 74(3), pp. 255-316.

Yukl, G. A. (1999). An evaluation of conceptual weaknesses in transformational and charismatic leadership theories. *The leadership quarterly,* 10(2), 285-305.

Yukl, G. A. (2012) *Leadership in Organizations, 8th edition.* New Jersey: Prentice-Hall.

Zaleznik, A. (1977). Managers and leaders: Are they different? *Harvard Business Review.* 55. 1-12.

Zeichner, k. (1993). Action research: Personal renewal and social reconstruction. *Educational Action Research,* 1(2), 199-220.

Zinn, L. F. (1997). Supports and barriers to teacher leadership: Reports of teacher leaders. Paper presented at the American Education Research Association Annual Conference. Chicago, IL.

중앙일보(2021.10.18.)

# 색인

# 저자약력

김병찬(Kim Byeongchan)

전북 임실 生(1966)

서울대학교 윤리교육과 졸업(1991)

서울대학교 대학원 교육학과 교육행정전공 석사(1995)

서울대학교 대학원 교육학과 교육행정전공 박사(2002)

남서울중학교 및 서울시내 중등교사(1991-2002)

중등교원 임용고사 출제위원(2006)

대통령자문교육혁신위원회 비상임전문위원(2007)

한국교육학회 부회장(2023)

한국교육정치학회 회장(2023)

경희대학교 교육대학원 원장(2019-2021)

경희대학교 교육대학원 교수(2004 – 현재)

● 주요 저서

왜 교사리더십인가(단독, 학지사, 2019)

한국의 교직과 교사 탐구(공저, 학지사, 2018)

학교컨설팅의 이론과 실제(공저, 학지사, 2017)

왜 핀란드교육인가(단독, 박영스토리, 2017)

잘 가르치는 대학의 특징과 성공 요인(공저, 학지사, 2015)

한국 교육책무성 탐구(공저, 교육과학사, 2014)

● 주요 논문

교사리더십 진단도구 개발 및 타당화 연구(공동, 교육행정학연구, 2023)

교사리더십 발휘 교사의 특성에 관한 질적 사례 연구(공동, 한국교원교육연구, 2023)

교사전문성과 교사리더십 개념 관계에 관한 시론적 논의(공동, 한국교원교육연구, 2022)

4차 산업혁명사회에서 교육의 방향과 교원의 역량에 관한 탐색적 연구(공동, 한국
　　교육, 2017)

한국 교육행정에서 '양가성(ambivalence)' 현상의 탐색과 의미(단독, 교육행정학연구,
　　2017)

핀란드 교육개혁의 특징 분석(단독, 한국교육학연구, 2017)

교사리더십 개념 모형 구안 연구(단독, 한국교원교육연구, 2015)

어떻게 교사리더십을 발휘할 것인가?

초판발행      2023년 6월 30일

지은이        김병찬
펴낸이        노 현

편 집         김민조
기획/마케팅    허승훈
표지디자인     BEN STORY
제 작         고철민 · 조영환

펴낸곳        ㈜ 피와이메이트
              서울특별시 금천구 가산디지털2로 53, 210호(가산동, 한라시그마밸리)
              등록 2014. 2. 12. 제2018-000080호
전 화         02)733-6771
f a x         02)736-4818
e-mail        pys@pybook.co.kr
homepage      www.pybook.co.kr
ISBN          979-11-6519-392-8  93370

정 가         23,000원

박영스토리는 박영사와 함께하는 브랜드입니다.